Eduardo Rodrigues Peyon

BRASIL, 200 ANOS: O TRIPLO RECALQUE NACIONAL

Eduardo Rodrigues Peyon

BRASIL, 200 ANOS: O TRIPLO RECALQUE NACIONAL

Breves contribuições ao debate sobre a Identidade Nacional a partir de uma perspectiva psicanalítica.

Vermelho Marinho

2023

Autor
Eduardo Rodrigues Peyon

Editor-chefe
Tomaz Adour

Diagramação
Marcelo Amado

Fotografia de Capa
Carolina Costa Marcondes

Capa
Marcelo Amado

Texto de orelha
Ana Caldas

Dados Internacionais de Catalogação na Publicação (CIP)
Fabio Osmar de Oliveira Maciel – CRB-7 6284

P515b

Peyon, Eduardo Rodrigues
Brasil, 200 anos: o triplo recalque nacional: breves contribuições ao debate sobre a identidade nacional a partir de uma perspectiva psicanalítica / Eduardo Rodrigues Peyon. – 1. ed. – Rio de Janeiro : Vermelho Marinho, 2023.
360 p. ; 21 cm.

ISBN 978-85-8265-349-4

1. Ensaios brasileiros. 2. Psicanálise. 3. Identidade nacional. 4. Brasil - História. I. Título.

689-210-23 CDD : 869.4

Índice para catálogo sistemático:
1. Ensaios: Literatura brasileira 869.4

VERMELHO MARINHO

EDITORA VERMELHO MARINHO
Avenida Gilka Machado, 315 — bloco 2 — casa 6
Recreio dos Bandeirantes — CEP: 22795-570
Rio de Janeiro — RJ

Apresentação

Interessante, complexo, rico e arrojado. O novo livro de Eduardo Peyon mostra maturidade na perspectiva social sob o prisma psicanalítico e, sobretudo, coragem para propor uma nova leitura das características da sociedade brasileira, dentro das muitas possíveis, no momento dos 200 anos da Independência.

Abordando três fatos sociais significativos da História nacional, o Genocídio Indígena, a Escravidão e seus impactos e a Repressão e Tortura durante a Ditadura Militar instaurada em 1964, aos quais considera como os 3 principais Recalques — no sentido psicanalítico — brasileiros, o autor toca fundo em questões que boa parte da sociedade brasileira prefere esquecer e varrer para debaixo do tapete. Propõe então uma metodologia que permite desvelar as verdades profundas e não ditas, e trazê-las ao debate.

A proposta se apresenta como uma tentativa honesta e cientificamente complexa de discussão de temas fundamentais para que se possa conseguir, efetivamente, a superação das idiossincrasias que caracterizam a sociedade brasileira nesses 200 anos de Independência do Brasil.

Luiz Sérgio Cordeiro da Rocha

Advogado, Mestre em Sociologia e Direito (UFF)

"Ninguém respeita a Constituição,
mas todos acreditam no futuro da nação"
(Legião Urbana)

"Brasil, mostra a tua cara"
(Cazuza)

"Os negros apresentam suas armas/ as costas marcadas,
as mãos calejadas"
(Paralamas do Sucesso)

"Nos deram espelhos e vimos um mundo doente"
(Legião Urbana)

"Não é nossa culpa/nascemos já com uma benção
Mas isso não é desculpa/pela má distribuição"
(Plebe Rude)

"Todo camburão tem um pouco de navio negreiro"
(O Rappa)

"Veraneio Vascaína vem dobrando a esquina!"
(Capital Inicial)

"Caso encerrado, nada mais que isso
Um negro a menos contarão com satisfação"
(Mano Brown e Edi Rock)

Eu não sei se eu tinha o direito de escrever esse livro,

Por ser quem eu sou e ter os privilégios que tive e tenho,

Mas, foi uma necessidade.

Apesar das dúvidas teóricas acerca do conteúdo,

E dos medos diante das ideias defendidas e críticas efetuadas,

Publico a partir da posição da busca pelo diálogo e acima de tudo

Pelo entendimento.

SUMÁRIO

1. INTRODUÇÃO: Sobre a possibilidade de uma interpretação psicanalítica da identidade nacional

1.1 Psicanálise e História: aspectos introdutórios

Desde a obra seminal de Sigmund Freud (1856-1939), as relações entre a Psicanálise e as Ciências Sociais e Humanas têm sido, simultaneamente, profícuas e controvertidas, especialmente do ponto de vista epistemológico, gerando, assim, debates acalorados sobre os eventuais achados e contribuições psicanalíticos às interpretações das Culturas. Nesse sentido, antes de adentrarmos o objeto central deste trabalho, iniciamos nossa reflexão indagando: como pode uma disciplina, que nasce de uma prática clínica, revalidada e desenvolvida na e pela casuística, por cada psicanalista na sua práxis cotidiana em sua atividade terapêutica, voltada para a absoluta singularidade de cada sujeito, dialogar ou mesmo fundamentar pesquisas que se debruçam sobre grandes grupos ou populações específicas, em momentos recortados no tempo e no espaço, com base em documentos históricos, em testemunhos e análises sociológicas e historiográficas, e também considerando o modo próprio de elaboração científica destes materiais histórico-sociológicos, conforme o cânone de cada disciplina, em cada momento de seu avanço epistêmico-metodológico?

Esta é uma primeira indagação que devemos buscar responder de forma clara, recorrendo principalmente, como modelo, às chamadas obras sociais de Freud, nas quais o pai da psicanálise utiliza o arcabouço teórico psicanalítico, por ele desenvolvido a partir da clínica, para propor uma compreensão da *Kultur* — ou pelo menos uma forma de reflexão sobre as sociedades. A Psicanálise "fora da clínica" (Frosh, 2010) foi iniciada, portanto, com o próprio Freud, que dialogou com diferentes autores, de variados campos de conhecimento, de fora da Medicina e da Psicologia, seja para fundamentar os desdobramentos teóricos da Psicanálise, seja para refletir acerca de questões sociais a partir dos conceitos psicanalíticos e, principalmente, a partir da perspectiva da estrutura de vínculo social que deriva da descoberta do Inconsciente, da teoria das Pulsões e do Desemparo Estrutural dos seres humanos, conceitos-chave do arcabouço psicanalítico. Nesse sentido, o próprio Freud (1913b) já afirmava, desde a época em que iniciou a escritura de suas grandes obras sobre a formação da Cultura e o funcionamento dos grupos humanos, a possibilidade e a fertilidade desse diálogo, especificando o interesse da Psicanálise para diferentes Ciências, inclusive para a História da Civilização e para a Sociologia:

> A comparação entre a infância dos homens e a primitiva história das sociedades já provou sua fecundidade em diversos sentidos, ainda que seu estudo esteja apenas começando. Nesta conexão *o modo de pensar psicanalítico atua como um novo instrumento de pesquisa*. A aplicação de suas hipóteses à psicologia social torna possível tanto o levantamento de novos problemas como a visão dos antigos sob nova luz e nos capacita a contribuir para a sua solução (1913b, p. 220, grifos meus).

> É verdade que a psicanálise tomou como tema a mente individual, mas, ao fazer investigações sobre o indivíduo, *não podia deixar de tratar da base emocional da relação dele com a sociedade*. Foi descoberto que os sentimentos sociais contêm invariavelmente um elemento erótico. (Ibid., p. 223, grifos meus)

Freud não desejava que a Psicanálise se tornasse um sistema de análise filosófica ou sociológica do mundo ou uma teoria de análise do discurso ou ainda uma *Weltanschauung*, pois considerava fundamental que os psicanalistas permanecessem abertos às novidades oriundas da escuta clínica e ao constante debate científico. Nesse sentido, existe um arcabouço conceitual que ele foi lapidando ao longo da sua extensa obra, mas a Psicanálise manteve como premissa metodológica uma permanente abertura ao que chega do *outro* na clínica, travando um diálogo entre alguns elementos teóricos estruturais — e até eventualmente postulados como complexos universais do ser humano — e um potencial de transformação social e individual a partir do absolutamente singular, mas também do que emerge no campo social, de um determinado coletivo ou povo, como *novo*. Essa tensão entre uma sofisticada e inovadora teoria e uma abertura ao novo, ao desconhecido que emerge, gera um permanente questionamento do arcabouço conceitual existente. Esse movimento dialético, bem como as tensões internas ao campo psicanalítico, mantêm a Psicanálise, desde Freud, como uma prática viva e em transformação, de modo que sua matriz conceitual é constantemente retroalimentada conforme *novos tempos* e *novas formas de sofrimento* impactam a clínica e provocam os psicanalistas a realizarem ajustes no corpus teórico e na sua leitura dos indivíduos e sociedades.

De todo modo, o diálogo com a Cultura, com o Social, evidenciou-se possível e profícuo, especialmente com a percepção, decorrente da disseminação da Psicanálise e do seu uso em diferentes contextos terapêuticos (deixando de estar restrita ao consultório burguês no qual se originou), de que ainda que as bases de sua prática — o método da livre associação e escuta flutuante, a dinâmica da transferência, o inconsciente sexual e a teoria das pulsões — possam ser aplicadas em diferentes culturas e temporalidades, tanto a conceituação como a prática estariam sujeita a ajustes *atuais e locais* (ao tempo e ao espaço redefinidos), evitando-se a busca de uma universalidade ortopédica, que apenas enclausura as possibilidades que a Psicanálise pode ensejar como campo de conhecimento a partir de um modo específico de abertura ao outro e, fundamental para nossa proposta neste texto, à sua memória. Nesse sentido, ainda que pretendamos utilizar conceitos psicanalíticos na nossa reflexão sobre o Brasil, neste momento em que *co-memoramos* e atravessamos os 200 anos de sua Independência, temos clareza que tais conceitos são operadores pragmaticamente articulados na busca por uma ampliação da compreensão, sempre não-toda, desta construção complexa e em permanente ressignificação chamada Brasil, bem como a respectiva Brasilidade. É de um lugar epistemologicamente humilde e até claudicante que nos lançamos nesta pretensiosa empreitada, reconhecendo, mais do que as limitações do arcabouço conceitual psicanalítico, as nossas próprias limitações, tanto no manejo desse complexo arcabouço quanto, mais ainda, no diálogo com outros campos do conhecimento: seja com a História, seja com as Ciências Sociais. Por outro lado, fortemente tocado por um momento histórico-social tão surpreendente e reacionário na caminhada sociopolítica, econômica e cultural do Brasil, depois de avanços sociais e políticos significativos a partir da refundação da República em 1988, decidimos nos lançar nessa empreitada, primordialmente, como reflexão, propondo uma hipótese quem sabe a ser seriamente debatida e capaz de abrir novas possibilidades de compreensão de nosso processo histórico e social no momento dos 200 anos da Independência.

Sobre a relação da Psicanálise com a História, o historiador Peter

Gay (1989[1985]) nos lembra que Freud, em *Totem e Tabu* (1913a), obra que configura um mito de formação da sociedade humana, formulado a partir dos achados da Psicanálise — sob forte influência do pensamento evolucionista marcante na época de formação e pesquisa de Freud — enfatiza a importância da articulação da Psicologia com a História afirmando que, para atingir seu propósito naquela obra, seria necessário formular uma explicação a um só tempo "histórica e psicológica". Nesse sentido, a Psicanálise forneceria à História uma possibilidade de compreensão psicológica *profunda* das ações humanas, sendo na visão de Gay a melhor teoria psicológica para empreender o que ele denomina como "psico-história", isto é, uma análise histórica que teria como um de seus fundamentos — não o único, é preciso sublinhar — os aspectos psicológicos dos personagens centrais de eventos e momentos marcantes na História.

Na obra em que tenta mostrar aos historiadores a relevância da Psicanálise para a História, intitulada *Freud para Historiadores*, Gay afirma que "a psicanálise não oferece um livro de receitas, mas *um estilo de ver o passado*" (Gay, 1989 [1985], p. 166, grifos nossos). Esse estilo de ver o passado nos remete especialmente à complexa teoria da memória e de sua formação, individual e coletiva, que a Psicanálise, desde o trabalho de Freud, desenvolve. Como se inscrevem no inconsciente os traumas individuais e coletivos? Como estes traumas, naquilo que deixam como traço de memória inconsciente, são transmitidos para as gerações seguintes? Quais seus efeitos, ao longo do tempo, sobre a formação da memória e da estrutura socioeconômica de um povo? Um povo, entendido como grupo plural e complexo de indivíduos que habita uma nação, teria então uma base memorial comum? Haveria, sendo assim, uma transmissão inconsciente de aspectos traumáticos coletivos da construção da Brasilidade ao longo dos séculos? E quais os impactos desse *inconsciente traumático coletivo* na contemporaneidade? E, por trabalho de quem, como e quando essa memória coletiva se formaria? E qual seria o papel da disciplina História na sua organização e na sua transmissão ao longo das gerações? Estas são algumas das perguntas que pretendemos enfrentar neste trabalho em diálogo com modos historiográficos e sociológicos de pensar o "povo brasileiro", essa unidade imaginária das populações que habitam o território delimitado como a nação dos brasileiros/as/xs, o Brasil, que está completando 200 anos como país *Independente* no Mundo, pertencente à comunidade das nações do planeta Terra, neste ano de 2022.

O estilo de analisar o passado que a Psicanálise desenvolveu tem em seu cerne conceitos e noções — reunidos na *Metapsicologia*, carinhosamente chamada por Freud de sua "feiticeira" — oriundos das descobertas da clínica psicanalítica, especialmente relacionados à forma como cada indivíduo, ao longo de sua trajetória, estrutura um modo de vincular-se ao outro ser humano buscando atender aos imperativos pulsionais e às demandas sociais e da necessidade existencial. O amor e a necessidade (*fome*) seriam, conforme Freud (1930), citando Schiller, as molas propulsoras do mundo. O Inconsciente, por sua vez, é uma das pedras angulares da teoria freudiana e, respeitando-se a complexidade do conceito, pode ser compreendido neste trabalho *como uma forma de memória atemporal e a-espacial que, apesar de excluída dos registros conscientes, segue comparecendo de forma determinante e geralmente inesperada na vida cotidiana dos sujeitos — e, enfatizamos: dos povos!* O Inconsciente guarda os restos do amor e da dor originários, que nos formam como sujeitos e como grupos. Estes restos formam a complexa arquitetura de uma memória, que se inicia antes dos modos simbólicos de representação e de arquivamento estarem estruturados, e por isso, nunca conseguimos transformá-los totalmente em História, no sentido de arquivos bem-organizados e com interpretações plenamente formuladas, os quais poderiam ser transmitidos de forma clara e unívoca, mesmo após os sucessivos retornos na circularidade do tempo, uma vez que tais arquivos primevos são as camadas mais originárias da Memória e contêm o impossível *elo perdido.*

Como o Inconsciente, no fluir histórico, segue atraindo e agregando novos registros e conteúdos, ele vai se complexificando, constituindo núcleos centrais de Recalque (*Verdrängung*) a partir dos elementos mais originários, traumáticos e estruturantes dos sujeitos e dos povos. Por isso, quando postulamos um **Triplo Recalque Nacional** estamos nos referindo a três traumas centrais na formação da Memória brasileira, e especialmente do Inconsciente Social brasileiro, ou seja, daquilo que nos atravessa como povo, sem que tenhamos plena consciência de sua presença e efeitos, sem que tenhamos feito uma elaboração *suficientemente boa* destes traumas centrais e suas repetições, de modo a integrar as vivências traumáticas à memória acessível, e a partir disso efetivar as retificações e reparações político-sociais necessárias. Tais traumas, ao serem recalcados, cobram constantemente uma elaboração de suas (não) representações sociais pela História, pela análise das Ciências Sociais e pela *sociedade nacional*, mas eles estão sujeitos sempre à força dos Recalques, que na prática da formação nacional podemos considerar *encarnado* como o *guardião* das imagens abstratas que se sucederam como Brasilidade[1]. O psicanalista, ao escutar o analisando falar sobre seus traumas, seus ideais e suas fantasias, mais do que desvelar memórias recalcadas e afetos suprimidos, testemunha as impossibilidades simbólicas e práticas daqueles que esbarram nas dores e conflitos mais estranhos e profundos de si. As resistências ao processo analítico são, numa perspectiva geral, as forças do não querer saber ou do não suportar saber sua própria verdade existencial, os traumas, as limitações e os lutos a serem realizados. Estas forças trabalham pela manutenção do Recalque e da estrutura *(socio)econômica* dele resultante. Sublinhamos, como nos lembra o poeta, que a *conta* de saber quem se é pode ser muito mais cara que o preço das consultas com o analista[2]. Pensando acerca da sociedade brasileira, esses grandes Recalques Nacionais efetivariam uma *defesa* diante da nossa verdade histórica, diante de todo horror que existe em nossas memórias mais arcanas, mas que fica encoberto ou recoberto para que não tenhamos que saber e enfrentar as consequências desse reconhecimento. A Identidade Nacional, nesse sentido, seria uma construção marcada por recortes memoriais que *re-velam*, que explicitam e organizam quem somos, mas que também ocultam aquilo que ameaça a própria Identidade e a ordem estruturada e mantida ao redor dela. Os processos defensivos são logicamente reacionários, pois impedem a emergência do desconhecido de si mesmo e do trabalho que lidar com esses conteúdos demandaria, na direção de uma nova *síntese*.

A Psicanálise constitui-se — além de método clínico — como uma complexa e inovadora teoria da memória, em cujo centro estão o Inconsciente e os mecanismos psíquicos de *registro/não-registro/falso registro/encobrimento* dos acontecimentos, que afetam o sujeito desde muito cedo em sua existência, antes mesmo do domínio da linguagem

1 Ao considerar que existam três grandes núcleos traumáticos na formação do Brasil e da Cultura brasileira, estamos enfatizando os temas que nos parecem, como vamos aprofundar, estruturantes da identidade nacional. Isso não quer dizer, de modo algum, que não existam outros núcleos de Recalque importantes para a formação da sociedade brasileira.

2 Geralmente existe um descompasso entre quem achamos que somos e quem, a cada momento, podemos ser. A medida dessa diferença é uma das mais complexas e difíceis de avaliar, inclusive porque ninguém gosta de descobrir que não é exatamente o que idealizou sobre si-mesmo e ter que lidar com essa frustração. No caso do povo brasileiro, será que somos tão alegres, pacíficos, cordiais, pluralistas como nossa “Imagem-de-Si” enquanto povo nacional faz crer?

simbólica, mas também após a entrada dos indivíduos na linguagem. Deste modo, sublinhamos que os primeiros traços de memória são estabelecidos fora do campo das representações simbólicas, mas já estruturando o campo mais primordial do desejo, os caminhos originários de satisfação pulsional, o erotismo de cada pessoa no que tem de mais profundo e desconhecido para o próprio sujeito, e que vai influenciar a posterior ordenação simbólica, bem como os modos de negação (Defesas psíquicas) que afetam os registros das percepções e memórias: o Recalque (*Verdrängung*), o Desmentido (*Verleugnung*) ou a Recusa (*Verwerfung*)[3] — Recalque dos desejos intoleráveis para o Eu (*Ich*) no primeiro caso; Desmentido de um traço da realidade que se apresenta como insuportável ou irreconhecível para o sujeito no segundo modo de negação; e, por fim, Recusa da realidade, modalidade de defesa que caracteriza uma ruptura radical com as representações socialmente compartilhadas do mundo, e que é geralmente seguida da construção de delírios e do acometimento por alucinações como retorno real do que foi recusado. Certamente, a discussão sobre a perda de contato com a realidade é um dos temas mais intrigantes tanto da psicopatologia como da psicologia social, pois como e quando podemos considerar que existe um delírio? E um delírio coletivo? A partir de que critérios? Definidos por quem? Com quais consequências sociais?

Os traços originários de memória, num sentido mais objetivo, forjam as vias preferenciais de descarga pulsional no aparelho psíquico dos indivíduos. Estas vias preferenciais de descarga pulsional, por sua vez, impactam comportamentos e podem ser fonte de conflitos quando a exigência de satisfação pulsional não se coaduna com a imagem que o sujeito tem de si, com os valores que lhe dizem não apenas quem ele é, mas também quais comportamentos deverá exibir de modo a ser amado pelo outro. A memória é, em seus arquivos inaugurais, em suas marcas originárias, nas primeiras vias de facilitação nos neurônios (a *Bahnung* freudiana), memória de intensidades, de excessos, de diferenças sensoriais e temporais, ou seja, do que chega ao animal-humano ainda

---

3 No *Vocabulário da Psicanálise* de Jean Laplanche e Jean B. Pontalis (1991) os termos são traduzidos da seguinte forma: *Verdrängung* por "Recalque ou Recalcamento"; *Verleugnung* por "Recusa da Realidade"; e *Verwerfung* por "Forclusão". Optamos na nossa tradução pelos termos Recalque, Desmentido da Realidade e Recusa. É importante sublinhar que em todas as vezes que utilizarmos as palavras Recalque e Recalcado estaremos nos referindo ao processo defensivo cunhado por Freud (1914b) sob a palavra alemã *Verdrängung*. Por sua vez, todas as vezes que utilizarmos Desmentir e Desmentido estaremos nos referindo ao processo defensivo cunhado por Freud (1927) sob a palavra alemã *Verleugnung*. Usos com outro sentido serão indicados no texto.

filhote desamparado, indefeso e sem recursos de mediação simbólica diante do que vem do outro e do mundo, ainda sem uma definição clara do que seja parte do mundo interno ou do externo, parte de si ou do outro, do próprio corpo ou alteridade — existe neste início uma capacidade perceptiva, uma radical abertura ao *outro*, mas ainda não existe uma capacidade tradutora que possa instaurar mediações entre os impactos advindos do interior/exterior e o sujeito em formação; por isso, interno e externo ainda estão muito misturados nesse tempo inaugural e as fronteiras e linhas divisórias entre o Eu e o Outro são confusas, o que em algum grau segue verdade ao longo da vida, especialmente nas relações marcadas pela paixão, seja amorosa ou odiosa.

Conforme as primeiras impressões-memórias vão se formando e a criança introjeta as primeiras interdições sociais, diques para conter os impulsos, oriundos das fontes pulsionais do corpo, vão sendo erguidos, e a satisfação das pulsões vai sendo adiada: a educação da criança pela via da relação com os adultos efetiva-se no psiquismo pela construção de caminhos secundários, indiretos, socialmente mediados para o alcance da satisfação e a evitação da dor. O Recalque, como modo primordial de defesa e organização do sujeito, vai incidir sobre esses fluxos energético-afetivos em circulação primária, que é mais livre e mais intensa, e sobre as representações imagéticas-simbólicas que apresentam ao Eu em formação os desejos mais originários. O Recalque protege o narcisismo do sujeito, sua integridade psíquica, e isso depende de um mínimo de estruturação do Eu para ocorrer, de modo que exista a internalização de proibições, ameaças e censura se o sujeito sustentar diante de si e/ou do Outro um desejo proibido (o incesto e o parricídios são os exemplos mais originários, mas que podem ser mais bem visualizados pelo desejo de ter a exclusividade da presença materna e a raiva dos *outros* que a mãe também ama e deseja, e deste modo disputam sua atenção em relação à criança). Em boa medida, o Eu se forma para organizar essa relação entre impulsos somáticos, afetos e a relação com o Outro que vai se apresentando e orientando o que se pode ou não desejar e como se deve buscar realizar os desejos dentro do grupo social ao qual o indivíduo pertence, considerando-se os diferentes tempos do existir. O Eu se forma respondendo às exigências para ser amado e protegido pelos pais e depois pela sociedade — obviamente, esse processo é desde a origem marcado pelo conflito já que os pais, como representantes mais imediatos da Cultura, vão educar, ou seja, deverão barrar a realização direta das pulsões, e a criança vai perceber que precisa obedecer a seus pais sob risco do desamparo e do desamor.

A partir dessa perspectiva de imagem narcísica de si, que em tese é aquela que nos desenha como objetos passíveis de sermos amados, será que um grupo social também constitui de forma ampla e transversal uma imagem narcísica nacional e recalcará, de forma grupal, o que vier a causar conflito em face de seus ideais coletivos, de seu *Eu-Nacional,* do projeto de nação proposto na fundação do Estado Nacional? O projeto nacional que constitui uma imagem específica do país e seus cidadãos, imagem que sustentaria o amor patriota? Mas, como se estrutura esse *Eu-Nacional*? Como se estruturam os Recalques Nacionais necessários à sustentação desse ideal nacional? Em que medida as forças políticas e sociais que forjam a identidade nacional como projeto de nação definem os núcleos do Recalcado coletivo? Mas, e o que aconteceu antes dessa organização político-social nacional formal ser montada? E o que vai sucedendo esse tempo inicial da montagem da identidade nacional? E como as análises científicas, históricas, sociológicas, antropológicas, ainda que buscando elucidar esse processo, podem contribuir para um reforço do Recalque e da Herança cultural arcaica secular? Como se estabelece uma relação entre o pré-histórico e o histórico da formação de uma nação, de um povo? E como as lideranças político-sociais podem representar (e por vezes tentar modificar) essa identidade nacional ao longo dos séculos? Essas são as perguntas que orientaram a construção da hipótese do Triplo Recalque Nacional.

O trauma originário, no sentido psicanalítico, é anterior aos modos de arquivamento simbólicos ou mesmo imagéticos, porém segue se imiscuindo nas diferentes camadas de memória ao longo do tempo, inclusive naquelas que são construídas pelos esforços de compreensão, de forma que sua atemporalidade e a-espacialidade se relaciona com os relançamentos sucessivos das trilhas originárias sob novas telas, de forma mais ou menos encobridora — ou *recobridora* como veremos adiante.[4] Nesse sentido, eventos traumáticos do passado de um indivíduo

4 A diferenciação entre "lembrança encobridora" e "história recobridora" proposta por Inglez-Mazzarella (2021) será muito importante na construção de nossa reflexão. Vale adiantar que as "lembranças encobridoras" estão no campo do Recalque e as "histórias recobridoras" estão no campo do Desmentido. Estes conceitos serão abordados no capítulo em que trataremos dos conceitos psicanalíticos centrais para a hipótese deste trabalho. Por hora, o elemento *encobridor* surge como falsificação defensiva da memória, atua sobre o registro, sobre as camadas de memória, excluindo e recobrindo o elemento perturbador. Já o *recobrimento* não é construído em meio as camadas de memórias, ele constitui-se como distorção de um fato atual,

vão sofrendo alterações e ganhando novos significados conforme novos acontecimentos são vivenciados, e a memória é alterada, bem como a forma de contar a história vai alternando desvelamentos e recobrimentos, ou da forma como percebemos, são produzidas *re-velações* que são elaborações as quais simultaneamente possibilitam uma nova e mais ampla compreensão, mas que ao mesmo tempo articulam um novo modo de recobrimento. Nesse sentido, seguindo a metáfora tão forte no pensamento freudiano, há uma arqueologia dos tempos (i) memoriais que, a cada nova camada de memória descoberta, mantém algo dos momentos originários recobertos. Os núcleos inconscientes do recalcado histórico continuam presentes, ensejando movimentos reacionários quando o *progresso* impacta não apenas as estruturas profundas da Identidade Nacional, mas especialmente as estruturas de poder e as hierarquias socioeconômicas definidas a partir dessa estrutura profunda. Existe, portanto, uma relação de continuidade e de sustentação entre a *estrutura da memória nacional* e a *organização socioeconômica contemporânea*, pois a memória coletiva carrega para o presente a estrutura socioeconômica do passado, sob a barra do Recalque; ou seja, sob os encobrimentos e disfarces imaginários do presente, permanecem atuantes as memórias e afetos de outras épocas, nos quais as regras de funcionamento socioeconômico eram bem distintas do que a lei, a ciência e o costume atualizados definem no tempo presente.

Em suas teorizações iniciais sobre a memória, Freud (1994 [1899]) cunhou o conceito de "lembrança encobridora". Tal conceito faz parte do esforço freudiano para lidar com as diferentes camadas de memória de seus pacientes, as quais lhe pareciam terem sido construídas para encobrir eventos traumáticos da história do sujeito, como uma falsificação da própria história, de modo a impedir a emergência da memória do acontecimento/desejo intolerável, bem como dos afetos dolorosos associados a este acontecimento. Deste modo, no lugar da memória que o processo de Recalque (*Verdrängung*) excluiu dos registros acessíveis pela consciência, por se tratar de uma representação traumática, a qual gerava conflito e sofrimento para o sujeito, uma outra memória era construída para encobrir a representação perturbadora, que se tornou inconsciente pela ação do Recalque. Esta lembrança

---

desancorando-o da História e em claro desmentido da realidade, tem a estrutura de um fetiche no sentido de alterar o campo perceptivo de modo a que o sujeito não perceba o fato ou traço da realidade insuportável. Daí o seu aspecto distópico em termos sociais, pois recobre-se a realidade com algo que faz o papel de um fetiche.

encobridora, erguida pelo sujeito como defesa psíquica diante de algo do próprio sujeito e sua história, algo que lhe era insuportável e/ou inaceitável, é uma construção que proporciona uma certa *conciliação psíquica*, uma interpretação apaziguadora para o excesso afetivo associado ao evento traumático, uma espécie de dique de contenção que, ao mesmo tempo, contém a emergência da força afetiva do traumático e possibilita ao sujeito manter a sua integridade narcísica, com o Eu protegido do conflito pela ação do Recalque, mas que por outro lado deixa no submundo, no inconsciente, um conflito latente. Deste modo, o narcisismo e o amor de si, tributários da dimensão imaginária, da auto idealização, são preservados pela ação do Recalque e pela construção da lembrança encobridora.

Freud (1899) ficara intrigado com a existência, na fala de seus pacientes, de memórias sem relevância histórica para o sujeito, memórias de acontecimentos corriqueiros, as quais seus pacientes conseguiam se recordar com detalhes e com intensidade afetiva desproporcional. Chamava-lhe a atenção que, por outro lado, eles não eram capazes de se lembrar de acontecimentos importantes ocorridos na mesma época da infância, constatados por documentos, testemunhos ou outras fontes. A construção da lembrança encobridora, argumenta Freud, utilizaria como "tijolos" fragmentos de memórias verdadeiras, relacionadas, por algum modo de derivação ou contiguidade, com a memória traumática, e que ganhariam intensidade por um deslocamento afetivo do traumático para o corriqueiro. Nesse sentido, ocorreria uma conciliação psíquica (Freud, 1994 [1899], p.290-291) como resultado de um processo de conflito subjetivo seguido pelo recalcamento dos conteúdos indesejados pela consciência; ou seja, os acontecimentos mais intensos e difíceis para o Eu lidar seriam recalcados, jogados para fora da memória acessível, tornando-se inconscientes, e lembranças encobridoras, formadas a partir de fragmentos de memória associados "por continuidade" aos conteúdos recalcados, formariam esse véu apaziguador que garantiria ao sujeito uma certa estabilidade psíquica, ao menos enquanto a força do Recalque fosse suficiente para impedir "retornos do recalcado" e a re-emergência do conflito em outro tempo e espaço, seja como sintomas, seja como repetição, seja ainda como doença psicossomática ou violência (em casos específicos).

Ora, o mito nacional brasileiro de um povo formado por *três raças*, as quais se miscigenaram espontânea e harmoniosamente, culminando na formação de um povo plural e único, tolerante, alegre e criativo, marcado pela "cordialidade" e que vive numa "democracia racial", em uma Nação destinada a ser o "país do futuro", é um encobrimento radical de toda violência e desigualdade social que marcou e marca essa *mistura racial*, e que até hoje se faz presente numa sociedade na qual o Racismo Estrutural é evidente, seja pela hierarquização social baseada no colorismo da pele, bem como pela herança colonial, caracterizada pela separação até os dias atuais entre os que pertencem à Casa Grande e os que pertencem à Senzala, estando tais espaços reorganizados modernamente na geografia das cidades, especialmente as grandes e médias, bem como numa *geografia dos direitos humanos básicos*, com áreas nas quais tais direitos existem e áreas de radical exclusão social. Sustentar a imagem de um povo cordial, sem diferenças socioeconômicas relacionadas à "raça"[5], num grande país do futuro, onde todos vivem ou viverão felizes depende de "memórias" e "interpretações" que corroborem esse Imaginário como Memória Nacional. Nesse sentido, diversas lembranças encobridoras precisaram ser forjadas para a construção e sustentação desse Imaginário pela História Oficial. Esse processo, por sua vez, oculta ou deturpa as memórias traumáticas e violentas da formação da Nação e de seu povo. Sustentamos ainda que mesmo as tentativas de re-velação ou de des-velamento eventualmente contribuíram para novos Recalques e encobrimentos da *verdade histórica*. Certamente, em diferentes momentos, diferentes grupos, seja da elite política, da elite econômica ou da elite intelectual do país, mais ou menos afinadas e confundidas, contribuíram para a formação de "histórias e interpretações encobridoras", mesmo quando não tinham um objetivo consciente de dominação político-econômica, articulando as principais propostas de interpretação do Brasil que até hoje demarcam as fronteiras da análise da Identidade Nacional, ainda que sob renovados questionamentos, especialmente após o processo de Redemocratização na década de 1980 e seguintes, sendo este novo

5 Não no sentido biológico obviamente. Enfatizamos que atualmente a noção de raça é completamente obsoleta do ponto de vista de algum tipo de diferença biológica ou inata. O Racismo, científico ou não, embasou a construção histórica de diferenças socioeconômicas que foram a base do sistema colonial, que por sua vez forjou a estrutura do sistema pós-colonial. Em muitos sentidos, e especialmente no sentido do Racismo Estrutural (ver Sílvio Almeida, 2020) o Brasil manteve a estrutura colonial, isto é, a estrutura socioeconômica baseada no Escravagismo, de modo que os descendentes dos escravizados permanecem na base da pirâmide socioeconômica devido à sub-cidadania e à marginalidade às quais foram lançados desde a Abolição. O Racismo estrutural se revela também por meio de um discurso racista presente na estrutura das instituições e na própria Língua. O Desmentido do Racismo é uma forma muito presente na sociedade contemporânea, e acontece por meio de discursos que banalizam os efeitos da Escravidão e recusam a existência de uma dívida histórica com os descendentes dos escravizados em nossa sociedade.

período marcado por uma produção cultural e intelectual-acadêmica que relançou diversas questões sobre a formação do povo e da estrutura socioeconômica nacional.

Retornando à teorização freudiana sobre as lembranças encobridoras, ao final de seu artigo, o psicanalista questiona a possibilidade da existência de memórias efetivas, ou seja, de registros de memória que representem a *realidade vivenciada pelo sujeito*, como registros factuais absolutos dos acontecimentos. Freud (1899) conclui apontando que toda nossa memória é uma construção *relativa* a acontecimentos, constituída em diversos momentos posteriores ao momento real da vivência, com diversas camadas e níveis de registro, sujeitos inclusive a operações psíquicas[6] como o Recalque. Nesse sentido, pensando sobre a Memória Nacional, estamos ainda mais mergulhados em camadas de leituras e releituras de *fatos, acontecimentos, provas, documentos, testemunhos, conceitos, análises, narrativas, transmissões, costumes, afetos*, numa complexa trama, na qual não apenas os acontecimentos estão sujeitos a diferentes percepções e interpretações ao longo do tempo, mas os jogos das forças afetivas e políticas, os conflitos e as balanças de poder, interferem diretamente na construção da Memória. Como então distinguir o que ficou sob as operações do Recalque ou do Desmentido do que seja efetivamente do campo da busca da verdade tanto no nível individual (a verdade do sujeito) como no nível coletivo (a verdade histórica de um povo)?

> Com efeito, pode-se questionar se temos mesmo alguma lembrança *proveniente* de nossa infância: as lembranças *relativas* à nossa infância talvez sejam tudo o que possuímos. Nossas lembranças infantis nos mostram nossos primeiros anos não como eles foram, mas tal como apareceram nos períodos posteriores em que as lembranças foram despertadas. Nesses períodos de despertar, as lembranças infantis não *emergiram*, como as pessoas costumam dizer; elas foram *formadas* nessa época. E inúmeros motivos, sem qualquer preocupação com a precisão histórica, participaram de sua formação, assim como da seleção das próprias lembranças. (Freud, 1899, p. 304, v. III, grifos do autor).

6 São diversas as operações psíquicas elencadas por Sigmund Freud como modos de defesa psíquica utilizados pelos sujeitos como forma de conciliarem seus ideais e visões de si-mesmos com as fantasias, desejos, e também com percepções que contrariam tais ideais. Anna Freud (1936) explorou bastante essa via aberta por seu pai. Neste livro, exploraremos especialmente o Recalque (*Verdrängung*) e o Desmentido (*Verleugnung*) como defesas estruturantes que interferem diretamente nas narrativas históricas que os sujeitos e grupos erguem sobre si-mesmos.

Conforme o Eu de um indivíduo vai se formando, a partir das identificações com os outros essenciais de sua vida, que se colocam como modelos, mas também como espelhos, este Eu para manter sua identidade, sempre passível de vacilos, de dúvidas, de inseguranças, vai precisando excluir da narrativa sobre si — ou seja, de sua consciência e de sua memória voluntariamente acessível — o que o ameaça psiquicamente, o que gera conflito, o que confronta a imagem especial que tem de si mesmo. Algumas vezes esse processo de exclusões se torna tão radical que provoca uma profunda cisão no Eu do sujeito, que passa a funcionar sob dois *regimes econômicos-jurídicos*, conforme o local social onde se encontra.[7] Ora, o que coloca o Eu em questão é o que o envergonha, o que o deixaria culpado, o que entra em conflito com a própria imagem ideal de si que vai sendo erguida, e usualmente há um cunho sexual[8] ou agressivo nesses conteúdos que geram conflito interno no sujeito. Na conjugação entre as ameaças externas e as ameaças internas, o Eu se defende buscando manter sua integridade física, mas também sua integridade imaginária, psicológica. Os mecanismos de defesa psíquicos são, portanto, um campo conceitual fundamental para a Psicanálise e possuem uma intrincada relação com a formação da memória e com a construção da história de si. Freud, pelo menos desde *Totem e Tabu*, vai pressupor o efeito das culpas inconscientes[9]

7 Um exemplo caricato, mas que ajuda a compreender isso é o torturador que é um excelente pai e marido. Em casa, um lado amoroso de seu Eu prevalece, e na masmorra prevalece a parte sádica de seu Eu. Como a cisão do sujeito é profunda, um lado não entra em conflito com o outro, desde que esses espaços de sua vida permaneçam radicalmente apartados.

8 É importante compreender que o sexual em Psicanálise não se reduz ao genital, abrangendo todo o campo libidinal do indivíduo, com seus desejos, sensações, medos e raivas diante do outro. Em última instância, a essência do laço social humano é a energia sexual, seja em sua faceta amorosa, seja embrenhada de morte em sua faceta destrutiva. Pulsão de Vida (Eros) e Pulsão de Morte (Thanatos) vai definir Freud a partir de 1920, quando publica uma de suas obras mais densas: *Além do Princípio do Prazer*.

9 No mito da Horda Primordial, é apenas após matarem o macaco-líder que os demais macacos reconhecem-se como irmãos e sentem então a culpa pela morte do agora macaco-pai. Os laços de fraternidade e de paternidade se formam a partir da culpa pelo assassinato do Pai. Esta culpa seria transmitida de geração a geração como herança arcaica, e articular-se-ia ao temor especialmente masculino de um estado beligerante permanente, no qual imperaria a desconfiança como reflexo ou projeção de um desejo inconsciente de matar o semelhante. Freud (1913a) não é muito convincente no argumento para o surgimento dessa culpa após assassinato do macaco-líder, mas sem esse sentimento não haveria Pai nem irmãos, tampouco a constituição de um Tótem, origem não apenas das religiões, mas das instituições sociais. Esta culpa comum pelo assassinato do macaco-pai é que, todavia, colocaria um limite à violência, juntamente com o medo de ser morto numa próxima disputa pelo poder. A partir do assassinato do líder-pai, os irmãos decidem criar regras sociais de modo que não continuem se assassinando sucessivamente na disputa pelo lugar vacante de chefe nem pelas fêmeas, organizando também as relações sexuais.

na sociedade, e isso será muito importante para compreendermos violências que surgem a partir da impossibilidade de transformar culpas decorrentes de acontecimentos/memórias passados em necessidades atuais de responsabilização e de reparação no tempo presente.

As lembranças encobridoras fazem parte desse complexo arcabouço da teoria de memória freudiana. Trata-se de um esforço de pesquisa colossal, efetivado por Freud para compreender certas *falsificações* da memória que precisam resistir à análise, pois o sujeito muitas vezes se organizou como indivíduo em torno delas, e desmoronaria caso os véus encobridores fossem retirados de forma abrupta. Fazendo um esforço de deslocamento teórico, que é central no presente trabalho, podemos indagar: quantas lembranças encobridoras podemos cogitar na formação da Brasilidade? Do Imaginário Nacional sobre o povo brasileiro? Da Memória Nacional? Seriam certas interpretações do Brasil um modo de encobrimento do traumático profundo que nos estrutura de forma tão violenta e desigual? A sociedade brasileira se desestabilizaria (ou até já teria se desestabilizado) com a revelação desses traumas e das *falsificações* que nos estabilizam como *sociedade organizada*? Mas, como lidar com essas sucessivas camadas de memória, construídas e reconstruídas ao longo da História e da escritura da História, em jogos de forças que articulam elementos originários e atuais nas disputas do "amor e da fome", nas lutas, em última instância, pela sobrevivência e pelo poder?

É importante sustentar que defesas psíquicas podem ser erguidas de forma coletiva, de modo que sejam formadas memórias encobridoras comunitárias, as quais defendem um grupo de algum acontecimento insuportável, o qual não pode ser elaborado e incluído na escrita da História, na Memória Nacional, na Memória Coletiva. O Recalque dessas memórias insuportáveis e a construção de lembranças conciliadoras, ou pelo menos apaziguadoras do traumático ou do conflitual, constituem assim um Inconsciente Social, formado pelas memórias e afetos que ficaram de fora do discurso oficial e do imaginário nacional. Esse Inconsciente Social, contudo, está na base da estrutura sociopolítica e

---

Por outro lado, esse desejo inconsciente de matar, componente essencial da herança arcaica humana, instauraria uma beligerância constante e uma eventual paranoia: "ele quer o meu lugar, logo ele vai me matar" — todo pai e todo líder podem mergulhar nessa herança arcaica e nesses casos; a guerra é inevitável se tal líder não for barrado pelos pactos simbólicos e pelos modos de aplicação da Lei. Certamente, a proposta freudiana do modelo originário das sociedades humanas é polêmica, contudo, a hipótese de que essa estrutura originária se transmite, ao longo das gerações, como originário histórico, conformando uma herança arcaica, por sua vez base do inconsciente, é muito interessante e profícua.

econômica. Nesse sentido, nossa hipótese é que o Triplo Recalque Nacional seria a base de um Inconsciente Social Brasileiro, de modo que na superfície, na consciência nacional, conciliações e apaziguamentos conduzidos pelas forças predominantes no "Eu Nacional" manteriam uma "Ordem", mas no Inconsciente Nacional Coletivo[10] estariam sufocados afetos absolutamente intensos, derivados de traumas históricos, gerando culpas e destrutividade ao longo das gerações, e cobrando, por meio de diferentes modos sintomáticos, uma elaboração sociocultural e um lugar na Memória e na História Nacional. Por outro lado, existem as forças sociais que constantemente trabalham pela manutenção dos Recalques, reforçando as "histórias recobridoras" e desmentindo os índices e sintomas sociais que denunciam a "Herança Arcaica", que forja sucessivamente o Inconsciente Nacional.

Para compreendermos melhor a ideia do Triplo Recalque Nacional, veremos também que as defesas psíquicas, conforme a teoria freudiana, podem incidir tanto em relação à conteúdos internos, as representações intoleráveis que ameaçam o "Eu", mas também para defender o sujeito ou o grupo de uma percepção externa intolerável. Neste segundo tipo de defesa psíquica, trata-se do que Freud teorizou como o Desmentido da Realidade (*Verleugnung*), que incide não sobre um pensamento sexual ou agressivo, desejo proibido ou memória traumática, mas sobre uma percepção atual, sobre algo que se apresenta ao sujeito ou ao grupo como dado de realidade[11], e se caracteriza como uma percepção intolerável e inassimilável para o sujeito ou para o grupo. Temos, portanto, dois mecanismos de defesa psíquica muito diferentes, porém, ambos

---

10 Espero que tenha ficado claro que este Inconsciente Social Brasileiro é coletivo do povo brasileiro, e não tem nenhuma relação com o Inconsciente Coletivo junguiano, que articula arquétipos supostamente universais.

11 Nesse sentido, em relação ao indivíduo, espera-se que ele recalque o desejo de matar o pai ou o sentimento de que seu pai desejou matá-lo ou até a memória de que seu pai chegou a agredi-lo; porém, o indivíduo desmente a visão da violência policial contra um indivíduo indefeso construindo alguma justificativa racional para a agressão. Isso é corriqueiro na violência contra as populações pobres e majoritariamente negras das periferias das grandes e médias cidades brasileiras: "se a polícia matou era bicho ruim", "bandido bom é bandido morto", "só tenho pena da mãe", e na realidade o indivíduo tem a visão direta da violência, poucas ou nenhuma informação sobre o ocorrido, mas busca em seu imaginário algo que desminta, que desconsidere o dado de realidade de que houve uma ação violenta, cometida pelo Estado ou por membros da elite socioeconômica, injustificável ou justificável apenas pela estrutura inconsciente que a autoriza, que a partir da "herança cultural arcaica" torna "normal" essa violência contra grupos específicos de seres humanos, definida no caso do Brasil pelo biotipo negro e indígena, como pessoas matáveis. Num nível mais profundo, essa violência atual pode se conectar, portanto, com os recalques mais originários.

constituindo modos de negação estruturantes da memória e do imaginário. Assim, se as lembranças encobridoras decorrem do Recalque (*Verdrängung*) de *conteúdos internos* (ou históricos) que ameaçam o "Eu", o Desmentido (*Verleugnung*), para se efetivar, precisa erguer uma imagem que tampona ou altera o *traço de realidade atual, externo e insuportável*, o qual eventualmente remeteria aos conteúdos recalcados (inassimiláveis *internos/históricos*). Nesse sentido, o Desmentido da Realidade reforçaria, ao menos em alguns casos, o Recalque, contribuindo para a manutenção do Triplo Recalque Nacional. Assim, o Desmentido (*Verleugnung*) incide sobre o traço da realidade atual que denunciaria algo dos conteúdos sob a barra do Recalque (*Verdrängung*) e que foram recortados para fora da memória.

Freud (1927) articulou suas primeiras teorizações sobre o Desmentido a partir do fenômeno do fetichismo, pois o fetiche, no seu efeito mágico, de feitiço, possibilitaria ao indivíduo desmentir ou desprezar uma percepção insuportável no outro ou no ambiente externo. Trata-se, portanto, de recusar algo específico e definido que se apresenta na realidade fora de mim, pois eu não aceito, não suporto ou não tenho como me sustentar psiquicamente diante desse fato percebido, desse aspecto específico da realidade — Freud parte, em seu exemplo princeps, da visão do corpo nu da mulher (mãe) pelo menino. Tal visão seria insuportável, pois a diferença sexual, entendida pelo menino como ausência de pênis no corpo feminino, colocaria para ele o risco da castração ("se ela não tem o pênis, eu posso vir a perder o meu") e a consequente dificuldade de lidar com a diferença sexual, compreendida como ameaça de castração. O fetiche seria, nesse caso, construído para desmentir a diferença sexual e aliviar o medo da castração. Contudo, há uma complexidade nessa operação psíquica, pois uma parte do sujeito reconhece a percepção intolerável da ausência do pênis no outro corpo, e a outra parte do sujeito passa a funcionar sob o domínio do Desmentido e sob a necessidade de encontrar ou produzir o fetiche como substituto do não percebido. Freud (1938) vai nomear essa divisão profunda do sujeito de *Ichspaltung*, a cisão radical do Eu. Deste modo, o menino reconheceria e simultaneamente não reconheceria a existência do outro sexo, da possibilidade da castração, considerando-se nessa perspectiva, é claro, o imaginário falocêntrico da sociedade patriarcal na qual Freud estava inserido e uma teoria erguida a partir da centralidade do corpo masculino. De todo modo, para um menino seu pênis é uma parte fundamental e valiosa do seu corpo, e a descoberta de que existem *corpos sem pênis* provocaria, no mínimo, uma necessidade de compreensão e aceitação dessa diferença.

Pensando a Identidade Nacional brasileira, podemos indagar por que existe a necessidade no tempo atual de desmentir, desconsiderar ou minimizar, por exemplo, os horrores da Escravidão, o Genocídio dos povos indígenas ou as torturas ocorridas nos períodos ditatoriais no Brasil, especialmente na Ditadura Militar-Civil instaurada em 1964? E quais os efeitos desse não-reconhecimento da realidade no modo como construímos a Memória Nacional e escrevemos a História do Brasil? Essa cisão profunda em nossa (ausência de) memória se refletiria numa sociedade que permanece cindida entre "brancos" e "negros e indígenas", entre "colonizadores" e "escravizados", entre "Casa Grande" e "Senzala", entre os que têm direitos e os que não têm, como se os primeiros não tivessem nada a ver com a situação social dos outros e pudessem seguir explorando e violentando de todos os modos os negros, os indígenas, os defensores das humanas diferenças? E tudo isso, sob o véu conciliador de ideias encobridoras como a da "democracia racial", a da "cordialidade" e a da "conciliação" como bases da Brasilidade e do *Brasil, país do Futuro*?

Diferentes perspectivas sobre a memória atravessaram a obra de Freud desde o seu *Projeto para uma Psicologia Científica*, de 1895, até textos tardios como *Uma Nota sobre o Bloco Mágico* (1925), de modo que ele seguiu por muitos anos buscando modelos explicativos que metaforizassem o complexo funcionamento da memória humana. O psicanalista buscava esclarecer a relação entre as camadas profundas de memória, inconscientes e pré-conscientes, e a capacidade do aparelho psíquico de empreender novos registros mnêmicos no tempo presente, e como se dava a relação entre esses diferentes registros de memória nos níveis que ele denominou "consciente", "pré-consciente" e "inconsciente". É importante notar que na teoria inicial, esboçada no *Projeto para uma Psicologia Científica*, de 1895, a memória se iniciaria no psiquismo como registro das diferenças nas intensidades das primeiras vivências do bebê humano, pois ainda não haveria registro simbólico das percepções vividas, de modo que a possibilidade de memória decorreria da diferença sensorial entre as experiências vivenciadas, a intensidade das percepções. De fato, parece-nos lógico que a memória só poderia começar a se formar com a diferença entre a primeira e a segunda experiência[12], seja uma experiência de prazer, seja uma experiência de dor — na realidade tais experiências caminham juntas se pensarmos que o primeiro desconforto do bebê foi seguido de um primeiro conforto oferecido pela mãe, pela enfermeira, pelo ser humano cuidador que primeiro apaziguou o desconforto, e que talvez tenha propiciado um primeiro prazer, um primeiro alívio. Estas sensações marcam o início da formação do corpo pulsional, da erotização das funções do corpo[13], abrindo o campo do desejo para além das necessidades fisiológicas, mas se apoiando nelas. De todo modo, traços inaugurais vão sendo feitos no psiquismo, trata-se das primeiras linhas de facilitações ou escavações (*Bahnung*) nos sistemas neuronais conforme a proposta freudiana de 1895.

Nesse sentido, traços originários seriam deixados na base neuronal (começando a formar o psiquismo) desde a primeira experiência — perdida para sempre como toda *originariedade* não transcendental — e, conforme novos traços de memória iriam se inscrevendo, a rede de facilitações iria formar trilhas preferenciais de descarga psíquica, caminhos inaugurais de escoamento da energia circulante no aparelho psíquico, e as diferenças entre tais caminhos estariam na base da memória.[14] É preciso sublinhar que para Freud (1895; 1922) o elemento econômico é central na função do "Eu", cuja principal tarefa seria administrar a circulação de energias (afetos) no interior do sujeito, buscando evi-

12 É interessante pensar que num mundo sem diferenças (ou de indiferenças) não existe necessidade de memória. Se tudo é da ordem do mesmo, não há o que memorizar. A diferença é a base da nossa capacidade para pensar, para narrar as vivências e construir a História. Sem diferença não existe memória, pois tudo seria o mesmo *ad infinitum*. Nesse sentido, a *inteligência* se manifestaria pela capacidade de simbolizar e organizar diferenças, e principalmente pela capacidade de criar formas para expressar tais diferenças. Governos autoritários têm, assim, por definição, um descompromisso com a memória, pois não respeitam ou mesmo reconhecem as diferenças. O diferente deve ser apagado ou exterminado se não aceitar submeter-se a ordem única tirânica e totalitária.

13 Desde o início da vida a boca não é apenas o órgão por onde o alimento entra em nosso corpo, pois no processo da alimentação chegam outras "coisas" junto ao alimento, desde o aleitamento, ou mais especialmente neste período: o calor do corpo da mãe, o cheiro deste corpo, o sabor do leite, vozes, eventuais incômodos no acoplamento dos corpos, na ingestão do alimento, etc. A alimentação é parte fundamental da relação de dependência do bebê humano, período no qual são lançadas as bases do vínculo social e não por acaso Freud dirá em 1895 que "o desamparo inicial dos seres humanos humano é a *fonte primordial* de todos os *motivos morais*" (Freud, 1990 [1895], p. 431).

14 Posteriormente, Freud vai precisar articular suas reflexões sobre o impacto das primeiras vivências do bebê na formação do psiquismo e da memória com a Herança Arcaica, ou seja, aquilo que nos chega das gerações anteriores, que Freud pensa como podendo ser semelhante a um Instinto (diferente da Pulsão — *Trieb*).

tar alterações energéticas (fisiológicas) que causassem sensações de desprazer. Neste momento e durante muito tempo, Freud considerou que o aumento da energia circulante no psiquismo seria causador de desprazer e que o prazer ocorreria com a descarga afetiva, porém, em 1924, ao analisar a questão do masoquismo, Freud percebe que alguns aumentos de tensão no aparelho psíquico poderiam ser vivenciados como excitação prazerosa. De todo modo, caberia ao Eu fazer as mediações com o mundo, de modo a administrar as quotas de energia psíquica circulante, buscando evitar o desprazer, variando essa *administração* de indivíduo a indivíduo, bem como de cultura a cultura, na medida em que os prazeres permitidos e vedados são socialmente apreendidos, bem como os meios reconhecidos como legítimos pelo costume e pela lei para a obtenção das satisfações pulsionais no seio da Cultura.[15]

Vale lembrar, contudo, que no momento inicial da vida humana ainda não existe um "Eu", mas são justamente essas relações com a mãe e demais seres humanos e os respectivos caminhos de excitação interna e/ou externa (dor, fome, sede, cheiros, gostos, sensações, incômodos etc) que lançam as bases para a formação do "Eu", que é social desde a origem e fruto de sucessivas identificações e experiências relacionais, em que pesem é claro as características e potenciais hereditários contidos nos genes, que portam os códigos de formação do substrato biológico da existência, mas cujo desenvolvimento ocorre na relação com o ambiente e com os outros seres. Sublinhamos ainda que tanto as experiências iniciais de prazer como as de dor deixam marcas psíquicas arcaicas, podendo o sujeito, ao longo da sua trajetória *preferir* — inconscientemente — retrilhar caminhos de prazer e/ou de sofrimento lastreados por estas memórias originárias, chamadas por vezes de pré-verbais ou pré-históricas, pois anteriores a estruturação de memórias imagéticas e mais anteriores ainda em relação às memórias simbólicas, impressas no psiquismo por meio de representações de palavras portadoras de significação. Freud sustenta, porém, que esses primeiros caminhos de dor e de prazer facilitam a construção dos caminhos posteriores, sobre os quais o Eu vai constituir-se como administrador das excitações oriundas de fontes internas e/ou externas, buscando caminhos de descarga que aliviem as tensões psíquicas sem criar riscos à integridade

15 É importante sublinhar que dependendo da posição social do indivíduo, a partir de variados atributos que a definem, inclusive a cor da pele e a etnia no caso brasileiro, as possibilidades de obter prazer na vida social podem se alargar ou se estreitar de forma estrutural. Certamente, acontecerá um (des)encontro entre o sujeito e a organização socioeconômica e cultural.

subjetiva (sem entrar em conflito com valores e crenças estruturantes do Eu) e/ou física (sem lançar o sujeito em direção à morte, ao risco de adoecimento, etc)[16]. Ainda que saibamos que os conflitos psíquicos se estabelecerão nos sujeitos, relacionados com as defesas psíquicas e com os eventuais sintomas neuróticos, fóbicos ou psicóticos.

Uma das primeiras contribuições possíveis da Psicanálise, no seu diálogo com a História, relaciona-se, portanto, com a construção da memória. Como são arquivadas nossas memórias e como elas se transformam com o passar dos anos? Como continuamos lembrando de alguns acontecimentos e por que esquecemos de outros? E o que faz com que esqueçamos alguns acontecimentos? Será nossa memória individual precisa em relação a fatos, datas, elementos ditos como "objetivos"? Como as primeiras marcas de memória se articulam com a narrativa histórica que vai sendo constituída conforme novos acontecimentos chegam? Como os novos acontecimentos se articulam com os registros de memória anteriores? E quais os efeitos do registro arcaico sobre o novo e do registro novo sobre o arcaico? Podemos falar de memória coletiva em termos psicanalíticos, em termos de um Inconsciente Social? Este Inconsciente Social impacta a construção da História? Como o trabalho de escritura e reescritura da História, a Historiografia, se articula com a construção das memórias coletivas e com o Inconsciente Social? Pode a forma como se escreve a História interferir nos arquivos passados e futuros da memória nacional? E o que definiria a preponderância de uma corrente historiográfica sobre outra com o passar do tempo?

Sem dúvida, Freud estudou profundamente os mecanismos do esquecimento, primordialmente nos indivíduos, mas também nos grupos. Esquecer algo, não saber sobre algo que vivenciamos, não querer saber mais sobre alguma coisa que já reconhecemos, são para o indivíduo modos de preservação de seu equilíbrio subjetivo, de evitação do conflito psíquico[17] — pensando o Brasil, esquecer tem sido

16 Sabemos, contudo, que os conflitos ocorrem justamente porque a força do desejo inconsciente e dos traumas recalcados muitas vezes supera a capacidade do "eu administrador", bem como as forças silenciosas da pulsão de morte dificultam as ligações amorosas que ajudariam o sujeito no seu esforço pela vida. É importante sublinhar que apenas em um momento tardio de sua obra, Freud (1920) vai postular a pulsão de morte (*Todestrieb*) como forma de explicar a força do traumático e a repetição das dores pelos sujeitos, nos sujeitos.

17 Memórias que causariam dor e desejos que gerariam angústia são recalcados. A repressão do impulso pulsional *proibido*, o qual só pode chegar à consciência por meio de representantes (palavras ou imagens) ou ainda sob a forma de angústia, ou seja, de um modo afetivo difuso, é

um elemento central nos processos de conciliação política na história do país. Mas, será *esquecer* o mesmo que apagar da memória? E, ainda que seja possível apagar uma memória um traço histórico, restarão ainda os efeitos afetivos inconscientes dos traumas e a memória das próprias operações de apagamento? Em sua obra testamento, *Moisés e o Monoteísmo* (1937), Freud trata justamente da transmissão cultural de um *esquecimento*: o esquecimento pelo povo hebreu do assassinato, cometido segundo as pesquisas históricas freudianas pelos próprios judeus, de Moisés, seu líder político e espiritual. Nesse sentido, e sem adentrar a proposta freudiana na sua especificidade histórica, é extremamente importante levar a sério a hipótese freudiana de que não apenas os indivíduos recalcam e *esquecem* memórias traumáticas, mas também povos podem não querer saber sobre aspectos de seu passado e, logo, não reconhecer como próprio de sua História alguns registros de sua memória, de sua herança cultural. As perspectivas freudianas sobre a memória articulam-se fortemente com a noção de trauma, este entendido como aquilo que não se pode suportar, que não se consegue representar simbolicamente e, assim, enquadrar no campo organizado do pensamento e do entendimento e que, portanto, excede as

realizada para preservar a integridade psíquica (mas, também objetiva em algumas circunstâncias) do Eu, do indivíduo. De todo modo, a evitação do conflito psíquico ou sua acomodação a um certo equilíbrio — dinâmico e precário — é um elemento central na economia psíquica tal qual elaborado pela Psicanálise. Os modos de defesa vão caracterizar o *estilo* existencial do indivíduo, seus modos expressivos e seus eventuais sintomas neuróticos, bem como suas possibilidades eróticas. Ora, conhecemos a perspectiva acerca do ambiente político brasileiro, segundo a qual, desde a liderança do Marquês do Paraná, com o Gabinete da Conciliação no Segundo Império (1853-1857), existe uma avaliação de que as relações entre os poderes estatais e socioeconômicos no Brasil são marcadas por *acordos* políticos entre os grupos mais fortes, ainda que na surdina das senzalas ou das periferias carentes nunca tenha havido acordo ou conciliação, pelo contrário, nessas áreas excluídas dos processos defensivos, a satisfação pulsional de quem detém algum poder é liberada, culminando em toda forma de violência contra pessoas negras, pardas e pobres em geral. Nos gabinetes temos acordos entre as elites econômicas e grupos políticos para acomodar os pleitos dos diferentes *senhores* do país, nas periferias temos descaso, violência e assassinato, pois ali a violência é autorizada, como zona de exceção, onde não vigoram os direitos e liberdades individuais, mesmo que consagrados pela Constituição Federal de 1988. Nossa violência atual, diretamente relacionada ao período colonial e à forma como indígenas e africanos foram atacados e explorados no passado, é resultado do Recalque; porém, não o Recalque do desejo agressivo-sexual, mas do recalcamento das próprias violências insistentemente repetidas e herdadas como marca do povo brasileiro, ou seja, de um traumático não reconhecido, ou no melhor dos casos, parcialmente reconhecido. O que está no Inconsciente Nacional precisa ser conquistado pela consciência histórica brasileira e de cada brasileiro para que se possa fazer uma transição para outro momento histórico. Lembrando de acordos palacianos recentes efetivados entre os membros da elite política nacional, como não citar o notório *áudio* que expôs uma conversa entre o então Senador da República Sr. Romero Jucá e o ex-presidente da Transpetro Sr. Sérgio Machado, no contexto que culminou na aprovação do Golpe Parlamentar/Impedimento da Presidenta da Dilma Rousseff.

possibilidades de organização simbólica, isto é, de inclusão nas nossas teias significantes, de modo a amortecer o impacto traumático e extrair uma experiência a partir da elaboração da vivência traumática. Quando um indivíduo em análise começa a falar sobre e *lembrar melhor* de seus traumas, dar um sentido a eles, isso não significa que a lembrança é exata em termos fatuais, mas significa que algo está podendo ser feito com acontecimentos soterrados, com afetos que emergem de lugares clandestinos da nossa memória, de zonas nebulosas de apagamento e dor. E no caso de um povo, o que acontece quando um povo começa a desvelar as camadas soterradas de sua História? As dores negadas e sucessivamente encobertas e desmentidas em sua História? Do mesmo modo como ocorre com os indivíduos, surgem então na sociedade forças de resistência contra a pesquisa da verdade, forças reacionárias que visam preservar o equilíbrio *neurótico* (e injusto) que se estabeleceu!?

A escrita da História, como a narração individual, também é marcada por ressignificações e revisionismos. Freud, que viveu numa época de grandes escavações e descobertas arqueológicas, gostava de usar a imagem do arqueólogo, que vai escavando e descobrindo antigas camadas de cidades soterradas (como níveis ou patamares da memória), encontrando nesse trabalho de escavar fragmentos de objetos, restos, marcas, espécie de documentos-arquivos que possibilitam — de forma sempre parcial e marcada pelo espírito do tempo do escavador — reconstruir aquele cenário soterrado, até então perdido ou formado por fragmentos de sensações e imagens distantes, por vezes causas de uma perturbação ou de um agir atual que fora até então difícil de compreender e de inserir numa história. Quando, porém, o sujeito no divã reescreve sua história por meio da associação-livre, da fala que vai desencavando de forma supostamente aleatória os fragmentos — pela perspectiva racional da consciência ao menos —, podem surgir registros traumáticos, como por exemplo, a lembranças de violências sofridas ou de violências cometidas, mas também podem emergir somente os afetos de eventos originários, sem que seja possível encontrar registros imagéticos ou sonoros, são *afetos-vestígio*, sem outra forma de memória a não ser a dor, a revolta, a angústia.

Confrontar o passado e atravessar as memórias envolve grandes riscos, pois pode desestabilizar a organização existente e que chegou ao tempo presente. Esta organização, com toda sua complexidade e problemas que possam existir, funciona sobre e sob uma estrutura profunda que se consolidou e foi sucessivamente transmitida entre as gerações. Nesse sentido, o próprio processo de "construções em análise" (Freud, 1937), um dos desenvolvimentos finais da obra freudiana, esbarra nos limites do sujeito em análise, do próprio analista, do historiador no caso da pesquisa histórica, do político na sua capacidade de propor caminhos para a sociedade e da própria sociedade na compreensão e lucidez acerca de si mesma. Nem sempre queremos de fato saber a verdade, nem sempre suportamos saber a verdade e, assim, como cantava o poeta, *pagamos a conta do analista para não ter que saber quem somos*, para não termos que olhar de frente para nossa cara no espelho sem máscaras, e ficarmos diante do *estranho infamiliar* (Freud, 1919) que pode se apresentar em nós de forma sinistra. No caso do Brasil, *desmentimos* a pesquisa histórico-social e os dados da realidade para não precisar enfrentar a verdade de nossa sociedade atual, na qual o mandatário do poder executivo federal afirmou, em plena campanha eleitoral para sua reeleição em 2022, que não existem pessoas passando fome e pedindo comida nas portas de padarias do Brasil[18] — indagamos: pode haver recusa maior da realidade nacional? E por que muitos preferem acreditar nele e desmentir a realidade socioeconômica nacional? É mais confortável acreditar que não há famélicos no Brasil? Ainda que a fatualidade dos acontecimentos seja difícil de recuperar (às vezes há outros arquivos além da memória ocular e do testemunho: cartas, fotos, documentos oficiais, gravações, vídeos, etc), as escavações do passado têm efeitos em cadeia, pois não apenas o passado é modificado, sob efeito do que chega *a posteriori* (*Nachträglichkeit*), mas também nossa compreensão do presente e nosso olhar para o futuro. Desta forma, como a nossa herança arcaica e o nosso inconsciente social nacional afetam as derivas políticas, econômicas e sociais na contemporaneidade, nesse momento de celebração dos 200 anos de nossa Independência como nação?

Por isso, no ano em que celebramos os 200 anos da Independência do Brasil[19], o que buscamos, muito humildemente, é contribuir para o debate sobre a construção do Brasil e da Brasilidade. Propomos um

---

18 Amplamente noticiado pela mídia, por exemplo no *Valor Investe* em 26/08/2022: https://valorinveste.globo.com/mercados/brasil-e-politica/noticia/2022/08/26/bolsonaro-diz-que-nao--existe-fome-pra-valer-no-brasil.ghtml

19 Em algumas partes do país será apenas em 2023 essa celebração, especialmente na Bahia, no *2 de Julho*. Sabemos que a escolha pelo *7 de Setembro* foi arbitrária, na medida em que há diferentes marcos naquele periodo que poderiam ter sido consagrados como a data da Independência.

debate sobre a construção e transmissão da Memória Nacional a partir de um recorte que efetua uma análise, baseada em conceitos psicanalíticos — jamais uma psicanálise —, de alguns aspectos e/ou conceitos estruturantes da perspectiva histórico-sociológica, que forjam as formas e qualidades predominantes na ideia de nação brasileira e das características elencadas como próprias do povo e da sociedade brasileiros, aquilo que compõe a Brasilidade, considerando ainda nossas profundas mazelas sociais, especialmente em um momento de profunda divisão na sociedade brasileira no que diz respeito aos projetos sócio-políticos para o país. Escolhemos esse diálogo entre a Psicanálise e a Historiografia brasileira porque nos parece que para ambas as disciplinas, a construção da memória, em seus modos de arquivamento, com recalcamentos e desmentidos estruturantes, em diferentes momentos, tem um efeito que se mede ou se percebe no tempo seguinte, *Nachträglichkeit, a posteriori, après-coup, defered action* (conforme as diferentes traduções para o termo freudiano, indicando um acontecimento do passado, por vezes recalcado, rasurado, cujo efeito chega depois, inesperado, estranho, surpreendente e traumático a partir de um acontecimento do tempo presente), de modo que um novo esforço de análise ou um novo Recalcamento (*Verdrängung*) ou ainda um Desmentido da Realidade que se apresenta (*Verleugnung*) precise ser efetuado para manter ou ajustar um conjunto de características centrais no Imaginário Nacional, na Memória Nacional, no que sejam as características da Brasilidade na sua dimensão inconsciente, isto é, no Inconsciente Nacional e nos modos como ele vem sendo transmitido e revisado como "herança cultural arcaica" do povo brasileiro.

Nesse sentido, refletir sobre algumas afirmações amplamente disseminadas e repetidas no discurso do candidato e depois Presidente Jair Bolsonaro, e também por muitos de seus apoiadores, como sendo representações imaginário-simbólicas centrais do Bolsonarismo, entendido como um movimento político-ideológico catalisador de forças sociais conservadoras nacionais muito significativas, parece encaixar-se adequadamente na nossa análise da formação da memória e da identidade nacionais, pois algumas das ideias centrais do Bolsonarismo efetivariam verdadeiros desmentidos — **no sentido psicanalítico da *Verleugnung*** — de pontos essenciais da Memória Nacional, e principalmente de aspectos específicos na percepção coletiva de acontecimentos atuais da sociedade brasileira. A efetivação desses Desmentidos (*Verleugnung*) no tempo presente, reforçaria o Imaginário mais conservador, reacionário e autoritário do *brasileiro*, e deste modo dificultaria ou eventualmente obstaculizaria um processo de análise e de elaboração dos nossos traumas históricos e de seus efeitos no momento dos 200 anos da Independência. Esse processo de análise e de elaboração dos nossos traumas históricos havia sido retomado (ou em alguns aspectos apenas iniciado) com o movimento sociocultural e político da Redemocratização, e a subsequente instalação de uma nova Assembleia Constituinte, que culminou na promulgação da Constituição Federal de 1988. O discurso político conservador-reacionário aglutinado e catalisado pelo Bolsonarismo representaria, por sua vez, as forças sociais resistentes a esse processo, reforçando o Recalque — no sentido psicanalítico que indicamos anteriormente. Desta forma, tal discurso contribuiria para a manutenção da estrutura inconsciente arcaica do Brasil, herdada sucessivamente desde o período colonial, e que foi transmitida para o Brasil Independente, tanto no Império como nas sucessivas Repúblicas, com o acréscimo importante do que consideramos como o terceiro grande Recalque Nacional, efetivado mais recentemente em relação aos acontecimentos tenebrosos ocorridos nos *porões* da Ditadura Militar-Civil de 1964-1988, cujo autoritarismo, censura e especialmente o uso da tortura, como *instrumento técnico rotineiro* nos interrogatórios de presos políticos, permanecem como um tabu social, apesar de alguns esforços de reconhecimento e de elaboração psicossocial do ocorrido.

Desde o período final da Ditadura Militar-Civil, houve esforços de parentes de desaparecidos, grupos políticos, advogados, pesquisadores, entre outros, para pautar o debate sobre a tortura e o desaparecimento de prisioneiros políticos no Brasil durante a referida Ditadura. Esse processo infelizmente enfrentou muita resistência na sociedade, principalmente entre os setores militares, e a Lei da Anistia (1979) consolidou-se como um bloqueio à memória e ao debate sobre o ocorrido. Mais recentemente, no governo de Dilma Rousseff, ela mesma uma prisioneira e vítima de tortura durante a Ditadura Militar-Civil, foi instalada em 2012 a Comissão Nacional da Verdade (CNV) com o objetivo de apurar as violações de direitos humanos cometidas pelo Estado brasileiro entre 1946 e 1988, tendo como objetivo atender ao direito à memória e à verdade do povo brasileiro[20]. Além desses esforços jurídico-políticos

20 No site da Comissão Nacional da Verdade há todo um acervo da informações desde a sua aprovação e instalação até o Relatório Final. Site: www.cnv.memoriasreveladas.gov.br

existe o árduo e longo trabalho de pesquisa de historiadores, sociólogos e jornalistas que trouxeram à tona informações e análises centrais sobre o período, além da memória dos sobreviventes que por meio de livros ou entrevistas relataram sua sobre-vivência à tortura e as informações que tinham sobre os desaparecidos.

É importante, portanto, enfatizar que o acordo político-jurídico que estruturou os caminhos para a Redemocratização, no final do período de exceção iniciado em 1964, teria efetivado o terceiro grande Recalque Nacional. A chamada Lei da Anistia, de 1979, ao soterrar os crimes hediondos, cruéis e covardes cometidos por agentes do Estado durante a Ditadura Militar-Civil de 1964-1988, retirou da consciência nacional a necessidade de um reconhecimento e de uma elaboração pública e coletiva desses crimes, não apenas pela História, mas também pela Justiça. A manutenção da validade da Lei da Anistia na Nova República, mesmo em face de atos de tortura e de assassinato perpetrados por agentes estatais durante a referida Ditadura, efetivada pelo Supremo Tribunal Federal no julgamento da ADPF 153 em abril de 2010[21], reforçou este Recalque Nacional. O Recalque da violência de Estado, e especialmente do crime de tortura cometido por agentes estatais na referida Ditadura, contribuiu para o retorno de um recalcado, diretamente relacionado a estes crimes, no tempo presente da nação próximo aos 200 anos de sua Independência.

O fenômeno da eleição de um número significativo de candidatos da extrema-direita, alguns deles com discursos de matiz neofascista, marcados pela agressividade exacerbada e pela exibição de símbolos da destrutividade, apresentada como solução para as questões sociais e de segurança do Brasil, com a defesa da violência estatal, paraestatal e mesmo civil, como forma de resolver a questão da criminalidade e as diferenças político-ideológicas, está, na nossa hipótese, diretamente relacionado a esta ineficaz Lei da Anistia, que não apagou os traumas, nem possibilitou que se falasse deles abertamente, muito menos

21 Por 7 votos a 2, o STF não apenas considerou a Lei da Anistia constitucional como manteve a interpretação de que os chamados "crimes conexos", também anistiados pela referida lei, incluem toda sorte de crime que possa ter sido cometido pelos agentes listados no rol da Lei. Importante lembrar os 2 votos discordantes dos ministros Ricardo Lewandowsky e Ayres Britto, que divergiram do relator ministro Eros Grau justamente na extensão dessa conexão entre crimes políticos e crimes comuns, especialmente no que diz respeito aos crimes hediondos como a tortura, que pelos votos desses excelsos ministros, não deveriam ser abarcados pela Anistia, tampouco a CF de 1988 deveria acatar a legitimidade dessa lei da Anistia, ao menos, nessa extensão ampla.

que se julgasse os agentes responsáveis por crimes que deveriam ser imprescritíveis. O próprio candidato e depois presidente Jair Bolsonaro pareceu em algumas ocasiões evidenciar uma concordância, ou pelo menos sua tolerância, em relação ao uso da tortura e a violência de Estado durante a Ditadura Militar-Civil de 1964-1988 com seus reiterados elogios ao Coronel Brilhante Ustra — conforme amplamente divulgado pela imprensa nacional em diferentes ocasiões[22] —, que é publicamente apontado como um dos torturadores brasileiros naquele período[23]. Nesse sentido, parte significativa da sociedade brasileira parece considerar que a violência excessiva dos militares (geralmente perpetrada pelas polícias militares) era — e ainda é — necessária para combater as supostas *ameaças comunistas* à pátria nacional e seus valores tradicionais cristãos, bem como para combater a criminalidade comum ("bandido bom é bandido morto"), especialmente nas áreas mais carentes e periféricas dos centros urbanos, onde a população é majoritariamente negra. Ora, a equação não fecha porque um Estado que organize um aparato de tortura, assassinato e desaparecimento de cadáveres não pode ser considerado civilizado e tampouco cristão.[24]

---

22 Amplamente noticiado em mais de uma ocasião, por exemplo pelo jornal *O Estado de Minas* em 27/03/2022: https://www.em.com.br/app/noticia/politica/2022/03/27/interna_politica,1355776/bolsonaro-elogia-coronel-condenado-por-tortura-lutou-por-democracia.shtml ou pelo portal da *Veja* em 08/08/2019 https://veja.abril.com.br/politica/bolsonaro-afirma-que-torturador-brilhante-ustra-e-um-heroi-nacional/ ou ainda em vídeo no canal do *SBT* no Youtube, quando se refere ao Coronel Brilhante Ustra como "herói nacional": https://www.youtube.com/watch?v=dRdUX7egC6E

23 Vide nota de rodapé número 176.

24 Certamente, há farta documentação sobre o aparato de tortura instituído no Brasil durante a Ditadura Militar-Civil de 1964-1988. Vale citar os trabalhos da *Comissão Nacional da Verdade*, mas antes deles obras como *Brasil: Nunca Mais* da Arquidiocese de São Paulo, 1985. Recentemente foi publicado o livro *Vala de Perus: uma Biografia* de Camilo Vannuchi (2020) que mostra não apenas o desaparecimento de prisioneiros políticos, mas também de indivíduos executados violentamente pela Polícia Militar, especialmente pela ROTA (Ronda Ostensiva Tobias Aguiar) como também verificado no extenso trabalho do jornalista Caco Barcellos. Em suas memórias do período da Ditadura Militar-Civil e de seu engajamento pessoal nos grupos de resistência armada, consolidadas no livro *Os Carbonários*, Alfredo Sirkis (2014 [1980]) cita o "Documento de Linhares" como primeiro registro escrito elaborado por presos políticos, que foram submetidos a tortura sistemática na penitenciária de Linhares. O relato pessoal de Fernando Gabeira na obra *O que é isso, companheiro?* também traz importantes informações e memórias sobre a tortura. Recentemente, chegou ao grande público um trabalho de pesquisa, que vem sendo realizado pelo Historiador Carlos Fico, da UFRJ, a partir de mais de dez mil horas de gravações de debates entre os ministros do Superior Tribunal Militar, durante sua atuação, no período entre 1975 e 1979. A pesquisa foi inicialmente divulgada na grande mídia pela jornalista Míriam Leitão e teve grande repercussão em abril de 2022. Ver por exemplo matéria do portal G1: Em áudios, integrantes do Superior Tribunal Militar relatam casos de tortura durante ditadura | Política | G1 (globo.com). Além disso, existe o colossal trabalho de

Quando a História é escrita, sob jogos de força teóricos, mas principalmente políticos e econômicos, dentro de projetos de governo, mas também de projetos de pesquisa em diferentes laboratórios ou departamentos universitários, se criam efeitos sobre a memória e sobre a narrativa acerca da Nação e seu povo que só serão sentidos posteriormente. O entrelaçamento entre discursos políticos e historiografia, entre produções culturais e análise sociológica é bastante complexo e capaz de, a partir de seus centros de produção/poder, construir e reconstruir a Memória, a História, o Imaginário Nacional, mas, — e esse é um dos pontos principais aqui propostos — estes discursos estariam submetidos à força do Inconsciente Nacional e sua estrutura profunda, forjada a partir dos traços e traumas fundantes de uma Cultura. O Inconsciente Nacional é, assim, a força e o conteúdo que seguem se imiscuindo nos intertextos da História Nacional e sendo transmitidos pela "herança cultural arcaica", que, no caso brasileiro, foi forjada especialmente no período colonial. Explorar estes traços do Inconsciente Nacional, seus modos de transmissão entre as gerações de pesquisadores, políticos, servidores públicos, empresários, artistas, mas também dos demais cidadãos, produtores de cultura fora dos nichos da elite, sem a submissão ao saber eurocêntrico, d-escrever um fluxo possível de re-velações, encobrimentos e recobrimentos, é o desafio de um debate historiográfico baseado na Psicanálise. Buscamos, portanto, situar o que consideramos como os principais núcleos desse Inconsciente Social Nacional, e os modos de Recalque (*Verdrängung*) e de Desmentido (*Verleugnung*) que operaram e seguem operando sobre e a partir desses núcleos do Recalcado Nacional. As forças que seguem operando os grandes Recalques brasileiros emergiriam em diferentes espaços, políticos, culturais, religiosos e mesmo acadêmicos. Nossa proposta é discutir de forma *experimental*, como hipótese inicial, mas também como provocação àqueles que conhecem muito mais do que eu tanto a História do Brasil como as forças que orientaram a Historiografia nacional em cada momento. Assim, temos como pergunta derivada de nossa hipótese do Triplo Recalque Nacional a seguinte: **como a escrita da História brasileira vem influenciando o próprio destino do nosso país num interjogo com os projetos políticos de**

pesquisa sobre a Ditadura Militar do jornalista Elio Gaspari (2016), publicado em 5 tomos pela Editora Intrínseca, que apresenta os bastidores do regime, as disputas entre os grupos militares, a visão que os Presidentes-Generais tinham da questão da tortura, entre outros pontos. Trata-se de pesquisa gigantesca realizada ao longo de décadas.

Nação/Poder e com a estrutura inconsciente nacional transmitida ao longo das gerações? O modelo central que nos orienta nessa reflexão sobre a historiografia nacional é justamente o que chamamos de **Triplo Recalque Nacional**, que percebemos como a dimensão estruturante do **Inconsciente Nacional Brasileiro**[25].

Buscaremos nesse percurso refletir sobre algumas ideias importantes que marcam a nossa historiografia. A partir de pequenos extratos ou conceitos oriundos da produção de grandes nomes do pensamento histórico-social sobre o Brasil, indagaremos tais ideias, não para validá-las ou refutá-las, mas para buscar compreender seu impacto na *fantasia nacional* e na *prática social*. Afinal, os traumas e suas inscrições simbólico-imaginárias possíveis, ou seja, a forma mais ou menos representativa como são escritos e inscritos na memória, vão legando efeitos ao futuro e exigem sucessivos modos de *re-velação*. O que ideias pregnantes na nossa historiografia como a de "homem cordial" e a de "miscigenação como grande riqueza de um povo sem preconceitos raciais" provocaram como efeitos inesperados no tempo posterior à sua escritura por seus autores? E como tais ideias acabam lançando em outro tempo um efeito retrógado e estranho na memória do cidadão comum? Como tais ideias geradas e escritas por intelectuais, historiadores e escritores afetam o país como um todo? E como os projetos políticos utilizam ou não estes conceitos e análises? Como se dá (ou não) o diálogo entre essa produção intelectual sobre a Brasilidade e a produção cultural que acontece nas margens do sistema e geralmente permanece invisível nas capitais e para os capitais? Como dissemos acima, nosso intuito não é vasculhar amplamente documentos ou fazer uma gigantesca pesquisa de campo, tampouco uma análise profunda do momento político atual, ainda que este nos tenha influenciado nessa reflexão. Nosso objetivo principal é provocar, a partir de uma visada psicanalítica, uma reflexão que nos permita ao menos olhar com mais cuidado para a imagem que temos do "Brasilero/a/x" e da "nossa Brasilidade" e os conteúdos inconscientes que nos atravessam neste momento de celebração dos 200 anos do Brasil *independente*.

---

25 O que estamos denominando Inconsciente Social Brasileiro é efeito lógico da articulação entre a teoria psicanalítica e a nossa apreensão da realidade socioeconômica brasileira historicamente constituída. Como proposta de análise, precisaria ser criticada por outros pesquisadores e analistas. Isso não impede, todavia, que com humildade nos lancemos à proposta, mesmo que ela fique relegada ao valão.

1.2 — A Hipótese do Triplo Recalque Nacional

Este trabalho não é um estudo de História do Brasil, mas sim uma reflexão sobre a estrutura sociopolítica e econômica que forja e é forjada dialeticamente pela Historiografia da História do Brasil em meio aos Projetos Políticos que perpetuam, de forma mais ou menos velada, a estrutura socioeconômica herdada do período colonial e, em muitos sentidos, reforçada durante o Império. Uma imagem de nação e de povo sustenta esse projeto de Brasil e também se retroalimenta na escritura da História nacional. Nesse sentido, tomamos como fonte essencial, para a sustentação de nossa hipótese, algumas interpretações emblemáticas, construídas a partir de perspectivas muito influentes para o autorreconhecimento do brasileiro/a/x como brasileiro/a/x, como membro de um determinado povo dotado de certas propriedades nacionais. Não se trata, portanto, de retornar às infinitas fontes documentais ou de buscar novas fontes para preencher lacunas ou de revisar interpretações de acontecimentos, mas sim de buscar compreender, num sentido geral, como se orientou a escritura da História do Brasil em relação ao Imaginário Identitário Nacional, e como alguns núcleos conceituais dessa escritura, ao forjarem uma estrutura narrativa histórico-social para o país, ao articularem a memória nacional de forma racional, encadeada e lógica, influenciaram e influenciam a realidade político-social do país hoje. Propomos que tais modos de escritura da História do Brasil, e alguns conceitos e imagens centrais dela, contribuíram para a conservação de uma estrutura inconsciente transversal do imaginário nacional herdado do período colonial. Esse Inconsciente Social Brasileiro seria, por sua vez, decorrente do que chamamos de Triplo Recalque Nacional, o qual sustentaria do ponto de vista *afetivo profundo* a estrutura socioeconômica e política forjada ao longo dos séculos de formação da *nação*, mas especialmente no período colonial, e que seria sucessivamente transmitida como herança cultural transgeracional.

O caminho proposto para essa compreensão da relação entre o Triplo Recalque Nacional e a Historiografia da História do Brasil é o do interjogo entre alguns temas da construção historiográfica brasileira e a teoria da memória psicanalítica, ou de forma mais precisa, entre algumas ideias-chave da Historiografia nacional, como fontes organizadoras e sintetizadoras da Identidade brasileira, e uma perspectiva da transmissão social do inconsciente elaborada a partir do conceito freudiano de "Herança Arcaica". Se, de fato, existe um Inconsciente Social Nacional, que se caracteriza por traços inconscientes estruturantes e transversais, como então a escritura da História dialoga, interfere, interpreta, é influenciada e recorta as emergências desse Inconsciente a cada tempo presente? Como na transmissão desses traços inconscientes estruturantes incide o esforço de análise histórico-sociológica sobre a construção da Nação e de seu povo? E mais detidamente, pode a forma como novas análises históricas são construídas e disseminadas contribuir para o Recalcamento e não somente para a tomada de consciência acerca da Herança Arcaica e dos recalcados centrais do Inconsciente Social Nacional?

Uma vez que o processo de escritura e reescritura da História é um processo vivo, no qual novas camadas de memória vão se formando, tanto na *memória coletiva popular* como na sucessão de revisões e rearquivamentos históricos profissionais, seja ainda pela descoberta de novos documentos, pela construção de novas hipóteses interpretativas ou de conceitos re-veladores, ou ainda pelos des-velamentos da Arte, não há como pensar numa sucessão linear, na qual a cada avanço historiográfico corresponderia um preciso ajuste na memória nacional e uma ação política coerente, que derivaria deste (re)conhecimento histórico do processo de formação das hierarquias sociais e desigualdades econômicas centrais na estrutura da sociedade brasileira. Não há, portanto, na formação histórica da memória um avanço progressivo e necessariamente progressista, que caminhe na direção de uma sociedade mais lúcida acerca de sua formação e menos desigual em termos socioeconômicos, especialmente considerando-se dimensões espaciais (enorme território) e temporais (História) tão amplas. O processo é extremamente complexo, não sendo o *progresso* da sociedade um movimento retilíneo e incessante rumo ao futuro de glórias decorrente de um passado heroico, como geralmente as mitologias nacionais tentam apresentar. Ainda que a ideia de um futuro grandioso, como destino da Nação e seu povo, tenha sido inscrita nas análises sobre o Brasil, tendo talvez como principal patrono dessa ideia o escritor austríaco Stefan Zweig que, aterrorizado pelo Nazismo que o fez abandonar a Europa continental, enxergou no Brasil seus sonhos de um mundo sem Racismo e sem perseguições étnicas, tal futuro grandioso, no qual o gigante finalmente acordaria de seu berço esplêndido, parece-nos mais ser uma imagem diversas vezes manipulada em disputas por poder, do que de fato um projeto ou processo de *evolução*[26].

As muitas camadas da memória de um povo são marcadas pela influência da historiografia e da transmissão e ensino dessa História, bem como pelas ondas de propaganda política e reorganizações do aparato burocrático voltado para a produção e arquivo da memória do país, de modo que dentro da enorme complexidade do que seja uma "Memória Nacional", os conceitos e análises histórico-sociológicos têm um papel organizador importante. É neste ponto que invocamos a Psicanálise, como campo de conhecimento que trata da memória e dos efeitos da memória nos acontecimentos do tempo presente e vice-versa, mas não como causalidades lineares, não como algo que decorre de um processo cronológico, mas sim de efeitos os quais são transmitidos nas lacunas e borrões das memórias e seus modos de comunicação, nos encobrimentos e recobrimentos da memória, em atos e movimentos sociopolíticos que do ponto de vista racional muitas vezes não se sustentam, e finalmente por traços perdidos para o conhecimento consciente e que precisam ser (re)construídos a partir de seus efeitos circulares e repetitivos ao longo do tempo.

A memória em psicanálise é *atemporal, porém histórica,* e é no tempo presente que se lançam os efeitos de um passado que muitas vezes parecia enterrado, apagado ou superado. Um passado que, porém, continuou e continua sendo transmitido por meio de marcas e afetos não inscritos de forma organizada na memória, e que apenas podemos reconstruir, mas que ao serem reconstruídos tornam a encobrir algo da verdade histórica, numa espécie de duelo interminável entre a consciência e a alienação, entre a memória organizada e evocável e o que chega como estranho por meio da herança arcaica e dos retornos do recalcado e das repetições em ato. Este é o efeito das histórias encobridoras, que **re-velam**, ou seja, possibilitam uma compreensão mais ampla, porém simultaneamente obscurecem algum aspecto da relação entre os indivíduos e a realidade. Nesse sentido, ao vasculhar um pouco a historiografia brasileira, neste momento histórico (2022)

---

26 Os itálicos nas palavras "progresso" e "evolução" devem-se ao caráter extremamente problemático de tais ideias. Cada vez mais percebemos que não existe um processo linear de avanço, pois nosso modo de progredir pode destruir muito; e a ideia darwiniana de evolução, ainda que importante para deslocar o ser humano de seu narcisismo, existente em diferentes culturas e religiões, como sendo a espécie eleita pelos Deuses, mostra-se um dos pilares dos Racismos que ainda assolam a Humanidade. Nesse sentido, são palavras que usamos sob uma perspectiva crítica e eventualmente irônica.

em que o país tem um governo de matiz autoritário, conservador e elitista, e simultaneamente há uma profunda cisão social na nação, com um agravamento importante da pobreza[27], da desigualdade social e das divergências político-culturais, o que indagamos é qual a relação entre a estrutura que a historiografia brasileira forjou, os modos de esclarecimento da Nação para si-mesma, e o que se passa no presente como efeito retardado, como retorno do passado não elaborado, como *defered action*, ainda que como uma enorme farsa, como colocou Karl Marx (2017[1852]) na sua análise sobre o golpe de Luís Bonaparte no século XIX na França? Como se relacionam a *herança arcaica* que retransmite o Inconsciente Nacional Brasileiro a partir de sua estruturação pelo Triplo Recalque Nacional, e que continua sendo transmitida de geração a geração, e os efeitos atuais de conceitos analíticos estruturantes da escritura da História do Brasil?

Num pequeno texto intitulado "A Identidade Nacional e os Excluídos" (publicado no livro *O Pecado Original da República,* 2017), o historiador José Murilo de Carvalho trava um debate sobre a constituição das comunidades imaginadas (o povo de uma Nação) a partir da construção de uma memória nacional, e ele afirma que "a memória é a história ajustada às necessidades da construção da identidade nacional". Nossa reflexão, a partir de uma perspectiva psicanalítica, visa discutir a formação da "memória nacional" como construção do "povo nacional" a partir da escritura da História, com todos óbvios problemas epistemológicos que a ideia de unidade nacional acarreta quando tratamos de um tema tão complexo, multifacetado e que certamente possibilita análises *en abyme*. Destacamos, porém, nessa passagem do eminente historiador, a necessidade de um ajuste realizado pela escritura da História de modo a conter a memória, a organizar a memória, e formar então a memória dita Nacional, a qual explicitará em seus termos

27 Uma das formas de se contabilizar a riqueza de um país é o valor médio do Produto Interno Bruto do país por habitante, o índice chamado PIB per capita. Como a população brasileira segue crescendo, e o PIB teve quedas ou crescimento reduzido a partir de 2014, o *bolo* a ser dividido pelos brasileiros ficou ainda menor em termos proporcionais. Em notícia divulgada pelo portal G1 (03/03/2022), com dados do Instituto Brasileiro de Economia da FGV (IBRE-FGV), a estimativa é que apenas em 2029 o Brasil, talvez, alcance o PIB per capita mais alto da série histórica, que foi mensurado em 2013. Além disso, sabemos da histórica concentração de renda nacional que voltou a crescer a partir de 2014 conforme dados da PNAD/IBGE. Mais detalhes podem ser lidos respectivamente nas reportagens do G1 e do IG: https://g1.globo.com/economia/noticia/2022/03/03/pib-per-capita-do-brasil-deve-voltar-a-cair-neste-ano-e-so-recupera-nivel-pre-crises-em-2029-aponta-fgv.ghtml e https://economia.ig.com.br/2022-06-10/mais-ricos-comparacao-renda-mais-pobres.html

quem é o Povo dono dessa memória, mas também identificado por esta memória de sua formação, que explicita como este povo se tornou o povo que imaginariamente *É*. São justamente os modos como esse ajuste científico e político da memória é feito pela historiografia da História, na sua interface com a análise sociológica, mais ou menos articulada a projetos políticos e de poder, e a própria estrutura de formação das gerações de brasileiros, que constituem o tema central da nossa reflexão, bem como os efeitos desses modos de ajuste da memória pela História na práxis cidadã. Como a escrita da História, orientada por interesses de grupos de poder, mas também em diferentes momentos, organizada a partir de diferentes paradigmas acerca "do verdadeiro" ou do legítimo ou ainda do que seja factual, o documental, conforme o próprio desenvolvimento da disciplina História e seus modos de produção e de escritura se modificam e, principalmente, como se articula com a herança arcaica e a estrutura inconsciente nacional?

Nossa hipótese é que esse recorte que a escritura da História do Brasil efetua sobre a memória nacional articula-se a três núcleos principais de Recalque[28], os quais permanecem centrais, ainda que a pesquisa histórica e o modo de produção e de escritura da História tenham se transformado, especialmente a partir da segunda metade do século XX, quando ocorreu uma profissionalização da pesquisa histórica nas universidades brasileiras (Nicodemo, T.L. et alli, 2018). O Recalque (*Verdrängung*) é, dentro da teoria psicanalítica, o mecanismo psíquico cuja efetivação exclui da memória acessível pela consciência, pelo "Eu", aquilo que seria eticamente inadmissível para este "Eu", para

---

28 Recalque (*Verdrängung*) é um conceito fundamental da Psicanálise e podemos resumi-lo como a ação por meio da qual o sujeito se aliena dos desejos ou pensamentos que causam conflito psíquico e ameaçam a integridade subjetiva do Eu. Recalcar é expulsar da consciência ou não deixar emergir à consciência as ideias que o Eu não consegue integrar a imagem idealizada que tem de si mesmo. Nesse sentido, alguém que se considera como não sendo racista, recalcaria ideias baseadas numa perspectiva racista, especialmente aquelas com motores sexuais e/ou agressivos. Isso não quer dizer, todavia, que este indivíduo, seja por ação da culpa inconsciente seja por ação de outros mecanismos psíquicos, não irá exibir comportamentos racistas, eventualmente sem sequer perceber seu racismo, ou seja, sem ter a consciência de sua atitude racista. Parte de nossa reflexão neste livro visa tentar transpor o conceito de Recalque, formulado inicialmente por Freud para dar conta do psiquismo de indivíduos, para o coletivo, para o nacional. Como já indicamos, o próprio Freud (1913a), a partir da publicação de *Totem e Tabu* iniciou a tradição de se utilizar conceitos psicanalíticos para analisar a Cultura. Alguns psicanalistas, quando aplicam o conceito de *Verdrängung* a um grupo social preferem traduzi-lo como Repressão e não por Recalque; por exemplo, dir-se-ia que a *repressão* do desejo sexual feminino era estruturante da cultura vitoriana no século XIX. Decidimos, contudo, usar o termo Recalque neste texto para acentuar que se trata de um conceito psicanalítico, aplicado de forma bem definida.

a imagem ideal de si, que foi forjada para o sujeito a partir de suas identificações e que permite que ele se reconheça como indivíduo e como parte de um grupo, e na formação das nações modernas como parte de um povo detentor de características que o definem, no nosso caso, como brasileiro/a/x. O Recalque recorta a história do sujeito, deixando de fora, excluído da memória, uma gama de representações e seus respetivos afetos, que são inadmissíveis, intoleráveis, indesejáveis e que ameaçam a visão imaginária que o sujeito tem de si, ameaçam a perspectiva ideal que o sujeito quer alcançar e, logo, colocam o Eu em perigo de cisão, atacam a sua *unidade*. O Recalque possibilita que o Eu se perceba como uno, ou pelo menos, acredite na sua *integridade*[29], apaziguando o conflito psíquico e social. O que é recalcado, diferentemente do que é "bem esquecido" segue, porém, forçando sua entrada na consciência, na memória acessível, de modo que produz conflito, divisão e eventualmente sintomas. Sintomas que podem se expressar como dores no corpo, como lapsos de memória, como atos destrutivos contra si mesmo ou contra um outro cuja presença de alguma forma, de forma *estranhamente familiar* diria Freud (1919), faz irromper os afetos suprimidos, a ideia ou registro de percepção recalcados. Quando num processo psicanalítico, o analisando constrói uma nova memória, ressignifica um acontecimento de sua vida, buscando encontrar uma nova posição no laço social, isso quer dizer que o Recalcado deixou de existir? Podemos pensar que sim, que talvez algo tenha sido diluído, ou até mesmo "bem esquecido" e deixe de cobrar no presente os efeitos originários que continuavam atuando *a posteriori*; contudo, também podemos pensar que não; afinal, seriam os traumas originários, aqueles que formam o núcleo estrutural do inconsciente, totalmente elaboráveis? A ponto da narrativa atual se tornar *completa* em relação ao que nos forjou, antes mesmo da linguagem poder conter por meio da organização da memória, da história, do "Eu", os efeitos do acontecimento traumático? Em relação a um povo nacional, seria a reconstrução da Memória Nacional, por meio das reescrituras sucessivas da História, capaz de libertar esse povo dos efeitos de seus traumas e violências históricos? E como ações políticas se articulam ou são realizadas a partir dessas reconstruções analíticas da Memória Nacional no sentido

29 Geralmente, indivíduos que se consideram *sem pecado* — mas, que *pecam* constantemente — são extremamente recalcados, chegando em alguns casos a ter uma cisão tão profunda em seu psiquismo que é como se tivessem dois "Eus". O Eu perfeito e o Eu renegado, mas que faz suas incursões em espaços de exceção.

de construir uma mais ampla consciência nacional sobre a própria formação da nação e de seu povo? Ou no sentido oposto, de impedir a ampliação da consciência nacional, possibilitando a manutenção da estrutura socioeconômica cultural herdada de outras épocas?

Transferindo essa perspectiva da estruturação da memória individual para a formação da memória coletiva vemos, no nível prático, a ação de grupos de poder político e econômico e de grupos intelectuais — as ditas *elites* — que constroem os conjuntos de saberes organizadores da memória histórica e da realidade das ações políticas e econômicas com efeitos sobre o todo[30]. A produção simbólica erguida e disseminada por esses grupos tem um efeito paradoxal, pois desvela e oculta a verdade[31], num movimento de *re-velação*. Sustentamos que essas ações de recorte e montagem da memória nacional, ao longo dos 200 anos de história do Brasil, como país independente, instauraram e mantiveram três núcleos principais e recorrentes de incidência do Recalque — sendo o terceiro núcleo mais recente na linha temporal — como forma de construir e manter uma certa imagem do povo brasileiro (com eventuais ações de Desmentido (*Verleugnung*) diante do retorno inescapável desses conteúdos recalcados). Em diferentes momentos históricos, no período a partir da Independência, a forma como esse Recalque se manteve atuante exigiu reorganizações historiográficas e políticas, ou seja, uma atualização da memória de modo a manter encobertos os núcleos recalcados e apresentar-se ajustada aos sucessivos *Espíritos da Época*. Os ajustes conjunturais da memória, nos momentos de re-velação de conteúdos recalcados, contudo, não significaram ainda aquilo que numa análise individual chamamos de elaboração psíquica (*Durcharbeitung*), isto é, a reconstrução da memória a partir de uma análise *profunda*, com reconhecimento do recalcado e, principalmente, um reposicionamento dos sujeitos no laço social e na sua relação com o seu desejo. Consideramos, portanto, que apesar dos diferentes momentos de reconfiguração da Memória Nacional, com a

30 Certamente, existem produções e ações nas margens e brechas da sociedade, ações com impacto local, mas que se diferem das produções e políticas elaboradas pelos grandes professores, estudiosos, membros da estrutura política que cuida da Memória e políticos que deliberam constituindo legislação e execução de projetos de nação com influência nacional e local, bem como as jurisprudências e sua relação com o Costume.

31 Verdade é uma noção muito complexa. Verdade religiosa revelada. Verdade científica pela perfeita adequação das teorias aos fatos, de forma verificada pela experimentação científica. Verdade social pela capacidade de um determinado discurso representar um grupo específico. Verdade do inconsciente: os traços originários do desejo que movem um indivíduo ou um grupo nacional na direção de sua vida e de sua morte. Verdade histórica, o que seria?

proposição de novas interpretações histórico-sociológicas e de novas políticas sociais e econômicas, permanecem vigorosos três grandes núcleos de Recalque na formação da Memória Nacional Brasileira e, logo, na imaginação popular acerca do que seja a "Brasilidade", do que caracterizaria o ser brasileiro, nossa Identidade Nacional, nosso "Eu Nacional consciente". Os três núcleos do recalque nacional brasileiro tal como estamos propondo são:

- a transformação das centenas de povos indígenas existentes, quando da chegada dos portugueses ao território hoje chamado Brasil, na figura imaginária do *índio*. Até hoje, a forma como se busca incorporar à memória nacional o elemento *índio* na formação do povo brasileiro é uma espécie de lembrança encobridora, que recalca e desmente a existência de centenas de povos indígenas no território do país e seu extermínio continuado (Genocídio) desde a chegada dos invasores europeus, passando pelas ações dos bandeirantes até os garimpeiros, grileiros, contrabandistas, entre outros, atualmente. Vemos essa continuidade, por exemplo, na forma como a proteção dos indígenas aparentemente foi sonegada pelo governo federal durante a Pandemia de Covid-19 e na (mais uma vez) crescente atuação de garimpeiros ilegais e outros espoliadores em territórios indígenas. Sob a lógica da "integração dos *índios* à sociedade brasileira" busca-se novamente acabar com os indígenas, seus modos de vida originários e culturas específicos e se apropriar de suas terras garantidas pela CF de 1988[32]. Certamente, trabalhos como o de Eduardo Viveiros de Castro e de Bruce Albert, entre outros pesquisadores no campo da Antropologia, e a atuação de representantes de povos originários como Davi Kopenawa, Ailton Krenak, Sônia Guajajara, entre outros, contribuem para que se atravesse a ação recalcadora que as construções sobre o *índio* tiveram na memória e na História do Brasil. Até

32 Informações sobre o tema podem ser encontradas no site da BBC na reportagem intitulada *Os 5 principais pontos de conflito entre governo Bolsonaro e indígenas*, publicada em 29/01/2020: https://www.bbc.com/portuguese/brasil-51229884 ou ainda em publicação do próprio Conselho Nacional de Saúde que denuncia a discriminação contra os povos indígenas no enfrentamento da Pandemia de Covid-19: https://conselho.saude.gov.br/ultimas-noticias-cns/2213-discriminacao-aos-povos-indigenas-pelo-governo-federal-e-escancarada-na-pandemia-mostra-relatorio-do-cns-e-cndh. Historicamente, os povos indígenas foram dizimados no território brasileiro, não apenas pelas "guerras dos bárbaros", mas pelas doenças trazidas para dentro de suas terras pelo homem branco desde 1500 até os dias atuais, como vimos com a Pandemia de Covid-19.

hoje pouco sabemos sobre os povos originários, os indígenas que habitaram e ainda habitam (os que sobreviveram) estas terras chamadas Brasil, desde muito antes da formação do povo brasileiro. Até hoje os indígenas são não apenas discriminados, mas continuamente exterminados quando não aceitam a assimilação e aculturação estrangeira alienígena, que se iniciou com a invenção da categoria do *índio* desde o período colonial, sob a ação dos missionários católicos, mas especialmente no projeto de nação do Segundo Reinado, como uma forma de "lembrança encobridora" que apaga os milhões de indígenas e suas centenas de culturas distintas existentes no Brasil sob a figura monolítica do *índio*. Este é o primeiro núcleo de Recalque na formação da (não) Memória brasileira. A invenção do *índio* é a memória encobridora cuja formação evidencia a retirada (o Recalque, *die Verdrängug*) da memória nacional dos registros sobre as centenas de povos indígenas existentes no território que veio a ser o Brasil, bem como os registros do sucessivo extermínio desses povos originários, fato especialmente *desmentido* no tempo presente da República, mas também em outros períodos.

- o segundo núcleo do recalcado nacional é a negação do Racismo estrutural profundo que existe na sociedade brasileira. Esse Recalque caracteriza-se pela construção de alguns conceitos e histórias encobridoras, erguidos por grandes pensadores da nação, como o de "democracia racial", de "novo homem brasileiro", ou mesmo certos usos da noção de "cordialidade". Permanecem os descendentes dos africanos, que foram violentamente forçados a virem para a América como propriedade de europeus — estes verdadeiros bucaneiros que vieram para o Brasil inicialmente apenas para explorar e lucrar — e depois de brasileiros escravagistas, em lugar social distinto na sociedade brasileira. Após a Abolição, os *cidadãos* negros foram excluídos, perseguidos, reduzidos às margens sociais, sem nunca terem sido de fato incorporados ao laço social e à cidadania no Brasil, vivendo não apenas numa sub-cidadania e numa sub-dignidade, mas sob um ataque à sua identidade, com a desvalorização de todos os traços culturais e fenotípicos[33]

33 A expressão "uma negra bonita de traços brancos/finos" é apenas uma das inúmeras falas que expressam a submissão estética da "negritude" pela "branquitude". A obra de Frantz Fanon

da negritude. Associado a isso decorre um encobrimento da diversidade africana, apagada especialmente pelo fato de que o escravizado era uma propriedade, um objeto desumanizado, cuja existência como propriedade era atestada em documentos de compra e venda ou em inventários. Pesado em balanças nos mercados, avaliado como mercadoria e precificado pela *qualidade* de seus músculos e dentes, rebatizado com um nome cristão e apartado de qualquer laço afetivo que tivesse[34], o escravizado era retirado não apenas de sua cultura, de sua terra, de sua família, mas do coletivo dos seres reconhecidos como humanos. Uma grande luta tem sido empreendida por diversas mulheres e homens em nome da dignidade das pessoas pretas e pardas no Brasil, mas ainda assim permanece um núcleo de não-reconhecimento e de forte discriminação em relação aos afrodescendentes. Certos conceitos e interpretações, formulados por autores muito relevantes para a construção da Brasilidade e da Memória Nacional, vêm tendo um efeito *re-velador* neste tema, pois simultaneamente trazem alguma consciência e lucidez acerca do Racismo Brasileiro, porém, paradoxalmente contribuem para a manutenção do núcleo forte desse recalcado, com efeitos nefandos na sociedade brasileira contemporânea. A forma como as pessoas pretas são tratadas no Brasil, com extrema violência e desrespeito, sem reconhecimento social, sem que exista algum tipo de reflexão efetiva sobre a realidade social do país, que tem as pessoas brancas e as pretas em posições sociais e econômicas completamente opostas e diferentes precisa ser questionada de forma ampla. Se não existe um *Apartheid* jurídico, existe uma segregação evidente na sociedade, que tem como base a estrutura do Inconsciente Social Nacional com seus núcleos de Recalque e sua relação com a hierarquia socioeconômica baseada na cor da pele. Sublinhamos ainda que, quando não podemos refletir verdadeiramente sobre algo, é porque a força do Recalque ainda está presente de maneira intensa, ampliando-se essa resistência reacionária conforme as denúncias

---

(2020 [1952]) aprofunda de forma contundente essa relação entre o colonizador branco e o colonizado negro, com todos os efeitos nefandos dessa relação.

34 Boas fontes para o assunto são: Alencastro, 2000; Florentino & Góes, 2017; Gomes, 2019, 2021, 2022; Schwarcz, 2019.

acerca do Racismo Estrutural tornaram-se mais constantes nos últimos anos, conforme se fortalecem os movimentos negros e as publicações e manifestações que reconstroem a História do Brasil na direção do reconhecimento do Genocídio do negro brasileiro e da necessidade de ações sociopolíticas de reparação.

- o terceiro núcleo de Recalque Nacional são os crimes de Estado em *tempos e espaços de exceção*, notoriamente a tortura e o desaparecimento de perseguidos políticos, cometidos por agentes do Estado, majoritariamente militares, nos períodos de Ditadura do Brasil, seja o período de 1937-1945, seja o período mais recente de 1964-1988, mas especialmente no que tange a este segundo período ditatorial, sobre o qual o Recalque (*Verdrängung*) incidiu com força de Lei, de forma oficial e como parte da construção do acordo político para a chamada Redemocratização. Não apenas a Lei da Anistia (de 1979) operou esse recalque do ponto de vista jurídico, e que foi revalidado pelo STF no julgamento da ADPF 153 em 2010, que revalidou a Lei da Anistia à luz da Constituição de 1988, mas também a recente eleição de Jair Bolsonaro para presidente da República, nas eleições de 2018, com mais de 57 milhões de votos, após ter elogiado publicamente um dos principais agentes dos órgão de repressão da Ditadura Militar-Civil iniciada em 1964 — o elogio ao coronel Brilhante Ustra caracteriza-se, no nosso entendimento, como parte de um Desmentido da realidade (*Verleugnung*) efetivado pelo discurso bolsonarista, pois ao se banalizar a tortura ou no extremo enaltecer um homem apontado como torturador, transformando-o em herói pátrio tem-se um efeito de recobrimento de um dado da realidade evidente: a tortura ocorreu na Ditadura Militar-Civil e a tortura é intolerável em qualquer situação ou circunstância. Neste ponto, a realidade histórica, testemunhada e reconhecida pela historiografia nacional, sofre um recorte específico num tema acerca do qual buscava-se superar o Recalque (*Verdrängung*) efetivado com a Lei da Anistia e o consequente silenciamento do debate, acerca da tortura e da ocultação de cadáveres, na Redemocratização.

O Desmentido (*Die Verlegnung*) é o conceito freudiano que indica uma operação psíquica que desmente ou desconsidera aspectos específicos da realidade, que o sujeito ou o grupo não suporta perceber como realidade, pois esse traço da realidade (ou da História) representa uma ameaça à sua existência, à sua integridade narcísica, à sua imagem ideal. Neste caso, trata-se da desconsideração dessa violência traumática (a tortura e o desaparecimento de pessoas sob a custódia do Estado ditatorial), a qual foi formalmente considerada apagada (recalcada, portanto) pela Lei da Anistia, mas cujos efeitos ainda se fazem sentir pelas memórias e afetos de dor que nos chegam, pela lacuna histórica devido ao silêncio forçado sobre o tema, pela falta de reconhecimento jurídico-político e de punição dos agentes envolvidos, e pela desconsideração atual, por meio de um discurso político-social que banaliza o ocorrido e tenta transformar torturadores em heróis, justificando e defendendo a violência cometida, bem como renegando o trabalho historiográfico e político-social de busca da verdade. Nesse sentido, não se trata apenas de recalcar a verdade vergonhosa e horrorosa da tortura e dos demais crimes cometidos pelos agentes estatais durante a referida Ditadura, mas de uma distorção da realidade quando um indivíduo reconhecido como torturador é transformado em herói nacional pelo Presidente do Brasil justamente por isso. A resistência de certos setores militares e civis aos trabalhos da Comissão Nacional da Verdade, durante o governo da Presidenta Dilma Rousseff, demonstra o quão profundo é o Recalque sobre este tema (a violência organizada de Estado no Brasil e especialmente o uso da tortura pelos agentes estatais), e a incapacidade de uma parcela do "Eu" nacional de incorporar à sua memória os horrores perpetrados em nome de um projeto de poder nacional-desenvolvimentista de extrema direita[35].

Vale ainda sublinhar que a Lei da Anistia opera também como autorização à tortura e ao assassinato em espaços de exceção, espaços recortados fora da ordem jurídica nacional, mas dentro do território, isto é, espaços formados nas comunidades carentes e periféricas habitadas em sua maioria por uma população predominantemente de pretos, pardos e indígenas — trata-se de enclaves onde os grupos nacionais que

---

35 O projeto dos militares (e civis associados) no período de 1964-1985 era Nacional-Desenvolvimentista autoritário. Atualmente, a Direita brasileira de qualquer matiz não apresenta projetos desenvolvimentistas, mas apenas neoliberais, os quais incluem o enfraquecimento do Estado como agente produtor de riqueza e indutor do crescimento, bem como a redução de sua estrutura geral.

os habitam são submetidos a outros parâmetros de direitos humanos, de segurança pública e de ação policial. O recente livro de Bruno Paes Manso (2020) estabelece de forma bem argumentada essa correlação entre os grupos de extermínio formados durante a Ditadura Civil-Militar e a ação no tempo presente de assassinos de aluguel e de milícias, formadas em sua maioria por policiais militares e bombeiros militares ou indivíduos oriundos dessas corporações, eventualmente exonerados/reformados. Os grupos de extermínio continuaram operando após a Redemocratização até os dias atuais como um subproduto do aparato estatal e paraestatal de violência. A guerra ao tráfico de drogas substitui a guerra ao comunismo e à subversão como superestrutura justificadora do uso da violência pelo Estado de forma ostensiva, mas as causas pulsionais (a estrutura do Inconsciente Nacional e a herança arcaica) bem como as econômicas são a base desse funcionamento violento das polícias e das milícias. Paes Manso (2020) sustenta que a vitória de Bolsonaro em 2018 reflete a escolha da maior parte da população por um modelo de administração social baseado na violência e no autoritarismo.

> Bolsonaro venceu a eleição de 2018 porque parte dos brasileiros foi seduzida pela ideia da violência redentora. Diante da crise econômica e da descrença na política, os eleitores escolheram um justiceiro para governá-los. Como se o país decidisse abandonar suas instituições democráticas para se tornar uma enorme Rio das Pedras gerida por princípios milicianos. (Paes Manso, 2020, p. 294)

É importante reforçar que a vitória do Bolsonarismo (conservadorismo de extrema direita) nas eleições de 2018, cujo discurso sobre temas como a Questão Indígena, a Escravidão e a Ditadura Militar, *desmente*, no sentido psicanalítico da *Verleugnung*, de forma inconsciente ou não, aspectos factuais da realidade histórica, devidamente pesquisados, estabelecidos, constatados, documentados, ainda que não completamente elaborados pela sociedade devido à enorme carga afetiva que transportam. Por isso, esta vitória política poderia ser compreendida como a efetivação de um grande Desmentido nacional, que incide diretamente sobre percepções e conhecimento atuais que se referem ou evidenciam aspectos destes 3 núcleos históricos do recalcado. É nítida, nesse contexto, uma tentativa reacionária de reverter os esforços de elaboração e de reconstrução da Memória Nacional, que foram empreendidos em termos político-administrativos a partir da promulgação da Constituição Federal de 1988, e que vinham possibilitando não apenas uma compreensão das violências históricas que fundam a sociedade brasileira, mas também a implementação de algumas políticas públicas que buscavam na prática reconhecer e modificar a estrutura social herdada.

Surpreende, mas nem tanto, considerada nossa condição humana e a História do Brasil, que uma parcela enorme dos brasileiros tenha escolhido, mais uma vez, o "mal esquecimento", isto é, o Recalque (*Verdrängung*) daquilo que habita como traço ancestral o nosso Inconsciente Nacional; e o Desmentido (*Verleugnung*) da percepção dos efeitos nefandos e cotidianos de nossa História e sua Herança na realidade presente. O discurso bolsonarista, que efetiva coletivamente esse Desmentido de alguns aspectos da realidade nacional contemporânea, atualiza para nós os efeitos *a posteriori* desses momentos traumáticos e estruturantes da Memória Nacional. Nesse sentido, o Bolsonarismo como construção ideológica seria um processo político-social de alienação e de desconexão com a História do Brasil e com os traumas nacionais fundantes da nação, bem como com seus impactos na contemporaneidade, especialmente o Racismo Estrutural, a violência estatal e paraestatal, o desrespeito pelas populações indígenas e a enorme desigualdade socioeconômica, heranças diretas da estrutura colonial e da forma como foi realizada a Abolição, de modo a manter uma estrutura produtiva baseada na exploração dos descendentes dos indivíduos escravizados e na separação entre Casa Grande & Senzala. Tal movimento político ultra conservador e reacionário, caracterizado pelo ressentimento diante das recentes transformações da estrutura socioeconômica, mas também pela dificuldade de reconhecimento das violências traumáticas na História do Brasil e seus efeitos atuais, especialmente em relação à estrutura social de privilégios e à concentração de riqueza construída a partir da sociedade colonial e atualizada nos períodos históricos seguintes, marca um reforço do recalcamento nos três núcleos não assimilados pela Memória Nacional e pelo imaginário da brasilidade: **a questão do massacre e da tentativa de apagamento dos povos indígenas; o racismo estrutural e a herança nefanda da Escravidão, incluindo a tentativa de apagamento dos negros; e a violência como política de Estado e, especialmente, a tortura e execução de presos políticos durante o período de exceção de 1964-1988.**

Para sustentar a hipótese do Triplo Recalque na formação da Memória Nacional, precisaremos, assim, articular a teoria psicanalítica da memória, a questão da transmissão inconsciente e coletiva do recalcado social — ao que Freud (1922; 1937) batizou de *herança arcaica* — e os usos sócio-políticos do Desmentido (*Die Verlegnung*) na contemporaneidade. Em seguida, estabelecer um caminho epistemológico no diálogo com a historiografia; e, ao longo desse percurso, eleger alguns exemplos de ajustes da *memória nacional* pela História do Brasil e pela Análise Sociológica, de modo a exemplificar nossa hipótese[36]. Além disso, *especularemos* sobre os efeitos *a posteriori*, espécie de sintomas psicanalíticos nacionais, que o retorno desses recalcados acarreta no tempo presente, bem como a discussão sobre a possibilidade de se considerar a *efetivação de desmentidos* da realidade por meio de algumas ideias que vislumbramos no Bolsonarismo. É preciso sublinhar que da mesma forma que o inconsciente individual nunca é plenamente reconstruível e elaborável pelo sujeito, no caso da coletividade tal tarefa se mostra ainda mais interminável. Isso, todavia, não impede que nesse bicentenário da Independência do Brasil tenhamos a pretensão de contribuir, de forma limitada e reconhecendo nossas dificuldades e mesmo impossibilidades, com uma reflexão sobre o Brasil, seu povo e nossa identidade nacional *brasileirx*. Afinal, a pergunta "que país é esse?" segue necessária e atual!

36 Certamente, nossos exemplos serão limitados em quantidade e profundidade, mas podem somar aos esforços de compreensão e análise do nosso momento histórico, bem como contribuir para as reflexões sobre as políticas para o porvir.

2. POR QUE A PSICANÁLISE? Sobre um diálogo possível entre História e Psicanálise

2.1 — O Inconsciente na/da Historiografia do Brasil — Rascunhando

Segundo José Honório Rodrigues (2000 [1953]), na "Explicação" que escreveu para a 4ª edição de *Capítulos de História do Brasil,* obra clássica de Capistrano de Abreu, este importante historiador brasileiro inicialmente pretendera chamar sua obra de "Breves Traços" de História do Brasil. A noção de *traços da história* invoca, por contiguidade, mas também por uma relação conceitual, já que ambos tratam da formação da memória, os *traços* mnêmicos freudianos. Afinal, o projeto do historiador era, ainda conforme a explicação de Honório Rodrigues, preencher as muitas lacunas que percebia na História do Brasil tal como escrita até então, acima de todos pelo consagrado historiador do período imperial Francisco Adolfo Varnhagen, o Visconde de Porto Seguro. Podemos considerar que para a Psicanálise, os traços de memória individuais são registros inscritos no tecido neuronal, desde as primeiras experiências do bebê, os quais se sobrepõem, se misturam, se apagam, se substituem conforme novas vivências ocorrem no tempo. Esse processo leva à formação de telas mnêmicas fantasiosas para encobrir o registro dos acontecimentos traumáticos ocorridos ao longo da infância. Tais acontecimentos, todavia, são estruturantes da subjetividade em suas diferentes camadas e complexas articulações, na história de vida do indivíduo. Propomos que esse processo aconteça de forma ainda mais complexa e plural, porém sob um modo de estruturação semelhante, em relação às camadas de memória dos povos nacionais. Ora, estas telas mnêmicas, lembranças encobridoras e histórias recobridoras, operam sobre as lacunas da memória como uma espécie de enxerto mnêmico, que incide sobre os períodos da vida ou da História, acerca dos quais a lembrança evocável não é clara, podendo existir lacunas ou recobrimentos. Historiador e psicanalista trabalhariam, portanto, com as lacunas e as contradições da memória, mas com a teoria psicanalítica fica evidente que tais lacunas e recobrimentos têm uma função organizadora, ainda que possam ocasionar sintomas. Desta forma, a tentativa de apagar ou de recobrir alguns *traços* mnêmicos não é mero efeito da passagem do tempo, mas trata-se de processos de defesa psíquica na busca por um equilíbrio possível, tanto na perspectiva individual como na comunitária, pois o grupo, assim como o indivíduo, porta ideias e memórias insuportáveis, difíceis de incluir no texto oficial, e por vezes traumáticas.

As lacunas da memória surgem no espaço de registros que foram excluídos do *tecido* pela ação do Recalque (*Verdrängung*), ou mesmo radicalmente apagados em casos extremos da destruição originária de Culturas em genocídios ou de indivíduos recém-nascidos pelo assassinato; porém, mesmo os apagamentos mais violentos da memória deixam alguns vestígios, rastros afetivos e encobrimentos. No caso do ser humano trata-se dos resquícios de uma voz, de uma cor, de um cheiro, de um toque, que o impactaram um dia; no caso de povos, trata-se de ancestralidades não documentadas, de violências não reconhecidas e assimiladas, mas que sobrevivem pela transmissão inconsciente de heranças muito arcaicas — são traços de memória que chegam como vestígios de pegadas apagadas, por vezes nas entrelinhas de rituais, por vezes pelos campos marginais e excluídos do discurso e da convivência social oficial. Tais resquícios mnemônicos emergem então como traços, fragmentos, pequenas partes, recortes soltos, mas cujo efeito afetivo, prático, sobre a vida atual é inescapável e segue operando em diferentes tempos e espaços. Por isso, preencher as lacunas históricas — ou pelo menos compreender a sua existência — é fundamental para que o indivíduo possa permanecer de pé, com sua identidade, com sua sensação de si mesmo, de poder saber e dizer quem é.[37] No caso de uma Nação, de uma população nacional, da Identidade de um povo, percebemos que conforme a escritura da História avança, as lacunas vão sendo preenchidas pelos grupos vencedores políticos e econômicos de cada período, pelo menos até a Ciência estabelecer métodos e os

37 Certamente, quando as lacunas são sucessivamente recobertas com lembranças muito diferentes dos registros mnêmicos excluídos, temos a construção de uma identidade frágil, pois os pés de sua história formadora são de barro.

pesquisadores puderem trabalhar de forma menos definida pelas forças político-econômicas, com isenção técnica e científica, a qual nunca é, truísmo dizer, absoluta; afinal, pesquisadores também são cidadãos sujeitos não apenas ao Espírito de sua Época, mas também às injunções do poder político-econômico e à sua história de vida. O discurso vencedor acerca dos fatos ocorridos, contudo, ainda que *trabalhe* pelo recalcamento das memórias indesejadas, não apaga completamente os vestígios dos traumas, pois os gritos silenciados ecoam pelas frestas da História oficial, nas diferentes produções marginais da Cultura, e também pelos efeitos no real da vida cotidiana, que as lembranças encobridoras, por mais belas e bem talhadas, não são capazes de conter.

Restam então fragmentos, traços, que driblam os recortes da historiografia dominante, e clamam por um lugar na narrativa histórica ou ainda os silêncios que ecoam e causam angústia, bem como as passagens ao ato coletivas que re-velam, por meios das repetições, violências e culpas históricas que se retroalimentam. Desta forma, mesmo que a cada momento historiográfico, os indivíduos ou grupos que escrevem a História estejam situados também num certo presente histórico, com suas disputas de poder e paradigmas metodológicos — inseridos num determinado *ZeitGeist* que inclui contemporaneamente a conjuntura internacional de um mundo globalizado — parece-nos possível rastrear os efeitos de determinada historiografia sobre o Inconsciente Nacional, como história encobridora ou recobridora, ainda que tenha sido escrita para dar consistência ao imaginário do povo nacional, num efeito contraditório de *re-velação*, abrindo clareira, mas obscurecendo no mesmo movimento de escrita, difusão, abertura e fechamento simultâneos. Deste modo, um texto ou imagem que sob uma determinada perspectiva esclarece e ilumina, causa também novos ocultamentos e recalques, uma vez que nem sempre a força recalcadora atua de forma óbvia, tampouco a força libertadora, que amplia a consciência, é sem limites ou contradições, de modo que também impõe linhas divisórias, classificatórias e eventualmente supressoras.

Os breves traços de História referidos pelo grande historiador — que se tornaram o livro *Capítulos de História do Brasil* (2000[1954]) — buscariam, por óbvio, elucidar as lacunas da memória, esclarecer o sentido histórico de certos acontecimentos, inserir as novas descobertas documentais num fluxo de causalidades, sair do escopo das narrativas oficiais centradas no conquistador europeu, mas certamente a cada momento das sucessivas pesquisas, de Capistrano de Abreu e de seus sucessores, vão surgindo novos traços mnésicos a partir desse esforço investigativo, como numa escavação arqueológica em que novas camadas de memória vão sendo atingidas e redefinem os motivos e a compreensão acerca das sucessivas estruturas, sejam as mais recentes ou as mais arcaicas, no jogo circular das ressignificações historiográficas e memoriais. A escritura dos acontecimentos como narrativa histórica — a historiografia — vai, portanto, sofrendo esse efeito *a posteriori*, no sentido psicanalítico, em que o segundo tempo do trauma, no qual ele é revivido ou evocado por algum novo acontecimento, possibilita uma nova compreensão sobre o tempo traumático originário, sobre o acontecimento que ficou recalcado e sobre o que ainda permanece encoberto, de modo que relança a escritura da História em direção a novas interpretações. Nesse sentido, como o arqueólogo que vai lidando com camadas de fragmentos, ruínas, traços sobrepostos ou entrelaçados dos diferentes tempos de uma sociedade, de uma cidade, da vida nessa cidade, da Cultura de sociedades sucessivas e mescladas nessa cidade, o escritor da História, cuja própria historiografia é também sucessivamente atravessada por tempos de modificação das ruínas, dos traços, dos documentos, dos métodos de análise e dos poderes político-econômicos, também vai recalcando ao desvelar, cifrando ao decifrar, contribuindo para revolver a sociedade e simultaneamente para manter o *status quo*. Essa tensão contraditória é central nesse processo de re-*velação histórica*, e por isso, o trabalho do historiador, como o do psicanalista, é interminável, sempre a seguir, sempre por concluir.

O traço histórico reescrito pode, portanto, re-velar aquilo de mais escondido dos fatos históricos por meio das ocultações que permanecem ou dos índices que se consolidam como novos marcos históricos, mesmo em dissonância com aspectos nítidos da interpretação histórica predominante no tempo presente até então. É possível que nas sucessivas reescrituras da História, algum aspecto central na estrutura inicial dessa escrita, um traço histórico que funciona como coluna, como alicerce interpretativo, mesmo na nova redação histórica, mesmo diante de novas conceituações e análises, esse traço forte permaneça nos interstícios do texto como estrutura central, pilar arcaico da fantasia nacional, dos projetos de nação e da existência do povo, de modo que as renovações e descobertas da pesquisa histórica não conseguem destituir conclusivamente, mesmo quando apresenta evidências contrárias a essa estrutura arcaica. A força recalcadora é muito forte porque trabalha pela manutenção de pilares arcaicos e estruturais — decorrentes e mantenedores da herança arcaica, bem como da estrutura socioeconômica dela derivada —, forjados desde os primórdios da História e sujeitos às camadas posteriores de novos acontecimentos traumáticos. Nesse sentido, o Recalque continuaria, portanto, operando mesmo quando se busca uma análise renovadora. Isso ocorre na medida em que o que é transmitido como traço historiográfico estruturante não se rende facilmente a uma elaboração racional, a um conhecimento mais amplo, a uma mudança de paradigma, como acontece por exemplo, no nível individual, na clínica psicanalítica de um neurótico obsessivo que tudo explica sobre si, mas que segue sem conseguir realizar quem de fato ele é e o que realmente deseja como projeto de si, como futuro-de-si, perdido em seu narcisismo, em sua imagem idealizada, em sua *primeira história de si*. As interpretações se sucedem sem que de fato o núcleo afetivo dos traumas e memórias recalcados seja revisitado, sem que se possa efetivamente costurar simbolicamente as feridas, e assim abrir novos caminhos históricos e projetos de *Eu*, evitando a repetição que sub-repticiamente se imiscui no intertexto, mesmo quando a proposta revisionista era, no seu valor de face, contrária ao Recalque, ao ocultamento, ao recobrimento.

Nesse sentido, pensando sobre a forma da escrita da História, tal escrita vai constituindo um *Inconsciente Historiográfico*, que não é o inconsciente estrutural de um povo (o *Inconsciente Social Nacional*), no sentido daquilo que é transmitido simbolicamente pela memória secular profunda de geração à geração, como os intérpretes freudianos (Enriquez, 1990 [1983]; Fuks, 2014) compreendem a hipótese psicanalítica da "herança arcaica" — explorada às últimas consequências por Freud (1939) em *O Homem Moisés e a Religião Monoteísta* —, mas um inconsciente forjado pela própria escritura da História, com suas configurações e recortes. Este Inconsciente Historiográfico seria decorrente do próprio modo de registrar a memória pela historiografia, que é limitado por essa estrutura profunda que demarca o Inconsciente Nacional de cada povo, e faz barreira à elucidação histórica, que não pode desmontar essa estrutura e seus sintomas sociais, sob pena da reação política das massas acionadas pelas *forças históricas profundas* estruturadas e contidas, no caso brasileiro, pelo que estamos propondo como Triplo Recalque Nacional, que sucessivamente seria transmitido, ao longo das gerações, como herança arcaica. O Recalque simultaneamente produz e reproduz a herança arcaica conforme encontra novos modos de encobrimento das memórias traumáticas. Assim, os *avanços* historiográficos podem ser claramente reacionários, mas podem ser renovadores e re-veladores, de modo que a incidência do Recalque vai ficando mais difícil de perceber, o que fortalece as memórias encobridoras e dificulta as renovações sociopolíticas.

Na linguagem psicanalítica, derivada dos achados da clínica, os efeitos do processo de Recalque seriam os sintomas neuróticos e as repetições insistentes dos *erros*, mas também os retornos do recalcado e principalmente as recorrentes passagens ao ato violentas, as quais são, porém, toleradas pelo indivíduo, mas principalmente pela sociedade, quando a indignação social não é suficiente para mobilizar a luta pelo reconhecimento e pela mudança. Suporta-se o sofrimento e a injustiça para manter uma estrutura profunda e suas bases, sob uma memória nacional *pseudoconciliadora*. O horror está diante de nossos olhos cotidianamente, mas o Recalque opera a favor da estrutura arcaica de poder e de privilégios sob o véu imaginário das lembranças encobridoras e a ação das *histórias recobridoras*[38] (Inglez-Mazzarella, 2021) os quais sustentam a fantasia nacional segundo a qual o Brasil é o país da *democracia racial*, da *cordialidade patriarcal* e destinado a um *futuro de glórias*. Neste ponto, vislumbramos uma conexão entre o *Inconsciente Social Nacional*, transmitido de geração a geração e que porta o conteúdo da herança arcaica colonial brasileira, e o *Inconsciente Historiográfico* que é justamente o efeito de exclusões e de encobrimentos construídos pela própria historiografia, inserida que está nos jogos de poder sociopolíticos e científicos, na medida em que historiadores e demais pesquisadores[39] também estão dentro do Inconsciente Social Nacional e sob os efeitos da herança arcaica na estruturação das forças sociopolíticas e econômicas.

38 Adiante esclareceremos o conceito de "História Recobridora" proposto pela psicanalista Tatiana Inglez-Mazzarella. Este conceito relaciona-se com o mecanismo do Desmentido (*Verleugnung*) proposto por Freud (1927).

39 Inclusive nós, obviamente.

2.2 — Os Efeitos do Inconsciente Historiográfico

O inconsciente forjado pela escritura da História, que nomeamos Inconsciente Historiográfico, tem efeitos reais na memória coletiva porque na medida em que vai sendo realizada a escrita da História Nacional, ela traceja (com seus breves e sucessivos traços de História) riscos sobre a matriz inconsciente e mais arcaica de formação do povo nacional, de modo que exclui alguns aspectos, constituindo outros, os quais nas sucessivas construções historiográficas vão se superpondo, mas mantendo uma certa estrutura originária de traços. Formulamos então a existência de uma complexa relação entre o Inconsciente Nacional de um povo e o Inconsciente Historiográfico, o primeiro decorrente dos traumas iniciais na História de uma nação, bem como dos Recalques e repetições traumáticas ao longo dos séculos, os quais estruturam a organização da sociedade, com seus lugares sociais e de classe, a distribuição de poderes políticos, econômicos, culturais, bem como a Imagem do povo nacional; e o segundo, decorrente dos próprios limites que o Inconsciente Nacional coloca ao trabalho do historiador, e mais além, aos limites que a própria linguagem (no caso a linguagem nacional, mas por que não a linguagem humana!?) coloca às nossas formulações histórico-sociais, exigindo que sejam feitos *recortes*. Há, deste modo, uma relação dialética e de retroalimentação entre eles.

A complexa rede de *facilitações (*a *Banhung* freudiana*)*, que formam os primeiros contornos da estrutura inconsciente no aparelho psíquico — para usar o termo freudiano em relação às marcas mnêmicas mais profundas no psiquismo, escavadas nos *neurônios virgens* e suas sucessivas retranscrições (conforme o modelo apresentado por Freud na *Carta 52* de 6 de dezembro de 1896 enviada a W. Fliess; e, também no *Projeto* de 1895), nos serve de modelo para propor nossa hipótese do Triplo Recalque Nacional. Com isso, de maneira análoga, na formação do Inconsciente Nacional teria se constituído uma estrutura mais originária da nossa memória coletiva inconsciente, a qual se impõe sobre a própria ciência História — bem como às análises sociológicas e demais produções intelectuais e científicas que buscam compreender a formação do Brasil e de seu(s) povo(s). Se levamos a sério, portanto, a hipótese freudiana de uma transmissão, ao longo dos séculos, da herança arcaica de um povo, como base do Inconsciente Nacional, então, mesmo quando se busca romper com os modelos de escritura e de análise histórico-sociológicos de períodos anteriores, mesmo quando se pretende desfazer equívocos interpretativos com base em novos documentos, em desocultações e desvelamentos, mesmo assim, as forças recalcadoras seguem em ação porque os cientistas, os pesquisadores, não se formam como sujeitos fora do Inconsciente Nacional, ainda que a Ciência seja atravessada pela ideia de uma neutralidade científica, fruto do método científico e da testagem a que todo conhecimento científico é submetido.[40] Nesse sentido, é preciso ir além do projeto iluminista, do esclarecimento científico, para que se possa efetivamente superar os traumas nacionais: **é preciso que a História alcance os *efeitos afetivos* dos eventos recalcados, ou seja, efetive o reconhecimento da dor e do sofrimento impingidos, a indignação, a culpa, o luto, a responsabilização, para que depois possam ocorrer uma transformação estrutural e as ações políticas e econômicas de reparação**[41]. O conhecimento universitário e científico é fundamental, mas a ele é preciso alimentar com a força afetiva das ancestralidades estranguladas, das memórias apagadas, anistiadas ou desmentidas, para que se possa conjugar o conhecimento com as ações políticas transformadoras.

Ainda que não possamos, por óbvio, chegar ao ponto originário da estrutura inconsciente, à *arquiorigem* ou ao *arquitraço*[42] conforme a

40 Certamente, o debate sobre a metodologia científica nas Ciências Sociais e Humanas é complexo, uma vez que não se pode colocar as hipóteses à prova da mesma forma que nas chamadas Ciências *Duras* ou Exatas. O modelo da falsificação popperiana cede lugar ao debate inter pares, ao uso massivo de Estatística e à sucessão de paradigmas de análises, algumas vezes com cortes epistemológicos importantes. Deste modo, reconhecemos a complexidade do debate epistemológico, mas não vamos aprofundá-lo aqui. Nossa posição sobre o tema pode ser encontrada em outros trabalhos (Peyon, 2011;2018).

41 Inegavelmente, uma parcela da população brasileira já fez esse reconhecimento histórico com base na produção historiográfica mais recente e na própria vivência política, e defende as ações de reparação histórica. Por outro lado, a força do conservadorismo reacionário aglutinado pelo Bolsonarismo é índice de como esse processo é frágil e as forças recalcadoras, que negam e encobrem os traumas e as feridas abertas da nação, são fortes e atuantes. O que buscamos aqui é justamente compreender melhor a ação dessas forças recalcadoras ou desmentidoras, que se apresentam majoritariamente como forças de Direita ou de Extrema-Direita no campo político, mas que também se imiscuem nos setores progressistas e na Esquerda, os quais não estão fora da herança arcaica brasileira, ainda que a questionem e busquem tomar consciência dela e propor caminhos de elaboração político-social.

42 O complexo pensamento do filósofo Jacques Derrida possui muitos atravessamentos com a psicanálise, especialmente com a teoria da memória de Freud. Na nossa dissertação de mestrado, publicada como livro (Peyon, 2011), travamos um intenso debate com este pensador. Cito um trecho que me parece fértil para a reflexão que ora propomos: "Derrida propõe pensar as possibilidades que a psicanálise acarreta em termos de uma discussão sobre as formas de arquivo. O psicanalista encontra arquivos onde o historiador nada vê porque encontra rastros

noção postulada por Jacques Derrida (1967;1995), podemos identificar como os 3 núcleos do Inconsciente Nacional, afetados pelos traços originários e retranscrições da escritura da História do Brasil, estão presentes e atuantes na sociedade brasileira no tempo presente: justamente a questão do extermínio dos povos originários, que segue em curso; a Escravidão e toda sua estrutura racista, violenta, assassina e de profunda desigualdade socioeconômica, que nos foi legada e é atualíssima na sociedade brasileira contemporânea; e a questão da violência ilegal impingida pelo Estado em períodos e/ou espaços de exceção, especialmente no período ditatorial de 1964-1988, mas ainda existente nos subterrâneos do Estado e nas ações paramilitares-milicianas nas periferias e zonas de exclusão social do país. Consideramos que as forças sociais, políticas, econômicas e culturais que operam pela manutenção do Triplo Recalque Nacional opõem-se às forças que lutam por uma mudança na estrutura social profunda do país, ainda que os movimentos dessas forças na sociedade sejam extremamente complexos, e que posições absolutamente maniqueístas impeçam uma reflexão que busque compreender essa complexidade. Por isso, o debate plural e honesto, em praça pública, considerando as produções científicas e artísticas de diferentes campos políticos e grupos culturais da população nacional, é fundamental para o avançar do processo de elaboração histórico-social e para a transformação da sociedade na direção da superação (ou pelo menos redução dos impactos) do Triplo Recalque Nacional.

No tempo presente, mais difícil de analisar historicamente pela proximidade e pelo *calor* dos acontecimentos, consideramos, em nossa hipótese, que a aglutinação de forças sociais e políticas conservadoras e reacionárias que culmina na vitória do Bolsonarismo, nas eleições de 2018, vai além de reforçar o Recalque sobre os três temas que identificamos como nucleares na formação da Nação e da identidade nacional. O movimento bolsonarista parece buscar o bloqueio de qualquer reflexão sobre estas três questões centrais na formação do Brasil, *desmentindo-as* quando elas emergem na realidade cotidiana, no debate político, na produção intelectual, científica e artística ou na memória histórica nacional. A desvalorização do campo das Ciências Humanas e Sociais e da própria Democracia, é apenas um índice mais evidente da força reacionária do Inconsciente Nacional que aflorou nesta quadra

---

que a consciência não pode acessar ou evocar e que compõem, nas diferentes manifestações do inconsciente, um arquivo que para o 'historiador comum' — expressão de Derrida — não serve. (...) Para a psicanálise a simples intenção de matar Moisés já deixaria um arquivo" (p. 226).

histórica, e faz parte do processo, levado a cabo pelo Bolsonarismo, de Desmentido (*Verleugnung*) de certos aspectos da realidade social do país relacionados ao Triplo Recalque Nacional. Neste período em que nos aproximávamos da celebração dos 200 Anos da Independência do Brasil, houve uma redução de verbas e gastos em educação de nível superior e em pesquisa científica, de modo que inevitavelmente ocorreu um impacto no trabalho de conscientização e de elaboração histórico-social pela população, especialmente dependente da produção e da disseminação do conhecimento oriundo das pesquisas no campo das Ciências Sociais e Humanas[43]. Outro ponto interessante para nosso debate sobre história e memória sob uma perspectiva psicanalítica, foram as alterações efetivadas na gestão do Arquivo Nacional, e apontadas por servidoras públicas do órgão, o qual tem como função a gestão, a preservação e a difusão de documentos da administração pública federal. Há um debate técnico sobre as mudanças realizadas na estrutura e no funcionamento do Arquivo Nacional, mas aparentemente houve um

43 Em 22/04/2022, o Portal de Notícias UOL publicou matéria na qual informa uma redução significativa nas Bolsas de Pesquisa Científica concedidas no governo de Jair Bolsonaro em comparação com o governo anterior: "Dados obtidos pelo UOL via Lei de Acesso à Informação revelam queda de 17,5% no número de bolsistas contemplados pelo CNPq (Conselho Nacional de Desenvolvimento Científico e Tecnológico) e de 16,2% pela Capes (Coordenação de Aperfeiçoamento de Pessoal de Nível Superior)" —Link para a matéria: https://educacao.uol.com.br/noticias/2022/04/22/bolsas-de-pesquisa-educacao-cnpq-capes-governo-bolsonaro-dilma-temer.htm?cmpid=copiaecola

Já o Instituto Nacional de Estudos Socioeconômicos (INESC) aponta uma redução significativa nos gastos federais com Educação Superior:

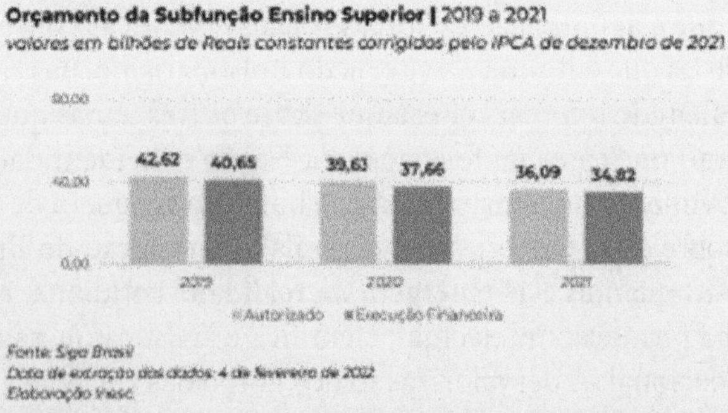

"Percebe-se que entre 2019 e 2021, a execução financeira do recurso para o ensino superior caiu cerca de R$ 6 bilhões. E a queda é uma constante ao longo dos quatro anos, como se observa no gráfico 12, com valores autorizados nos quatro anos de governo, onde se nota que entre 2019 e 2022 a queda foi de R$ 7 bilhões". (Fonte: https://www.inesc.org.br/balanco-do-orcamento-2019-2021-revela-desmonte-generalizado-de-politicas-sociais-diz-inesc/)

enfraquecimento do papel do órgão na gestão dos documentos, com suspeitas de eliminação inadequada de arquivos (inclusive de documentos relativos ao período da Ditadura Militar-Civil de 1964-1988), e a subsequente exoneração das funcionárias em cargo de chefia ou supervisão que revelaram o que estaria ocorrendo conforme noticiado pela imprensa[44].

A exoneração de servidores em cargos de direção e assessoramento é algo comum no serviço público, especialmente quando ocorrem mudanças de governo ou na direção de um órgão. Entendemos, todavia, que mexer na estrutura e no funcionamento de um Arquivo Nacional pode ser um índice bastante concreto de influência política direta sobre a construção da memória nacional, neste caso retirando do órgão técnico a decisão sobre a eliminação de alguns documentos.[45] Citamos ainda, como outro exemplo de bloqueio aos movimentos de

---

44 As denúncias realizadas pelas funcionárias do Arquivo Nacional foram publicadas em diversos canais de comunicação. Por exemplo em *O Globo*: https://oglobo.globo.com/brasil/depois-de-apontarem-esvaziamento-do-arquivo-nacional-por-decreto-de-bolsonaro-chefes-sao-exoneradas-1-25341731 ou na *Carta Capital* https://www.cartacapital.com.br/politica/servidores-denunciam-o-descarte-de-documentos-sobre-a-ditadura/

45 Em notícia publicada pelo *Correio do Povo de Alagoas* no dia 05/01/2022, há um resumo sobre as exonerações de servidoras em cargo de supervisão no Arquivo Nacional, efetivadas no último dia de 2021, conforme a matéria, bem como referência ao "Decreto 10148, assinado pelo presidente Jair Bolsonaro em 12 de agosto de 2019, que tirou (sic) do Arquivo a responsabilidade de aprovar ou não a eliminação [de documentos]". Assim, segundo a notícia teria deixado de ser decisão do Arquivo Nacional a eventual eliminação de documentos arquivados. Existe um debate técnico sobre se essa flexibilização do processo de eliminação de documentos públicos seria uma modernização da gestão do Arquivo Nacional ou um enfraquecimento do órgão. De toda forma, resta importante o debate sobre os modos de produção e arquivamentos de documentos históricos, sabendo-se a partir da psicanálise que o manejo dos arquivos está diretamente relacionado com as possibilidades de esquecimento ou não dos acontecimentos. Acesso da notícia pelo link: https://correiodopovo-al.com.br/geral/depois-de-apontarem-esvaziamento-do-arquivo-nacional-por-decreto-de-bolsonaro-chefes-sao-exoneradas

O Ministério Público Federal chegou a ajuizar ação civil pública contra a União no que diz respeito ao Decreto 10148 de 12 de agosto de 2019, que alterou a gestão dos documentos federais e a atuação do Arquivo Nacional. Segundo o procurador da República, Sr. Antônio do Passo Cabral, autor da referida ação: "Perdendo o Arquivo Nacional o controle acerca da eliminação dos documentos, a análise e eliminação de arquivos e documentos públicos fica fragmentada em cada entidade da administração pública, perdida nos escaninhos de milhares de órgãos espalhados pelo país, não havendo nenhum controle centralizado para a eliminação de documentos por órgãos federais. Essa pulverização dos centros decisórios para a eliminação de documentos tem efeito perverso, pois dificulta a publicidade, a transparência e o controle da preservação do patrimônio histórico, facilitando a destruição da memória". Publicado em 06/02/2022 no site Estado de Direito: https://estadodedireito.com.br/mpf-move-acao-para-suspender-eficacia-de-decreto-presidencial-que-causou-graves-danos-ao-setor-arquivistico-nacional/

conscientização histórico-sociais, o desmantelamento da *Comissão Especial sobre Mortos e Desaparecidos Políticos*, que fora instituída no governo de Fernando Henrique Cardoso em 1995, e que a partir de 2019 vem sendo enfraquecida conforme noticiado pela imprensa[46]. Nesse sentido, o processo de justiça de transição, após a Ditadura Militar-Civil de 1964-1988, segue sabotado, ocorrendo de forma muito mais lenta do que em nossos vizinhos sul-americanos Argentina, Uruguai e Chile.

A expansão das forças mais conservadoras, reacionárias e socialmente agressivas nas eleições gerais de 2018 marca, assim, não apenas um reforço do Triplo Recalque Nacional, que estrutura o Inconsciente Brasileiro, mas caracteriza um trabalho pelo fechamento das possibilidades de reflexão e de análise sobre estes temas por meio de um ataque à memória nacional. No caso do Bolsonarismo, pela atualidade e pelos modos de construção de seu discurso, entendemos que não se trata de um novo Recalque (*Verdrängung*) sobre a ressurgência destes temas históricos e estruturantes da sociedade brasileira, mas da efetivação coletiva de uma operação psíquica diferente: o Desmentido da realidade (*Verleugnung*), que podemos explorar pelo conceito de "história recobridora" proposto pela psicanalista Tatiana Inglez-Mazzarella (2021) e que aprofundaremos adiante.

Propomos, assim, três dimensões de análise sobre o Inconsciente Nacional Brasileiro. A primeira dimensão é a mais estrutural, forjada a partir do Triplo Recalque Nacional e da constituição de uma herança arcaica transmitida sucessivamente e de forma coletiva ao longo da formação do Brasil e de seu povo. A segunda dimensão seria a do Inconsciente Historiográfico, que acarretaria uma espécie de reforço dos processos de Recalque — voluntário em alguns casos e involuntário em outros — que a própria construção e escrita da História do Brasil teria acrescentado ao Inconsciente Nacional, como camadas de memória, que trazem à tona traços da formação da Memória Nacional, possibilitando uma maior consciência, mas que simultaneamente reforçam, em alguns casos, aspectos dos elementos do Triplo Recalque Nacional. Por fim, uma terceira dimensão, mais contemporânea, seria diferente em termos do conceito psicanalítico explicativo, pois se trataria não do campo do Recalque (*Verdrängung*), mas do campo do Desmentido (*Verleugnung*), com a efetiva desconsideração e recobrimento de traços

46 Conforme reportagem do site UOL de 16/01/2020: https://congressoemfoco.uol.com.br/temas/direitos-humanos/governo-reduz-atribuicoes-da-comissao-de-mortos-e-desaparecidos-politicos/

da memória de acontecimentos históricos estabelecidos, e principalmente de eventos atuais na sociedade brasileira, por meio da renegação ou desmentido da realidade efetiva destes. Um dos principais veículos simbólicos de efetivação desse mecanismo de defesa (*Verleugnung*), em face da realidade nacional, seria o discurso bolsonarista, evidenciado mais claramente desde a campanha eleitoral em 2018, quando foram abordados de forma repetida os temas do Racismo, da Questão Indígena e da Tortura e Violência de Estado durante a Ditadura de 1964-1988, justamente os temas que postulamos como estruturantes dos núcleos essenciais do Inconsciente Nacional Brasileiro.

Sobre o Inconsciente Historiográfico — o ponto mais polêmico desta hipótese no meu entender —, este seria resultado da própria produção historiográfica: a escritura da História, nos seus modos de arquivamento e de interpretação, iria criando uma camada inconsciente em *diálogo* com o Inconsciente Nacional, na medida em que ambos estão sob a determinação maior da estrutura originária do povo, que é a herança arcaica brasileira e os Recalques originários da formação nacional. Os discursos atuais que efetivam o Desmentido (*Verleugnung*) também se nutririam de algumas interpretações e análises históricas e sociológicas clássicas e até superadas em termos científicos, mas presentes no imaginário nacional. Nesse sentido, ainda que as operações de Desmentido caracterizem uma perda específica de consciência da realidade, algumas formulações históricas e sociológicas clássicas estariam associadas ao fechamento e à perda de consciência. A discussão sobre a *intenção de um conceito* precisaria comportar a própria noção de inconsciente nacional e sua relação com os jogos de força existentes na nação.

Exemplos desse processo de Recalque dentro da escritura e das análises históricas são, entre outros:

- a metáfora de Karl von Martius[47] para a formação do povo nacional, a qual consiste na imagem de um rio caudaloso e principal, o rio português, ao qual se juntam como afluentes secundários ("pequenos confluentes") o rio indígena e o rio africano, formando a memória de uma miscigenação tranquila e bem-vinda, sob a liderança da força predominante das águas portuguesas;

47 Tal metáfora foi escrita pelo intelectual austríaco no artigo vencedor de concurso realizado pelo Instituto Histórico e Geográfico Brasileiro (IHGB), o qual tinha como tema: "como deve ser escrita a História do Brasil". O artigo de Karl Friedrich von Martius foi redigido em 1843 e publicado na Revista do IHGB em 1845 como artigo ganhador do referido concurso.

- o *Hino da República* que trata a Escravidão como um passado distante, mesmo que tenha sido lançado imediatamente após a proclamação de 15 de Novembro de 1889, pouco mais de 1 ano após a promulgação da Lei Áurea;
- a propalada ideia de que no Brasil existiria uma "democracia racial", noção difundida de forma vaga no Império e na Velha República, mas que foi formalmente cunhada pelo antropólogo Arthur Ramos e que ganhou maior disseminação a partir da obra de Gilberto Freyre, ainda que este não discuta diretamente o termo. Sobre esta obra, percebemos hoje que, apesar de sua grandiosidade e importância inquestionáveis para o desvelamento do Brasil, ela é portadora de contradições e valores de sua época, mas principalmente que ela contribuiu, ao menos em parte, para o reforço do Triplo Recalque Nacional. Em *Casa Grande & Senzala*, Freyre afirma que "a índia e a negra-mina a princípio, depois a mulata, a cabrocha, a quadrarona, a oitavona, tornando-se caseiras, concubinas e até esposas legítimas dos senhores brancos, *agiram poderosamente no sentido da democratização social no Brasil*" (Freyre, 2006 [1933], grifos nossos). A democracia racial, desta forma, seria consequência da avidez sexual do patriarca português, um *imbrochável* nos termos atualizados pelo Bolsonarismo no 7 de Setembro de 2022, mas sem a percepção e denúncia da violência que marcou tais relações; e
- as confusões acerca da noção de "homem cordial", cunhada inicialmente pelo escritor e diplomata Ribeiro Couto e desenvolvida por Sérgio Buarque de Holanda (2006) numa das obras de formação do pensamento histórico-sociológico brasileiro, *Raízes do Brasil*, cuja primeira edição foi publicada em 1936. A cordialidade que era uma explicação para o patrimonialismo e a mistura dos espaços privado e público na sociedade brasileira, tornou-se na sua disseminação popular uma qualidade do povo brasileiro, que teria sempre um sorriso no rosto e disposição para ajudar, para acolher, para inserir os afetos do coração nos negócios, num sentido exclusivamente positivo.[48]

48 Importante indicar a obra da pesquisadora do campo da Psicodinâmica do Trabalho, Valérie Ganem (2020), que identificou em grupos de trabalhadores brasileiros o uso da "alegria" como mecanismo de defesa e alienação em face dos sofrimentos no ambiente de trabalho. A *alegria*, nesse grupo pesquisado, não surgiria como afeto autêntico e potente de vida, mas como recurso

A existência desse Inconsciente Historiográfico, que penetra o Imaginário e se articula com o Inconsciente Nacional, dificulta o processo amplo de análise e de elaboração de aspectos tão dramáticos e difíceis na História do Brasil. Por isso, a conscientização que vai sendo alcançada a partir da destilação dos fatos históricos — com uma cientificidade cada vez maior conforme se desenvolve no país a pesquisa histórica e sociológica profissional —, não rompe com os recalques originários, com as violências e traumas estruturantes do Inconsciente Nacional. Nesse sentido, ainda que sujeito às reclamações e discordâncias dos historiadores e demais pesquisadores do campo social, apresento essa ideia, tendo obviamente clareza da enorme relevância da pesquisa histórica e das análises sociológicas para a elaboração dos grandes traumas nacionais, cujos efeitos seguem chegando até nós de forma dramática.

A hipótese deste livro não trata, deste modo, apenas da questão dos efeitos *a posteriori* dos traumas originários da Nação e dos modos de Recalque e de Desmentido das violências estruturantes do Inconsciente Nacional Brasileiro, mas do fato de que a própria constituição da memória escrita, pela historiografia, bem como as análises sociológicas e eventuais políticas públicas decorrentes deste conhecimento produzido não possibilitaram ainda uma elaboração ampla desses conteúdos fundantes da nação e de seu povo, de modo que o país e os brasileiros possam tomar a Herança Arcaica nacional como *própria*, e assim encontrar sua direção, o caminhar genuíno do povo brasileiro[49].

---

para negar o sofrimento e a injustiça social, a que o grupo era submetido em suas relações trabalhistas e condições de trabalho. Em sua pesquisa, Valérie comparou a herança da Escravidão em grupos de trabalhadores em Guadalupe e no Brasil.

49 Após a derrubada de Dilma Rousseff em 2016, o país foi ficando cada vez mais à deriva em termos de organização sociopolítica e administração pública, e especialmente após a eleição de Jair Bolsonaro em 2018 fomos tomados por um "sentimento de desorientação", conforme expressão cunhada pelas historiadoras A. Muller & F. Iegelski (2022). Com esta desorientação e um estímulo federal ao armamentismo e à insubordinação (confundida com liberdade de expressão), forças sociais cada vez mais agressivas vêm emergindo de forma descontrolada, como vimos constantemente após 2018. Até mesmo a execução sumária de um cidadão — o Sr. Genivaldo de Jesus Santos — num veículo da Polícia Rodoviária Federal, que foi transformado em câmara de gás pelos agentes, ocorreu a céu aberto no dia 25/05/2022 no Sergipe. O homem, que era paciente psiquiátrico com diagnóstico de esquizofrenia, trafegava sem capacete em sua motocicleta. Foi abordado pelos policiais de forma violenta, desde o início da *blitz*, e foi torturado e assassinado em plena luz do dia, diante de transeuntes que filmaram o ocorrido, que pode ser visto em cadeia nacional de televisão. As imagens da barbárie brasileira circularam o mundo, pois ainda na véspera, dia 24/05/2022, uma operação policial realizada na comunidade Vila Cruzeiro no Rio de Janeiro-RJ deixara pelo menos 23 mortos. Há décadas, desde o período final da Ditadura Militar, as forças especiais das polícias militares e civis vêm perpetrando operações nas áreas carentes do Brasil, e especialmente do Rio de Janeiro-RJ, sob a justificativa de operações contra quadrilhas de traficantes de drogas. As armas utilizadas pelos policiais — bem

O Brasil segue sem rota firme, apesar das bases lançadas em 1988, alternando políticas de governo as quais, modificando ou não leis e programas públicos, apresentam-se sempre como inovadoras, sem de fato alcançar uma ruptura com a posição de *colônia de exploração* que o Brasil ocupa na divisão internacional do trabalho[50] nem com a estrutura socioeconômica do país, baseada desde a origem na desigualdade e na exploração violenta da mão-de-obra indígena e negra.

Nesse contexto, vale sublinhar uma fala de Jair Bolsonaro, feita nos EUA, em março de 2019, ou seja, no início de seu governo, que aponta o caminho da *desconstrução* de políticas públicas como parte de seu projeto para o país: "O Brasil não é um terreno aberto onde nós iremos construir coisas para o nosso povo. Nós temos que desconstruir muita coisa" (Bolsonaro, J. apud Muller, A. & Iegelski, F., 2022). Assim, aparentemente não havia, de início pelo menos, uma proposta de construção para o povo brasileiro, mas sim uma proposta de des-

---

como pelos traficantes —, de alto poder de fogo, evidenciam verdadeiras operações de guerra em regiões habitadas pela população trabalhadora mais humilde, inúmeras vezes deixando pessoas sem nenhuma conexão com o crime mortas ou feridas, mas também traumatizadas e violentadas em seus direitos humanos básicos. Além do debate mais dramático existente sobre possíveis execuções sumárias de indivíduos já sob a tutela dos agentes do Estado, das suspeitas do uso de tortura e de eventual desaparecimento de corpos, aparentando o funcionamento de um Estado de Exceção violento e desumano nessas áreas excluídas da cidadania. Resta, como questão central nesse debate, se as atuais políticas de segurança pública são ou serão efetivamente capazes de trazer paz à sociedade brasileira. Consideramos como hipótese a ser investigada que seus objetivos seriam outros, mais profundos, arcaicos e estruturais, e se conectariam com a exploração e assassinato de negros e indígenas, que sucessivamente e secularmente ocorrem neste país, desde o início da exploração colonial e do tráfico de pessoas escravizadas. Os descendentes de escravizados seguiriam vivendo como *sub-cidadãos* e sustentariam o trabalho mais duro numa terra ainda caracterizada pela extrema desigualdade social. Certamente, o Capitalismo Neoliberal, como cenário maior global, contribui para acentuar a estrutura que o Colonialismo e a Escravidão legaram ao Brasil, bem como o fato que o sistema monetário internacional lava e recicla o dinheiro oriundo do tráfico de drogas, armas e outros contrabandos de alto valor, retroalimentando o complexo circuito de comércios ilegais e violência.

50 É verdade que alguns líderes, especialmente o Presidente Lula, buscou se posicionar diante dos demais líderes mundiais numa postura e lugar diferentes, sem subordinação política e/ou econômica, atuando de forma soberana e pragmática, sem alinhamentos automáticos como vimos nos governos do Marechal Castelo Branco, do Presidente Fernando Collor ou ainda uma Política Externa errante como a de Jair Bolsonaro, orientada mais por sua simpatia ou identificação com líderes autoritários e violentos como Donald Trump, Viktor Órban e Vladimir Putin, do que pelas diretrizes históricas do Instituto Rio Branco, caracterizadas pela independência, pelo pragmatismo e pelo diálogo e concertação com a comunidade internacional das nações. Outros momentos de independência na política externa podem ser encontrados na História do Itamaraty, porém, sem significar de fato uma ruptura do país com sua posição de colônia periférica, o que realmente foi apenas buscado de forma clara e programática na gestão do chanceler Celso Amorim. Uma boa referência para a *História da Política Exterior do Brasil* está em Cervo & Bueno, 2008.

construção do que fora construído após o término da Ditadura Militar-Civil de 1964-1988, e subliminarmente havia um questionamento ao sistema político democrático, pluralista e baseado nos três poderes da República, vide as constantes *agressões* das hordas bolsonaristas (e não *críticas*, o que seria perfeitamente legítimo no âmbito de um sistema político democrático) ao Poder Legislativo e principalmente ao Poder Judiciário, por meio de manifestações coletivas e públicas do movimento bolsonarista, com repetidas demandas de intervenção militar.[51] Parece-nos que o movimento de forças socioeconômicas que culmina ou se aglutina e ganha corpo no Bolsonarismo é reacionário num sentido mais profundo, ou seja, o da manutenção do Triplo Recalque Nacional e da herança colonial, cujo grande legado é ainda a divisão da sociedade entre aqueles que pertencem à Casa Grande e aqueles que habitam a Senzala, com predominância do autoritarismo nas relações políticas e sociais.

Certamente, numa sociedade complexa como a brasileira, essa oposição binária possui gradações; contudo, a matriz originária ainda nos parece ser a base da estrutura socioeconômica atual, e as questões relativas aos povos indígenas, aos descendentes dos escravizados e à violência de Estado permanecem como tabus sociais. A estagnação ou restrição do debate sobre esses temas apenas contribui para a alienação geral da nação em face de suas dificuldades historicamente constituídas e mais profundas. Entendemos que o que está verdadeiramente em jogo era e ainda é a manutenção do Triplo Recalque Nacional, ou seja, da estrutura socioeconômica, em suas bases ideológica e produtiva, herdada do período colonial e que mantém uma sociedade dividida entre a elite branca dominante e toda uma hierarquização social colorista, que vai, conforme termos usados de forma automática na sociedade, do "moreno claro" ao "negro retinto", sendo a mulher negra aquela a

---

51 Noticiadas pela imprensa em diferentes veículos e ocasiões, por exemplo, em 07/09/2022: https://valorinveste.globo.com/mercados/brasil-e-politica/noticia/2022/09/07/apoiadores-de-bolsonaro-pedem-intervencao-militar-e-atacam-stf-e-urnas-eletronicas-no-7-de-setembro.ghtml

Existe inclusive um verbete na Wikipedia sobre os atos ocorridos no 7 de Setembro de 2021, com links para diversas reportagens sobre o tema: https://pt.wikipedia.org/wiki/Protestos_no_Brasil_em_7_de_setembro_de_2021

Há em curso no Supremo Tribunal Federal um inquérito que investiga a existência de organização criminosa constituída com a finalidade de atentar contra o Estado Democrático de Direito, trata-se do *Inquérito 4874*. Tal organização, se comprovada sua existência, teria financiado e estimulado atos com finalidade golpista contra o regime democrático no Brasil.

ocupar o último lugar nessa escala racista de valoração social — apesar da mulher negra ser responsável por um trabalhar enorme na sociedade brasileira —, vivendo até hoje nos "quartinhos de empregada" e nas comunidades mais carentes, sujeitas à violência policial desmedida, especialmente contra seus filhos, à violência social, à violência sexual, enfim, à precarização absoluta nas relações de trabalho e à carência de direitos humanos básicos. Não enxergar isso, não buscar entender isso, não se mexer para mudar isso, é permanecer alienado, sob a força dos recalques históricos que nos estruturam como povo nacional. Por fim, é fazer parte da exploração e da violência contra a população indígena e negra brasileira, ainda que sem pegar em armas ou mesmo ainda que sem adotar uma postura abertamente reacionária e conservadora.

2.3 — Registro Histórico e Camadas de Memória

É interessante pensarmos que, no caso da invasão e conquista da América Espanhola, os povos Inca, Maia e Asteca tinham, naquele tempo, um grau de desenvolvimento tecnológico diferente de outros povos originários de outras regiões das Américas, e foram capazes de produzir obras técnicas e culturais que não puderam ser radicalmente apagadas no processo de invasão e conquista espanhola, seja pelas dimensões e estrutura física dessas obras, seja pela própria marca que a percepção delas deixou no povo conquistador-invasor, garantindo registros (traços) mais firmes para a memória e consequentemente para o arquivamento pela História. Esses povos, portanto, legaram obras de maior porte que, apesar dos massacres perpetrados pelo povo invasor, restaram de pé, como evidência concreta da presença de grandes sociedades humanas nos territórios conquistados. Nesse sentido, existe um legado cultural bastante visível desses povos, o qual não pode ser simplesmente apagado, negado, recusado pelo discurso do dominador europeu. A existência dessas ruínas e restos culturais — inclusive de grandes cidades como Machu-Picchu e obras suntuosas como as pirâmides astecas — demandou uma escritura historiográfica sobre esses símbolos concretos da presença de povos, tornou necessária uma localização no tempo e na História desses fragmentos de memória tão palpáveis. Essas ruínas são, portanto, um patrimônio da Humanidade, mas também um tesouro mnemônico que exige um trabalho de memorial, de arquivamento e documentação e de análise histórica, e permanecem para a consciência dos povos atuais como algo que segue se apresentando no presente, que segue chegando cada vez que um indivíduo se depara com esses traços concretos, com essas memórias a céu aberto, com essas ruínas que não se pode negar a existência.

Assim, nós brasileiros sabemos de forma mais clara (porque está escrito em nossos livros didáticos de História) que Hérnan Cortez e suas tropas dizimaram o povo asteca e que Francisco Pizarro comandou a vitória sobre os incas. O nome dos homens que lideraram o genocídio na América Espanhola está, desta forma, preservado na memória, e principalmente o fato de que houve uma invasão violenta que dizimou a maior parte das populações originárias daquelas regiões. A situação é bem diferente para outros povos indígenas das Américas, cujo legado foi sendo destruído conforme as populações foram dizimadas ao longo dos séculos, sem que restassem de pé ruínas tão visíveis dessas civilizações, sem que houvesse um registro histórico oficial de seu extermínio, sem que se guardasse também o nome dos comandantes responsáveis pelas violências, os quais geralmente foram transformados em heróis da Pátria como no caso dos Bandeirantes e sertanistas de contrato nos primeiros avanços para oeste no território do Brasil. Certamente, há toda uma discussão sobre o papel dos Bandeirantes na formação do Brasil; contudo, geralmente eles são vistos fora da complexidade de suas ações, apenas como heróis desbravadores que avançaram a conquista colonial-exploradora para o Oeste, que descobriram o ouro e os diamantes tão buscados pela Coroa Portuguesa e pelos Donatários e outros Senhores, sem que se discuta mais profundamente seu uso pelo povo colonizador como braço armado mercenário para vencer todos aqueles que se opusessem à fúria exploratória do europeu, majoritariamente o português no caso do Brasil. Além disso, tiveram um papel importante no apresamento de indígenas e na perseguição de escravizados e na destruição de Quilombos, como no caso de Palmares, que sofreu sucessivos ataques organizados pela Coroa Portuguesa, inclusive com a contratação de bandeirantes (Alencastro, 2000; Gomes, 2019).

O mais impressionante e lamentável é que o extermínio de povos originários continua em curso nas terras brasileiras, *em tempos juridicamente mais civilizados*, perpetrado pelos *novos bandeirantes* dos séculos XX e XXI, como se a estrutura de domínio e exploração pela violência, forjada no período colonial, continuasse em curso, apesar de todas as conquistas humanitárias, ao menos no campo do Direito, dos séculos XVIII, XIX e XX e expressas ostensivamente no ordenamento jurídico brasileiro, especialmente a partir de 1988. Deste modo, povos com uma riqueza cultural única continuam sendo dizimados ainda no século XXI, sem que ocorra um reconhecimento dessas perdas incomensuráveis, sem que a Memória Nacional incorpore esses crimes de forma efetiva, isto é, de forma que provoque tanto o reconhecimento jurídico como o reconhecimento de solidariedade — conforme o pensamento de Axel Honneth[52] —, e a sociedade possa efetivamente incorporar ao seu Imaginário sobre o Brasil e seu Povo uma reflexão menos superficial sobre a questão indígena e a questão quilombola, seus direitos originários e a necessidade de reparações, que ainda são objeto de enorme resistência na sociedade. O discurso de parte da direita política brasileira e da extrema direita, aglutinada pelo bolsonarismo, ao desmentir-desconsiderar os impactos da Escravidão e das violências históricas contra indígenas e negros, reforça o Recalque desses temas no pensamento nacional, dificultando a elaboração de questões tão profundas e centrais para a compreensão do Brasil e para a possibilidade de construção de uma nação mais verdadeira.

Sublinhamos que, quando os vestígios e traços simbólicos são apagados da memória até o limite da extinção, não existe historiografia possível, a não ser que se faça como na psicanálise, método por meio do qual se busca reconstruir as memórias cujos traços simbólicos foram apagados do campo acessível das recordações ou sequer foram registrados de forma minimamente organizada O Recalque das ideias intoleráveis associado à supressão dos afetos relacionados deixa marcas, registros de outro tipo que se tornam analisáveis pelos seus efeitos na vida atual dos sujeitos: os sintomas e as repetições históricas. Deste modo, a reconstrução memorial pode ser empreendida por meio dos efeitos que o Inconsciente Nacional Brasileiro causa no cotidiano dos brasileiros/as/xs na atualidade, desde que nós brasileiros nos indaguemos sobre

52 Em sua obra *Luta por Reconhecimento*, o filósofo alemão Axel Honneth (2003 [1992]) distingue três níveis de reconhecimento: o reconhecimento de amor; o reconhecimento jurídico; e o reconhecimento de solidariedade. Sem o primeiro tipo, o bebê humano não sobreviveria ou se sobreviver terá sua existência marcada pelo desamor. O segundo nível de reconhecimento diz respeito às ampliações do Direito, no sentido de incorporar o respeito e o reconhecimento jurídico aos diferentes modos de relação social. E o terceiro trata da "comunidade de valores", pois o reconhecimento jurídico em-si não garante a honra e a dignidade dos grupos minoritários, minorizados, discriminados, etc nas sociedades. O reconhecimento de solidariedade é a verdadeira realização na Cultura e no Costume dos avanços na legislação. Um exemplo seria uma sociedade na qual a união civil entre pessoas do mesmo sexo é reconhecida pela Lei, mas tais casais enfrentam na vida social um não-reconhecimento, que se configura como ataque à sua autoestima e uma não realização plena do Direito de viver sua relação amorosa e constituição familiar de forma tranquila e sem ameaças.

quem somos, como somos e por que somos? Assim, não se tem o arquivo evocável, a própria Memória, mas se tem um efeito de algo que está inconsciente, rasurado, apagado, suprimido, porém ainda assim compõe a estrutura da Brasilidade, suas contradições, misérias e repetições históricas. Consideramos que se a historiografia não registra na Memória que houve um apagamento, temos o "esquecimento infeliz[53]", um tipo de esquecimento que não nos livra dos efeitos atuais e sucessivos dos traumas e violências passados. A maior evidência dessa *infelicidade* é a repetição dos crimes ou violências originários e suas derivações, como se as culpas pelos crimes e violências do passado gerassem novas culpas atuais, numa espiral de atos sem inscrição, sem registro mnêmico e, logo, sem que se processe a elaboração dos acontecimentos e dos afetos decorrentes, sem possibilidade de transformação social e de reparação, o que se apresenta cotidianamente pela repetição da violência contra os indígenas e negros. Para se *esquecer* de forma saudável é preciso elaborar as dores, as culpas, os ressentimentos e alcançar uma elaboração. De outro modo, o que retorna como repetição é o ato traumático que ficou sem lugar na memória. Alimentados pela própria culpa ou pela culpa transmitida pelas gerações anteriores, os indivíduos repetem a agressão, sem perceber que estão repetindo o gesto agressivo de seus antepassados. Freud (1914a), no desenvolvimento da técnica psicanalítica percebeu que o paciente repetia atos de seu passado, como sujeito e/ou objeto, como forma de não se lembrar, de não enfrentar sua História:

> Aprendemos que o paciente repete ao invés de recordar e repete sob as condições da resistência [à análise]. Podemos agora perguntar o que é que ele de fato repete ou atua (*acts out*). A resposta é que repete tudo o que já avançou a partir das fontes do reprimido para sua personalidade manifesta — suas inibições, suas atitudes inúteis e seus traços patológicos de caráter. Repete também todos os seus sintomas, no decurso do tratamento. E podemos agora ver que, ao chamar atenção para a compulsão à repetição, não obtivemos um fato novo, mas apenas uma visão mais ampla. Só esclarecemos a nós mesmos que o estado de enfermidade do paciente não pode cessar com o início de sua análise, e que devemos tratar sua doença não como um acontecimento do passado, mas como uma força atual. Este estado de enfermidade é colocado, fragmento por fragmento, dentro do campo e alcance do tratamento e, enquanto o paciente o experimenta como algo real e contemporâneo, *temos de fazer sobre ele nosso trabalho terapêutico, que consiste, em grande parte, em remontá-lo ao passado.* (Freud, 1914a, p.198, grifos nossos).

53 A discussão sobre o que seria um "esquecimento feliz" em termos históricos é bem problemática.

Certamente, nossa contribuição à reflexão sobre a estrutura da Memória Nacional não significa uma diminuição da relevância das forças e interesses político-econômicos atuantes no tempo presente, mas evidencia como as dificuldades na constituição da Memória Nacional, com a formação, ao longo da história, de um Inconsciente Nacional pela ação do Triplo Recalque, favorecem justamente a perpetuação da violência estatal, do racismo estrutural e do não reconhecimento dos povos indígenas e africanos como verdadeiramente parte do Brasil, como parte central do povo nacional em suas diversas dimensões (econômica, cultural, política, afetiva). Apenas a partir desse reconhecimento, indígenas e negros poderão ocupar outro lugar que não o de quem pode ser saqueado, explorado, abusado e até morto, sem que isso receba o devido e necessário reconhecimento social, legal e de solidariedade. Enfrentar os efeitos desse passado, dessa herança arcaica, no presente, implica, como nos pacientes em análise, superar as resistências e as forças que podem atuar de maneira mais ou menos inconsciente contra à análise, posto que o "sintoma" é uma "formação de compromisso" que garante "ganhos secundários" além de uma forma de conciliação entre as partes do sujeito ou da sociedade, varrendo o conflito psíquico ou o conflito social para fora do debate, porém, com seu retorno como repetição traumática

Ponto importante é que no caso de uma nação, de um povo, não estamos tratando de um sujeito dividido, mas de efeitos de uma estrutura social inconsciente que cria uma profunda divisão na sociedade brasileira, ao invés de explorarmos a complexidade da nossa formação como povo, em nossas virtudes, mas também em nossas falhas e dificuldades. Esta divisão profunda é mascarada pela ideia moderna de igualdade jurídica ou pelo mito brasileiro da democracia racial[54], mas que se evidencia na realidade brasileira como uma sociedade de castas, na qual alguns índices sociocultural-econômicos, especialmente os fenotípicos, definem a posição do sujeito na estrutura da *Brasilidade* e o valor de sua vida para a sociedade, seu nível de cidadania e de acesso à lei. Em alguns casos, sabemos que a vida se torna completamente descartável, como herança direta de uma estrutura colonial, ainda presente no Inconsciente Nacional, segundo a qual algumas pessoas estão no grupo

54 O mito da democracia racial casa perversamente com o discurso neoliberal da meritocracia. Ora, como pode haver meritocracia num país onde a cor da pele e o CEP dividem a sociedade entre aqueles que terão acesso à educação de qualidade, saúde de qualidade, segurança, cultura, etc, e aqueles que não terão acesso a tais recursos ou terão de forma sub-cidadã?

dos conquistadores e senhores (os que no limite podem matar e não devem morrer) e outras estão no grupo dos conquistados e escravizados (aqueles que podem ser explorados e eventualmente mortos quando *desobedientes* ou simplesmente quando *entram* no caminho dos agentes do Estado em suas operações de *segurança*).

Existe algo desse núcleo dos recalcados estruturantes do Inconsciente Nacional — aquilo que falta à Memória Nacional — que, ainda que sem traços mnêmicos transversais organizados e conscientes, segue exigindo um trabalho psíquico, ou seja, uma elaboração que possibilite simbolizar e localizar o traumático. Essa elaboração ocorre por meio da História, que revela o reprimido; por meio da Arte, que sublima os afetos suprimidos que retornam, encontrando formas criativas para expressá-lo; e por meio das elaborações sociais daquilo que ficou sem lugar na Memória Nacional, de modo que se possa transformar o presente, diminuindo a força destrutiva dessa herança cultural recalcada, mas transmissível de geração a geração ao longo do tempo. Uma das dificuldades desse processo é que o trabalho psíquico vai, contudo, construindo novas camadas de memória que se sobrepõem aos recalcados originários, e nem sempre elas abrem vias de elaboração, contribuindo para a repetição traumática. É como se ao construir uma História para dar conta do que ficou sem lugar na Memória, ao menos na Memória recuperável pelo esforço consciente, a Cultura fosse construindo, em sobreposição, diversas camadas de lembranças encobridoras que renovam o Recalque, mesmo quando trazem algum grau de conscientização, num processo ambíguo de *re-velação*. Deste modo, mesmo que muitas vezes o objetivo historiográfico fosse chegar, de forma honesta e metodologicamente condizente com seu tempo de escritura, à verdade recalcada dos traumas originários, o que se obtém, paradoxalmente, é um reforço do recalcamento. Isto quer dizer que nem sempre o processo de análise consegue romper as resistências, e pelo contrário pode até reforçá-las. Diversas vezes isso acontece porque o próprio *analista* está pessoalmente implicado na estrutura dessa memória recalcada, e não consegue identificar-se como parte do movimento de encobrimento ou de recobrimento da História, mesmo quando é pesquisador, político ou cidadão engajado nas questões nacionais e disposto a enfrentar a estrutura arcaica que tanto nos atrasa e limita como sociedade. Nesse sentido, o enfrentamento das resistências acontece em diferentes níveis, desde as disputas de poder político e econômico, passando pelas questões de costume, mas também pela complexidade da pesquisa científica, e isso dificulta muito o debate.

Tratar de origens é sempre problemático do ponto de vista epistemológico, pois toda origem acaba colocando em questão sua própria origem: o que originou a origem? Deste modo, conceitos como "Recalque Originário" (Freud, 1915b)[55] e "Arquitraço" (Derrida, 1967;1995) são estruturalmente necessários quando estamos numa lógica histórica linear-causal que pensa em termos de passado, presente e futuro como uma cronologia, como uma linha do tempo que se inicia num determinado ponto originário de um fluxo temporal proposto como uma sequência de eventos sucessivos que vão se encadeando. Talvez, em lógicas temporais circulares, nas quais a origem está sempre se recolocando como *originário*, seja possível deixar de lado tais estruturas crono-lógicas. Nesse sentido, o conceito freudiano de "a posteriori" (*Nächtraglichkeit*) rompe com a lógica linear causal que se move do passado para o futuro, pois nessa perspectiva é o que chega do tempo futuro que se torna originário para o que ficou recalcado em um outro momento da História, instaurando um girar da roda na direção do que vai chegando do futuro para o que continua chegando do passado. Deste modo, o passado retorna a partir do que chega do futuro para um novo presente; assim, a cada volta e *re-volta* da História, algo permanece sob os efeitos do Recalque, mas uma outra possibilidade de elaboração se abre.[56]

A ausência de traços de memória, pelo apagamento radical, deixa um branco, uma lacuna na Memória e consequentemente na História. O que a Psicanálise aporta com sua teoria da memória é a possibilidade de

55 O Recalque originário pode ser pensado como a entrada do indivíduo na linguagem iniciando sua constituição como sujeito. Tratar-se-ia do momento mítico em que os indivíduos humanos passariam a se formar pelo divórcio entre o ser humano e seus instintos imposto pela linguagem; contudo, não nos parece que isso esteja claro na obra de Freud, podendo-se entender que os recalques originários seriam fruto das primeiras correntes de repressão, forjando os traços nucleares do inconsciente e estabelecendo as fixações e repetições neuróticas. De todo modo, por se tratar das origens, estamos no campo dos limites das memórias documentais, ali onde podemos reconstruir ou inferir pelos efeitos e repetições históricos até o tempo atual, mas jamais reconstituir documentalmente o acontecimento.

56 E talvez o movimento reacionário que se abriu como resistência aos avanços da História e das Políticas Públicas na sociedade brasileira seja, apesar de toda sua violência, um novo ponto de análise da Brasilidade, um novo momento na luta entre as forças que desejam a manutenção da Herança Colonial e da Estrutura Escravocrata e Segregadora que ali se forjou, e as forças progressistas que buscam uma análise transformadora dessa Estrutura que vimos herdando, de modo que se possa efetivamente superar os traumas do Genocídio indígena, da Escravidão e da Tortura e construir uma sociedade mais justa e inclusiva, de fato democrática e plural.

que aquilo que foi apagado, rasurado ou desconsiderado — pela ação do Recalque ou do Desmentido — siga sendo transmitido inconscientemente e revivido por meio de sintomas e repetições, de modo a influenciar a construção das instituições sociais. As violências cometidas ao longo dos séculos de colonização seriam, mesmo quando não registradas em documentos — modos de arquivamento externos —, transmitidas pelo inconsciente social e afetariam os modos de arquivamento no porvir, tanto os internos (psíquicos) como os externos (documentos, leis, livros, fotografias, filmes, pinturas, etc) até porque estes modos de arquivamento são intrincados. Certamente, como coloca o pensador indígena Aílton Krenak (2019;2020), os povos originários vêm sobrevivendo ao massacre imposto pelo "branco", pelo colonizador, desde o início da *invasão* em 1500, e os efeitos desse massacrar sucessivamente repetido são parte da herança arcaica brasileira. Assim, quando escutamos as vozes desses povos indígenas na atualidade, há ecos dessa originariedade, transmitidos pelas formas orais de narratividade, mas também pelas marcas registradas no Inconsciente Nacional. Por meio de suas lideranças, essas vozes originárias apresentam-se exigindo um lugar diferente na Memória, na História e na elaboração sobre a formação do povo nacional, pois a ideia de *índio*, que predomina no Imaginário nacional, marca na realidade um apagamento dos povos indígenas originários e principalmente um apagamento dos massacres a que esses povos vêm sendo submetidos desde que a colonização se iniciou. O Inconsciente Nacional não é forjado apenas, contudo, pelo efeito traumático sofrido por aqueles que foram dizimados, violados, escravizados e excluídos, pois existe o que fica no Inconsciente a partir da experiência de quem destruiu, de quem violou e estuprou, de quem assassinou, afinal o Inconsciente Coletivo Social resulta do encontro entre o *Eu e o Outro*, entre os diferentes agentes de uma formação nacional extremamente complexa, que em termos muito gerais e genéricos sintetizamos como sendo entre as forças da Casa Grande e as forças da Senzala, entendida como principal oposição dialética de nossa História.

No caso da construção da Identidade Brasileira, devemos indagar como esses efeitos do Inconsciente Nacional, nas suas dimensões tão marcadas de colonizador e de colonizado, de Senhor (e agregados) e de Escravo (e na sequência da Abolição, com os pobres pretos e pardos contínua e massivamente explorados e maltratados ainda que libertos) se articularam após a Independência em 1822? Na medida em que hipoteticamente, após a Independência, deixariam de existir a figura do colonizador e do colonizado (o que sabemos não ter ocorrido de fato) — ainda que a Abolição tenha ocorrido apenas em 1888, uma vergonha histórica da elite nacional, e que senhores e escravizados tenham existido formalmente por praticamente todo período imperial[57]. Após a separação de Portugal, começa a ser erguido, do centro do poder no Rio de Janeiro, capital do Império, o mito sobre o povo brasileiro. Única Monarquia *europeia* das Américas, marcada por uma Nobreza artificial e escravagista, o Império do Brasil manteria a estrutura socioeconômica baseada na Escravidão e na *Plantation* até o seu fim, apesar do suposto esclarecimento de nossos imperadores. Configurou-se na recém independente nação uma sociedade de castas, ainda que sob um véu de acolhimento da figura do *Índio*, que foi uma invenção de uma elite letrada que quase nada conhecia dos povos indígenas do Brasil. É esse Império, que supostamente teve dois imperadores *esclarecidos*, que vai lançar as bases econômicas e ideológicas para a construção de uma Identidade Nacional Brasileira, afinal, o novo país precisava ter uma História própria, que distinguisse e exultasse as especificidades de seu povo para as demais Nações do mundo civilizado.

A estrutura desse mito da formação do povo brasileiro, que está na base do Triplo Recalque que forja a Memória Nacional, foi primeiro lançada oficialmente por um intelectual austríaco, que viera ao Brasil acompanhando a futura Imperatriz Leopoldina, herdeira da Casa Habsburgo, o senhor Karl Friedrich Philipp von Martius. Karl von Martius fez longas expedições pelo interior do Brasil, incluindo a região amazônica, e escreveu o primeiro grande tratado brasileiro de Botânica. Em suas viagens, ele teve contato com diferentes povos indígenas e ainda escreveu um romance ambientado no Brasil, baseado nas suas experiências pela Amazônia.[58] Já havia retornado à Áustria, onde tornou-se um renomado intelectual, quando o recém fundado Instituto Histórico e Geográfico do Brasil (IHGB) lançou, em 1840, um concurso com o tema: "Como se deve escrever a História do Brasil". Von Martius escreveu então o artigo vencedor deste concurso. Ele abre seu artigo apontando que a

57 Na realidade, a Abolição é um dos principais fatores que leva à queda da Monarquia no Brasil, pois a base de apoio de D. Pedro II era escravagista e queria retardar ainda mais o fim da Escravidão. Tal fato evidencia o atraso no qual o Brasil se manteve no século XIX, o que teve impactos profundos no desenvolvimento socioeconômico do país.

58 As obras citadas são a colossal *Flora Brasiliensis* (1829) e *Frey Apollonio — um Romance do Brasil* (1831).

Providência predestinou o Brasil à mescla de 3 raças: o conquistador português que, de raça superior, absorveria, como um caudaloso rio absorve seus afluentes, as influências indígena e africana. A mescla de raças, segundo von Martius, se faria nas classes sociais mais baixas, porém influenciaria na formação do povo brasileiro, alcançando as classes mais altas (elite branca) e assim lançaria o Império do Brasil ao seu destino histórico, "a atividade histórica para a qual é chamado o Império". Lançando as bases da forma como a História do Brasil deveria ser escrita, um pensador austríaco, marcado pelas ideias racistas que atravessavam fortemente o espírito de sua época, aponta a predominância do branco caucasiano[59], *a raça então e até hoje compreendida como superior*, sobre as duas raças adjacentes, quase marginais, mas que deveriam ser consideradas para que o Brasil forjasse sua identidade miscigenada e realizasse seu destino como nação singular.

Deste modo, quando o IHGB, instituto criado sob patrocínio de Dom Pedro II, lança a pergunta sobre como deve ser escrita a História do Brasil, na resposta vencedora está posta a estrutura racista da sociedade brasileira moderna, derivada diretamente do modo de colonização europeu e das ideias racistas que justificaram o Colonialismo e o Imperialismo, por séculos, com base na pseudocientífica superioridade racial do homem branco. Ainda que a maior parte dos brasileiros possa nunca ter ouvido falar em von Martius, seu mito das três raças que se mesclam sob a liderança do português, do branco europeu, ergue-se como memória tela, como parte da *História Encobridora* que afirma uma miscigenação profícua e pacífica, a qual culminaria em ideias ainda mais alienígenas à realidade da estrutura socioeconômica nacional como a de "democracia racial", a qual colocou mais uma camada de memória encobridora no tecido da Memória Nacional acerca da formação do povo brasileiro. A historiografia nacional começou a forjar seus Inconsciente Historiográfico nesse momento originário, ao menos de forma mais institucionalizada, quando um intelectual europeu vence o concurso proposto pelo IHGB, instituição cuja missão precípua naquele momento era prover o novo país de uma História Nacional. A visão sobre o Brasil nascente e a estrutura da historiografia então lançadas seguem influenciando a escritura da História do Brasil, mesmo em outros momentos, quando o objetivo do pesquisador é re-velar a

59 Ainda que saibamos que na Europa, os Ibéricos, em decorrência de sua miscigenação com os mouros, no longo período em que a Península esteve ocupada por estes, sejam vistos, muitas vezes, como "europeus de segunda categoria".

falácia institucionalizada a partir do concurso do IHGB e de outras pedras angulares da construção da Identidade Nacional, que surgiram naquele momento. Além disso, tal perspectiva transbordou os debates intelectuais e tornou-se uma imagem nacional popular, encobrindo de fato a verdade histórica, por ser re-velada.

Esse massivo e constante recalcamento da herança arcaica nacional, a qual se confunde em grande parte com a herança colonial, é constantemente denunciado por sintomas sociais que evidenciam a estrutura social inconsciente. No tempo presente, vemos essa emergência da herança arcaica desde os discursos negacionistas, especialmente fortes nas lideranças políticas de extrema direita, até às repetidas violências cotidianas históricas no Brasil contra pessoas pretas, pardas e indígenas, passando por algumas situações no mínimo curiosas, como quando recentemente o escritor Laurentino Gomes, autor daquela que talvez seja a mais extensa pesquisa e obra sobre a Escravidão no Brasil, argumentou que portugueses (e eu acrescento brasileiros "brancos") deviam um pedido de perdão aos africanos escravizados e seus descendentes brasileiros (e por extensão nas demais colônias)[60]. A proposta do escritor paranaense gerou protestos raivosos nas redes sociais, conforme o próprio escritor denunciou em sua conta do Twitter. Essa raiva, que se apresenta fora do campo do debate, que se manifesta fora do pensamento racional, denuncia a dificuldade de lidar com o tema da Escravidão e sua herança social e econômica de um modo mais elaborado. Tais reações raivosas ocorrem justamente porque não houve uma elaboração histórica, pelas sociedades brasileira e portuguesa, dos temas que ficaram sob Recalque, no caso específico os horrores e violências da Escravidão, bem como sua herança nefanda e efeitos contínuos no presente, quando há o encontro entre o que chega do passado e o que vem do futuro. Deste modo, a violência continua sucessivamente emergindo como efeito de uma culpa não reconhecida, e logo não assumida, redimida e reparada. Como afirmou Laurentino Gomes à Agência de Notícias Lusa: "pedir perdão seria o primeiro passo para a reconciliação"[61] referindo-se a Portugal e à sua História.

---

60 Vale ressaltar que o Presidente Lula , em visita ao Senegal, em abril de 2005, pediu perdão pelos crimes históricos cometidos contra os milhões de africanos capturados, traficados, vendidos e explorados violentamente como escravos.

61 Noticiado em: https://www.poder360.com.br/brasil/escritor-diz-ter-sido-atacado-ao-falar-que-portugal-deve-desculpas-por-escravatura/

Para pedir perdão, porém, é preciso ter a decência de assumir os erros e violências cometidos, bem como abrir-se ao caminho da conscientização, da reparação e da mudança da estrutura social profunda, que chega como herança arcaica à sociedade brasileira, cuja elite branca mantém seus privilégios coloniais, sob o véu da memória encobridora do país pluralista, alegre, que encontra na grande festa nacional, o Carnaval, um êxtase democrático, como no romance de formação de Jorge Amado (1931), *O País do Carnaval. País do Carnaval* e *País do Futuro*, se unimos o estranhamento crítico do então estreante escritor baiano com a ilusão do escritor austríaco Stefan Zweig (1941), que atormentado pelo racismo nazista em sua terra natal vislumbrou no Brasil, equivocadamente, uma terra sem racismo. Esse encobrimento *carnavalesco futurístico* revela uma estrutura não apenas socioeconômica, mas ideológica, que atua pela manutenção da enorme desigualdade social, a qual salta aos olhos no Brasil, e cuja base mais importante é o racismo estrutural, que habita nosso Inconsciente Nacional, transmitido como herança arcaica, ao longo dos séculos. Não haverá elaboração desse passado nefando enquanto houver sua recusa no porvir, enquanto os carnavais-futuros obliterarem as reflexões tão necessárias para a transformação da sociedade brasileira.[62]

Outro aspecto importante nessa dinâmica dos Recalques Nacionais e da transmissão da herança arcaica ao longo dos séculos é que a destruição radical dos arquivos (as provas) deixa traços que são transmitidos pelo Inconsciente de quem destruiu, pela repetição das violências e desrespeitos, pela naturalização da pobreza e de um lugar social de sub-cidadania para negros e indígenas. Se algumas vezes não há mais o documento que comprova os horrores perpetrados, existe a transmissão dos afetos e conflitos de quem tentou interromper a formação da memória. Nesse sentido, o Recalque opera diretamente sobre as memórias traumáticas e seus efeitos, mas também sob o esforço de apagamento dos crimes perpetrados. O trabalho de apagamento, contudo, também deixa rastros, especialmente das culpas que retornam como mais violência[63]. Se o massacre foi completo, perde-se a possibilidade

62 O Carnaval é uma festa riquíssima culturalmente, com suas variações regionais de música, danças e fantasias, contudo, a ideia de um "país do Carnaval" carrega sentidos que vão muito além da belíssima festa e seus efeitos imediatos de catarse e purgação pelo êxtase.

63 É um dado de observação importante que diante da população miserável, a qual habita as ruas das grandes e médias cidades brasileiras, uma parcela da população, movida por um sentimento de empatia, talvez um pouco de vergonha e culpa, empreende ações de suporte social, desde pequenas doações à campanhas de alimentação, de agasalho, etc; contudo, uma outra parcela da

da transmissão simbólica dos traços-ruínas de quem foi totalmente destruído, porém, o traço-memória de quem destruiu continua sendo transmitido e provocando novas violências pela reversão da culpa em agressividade. Se os indígenas originários, sobreviventes, conseguem falar de sua sobrevivência e manter uma transmissão oral de culturas milenares, como vemos na magnífica obra *A Queda do Céu* de Davi Kopenawa (2015), escrita em parceria com o antropólogo francês Bruce Albert, os descendentes dos invasores, dos escravagistas, dos torturadores, não conseguem refletir sobre a violência que seus antepassados cometeram, sob pena de terem que construir uma consciência penosa dos crimes que herdaram e dos próprios crimes ou da banalização desses crimes no tempo presente, em seguida pedir o devido perdão e efetivamente aceitarem a necessidade de ações de reparação, de modo a podermos efetivamente transformar o futuro.

A reação de grande parte da sociedade brasileira, organizada em torno do discurso bolsonarista, que desmente (no sentido psicanalítico da *Verleugnung*) os três grandes Recalques Nacionais e suas emergência na sociedade brasileira contemporânea (o Extermínio Indígena, a Escravidão e sua Herança Social como Racismo Estrutural e os crimes da Ditadura Militar-Civil de 1964-1988, especialmente a Tortura cometida por agentes do Estado), mostra que esta sociedade ainda não encontrou meios de lidar com seu passado, com a dor de milhões de seres humanos que segue chegando e ainda não foi reconhecida e dignamente recebida e tratada. Nesse sentido, quando não lidamos com nosso passado, o repetimos, sob os signos de uma nova conjuntura, mas sobre a estrutura historicamente forjada e transmitida como herança arcaica, no nosso caso, diretamente associada à herança colonial. Indígenas continuam sendo dizimados conforme o homem branco avança com seus *negócios* sobre os territórios em que eles vivem, e com os quais têm uma relação muito diferente da lógica de propriedade privada da civilização ocidental, sem linhas demarcatórias e escrituras de posse, ainda que tenhamos criado, a partir da Constituição Federal de 1988, marcos legais para a

população imediatamente assume uma postura agressiva diante dos miseráveis, atribuindo-lhes a responsabilidade pela sua situação indigna e muitas vezes agredindo e até matando as pessoas mais vulneráveis e carentes. Essa violência covarde não apenas é uma repetição da violência histórica contra populações submetidas e escravizadas, mas é também uma transformação psíquica da culpa inconsciente em raiva. Os mecanismos psíquicos pelos quais a culpa se transforma em agressividade são marcados pela incapacidade do Eu admitir sua participação na barbárie, o que o torna ainda mais bárbaro. Os que se sentem e apresentam-se como imaculados — "cidadãos do bem" — muitas vezes são os que cometem as maiores atrocidades, uma vez que não tem a menor consciência sobre quem são, sobre sua própria história, contradições e humanidade.

demarcação das terras indígenas. Os negros seguem relegados a um papel social de subserviência, ocupando os estratos socioeconômicos mais baixos no escalão capitalista neoliberal, nascendo e vivendo nas *novas senzalas*, em zonas de exclusão social nas grandes cidades, à margem das leis da República, além de serem o alvo das mágoas e raivas de uma classe média ressentida que destila seu ódio apoiando políticas de segurança pública, de combate ao tráfico de drogas e à criminalidade, baseadas na violência, a qual atinge diretamente estas populações, cujas residências, por exemplo, são violáveis durante as *operações especiais*, desrespeitando-se um dos princípios mais elementares da nossa sociedade, que é o da inviolabilidade de nossas casas, espaço mais privativo e íntimo dos indivíduos e suas famílias, espaço supostamente de paz e tranquilidade. No Leblon ou nos Jardins paulistanos jamais a polícia militar vai entrar atirando primeiro, obviamente sem mandado, para depois perguntar e ver o que aconteceu e, muitas vezes, quem morreu; e depois afirmar ainda, perante as autoridades e à sociedade, os "autos de resistência".[64]

Podemos então pensar que as ideias e projetos que orientam diferentes momentos historiográficos da História do Brasil são determinadas não apenas pelos projetos políticos e interesses econômicos definidos em cada etapa da formação do Estado Brasileiro, tentando dar forma e identidade a uma nação unificada pela força, cuja pluralidade não foi verdadeiramente incorporada aos discursos oficiais e mesmo acadêmicos-intelectuais até bem pouco tempo. Além dos projetos conscientes de formação do país, políticos e econômicos, há também os elementos inconscientes que afetam essas escrituras oficiais da História. Esse Inconsciente Nacional é, conforme propomos, estruturado sobre três núcleos principais, que são a base psíquica mais originária de uma estrutura referencial e institucional, a qual estabelece as linhas mais profundas de recorte para dizer o que é oficial, o que é brasileiro, o que é nacional e como a sociedade *deve* funcionar. Deste modo, os projetos conscientes, sejam eles políticos, militares, sociais, acadêmicos ou culturais, são forjados sob a ação das forças inconscientes. Evidentemente, é no *a posteriori* que percebemos os núcleos de Recalque que

64 Apesar da necessidade de crítica e reflexão sobre o significado das ações policiais em comunidades carentes e favelas, especialmente nos grandes centros urbanos, é importante reconhecer, no nível dos homens e mulheres que trabalham como policiais, especialmente no caso das polícias militares, a complexidade de seu trabalho, os conflitos e dores que eles também sofrem diante da realidade de sua difícil e complexa atividade profissional. Em 2018, foi lançado o documentário ***Auto de Resistência***, com direção de Natasha Neri.

forjaram o Inconsciente Nacional e que estão refletidos no Inconsciente Historiográfico, o qual decorre das contradições entre a pesquisa histórica e o fato de que cada momento historiográfico reflete as tensões político-econômico-sociais de sua época. O que a Psicanálise possibilita pressupor é que os rastros das vidas e Culturas violentadas, e exterminadas em muitos casos, seguem (re)-apresentando-se justamente porque há uma transmissão inconsciente do que foi excluído, pois o apagamento concreto e simbólico dessas vivências tão traumáticas não se efetiva completamente, na medida em que ocorrem arquivamentos originários e registros das próprias tentativas de apagamento e distorção, bem como repetições das situações traumáticas. Os rastros mais arcanos da formação nacional seguem chegando, repetindo-se e exigindo uma reordenação simbólica, ainda que o modo de registro seja inconsciente, fora do simbólico, fora da História consciente, escrita e organizada em sucessivos tempos. Esse passado de traumas e suas repetições históricas ressurgem por meio dos afetos clandestinos (ainda que absolutamente legítimos) que se imiscuem nas falas, textos e especialmente atos e violências reiterados.

Certamente, as forças recalcadoras seguem presentes na atualidade, nitidamente nas forças sociais mais conservadores ereacionárias, que trabalham pela manutenção da estrutura socioeconômica colonial-escravagista e subordinada ao Capital estrangeiro, ainda que travestida pelos termos do Capitalismo Neoliberal contemporâneo como a Globalização, flexibilização das relações produtivas e de trabalho, o empreendedorismo e a meritocracia. Tais forças recalcadoras, contudo, também estão presentes e atuantes mesmo em quem se imagina um libertador, um progressista ou um brasileiro que honestamente trabalha pela inclusão e compreensão desses arquivos de memória sucessivamente rasurados ao longo da nossa História. Uma análise psicanalítica é justamente um instrumento que pode auxiliar na busca não dos acontecimentos originários na sua materialidade absoluta, pois muitos deles foram de fato materialmente apagados na origem, mas na investigação das memórias que vão recobrindo essas lacunas e tentando compor uma *brasilidade* que, inevitavelmente, exclui muitas compreensões possíveis em nome da manutenção de uma estrutura de divisão social e econômica que se forjou no período colonial. Além disso, quando existem afetos suprimidos, decorrentes de traumas históricos, existe um retorno dessas forças afetivas, geralmente no modo de repetição das violências e dos apagamentos originários, daí o conceito freudiano de "herança arcaica", que é a formulação psicanalítica para o que funda o Inconsciente de um povo e o modo de transmissão dessa estrutura através dos séculos.

Se o pensamento filosófico Pós-Estruturalista nos mostra que o que chega do futuro pode sim mexer com as forças estruturadas ao longo dos séculos, ele não deixa de trabalhar com a ideia de estrutura e com a necessidade de uma análise verdadeiramente capaz de subvertê-las ou até mesmo de desconstruí-las, conforme o pensamento do filósofo Jacques Derrida (2001;2002;2004). As sucessivas reescrituras da História do Brasil, bem como os remodelamentos dos projetos de Nação brasileira, podem, em algum grau, ter deslocado algo da estrutura fundante, do *primeiro* Inconsciente Nacional, mas a força da repetição inconsciente tem resistido a deslocamentos revolucionários ou mesmo a *Reformas de Base*, que poderiam transformar a estrutura social arcaicamente definida. Os sucessivos *golpes* na História do Brasil configuram momentos de resistência à mudança, de Recalque ou até de Desmentido; ou seja, tais *golpes* constituíram momentos de Recalque e de contenção de eventuais forças modernizadoras no sentido da transformação da estrutura socioeconômica da sociedade brasileira, herdada do período colonial, reforçada durante o Império e objeto de debates mais complexos apenas a partir do Pós-Guerra e, principalmente, após a Redemocratização de 1988. Os importantes acontecimentos de 1822, 1889, 1930, 1937, 1964 e 2016, ainda que possam, em alguns casos, ter significado algo parcialmente renovador, são essencialmente momentos de manutenção da estrutura inconsciente profunda que orienta a elite cultural e econômica brasileira e, portanto, caracterizam-se como momentos em que a estrutura baseada na oposição entre *Casa Grande & Senzala* foi reforçada. Em nenhum desses momentos, houve de fato uma ruptura com a estrutura socioeconômica-cultural inconsciente que se estabeleceu desde a chamada "descoberta do Brasil", desde que o massacre e a exploração começaram a ocorrer numa terra em que a minoria branca explorou e segue explorando indígenas, pardos e pretos de forma muitas vezes aviltante.

2.4 A Psicanálise entre Historiadores: um método arriscado!

Vimos até aqui algumas proposições sobre a História e a Memória a partir da teoria psicanalítica, mas reconhecemos que historiadores também buscaram na Psicanálise uma aliada em suas pesquisas e análises. Ambas Psicanálise e História tratam da Memória e lidam com as dificuldades metodológicas das Ciências Humanas, especialmente relacionadas às fontes que possibilitam compreender os fatos em sua complexidade causal e em suas múltiplas camadas de construção e de significação. Uma pessoa, ao falar livremente deitada no divã, articula memórias por meio de sua análise reflexiva naquele momento, bem como sob a determinação de suas fantasias inconscientes; um historiador, diante de documentos num arquivo, também vai articulá-los em alinhamento ou em oposição à historiografia existente e, principalmente, vai estar sob influência não apenas de um determinado *Zeitgeist*, mas de diferentes níveis de Inconsciente, o seu próprio Inconsciente como sujeito, o Inconsciente Social Nacional transmitido como Herança Arcaica e ainda o Inconsciente Historiográfico que se forma conforme as próprias análises históricas se mesclam com os dois outros Inconscientes, conformando as entrelinhas do texto histórico, bem como os recortes conscientes inevitáveis num processo de escritura e de construção da memória histórica. Nesse sentido, trata-se tanto para a História como para a Psicanálise de um objeto de estudos extremamente complexo, cuja elaboração depende de diferentes níveis de análise tanto em relação à filiação metodológica e política do pesquisador, mas principalmente da estrutura inconsciente que o afeta como membro de uma comunidade nacional atravessada por uma estrutura inconsciente profunda, a herança arcaica de um povo em articulação com diferentes tempos e níveis da memória até o presente.

Quando numa fala individual evocamos nossa lembrança coletiva e contamos uma história sobre nosso grupo (familiar, regional, nacional), o que diferencia essa fábula oral e individual falada no divã ou numa roda de conversa de uma narrativa histórica científica construída no trabalho de pesquisa? Quando um analisando reconstrói sua história para um psicanalista que o escuta, que verdade está em jogo e qual a relação disso com um conhecimento tomado como científico? Ainda que o objeto de psicanalistas e de historiadores seja muito diferente, existe uma intersecção, uma fronteira minada entre estes saberes, e explorá-la é uma tarefa arriscada quando nos preocupamos em manter uma base epistemológica coerente. Lembramos que Freud propôs uma aproximação entre Mito, História e Psicanálise em *Totem e Tabu*, e que se referiu à sua obra *Moisés e o Monoteísmo* como sendo um "romance histórico", quase fundando um gênero literário-científico, com pretensões à verdade, mas não ao exato conhecimento material[65]. A Herança Arcaica, conceito cuja forma e aplicação derradeira, Freud desenvolveu naquela que é sua obra testamento, trata justamente desse Inconsciente de um determinado povo — no caso o povo hebreu —, que o traz na sua estrutura sociocultural, na sua forma de organizar a comunidade, e que é transmitido de geração a geração por meio da carga biológica-instintiva, como herança filogenética dizia Freud, e forma a base do Isso[66] em cada indivíduo.

No caso brasileiro, o Triplo Recalque Nacional estrutura um modo de organização social que define inconscientemente as posições do "branco", do "moreno", do "pardo", do "mulato", do "cafuzo", do "mameluco", do "negro", do "índio" e de todos os matizes do colorismo nacional na escala socioeconômica e cultural brasileira — havendo uma segmentação similar no campo das mulheres, contudo ainda mais violenta, pois toda essa estrutura é originada na força do patriarcado branco. Quando se tenta apontar isso, como tem sido feito de forma mais intensa a partir dos anos 1970, com a produção de um pensamento científico robusto, e dos anos 1980 com a atuação cada vez mais ativa dos movimentos sociais, a resistência à reflexão por grande parte da sociedade brasileira é enorme, negando e/ou desmentindo a existência

65 A relação entre verdade do sujeito, verdade histórica e verdade material é um tema extremamente complexo. Neste trabalho, a verdade histórica não deve ser compreendida como verdade material num sentido estrito. Não há tal materialidade absoluta, pois as materialidades da memória são atravessadas por significações, afetos e políticas da vontade que são irredutíveis ao material factual como causa.

66 No desenho mais acabado do aparelho psíquico na obra de Freud, justamente na obra *O Eu e o Isso* (1923), Freud apresenta três instâncias psíquicas presentes em cada sujeito, o Eu, o Isso e o Supereu. O Isso é a mais arcaica dessas instâncias, a partir da qual se desenvolvem o Eu e o Supereu desde o nascimento do bebê, a partir da relação com os pais e demais pessoas, com o meio-ambiente, com a linguagem simbólica por fim. No Isso estão as fontes biológicas do nosso ser e nesse caldeirão pulsional, Freud (1923;1937) localiza também *Instintos herdados das gerações anteriores*, formados a partir de eventos traumáticos e muitas vezes repetidos na história de um povo, de um grupo. Essa base comum do Isso de um povo nacional configura a *Herança Arcaica* desse povo. Freud pensava que essa estrutura era tão forte e determinante para aquele grupo, que seria biologicamente transmitida, como um Instinto (*Instinkt*). Posteriormente, autores como Enriquez (1990[1983]) e Fuks (2014), entre outros, adaptaram essa perspectiva de uma *herança arcaica biológica*, elaborada por Freud, para uma *herança arcaica cultural*.

do genocídio indígena e negro e do racismo associado, bem como manifestando um desprezo pelos torturados e desaparecidos em ações do sistema repressivo articulado durante a Ditadura Militar-Civil de 1964-1988. Os rótulos fáceis de que o *índio era preguiçoso e não gostava de trabalhar*, de que o *negro era intelectualmente inferior* e de que quem lutou contra a ditadura era *comunista e terrorista* recobrem de forma tosca a verdade da violência da *elite colonizadora-colonizada* brasileira e fortalecem o Triplo Recalque Nacional.

A resistência, que conceitualmente em Psicanálise é a força que mantém os Recalques atuantes, isto é, mantém os conteúdos reprimidos fora da consciência e da memória acessível, ela se faz nos modos descritos por Freud como Recalque (*Verdrängung*) ou como Desmentido (*Verleugnung*), duas modalidades de negação, estruturantes da percepção e da memória dos sujeitos, centrais na teoria psicanalítica. Recalque e Desmentido, porém, incidem sobre formas de conteúdo muito diferentes, internos (ideias, memórias e seus afetos) no primeiro mecanismo, externos (percepções, fatos estabelecidos) no segundo. Neste ano de 2022, estamos num momento-campo relativamente simples de demonstrar a ação dessa resistência conservadora dos Recalques, especialmente considerando a administração federal do país, na qual altas autoridades políticas do governo nacional são os enunciadores dos discursos negacionistas em relação ao Racismo brasileiro, em relação ao Genocídio histórico de populações indígenas e afrodescendentes no Brasil e em relação à violência de Estado durante a Ditadura Civil-Militar de 1964-1988. O que se torna mais complexo é discutir o papel dos "analistas" (Historiadores, Sociólogos, Antropólogos, Psicanalistas, Jornalistas, Intelectuais e Pesquisadores e Professores das Ciências Sociais e Humanas em geral) na própria ação das forças recalcadoras, isto é, das forças que reforçam a Herança Arcaica brasileira e o Triplo Recalque Nacional. Obviamente, não estamos falando dos agentes formadores de opinião que abertamente negam a herança colonial e o valor da cultura africana na formação do Brasil moderno como o Sr. Olavo de Carvalho[67], mas de como esse Inconsciente Nacional se imiscui no

67 "O fato de nos repugnar a espoliação escravagista que foi a origem da riqueza nacional não deve nos levar a tentar oferecer por ela uma compensação enganadora sob a forma de lisonjas demagógicas — isso resulta apenas em substituir, ao abuso econômico, o ludíbrio psicológico. Alguém tem de dizer aos negros a verdade: a verdade é que todos os ritos iorubás não valem uma página de Jalal ad-Din Rumi e a história inteira do samba não vale três compassos de Bach. A verdade é que a contribuição cultural das religiões africanas ao mundo é perfeitamente dispensável, tão dispensável que mais de metade dos negros que há no mundo vive perfeitamente

texto (psic)-analítico das Ciências Sociais e Humanas, com destaque para a História e a Sociologia, que compõem os atores com capacidade científica e de influência para formar a memória e a consciência, mas eventualmente contribuem para reforçar o Recalque e a manutenção da estrutura social colonial, mesmo quando re-velam algo sobre o Brasil. Evidenciar esta contradição não tem como objetivo criticar o trabalho de pesquisa e análise empreendido — trabalho fundamental —, mas ressaltar a força da Herança Arcaica, que em grande parte é fruto dos recalques que incidiram e seguem incidindo sobre a memória e registro das violências originárias contra negros e indígenas, acrescida da violência contra os agentes políticos que, pela denúncia e engajamento sociopolítico, colocaram e colocam em questão a permanência dessa estrutura colonial que se evidencia constantemente na sociedade brasileira. O Triplo Recalque Nacional, como toda ação de Recalque, afasta os indivíduos da consciência sobre si mesmos, possibilitando a construção de *mitos* que, como lembranças encobridoras, que como fantasias, nos afastam do caminho da tomada de consciência.

Invocando a reflexão de De Certeau (2011) podemos abordar as relações entre História, Ciência e Ficção, acrescentando a Psicanálise nessa comparação. Sobre a ficção, este historiador sublinha que esta seria a princípio o campo do errôneo, do fantasioso, e que a História se credenciaria como Ciência quanto mais se distanciasse das fábulas e ficções. Nesse sentido, mais do que alcançar a verdade fatual, caberia ao historiador demonstrar o que seria falso, absurdo e/ou fantasioso. A História, deste modo, alinhada ao positivismo popperiano deveria poder falsificar as hipóteses explicativas, usando provas materiais, e alijar do discurso científico o discurso ficcional, separando o não-verdadeiro da verdade histórica objetiva. O historiador, ao definir o campo do falso, escreveria sobre o real, sobre os acontecimentos *de fato* ocorridos. Contudo, como pode a História, com tantas lacunas de Memória, *abrir mão* de uma "construção em análise" (Freud, 1937)? Uma construção em análise é justamente algo que o sujeito tece simbolicamente para dar sentido a seus afetos e repetições acerca dos quais não consegue constituir, com base em suas *lembranças exatas evocáveis*, uma causalidade

bem sem ela e jamais trocaria a língua árabe por um dialeto iorubá ou a ciência europeia pelas receitas de macumba do sr. Verger" (CARVALHO, 2018, p. 85-86 apud Danner, 2021). Na citação fica evidente o desprezo do Sr. Olavo de Carvalho pelas culturas de matriz africano, as quais ele não devia conhecer, apesar de seu ar erudito ao destituí-las de valor de modo tão etnocêntrico-eurocêntrico. Dizer que uma cultura é superior a outra com base na comparação entre música clássica e samba é fruto unicamente de etnocentrismo e desconhecimento.

histórica lógica, uma sequência cronológica totalmente factual. Nesse sentido, construções históricas maculariam o verdadeiro evento histórico? Enxertariam a Memória com complementos ficcionais? Como é possível produzir um conhecimento científico, isto é, estável e lógico, baseado em dados concretos, em registros objetivos, quando se ergue um saber que é escrito e memorial?

De Certeau (2011) nos lembra que a ficção não procura expressar de forma unívoca ou fixa o real. Já a historiografia teria "a ambição de dizer o real" (Ibid., p. 48). Para isso, o historiador recorreria às fontes fidedignas, aos documentos verdadeiros, às falas reais, aos testemunhos diretos da História; mas, existem tais fontes absolutamente fidedignas? Tais testemunhos totalmente objetivos? Tais memórias e arquivos impecáveis? Cujo registro já não transformou o que fora humanamente registrado no período anterior? Talvez sob uma outra modalidade técnica de registro? A Psicanálise nos ensina que o próprio sujeito se desconhece e não comanda conscientemente a organização de seus arquivos mais íntimos e profundos, por que seria diferente com os documentos históricos e sua organização memorialística que sabemos ser efetivada por pessoas? Como foram escritos, armazenados, classificados, catalogados, pesquisados, interpretados ou ainda perdidos, queimados, rasgados tais documentos originais? Em que época, sob que perspectiva, em que governo, em que instituição ou órgão, sob a influência de que chefe de departamento ou orientador, que metodologia, com qual finalidade, dentro de que projeto de pesquisa e/ou política pública? Nesse sentido, "ao vislumbrar a relação do discurso com quem o produz — ou seja, alternadamente, com uma instituição profissional e com uma metodologia científica —, é possível considerar a historiografia como uma mistura de ciência e de ficção, ou como um lugar em que se reintroduz o tempo" (Ibidem, p. 48). Desta forma, o tempo presente, a atualidade, está sempre agindo sobre a Historiografia, mesmo quando o objeto é um passado longevo. Nesse sentido, a análise histórica nunca escapa ao tempo de quem pesquisa, reorganiza os documentos e demais arquivos e escreve a História. A diferença é, deste modo, mais em relação à análise do próprio lugar de fala de quem escreve a História do que propriamente do distanciamento metodológico ou temporal das fontes. E nesse diálogo com a Psicanálise, acrescentamos o papel do Inconsciente, nas diferentes dimensões elencadas por nós, como uma categoria fundamental para a compreensão da produção das memórias e do conhecimento científico historiográfico e memorial. Deste modo, as condições de produção da pesquisa histórica no presente se encontram com a Herança Arcaica que habita não apenas o inconsciente dos agentes, mas o próprio Inconsciente Nacional, sob a ação das resistências conservadoras e dos retornos violentos do não-reconhecido como parte central da nação. É preciso, portanto, questionar a fidedignidade das fontes e dos documentos, mas também a perspectiva do pesquisador; não apenas analisar a subjetividade da figura histórica, mas também o historiador e seu grupo de pesquisa — tarefa complexa que só pode ser feita com a chegada do futuro. Afinal, como pensar o lugar de escrita de um autor se não a partir de um ponto distante no futuro quando seu texto será revisitado (ou não) por outros sujeitos portadores da mesma Herança Arcaica em outro momento das repetições históricas? Nesse sentido, pensar o Inconsciente Historiográfico é buscar desvelar não apenas as lacunas que a Memória Historiográfica re-velou ou encobriu, mas também a que conceitos e perspectivas o pesquisador estava vinculado, e que definiam seu olhar para o material diante de si. A verdade histórica também é, deste modo, não-toda, por mais que os pesquisadores trabalhem para preencher as lacunas na Memória e ampliar a consciência dos grupos sociais acerca de sua História.

De acordo com Certeau (2011), existe o Real que a historiografia organiza, mas também o Real do historiador que está organizando a História. "O próprio discurso historiográfico oculta o sistema social e técnico que o produz, isto é, a instituição profissional" (Ibidem, p.49). "A representação disfarça a práxis que a organiza" (p. 49), ou seja, a práxis que está inserida nessa estrutura profunda de relações que caracteriza o complexo tecido inconsciente de uma Cultura. Disfarça também, contudo, a psicologia do autor-historiador, se levamos a discussão de Peter Gay (1989) a sério — isto é, a própria capacidade do historiador buscar compreender como a sua personalidade, a sua história de vida e o próprio inconsciente, nas suas diferentes dimensões, social, historiográfica e individual, interferem na reconstrução dos "fatos". Se buscamos a montagem da estrutura do Inconsciente Social de um povo, na formação das camadas de memória e seus impactos no funcionamento social, o momento da pesquisa, do encontro com as fontes, é também um relançamento dessa estrutura inconsciente profunda, e o pesquisador precisa se deslocar, saindo do lugar de detentor da metodologia de pesquisa científica para o lugar mais humilde de alguém que também está submetido às forças inconscientes, mesmo quando trabalha para superá-las. Ou seja, ainda que eu me reconheça como alguém habitado pela Herança Arcaica brasileira e tudo que ela aporta, eu não consigo me livrar dela por um golpe racional.

A resistência inconsciente atua mesmo naqueles que tentam des-velar os recalques estruturantes, e é esse o drama *edípico* que a Psicanálise explora e coloca para todos nós que buscamos construir conhecimento no campo social. Édipo, por querer escapar à profecia oracular, ao seu destino tal qual definido pelos deuses em virtude de sua herança familiar, que era como sabemos matar seu pai e desposar sua mãe, caminha sem perceber diretamente para o parricídio e para o incesto, para cumprir o destino que mais buscou evitar, ao menos no campo consciente de seu ser. Ao tentar escapar da estrutura inconsciente que direcionava sua história, Édipo sem perceber (por vezes, sem querer perceber) cumpria o destino trágico que lhe foi atribuído como herança familiar. Deste modo, ele permanecia preso à estrutura inconsciente que o constituiu como sujeito, mesmo tentando escapar dela. Ainda que ele soubesse, por meio da profecia oracular, o que estava em seu Inconsciente como destino, e ainda que buscasse se libertar dessa profecia, tal saber não foi suficiente para que ele alterasse sua história conforme definida pela estrutura inconsciente, conforme a Herança recebida de seus antepassados e os Recalques que o impediam de ver claramente que agia da forma como buscava evitar[68].

Essa incapacidade de transformar o próprio destino, mesmo quando se tem alguma consciência dele, é a essência da Tragédia, que é um contraponto à lógica moral do livre-arbítrio e da capacidade de escolha do ser humano entre o Bem e o Mal, de forma maniqueísta e até infantil diante da complexidade dos acontecimentos da vida dos *animais-humanos*. Considerado esse elemento trágico da condição humana, a questão mais necessária é: como nós brasileiros podemos escapar do destino definido pelo Inconsciente Social Nacional, que se forjou no período colonial, se reforçou no Império e alcançou a República, e tem como base o extermínio e a exploração de povos indígenas e africanos na conformação da nação? E o abuso da violência autorizado em certos

---

68 Há um momento na peça de Sófocles, em que todas as evidências de que ele matou seu pai e desposou sua mãe estão postas, mesmo assim ele não consegue ver ou não deseja ver — esse não querer ver ou não poder ver está diretamente relacionado aos mecanismos psíquicos de defesa que Freud vai pesquisar e definir conceitualmente, sendo o principal deles o Recalque (*Verdrängung*).

espaços? Como superar o Triplo Recalque Nacional e as camadas de "lembranças encobridoras" e de "histórias recobridoras que nos impedem de vermos quem realmente somos e nos libertarmos desse destino? Romper com essa estrutura inconsciente, que vem sendo transmitida e reforçada através das gerações, é nossa busca, mas estaremos como Édipo, caminhando sucessivamente e sem perceber para o destino trágico? Para mais um século de escravidão, genocídio e tortura? Para continuarmos vivendo na promessa inalcançável desse maravilhoso *Brasil, país do futuro*?

Precisamos estar atentos como operadores de uma reflexão histórico-social, pois não podemos, na busca por subverter os efeitos do Triplo Recalque Nacional, que estrutura o Inconsciente Social Brasileiro, contribuir para sua manutenção. Nesse sentido, é preciso que não nos consideremos *inocentes* simplesmente por não termos apoiado a extrema-direita na atualidade ou os Golpes de 1937, 1964 e 2016, mas verificar como o discurso progressista eventualmente retroalimenta as resistências e recalques ao processo de análise; ou, dito de outra forma, como os pesquisadores e intelectuais, ao *explicarem* os traumas e seus efeitos, podem reforçar a resistência à transformação? Como, ao propor mudanças na compreensão que se tem sobre o Brasil questionando *mitos-científicos* como os da "democracia racial" e do "país do futuro, da alegria e da cordialidade", não reforçar estas visões, obliterantes de um olhar mais acurado sobre as enormes mazelas nacionais e sobre a nossa conivência, maior ou menor, com elas? Certamente, não estamos *atacando* aqueles que lutam por uma sociedade menos desigual e quem sabe um dia justa (com toda complexidade que a ideia de Justiça implica), mas complexificando a análise de modo que possamos minar de fato as forças recalcadoras que trabalham pela manutenção do Triplo Recalque Nacional e da estrutura colonial racista, violenta e excludente que vem encontrando formas de permanecer vigorando independentemente das mudanças conjunturais, com alguns remanejamentos entre os grupos elitistas da grande burguesia e do alto serviço público, mas sem tocar na estrutura profunda da nação, a qual é sustentada pelas desigualdades sociais baseadas na herança da Escravidão e da recusa à cidadania de indígenas e negros, bem como do reconhecimento de seus modos de vida e cultura como legítimos, valiosos e integrantes da identidade nacional.

De Certeau (2011), ao tratar da técnica da pesquisa histórica e da historiografia, aproxima-se, no nosso entender, das reflexões de Jacques Derrida (2001) sobre a noção de arquivo. A ideia central é que a técnica de arquivamento faz parte do conteúdo arquivado, ou seja, enquadra num formato o conteúdo, construindo-o, contendo-o, conformando-o. A técnica historiográfica faz parte da História, ou seja, influencia na construção do que se passou na *História*. Não há história sem modos de arquivamento e transmissão das memórias. Novamente, além da técnica, do método e da linha de pesquisa, existe a pessoa do historiador, inserida nessa estrutura social inconsciente, portadora também da Herança Arcaica. Há, portanto, sempre um entrecruzamento entre sujeito e objeto em diferentes níveis e, se olhamos esse par enredado numa escrita organizadora da memória, não há como desconsiderar o inconsciente, entendendo freudianamente que o inconsciente individual é constituído também a partir da herança arcaica, ou seja, na nossa proposta para o caso brasileiro, pela estrutura inconsciente do Triplo Recalque Nacional[69]. Essa estrutura apresenta-se tanto na transmissão oral, mas também na escritura, como insistiu Derrida (2004 [1967]), na sua extensa obra *Gramatologia*, ao ressaltar a não subordinação do grama, da letra, à voz, à oralidade. Existe na perspectiva derridiana uma "diferencia" (*différance*) que se imiscui no texto para além da intenção consciente de quem escreve, portando, nesse sentido, um inconsciente que invade a escritura; e mesmo a escritura científica, com seus formalismos e modelos, não consegue conter essa transmissão. Se há de fato um Inconsciente Nacional, social e coletivo, ele opera em senhores e escravos, na *doxa* e no *logos*, na memória popular e na memória dos arquivos, e deste modo o *narcisismo nacional* está sempre em jogo no cotidiano dos indivíduos, mesmo nas mentes mais libertárias, progressistas e inclusivas. Nesse sentido, a definição do passado histórico sob o bastião da Ciência precisa considerar que os pesquisadores também estão imersos no Inconsciente Social Nacional, atravessados de algum modo pelo Triplo Recalque que nos estrutura, mas também que eles fazem parte de uma determinada comunidade acadêmica, mobilizada por um enquadre paradigmático contemporâneo, e sujeitos a determinações que escapam à sua lucidez e ao método.

---

69 Certamente, existe também a transmissão de um Inconsciente Familiar, marcado pelos traumas e segredos de determinada família, bem como os Recalques e Desmentidos efetuados na formação de cada sujeito. Contudo, a base mais profunda do Inconsciente individual seria o Inconsciente Social do Povo, cuja transmissão se faria pela "Herança Arcaica". Essa foi a proposta sociopolítica final de Freud (1939), restando o debate se esta transmissão seria biológica, sociocultural ou por ambos os modos de transmissão?

Desse modo, podemos afirmar que existem, intrincados de forma complexa, o inconsciente individual do Historiador e um determinado modelo teórico-prático que permeia o grupo de pesquisa ao qual se filia, mas também um inconsciente mais amplo, que vimos pensando na linha da reflexão inaugurada por Freud (1939), ao analisar a formação do povo judeu, em *Moisés e o Monoteísmo*, como um Inconsciente Social Coletivo (que em nada se relaciona com o inconsciente coletivo de Jung), o qual estamos nomeando de Inconsciente Nacional Brasileiro, e postulando como estruturado a partir de um Triplo Recalque Histórico, transmitido sucessivamente como Herança Arcaica do povo brasileiro, e dos continuados Desmentidos que posteriormente revalidaram os três grandes Recalques organizadores da estrutura social profunda da nossa sociedade. Este Inconsciente Social porta aquilo que, na formação de um povo, precisa ser refutado do seu sistema simbólico como forma de manter as estruturas de poder e de gozo[70]. No caso brasileiro, os três núcleos de Recalque estruturantes prestam-se a manter a sociedade brasileira como dividida entre senhores e escravos, entre "brancos" e "pretos, indígenas e pardos", com todo um colorismo de posições intermediárias que carrega um significado social, e situa o indivíduo na hierarquia socioeconômica; outras dualidades aparecem entre os chamados "cidadãos de bem" e os "degenerados[71]", entre os que "têm direitos e acessos" e os que "devem agradecer pelo pouco que lhes é concedido", ao modo do "Deus lhe pague". Essas posições e oposições expressam a continuidade da estrutura colonial de modo que o país siga como terra de oportunidades enormes para um pequeno grupo explorador composto por brancos, usualmente conectado ao grande Capital Nacional e Internacional e com pequenas infiltrações de um ou outro "negro de alma branca" ou "mulata de traços finos" nas franjas da elite, majoritariamente pelo acesso a posições de poder na estrutura estatal ou por algum tipo de realização desportiva ou artística, quando o indivíduo consegue furar os bloqueios de cor da pele, financeiro e social que a estrutura inconsciente definiu para ele.

---

70 Para dar conta dessa dimensão é preciso aprofundar a compreensão de dois conceitos psicanalíticos elaborados por Freud: o Recalque (*Verdrängung*) e o Desmentido (*Verleugnung*).

71 Os degenerados aparecem no campo dos Costumes como aqueles que não comungam do modelo de sexualidade heteronormativo, no campo das Religiões como aqueles que estão fora das religiões cristãs e no campo da Política são todos que acabam sendo chamados de "comunistas" (num grande balaio de gatos que tem os mais variados matizes político-ideológicos, mas muito raramente trata-se de comunistas de fato).

Na obra *O Genocídio do Negro Brasileiro*, Abdias Nascimento (2016 [1976]) aponta "eufemismos" elaborados por grandes intelectuais brasileiros como forma de maquiar o caráter violento da estrutura social constituinte da divisão do trabalho no país. Especificamente, aponta Gilberto Freyre como um dos grandes pensadores que alimenta o mito da "democracia racial" — ainda que Freyre não se utilize do termo — ao sustentar uma suposta brandura no modelo colonial português, cujos agentes teriam sido menos cruéis do que em outros modelos colonialistas de exploração — aliás, como séculos depois escutaríamos que nossos militares torturaram e mataram menos que os militares argentinos ou chilenos nas respectivas Ditaduras Militares-Civis. Esta perspectiva segue uma das estruturas típicas do Recalque brasileiro, recobrir as violências por meio de uma comparação com colonizadores ou militares de outras nacionalidades que não a portuguesa/brasileira, afirmando que os outros seriam mais violentos, e que o patriarca luso-brasileiro seria *cordial*, atuando com menos violência e sem preconceitos de raça. Essa suposta *brandura* tratar-se-ia de uma capacidade especial do colonizador português, que já seria mestiço devido às suas relações com os árabes que ocuparam a Península Ibérica, e também à influência da Igreja Católica que teria inserido uma pitada de amor cristão no sistema colonial escravocrata — nada mais falso e cínico, e Abdias Nascimento mostra diversos exemplos de sermões do Padre Vieira conclamando os indígenas a aceitarem e agradecerem por estarem sendo trazidos para o mundo de Cristo, devendo aceitar as determinações — e violências — do generoso português cristão. Especificamente sobre Gilberto Freyre, nos diz:

> Freyre cunha eufemismos raciais tendo em vista racionalizar as relações de raça no país, como exemplifica sua ênfase e insistência no termo *morenidade*; não se trata de ingênuo jogo de palavras, mas sim de proposta vazando uma extremamente perigosa mística racista, cujo objetivo é o desaparecimento inapelável do descendente africano, tanto fisicamente, quanto espiritualmente, através do malicioso processo de embranquecer a pele negra e a cultura do negro. É curioso notar que tal sofisticada espécie de racismo é uma perversão tão intrínseca ao Brasil a ponto de se tornar uma qualidade, diríamos, natural, do 'branco' brasileiro. (Nascimento, 2016 [1976], p.49-50).

São inúmeras as críticas à obra de Gilberto Freyre, pois no seu gigantismo sociológico e relevância etnográfica, tal obra não escapa ao racismo científico em voga na época de sua elaboração, nem à influência da estrutura colonial na fundação do Inconsciente Nacional Brasileiro. O gênio, por mais brilhante intelectualmente, não escapa à Herança Arcaica e à estrutura do Inconsciente Nacional, tampouco ao Espírito Científico de sua época. Abrandar o horror do genocídio indígena e africano em terras brasileiras, bem como apontar a *morenidade* como uma qualidade oriunda da capacidade de miscigenação do português, são formas de negação da nossa realidade excludente e violenta contra os *mais morenos*, bem como acreditar que as relações sexuais entre portugueses e mulheres africanas ou indígenas eram decorrentes de um *amor-dominação* brando, inclusivo — de um homem aberto ao *diferente* pela influência da relação anterior com os árabes na península ibérica —, com os devidos reconhecimentos da autonomia do desejo das mulheres — nada mais questionável! Tornar o povo brasileiro mais claro, se possível *branco*, representou no final do Império e ao longo da República Velha, como política de Estado e meta da elite nacional, a continuidade do massacre de indígenas e de afrodescendentes, deixados à margem da sociedade ou incluídos nas posições sociais mais subservientes, e mediante o sufocamento com vistas ao apagamento radical de suas culturas, línguas, nomes etc.

Abdias Nascimento (2016 [1976]) faz ainda uma associação interessante entre o tema "democracia racial" e a noção de tabu, afirmando assim a nossa dificuldade em verdadeiramente discutir a forma como as populações indígenas e afrodescendentes foram e são situadas na hierarquia social brasileira, decorrente do sistema colonial e sua política de exploração radical desde o início da construção do Brasil até os dias atuais. "Eram outros tempos" dirá aquele cidadão que relativiza as análises afirmando que não podemos avaliar a Escravidão dos séculos passados com a perspectiva atual de Direitos Humanos e de Cidadania. A grande questão é que ao se fazer isso, imagina-se apagar a transmissão inconsciente dessa estrutura de dominação e de exploração, bem como os efeitos materiais nefandos e continuados dessa estrutura, que seguem, pelo contrário, se reproduzindo a olhos nus. Lembremos, entre muitas tentativas de apagamento dos efeitos da Escravidão, a letra do *Hino à República*, escrito pouco mais de 1 ano após a Abolição, o qual se caracteriza como um Recalque claro do que não se queria admitir como memória consciente e acessível. Em verbete no qual discute a *Iconografia da República*, Lilia Schwarcz (2019) aponta algumas imagens usadas logo após a Proclamação da República, na tentativa de reorganizar a narrativa nacional e apagar determinados traços histórico, entre eles a Escravidão e sua herança, e comenta sobre o referido Hino:

> Os segredos contidos nessas imagens pátrias parecem dialogar de perto com o nosso Hino à República. Escrito no início de 1890, entoava o belo e esperançoso refrão: 'Liberdade! Liberdade!/Abre as asas sobre nós!'. Esquecia, entretanto, de parte fundamental da nação e de um episódio central e inescapável da nossa história ao versejar o bordão: 'Nós nem cremos que escravos outrora/ Tenha havido em tão nobre país...'. 'Outrora' era um ano e meio atrás — mas, a amnésia nacional, expressa em atos, na música e nas imagens, continuava a alijar da memória brasileira o sistema escravocrata, a discriminação que ele produziu, e que ainda hoje carrega efeitos desastrosos para a nossa população, que convive com um racismo estrutural e institucional. (Schwarcz In Schwarcz & Starling, 2019, p. 147).

A referência aos segredos e à amnésia nacional são índices de que estamos no campo do Recalque e da construção de lembranças encobridoras. O *Hino à República* é um exemplo bem claro do recalcamento da questão da Escravidão e seus efeitos na memória, e logo da consciência histórica nacional. Como pode um país tão nobre e com um destino tão glorioso pela frente, carregar as *nódoas* da Escravidão? O problema é que não se apagam violências seculares e uma estrutura produtiva baseada na hierarquia de raças com novos Hinos e ícones, com a fabricação de memórias encobridoras — hinos, símbolos, heróis —, pois essas dores e violências são transmitidas inconscientemente, seguindo vivas e produzindo efeitos na realidade. A fabricação da Memória Nacional não é condicionada apenas pelos governos e intelectuais, pois o Inconsciente Nacional está na origem dos processos estruturais, mesmo quando sua percepção é às avessas. Isso não impede que o Recalque cumpra seu papel e uma imagem de nação democrática, inclusiva, sem preconceitos de raça, estivesse em formação no novo Brasil republicano, como esperança do novo, mas também como recobrimento que possibilita a continuidade do velho ao melhor estilo do *gatopardismo* lampedusiano. Os efeitos sociais do recalcado nacional, que se ampliaram de 2013 para cá com a acentuação das forças e afetos reacionários-conservadores na sociedade brasileira — os quais sempre estiveram presentes, mas que estavam razoavelmente contidos pela estrutura política-institucional fundada em 1988, após o Recalque efetivado com a Lei da Anistia no processo de Redemocratização — são constitutivos e também efeito da desigualdade social intrínseca ao Brasil, que nos chega por meio da Herança Arcaica, a qual transmite não apenas a estrutura de privilégios baseada na cor da pele, mas a própria biopolítica que afirma quem pode viver e quem pode ser morto pelas policias, milícias e mesmo pelo *cidadão de bem*; quem pode morar nas áreas nobres das cidades e quem não pode; quem pode ingressar na Universidade e nas carreiras de Estado e quem não pode, entre outros exemplos. A Pandemia de Covid-19 escancarou a desigualdade decorrente dessa estrutura sociopsicológica profunda, ainda que o Sistema Único de Saúde (SUS), com seus princípios de universalidade, equidade, integralidade e participação social, seja parte do esforço pela superação da Herança Colonial, e tenha na ação de seus trabalhadores realizado um esforço pela justiça social, lutando pelo direito à Saúde de todo brasileiro/a/x durante o enfrentamento da Covid-19.

Darci Ribeiro (1995), em obra que busca compreender a *unidade étnica* do povo brasileiro, apresentando uma análise contundente e extremamente relevante de nossa formação, também demonstra perplexidade diante da noção tão propalada e afirmada pelos brasileirxs de "democracia racial". O antropólogo demonstra espanto diante da ausência de conflito social em face de desigualdades sociais enormes, construídas a partir da sociedade escravocrata e com sua continuidade mesmo após a Abolição, as quais ficam eclipsadas numa espécie de "miopia social":

> O espantoso é que os brasileiros, orgulhosos de sua tão proclamada, como falsa, 'democracia racial', raramente percebem os profundos abismos que aqui separam os estratos sociais. O mais grave é que esse abismo não conduz a conflitos tendentes a transpô-lo, porque se cristalizam num *modus vivendi* que aparta os ricos dos pobres, como se fossem castas e guetos. Os privilegiados simplesmente se isolam numa barreira de indiferença para com a sina dos pobres, cuja miséria repugnante procuram ignorar ou ocultar numa espécie de miopia social, que perpetua a alternidade. O povo-massa, sofrido e perplexo, vê a ordem social como um sistema que privilegia uma minoria contemplada por Deus, à qual tudo é consentido e concedido. Inclusive o dom de serem, às vezes, dadivosos, mas sempre frios e perversos e, invariavelmente, imprevisíveis. (Ribeiro, 1995, p. 24)

Ora, sistemas sociais nos quais uma *casta* compreende os privilégios de outra com base em ideias como a de dádivas divinas ou em traços fenotípicos remetem a sociedades anteriores às Revoluções Liberais

Modernas (Francesa, Inglesa, Norte-Americana), com as quais foram fundadas as modernas democracias baseadas em organizações administrativas racionais e laicas, com legislações baseadas na igualdade e equidade de direitos entre os cidadãos. Nesse sentido, a manutenção da estrutura escravocrata e de castas sociais definidas com base no fenótipo (branco privilegiado e negro e indígena subalternos) e no local de nascimento (periferias, comunidades carentes, favelas, sertões, etc; ou bairros nobres das grandes cidades e partes ricas das regiões agrárias e cidades médias e pequenas) coloca o Brasil numa estrutura social pré-moderna, com alguns bolsões muito bem delimitados de modernidade e republicanismo. Apenas nestes bolsões os efeitos positivos sobre a cidadania, a conquista dos direitos e liberdades individuais, são percebidos[72]. Contudo, o mito da democracia racial, associado a outras "lembranças encobridoras" e "desmentidos da verdade", produz um efeito de Recalque e contenção dessas forças sociais transformadoras. É importante ressaltar que entre o momento da publicação do livro de Darci Ribeiro citado acima (1995) e o momento atual, ocorreu como efeito da promulgação de uma Constituição Social-Democrata em 1988, da estabilização monetária nos anos de 1990 e das políticas sociais de 14 anos de governos de matiz trabalhista e social-democrata, uma ascensão socioeconômica de grupos historicamente mantidos fora das zonas de cidadania. O Bolsonarismo parece-nos um movimento contrário à transformação da estrutura da sociedade brasileira, tanto do ponto de vista socioeconômico como cultural, e por isso ele precisa desmentir a história da Escravidão e seus efeitos na contemporaneidade, o Genocídio de pretos e de indígenas, e a Tortura e Violência estatal, pois estes são os pilares históricos da sociedade de castas brasileira, marcada pela profunda desigualdade social, cuja percepção é obliterada pelos recobrimentos na Memória Nacional e pelo Recalque de afetos e violências seculares. De forma profética, Darcy Ribeiro prevê a retomada

72 No caso da cidade do Rio de Janeiro, por exemplo, a Zona Sul da cidade é uma espécie de oásis, onde em comparação com as demais regiões da cidade, as leis e instituições funcionam, a violência é relativamente pouca, o lazer e as liberdades podem ser vivenciados pela minoria que ali habita. Ainda que a pobreza e a violência furem as barreiras e grades de proteção, existe uma realidade socioeconômica completamente distinta. Contraditoriamente, são os indivíduos oriundos dessa região e de regiões semelhantes nas demais capitais que tendem a definir e governar o Brasil. Certamente, a atividade socioeconômica e cultural pujante das periferias se torna cada dia mais visível, infiltrando e acessando espaços anteriormente negados, mas ainda há muito a fazer de modo a re-velar não apenas a verdade histórica do Brasil, mas também o que é o Brasil real no tempo presente. Trabalhos como o da Central Única das Favelas (CUFA) são fundamentais nessa luta pela representatividade da riqueza das favelas, bem como a permanente produção cultural dos grupos historicamente submetidos pelo aculturamento eurocêntrico.

do poder por grupos autoritários interessados na manutenção da estrutura escravocrata brasileira, de modo a perpetuar a exploração social e os efeitos do Triplo Recalque Nacional. Além disso, ele aponta como a historiografia oficial trabalha pela manutenção da ordem vigente:

> Ao contrário do que alega a historiografia oficial, nunca faltou aqui, até excedeu, o apelo à violência pela classe dominante como arma fundamental da construção da história. O que faltou, sempre, foi espaço para movimentos sociais capazes de promover sua reversão. Faltou sempre, e falta ainda, clamorosamente, uma clara compreensão da história vivida, como necessária nas circunstâncias em que ocorreu, e um projeto alternativo de ordenação social, lucidamente formulado, que seja apoiado e adotado pelas grandes maiorias. Não é impensável que a reordenação social se faça sem convulsão social, por via de um reformismo democrático. Mas ela é muitíssimo improvável neste país em que uns poucos milhares de grandes proprietários podem açambarcar a maior parte do território, compelindo milhões de trabalhadores a se urbanizarem para viver a vida famélica das favelas, por força da manutenção de umas velhas leis. Cada vez que um político nacionalista ou populista se encaminha para a revisão da institucionalidade, as classes dominantes apelam para a repressão e a força. (Ribeiro, 1995, p.26)

Entendo que o processo de Redemocratização e a Constituição Federal de 1988, associados a uma ampliação da consciência histórica sobre a formação socioeconômica brasileira, lançaram as pedras para um reformismo democrático da estrutura constituída durante o período colonial e reforçada no Império, nas primeiras República e na Ditadura Militar-Civil de 1964-1988. Contudo, o avanço das conquistas sociais e o início de uma mudança na estrutura socioeconômica do país conduziu a uma reação forte, e por vezes violenta, contra a superação do nosso legado escravagista e de profunda cisão socioeconômica. Além disso, o silêncio sobre a tortura e as violências cometidas pelo Estado Brasileiro no período de 1964-1988, instaurou um terceiro núcleo central no recalcado nacional. Por isso, entendemos que as forças que se aglutinaram na reação conservadora não são apenas conjunturais, mas também profundas. Este escrito busca jogar luzes, ou pelo menos refletir, sobre essas forças profundas. O Triplo Recalque Nacional, que estrutura o Inconsciente Social Brasileiro, é a principal construção conceitual deste ensaio.

2.4.1 — Cientificidade, História e Psicanálise

De Certeau (2011) afirma que "as representações são autorizadas a *falar* em nome do real apenas na medida em que elas fazem *esquecer* as condições de sua fabricação" (p. 54). Seguindo esta lógica, podemos dizer que é o esquecimento das condições de fabricação das memórias e mitos nacionais que garantem a coesão do grupo em torno de uma determinada narrativa mítica-histórica, de formação da nação e seu povo. Desta forma, um grupo nacional só pode ser coeso em seu funcionamento social porque ocorre um esquecimento sobre o modo como a estrutura sociopolítica-econômica, que define esse funcionamento coletivo, com uma série de posições, prerrogativas e possibilidades razoavelmente estáveis, foi erguida, especialmente quando as ações fundantes foram marcadas pela violência atroz. Podemos dizer, seguindo o raciocínio de De Certau que há dois níveis de esquecimento (*Recalques primários* e *Recalques secundários* se quisermos aproveitar o *corpus* freudiano): o esquecimento atual (secundário), relacionado ao trabalho que o historiador realiza no tempo presente, decorrente do fato de que a mais perfeita metodologia não pode abarcar todo o Real e rastrear todos os registros já realizados sobre um determinado acontecimento ou personagem histórico, mas também o esquecimento primário e mais amplo que marca estruturalmente um povo e a partir do qual é estruturada a base do Inconsciente Nacional.

Este esquecimento mais amplo, estruturador do Inconsciente Nacional é da ordem propriamente do Recalque, com sucessivos reforços dos Recalques fundantes e eventuais Desmentidos (*Verleugnung*) da realidade na sequência histórica. Os atos e discursos político-sociais que *desmentem* a realidade *atual* retiram (ou visam retirar) da percepção dos indivíduos os elementos objetivos que fariam emergir os acontecimentos e afetos recalcados. A banalização ou desconsideração, na sociedade brasileira contemporânea, dos efeitos da Escravidão e da forma como ocorreu a Abolição, por meio de discursos políticos, apresenta-se como um Desmentido da realidade. A banalização ou desconsideração da questão indígena, com a sucessiva destruição de etnias e suas culturas, e a ideia proposta de incluir o *índio*, figura imaginária criada pelo colonizador, é outro Desmentido efetivado pelo discurso político reacionário-conservador na atualidade. Por fim, o tabu sobre o tema da Tortura e a banalização da violência estatal, com a defesa acrítica da disseminação de armas de fogo de alto calibre, caracteriza mais uma estrutura discursiva que desmente a realidade. Propomos a existência do Triplo Recalque estruturante do Inconsciente Nacional Brasileiro, mas sublinhamos que a sustentação da estrutura inconsciente depende da ação permanente das forças reacionárias-conservadoras e do efeito de ações de Desmentido quando a realidade evidencia os efeitos da estrutura profunda trazendo à superfície os temas centrais do recalcado nacional.

O que Freud (1939) postulou, na sua obra sobre a formação do povo judeu, é que essa estrutura inconsciente fundante de um povo seria transmitida inconscientemente, de geração em geração, como traço cultural incorporado ao Instinto (*Instinkt*), ao tecido biológico. Freud sustentava, portanto, uma transmissão hereditária de aquisições culturais profundas, de modo que o Inconsciente Social de um povo passasse a existir como uma forma de Instinto, que seria a base biológico-cultural originária do *Isso* (*Das Es*). Os pesquisadores pós-freudianos, contudo, reconstruíram essa transmissão intergeracional do Inconsciente Social como uma transmissão simbólica cujo veículo é a própria narrativa histórica de formação de um Povo, a própria Língua nacional e as instituições políticas, religiosas, culturais, educacionais, que portam e mantêm essa estrutura inconsciente ao longo das gerações numa cadeia de transmissão inconsciente por meio dos símbolos e organizações sociais. Aceitando-se que essa transmissão inconsciente ao longo das gerações de fato ocorra, e que seja estruturante de uma Cultura Nacional, a questão que surge em relação ao próprio trabalho do historiador é como ele vai poder desvelar e elaborar os temas submetidos aos Recalques e Desmentidos, especialmente quando ele também é lançado como sujeito nessa Cultura Nacional, sob o efeito estrutural dessas negações fundantes. E mais, sabendo que os conceitos analíticos serão diluídos nessa estrutura simbólica, sob a força dos Recalques e Desmentidos que vão, nas transições políticas, atuando nas reconstruções das narrativas sobre a Pátria e suas figuras e fatos icônicos. Uma das possibilidades de se pensar a posição do historiador é a partir da própria noção psicanalítica de contratransferência, ou seja, o ponto mesmo de contato entre o inconsciente do analisando e o inconsciente do analista, naquilo que o analista é tocado e jogado para fora da suposta posição de *neutralidade* que deveria ocupar. Justamente, quando analista e analisando partilham muitas características afetivas e intelectuais, torna-se mais difícil para o analista enxergar as diferenças sutis da estrutura singular daquele sujeito, posto que são tão parecidos entre si, mas ainda assim outros para cada um. Portanto, quando uma interpretação *re-veladora* é elaborada, desde a origem ela está sob ameaça de contenção pelas forças conservadoras, mesmo na ação de quem busca desrecalcar e trazer à consciência a verdade histórica esquecida, os traumas apagados ou transfigurados pela ação do Recalque e dos Desmentidos.

Uma das formas por meio das quais a Ciência e os cientistas buscam essa neutralidade, ou seja, buscam *livrar-se* do fato de que pesquisadores são sujeitos do inconsciente e estão inseridos em contextos sociopolíticos, é a suposta objetividade matemática da Ciência. No caso das Ciências Sociais e Humanas, a Estatística surge como conhecimento ancorado na matemática capaz de comprovar ou de refutar hipóteses, pois possibilita o cálculo probabilístico, o estabelecimento de médias, medianas e outras complexas formas de cálculo e correlações estatísticas, que podem servir para o pesquisador organizar matematicamente as informações sobre as quais se debruça, construindo dados objetivos para análise, estruturando modos classificatórios probabilísticos e considerando mais prováveis as interpretações a partir dos dados predominantes, das comparações, dos percentuais etc. Sabemos com a clínica psicanalítica que, todavia, muitas vezes é no detalhe incomum que podemos encontrar a hipótese explicativa mais verdadeira, posto que a diferença nos faz ver o equívoco contido nas repetições (estatisticamente mais prováveis), ainda que não necessariamente nos retire dela e de sua predominância *estatística*. De Certeau (2011 [1986]) aponta que com o avanço da Informática, a Estatística teria adentrado, como elemento importante, os modos científicos da Historiografia. O tratamento estatístico-matemático das questões histórico-sociais se alicerça sobre uma visão de social que toma cada indivíduo como uma unidade, um átomo social, um elemento formador de um conjunto de unidades — sob a perspectiva economicista de que cada indivíduo maximiza a utilidade de suas ações, sob uma racionalidade utilitarista, e segundo a qual cada um é livre para decidir, empreender e alcançar por seu mérito individual o sucesso social ou arcar com as consequências de suas supostas *incapacidades ou limitações individuais*. Assim, com a racionalização das ações e das relações entre os indivíduos que compõem uma comunidade, se ampliaria a velocidade do *Progresso* e a História refletiria o movimento linear desse fluxo de ações racionais e positivas que conduziriam ao futuro de desenvolvimento, felicidade e glórias de um povo. A Estatística evidenciaria esses movimentos e a necessidade de ajustes no processo.

Essa perspectiva, porém, sublinha De Certeau, é "anistórica", de modo que a Estatística, quando retirada de uma série histórica e principalmente de um sentido e de uma afetividade históricos e coletivos, só pode servir à dominação e à manutenção de privilégios: "a operação matemática exclui regiões inteiras da historicidade; ela cria uma enorme quantidade de detritos, recusados pelo computador e amontoados à sua volta" (Ibid., p. 58). Esses detritos, em Psicanálise, ganham o nome de Real e costumam *tocar* os aspectos inconscientes, isto é, os aspectos que o indivíduo ou a comunidade *não querem saber*, as margens e marginalidades da memória e da comunidade, o que está sob a barra do Recalque e, portanto, alijado da memória acessível ou evocável. É justamente o que vai ficando de fora das Estatísticas que pode revelar o traço mais significativo em um determinado momento histórico-social. Se a Estatística é, portanto, fundamental para que enxerguemos dados e fatos da realidade sob uma quantificação matemática — a reiterada violência contra os negros ou contra as mulheres no Brasil, por exemplo — o modo de compreensão desses dados dependerá da nossa capacidade de tomar consciência dos Recalques e Desmentidos que nos vendam, que nos enviesam o olhar e que operam pela manutenção da estrutura profunda. As Estatísticas não revelam per se o que está no Inconsciente e na estrutura profunda da sociedade, ainda que possam jogar luz sobre fatos que inegavelmente exigem ir além das *lembranças encobridoras* e *histórias recobridoras* para uma melhor compreensão. Afinal, quantos alunos pretos e indígenas estão matriculados nas Universidades Brasileiras? E qual a proporcionalidade disso em relação aos respectivos percentuais na composição da população brasileira? Agora, isso tem relação com mérito? Ou com os séculos de escravidão e a forma como a Abolição foi feita? Com a continuidade da exploração dos descendentes dos antigos escravizados? Com o desrespeito às comunidades originárias e quilombolas? Enfim, com a estrutura socioeconômica e cultural que *sustenta e trabalha* pela manutenção da desigualdade social e pela perpetuação das bases da sociedade colonial: mão de obra explorada e violentada, concentração da terra e do Capital em todas as suas formas, posição servil do Brasil na dinâmica internacional das nações?

De Certeau compara a força da Informática e a valorização excessiva dela pelos historiadores à devoção que se tinha pelo *Príncipe* — espécie de *figura* que se impõe ao texto historiográfico como *princípio* definidor do verdadeiro sentido: é preciso matematizar e deve-se agradecer à Informática pelos modos de organização das informações que ela nos proporciona por meio de programas incríveis[73]! Hoje, poderíamos pensar uma História organizada por algoritmos, atualizando o pensamento do historiador francês para a era das narrativas informatizadas em tempo real nas Redes Sociais — o que obviamente não é História, mas gera *fontes* para uma *História do Tempo Presente* num futuro muito próximo, e eventuais revisionismos baseados em novos modos de arquivamento e catalogação com a existência das redes sociais. Apresenta-se nítido, porém, que essa informatização da produção historiográfica, se por um lado possibilita organizar os dados numa velocidade e complexidade inimagináveis sem a Informática, por outro lado nos distancia ainda mais da reflexão sobre o Inconsciente, que está presente tanto no movimento da Memória Coletiva de um povo como nos agentes individuais em suas narrativas pessoais. A objetivação, que em certos campos da Ciência é fundamental para a aplicabilidade tecnológica do conhecimento científico, no caso da História — e das Ciências Sociais e Humanas de um modo geral —, quando tomada de forma acrítica, ameaça a possibilidade do pensamento vivo, o qual convoca a subjetividade e cria condições para se problematizar os "sintomas culturais" em termos histórico-sociais, e principalmente para se buscar o Inconsciente nos diferentes níveis que estamos propondo a partir dos desdobramentos que Freud (1913;1921;1930;1939) propôs ao utilizar a teoria psicanalítica para refletir sobre a Cultura e mais especificamente sobre o povo judeu na sua obra-testamento.

A constituição de um campo científico ou de uma hipótese de pesquisa, ao recortar um objeto de estudo, obrigatoriamente constitui uma perda, na medida em que recortar é excluir para definir o que estará no escopo da pesquisa ou da tese. Essa perda retorna na forma do *outro*, disso que ficou de fora, sem lugar, seja no caso das ciências da natureza com a descoberta de uma nova partícula, uma nova subs-

73 De fato, apesar da ironia, devo reconhecer que para algumas análises a organização informatizada dos dados estatísticos é muito importante, porém, o dado não existe fora de um contexto — o contexto da sua criação, e é esse contexto que precisa ser compreendido e analisado antes da produção do sentido social e/ou histórico. Não existe o "fato histórico em-si", ainda que os pesquisadores possam construir acordos interpretativos e validá-los como científicos, isto é, tendo um valor analítico diferente da "opinião" e/ou da "crença".

tância, em tamanhos e distâncias cada vez menores ou maiores, tanto faz; e no caso das ciências humanas e sociais, como demanda por significação, por nomeação, por reconhecimento, muitas vezes como fenômeno social marcado pela violência, pelo sofrimento ou pela invisibilidade, muitas vezes em repetições histórico-sociais sob as vestes de cada época. De todo modo, é este outro excluído, sua existência, que pode me garantir e sustentar em face da minha falta, da minha perda, da minha incapacidade de tudo abarcar. De Certeau fala da Informática como sendo percebida pelo historiador como um outro que vai costurar a perda existente em seu campo de atuação, como se finalmente uma equação histórica fosse possível e as lacunas pudessem ser recuperadas para a historiografia[74]. Quando trabalhamos, porém, com o conceito de Inconsciente, tanto individual como social, partimos de saída do pressuposto de que a verdade será sempre *não-toda* e que não há como evitar perdas ao se erguer edifícios simbólicos — alguma análise tem fim? Alguma teoria ou campo de conhecimento dá conta da complexidade dos fenômenos da Vida? A grande questão no campo da Psicanálise deixa de ser a *perda* constitutiva, que é inevitável, mas sim os modos de exclusão na formação dos arquivos de memória, ou seja, os modos como o *perdido* é selecionado e excluído, bem como as formas como o conteúdo excluído (a *perda*) encontra para retornar e assombrar o *status quo*; dito de outro modo, com um vocabulário psicanalítico típico, trata-se de como as forças e ideias recalcadas e as forças e ideais recalcadores e suas agências e agentes alcançam acordos simbólicos e a que preço, tanto no nível individual como no coletivo. Sendo este *preço* entendido como *sintoma*, que no caso dos indivíduos pode ocasionar extremo sofrimento e psicopatologia, e no caso dos grupos e das sociedades pode erguer estruturas sociais absolutamente desiguais e violentas, com posições hierárquicas determinadas não pela Biologia (como se tentou instituir na aurora da Modernidade com o "Racismo Científico" e uma hierarquização das raças sob o domínio do europeu caucasiano e seus descendentes na América do Norte e Oceania), mas pelas representações inconscientes que estruturam a sociedade e organizam as diferenças perceptíveis em posições visíveis, sempre com perdas e geralmente com injustiças.

74 O que De Certeau atribui à Informática, esse milagre da verdade-toda, da ciência sem perdas, em realidade emerge em diferentes momentos da busca por conhecimento, é o *aha-erlebnis*, o momento Eureka em que uma resposta é encontrada, uma nova explicação definida, mas que por outro lado ou na sequência coloca novas dúvidas, de modo que o Real segue escapulindo das teorias, teoremas e teses.

Nesse sentido, a *conciliação* sociopolítica possível, que *organiza* a estrutura social de um povo, ocasiona sofrimentos específicos bem como ganhos secundários restritos a certos segmentos da sociedade, o que podemos nomear como as exclusões e os privilégios característicos de determinado povo, os quais podem ser maiores ou menores conforme a construção da sociedade caminhou. Estas exclusões e privilégios conseguem manter-se não apenas pelo funcionamento das forças econômicas, políticas e policiais, mas pelo que é transmitido inconscientemente ao longo das gerações, incluindo é claro o recalcado histórico. **A força do Inconsciente Social é mais profunda e íntima dos sujeitos do que a repressão policial.** A História, ao formular narrativas sobre a formação e o caminhar de um povo, de uma nação, inevitavelmente toca nessa herança arcaica, inconsciente e estrutural, e pode ser na sua produção motor de análise e de questionamento das estruturas profundas de uma sociedade; porém, ela mesma e seus operadores não estão fora do campo de transmissão do Inconsciente Nacional, e o inserem na historiografia, eventualmente sem o perceber. Nesse sentido, o Inconsciente Historiográfico se apresenta como resistência à transformação dentro da própria construção historiográfica, dentro da própria elaboração que o conhecimento histórico possibilita para o desenvolvimento de um povo.

A historiografia é um campo "privilegiado para o retorno do fantasma" (Certeau, 2011, p.62). Nesse sentido, os efeitos do Triplo Recalque Nacional, que forja o Inconsciente Social Brasileiro, retornam nas crises sócio-políticas, nos momentos em que a estrutura socioeconômica derivada da *conciliação* entre forças sociais conservadoras-recalcadoras e os efeitos do retorno dos recalcados, isto é, a continuação na prática da estrutura socioeconômica colonial no Império e na República, é de alguma forma questionada, seja pela força da influência de variáveis externas ao Brasil como a vitória das forças democráticas contra o nazi-fascismo em 1945 ou a derrocada da URSS em 1991, seja por variáveis internas como os avanços sociais propostos pela Constituição Federal de 1988, com maior realização nos períodos dos governos dos presidentes da República Itamar Franco, Fernando Henrique Cardoso, Lula e Dilma Rousseff. Por sua vez, o *contra-ataque* das forças reacionárias-recalcadoras, pela manutenção da estrutura colonial de castas, pelos privilégios históricos das *elites brancas e escravocratas*, começa em 2013[75], se reforça em 2016 com o Golpe Midiático-Parlamentar que culmina no Impedimento de Dilma Rousseff, e culmina em 2018 com a eleição de um Presidente cujo discurso sobre temas como a Escravidão, a Questão Indígena e a Ditadura de 1964 marca um Desmentido (*Verleugnung*) da realidade histórica e atual, tocando especialmente nos três grandes núcleos do Recalque Nacional.

Desmentido aqui é usado, como já situamos, no sentido psicanalítico da *Verleugnung*, ou seja, uma operação psíquica de desconsideração e/ou distorção da realidade, a ponto de que capítulos da nossa História, bastante pesquisados e analisados, pudessem ser revisados de maneira absolutamente imaginária e simplória, sem nenhuma ancoragem em estudos, pesquisas ou mesmo informações com alguma credibilidade. Nos indivíduos, a operação do Desmentido provoca uma cisão do Eu do sujeito, assim em algumas situações o indivíduo reconhece a realidade e em outras não a reconhece, criando um *fetiche*, ou seja, um artefato imaginário que encobre e desmente magicamente a realidade insuportável ou indesejável. Ora, em termos da sociedade brasileira, acontece também uma profunda cisão entre uma parcela da sociedade que reconhece o Racismo Estrutural, a Desigualdade Social, a estrutura social de privilégios e castas como passivo decorrente de nossa história colonial, de nossa fundação social baseada no extermínio dos indígenas, na escravidão e todos os seus efeitos terríveis e no estado patriarcal-patrimonial; e uma outra parcela da sociedade que acreditou em um discurso que *desmente* nossa História, que recusa ou banaliza os efeitos da Escravidão, do Genocídio indígena, da violência de agentes

75 Em boa medida, uma parcela da população, que em 2013 conseguia comer (superando a pobreza) e ter acesso à informação aderiu a estes movimentos sem perceber o pano de fundo que movimentava as forças sociais. Certamente, existe uma crise econômica que se instala nesse período, como rebote tardio da grande crise mundial de 2008, relacionada às políticas anticíclicas adotadas; contudo, o que estava em jogo não era apenas a conjuntura, mas sim a estrutura profunda da sociedade brasileira que estava sendo transformada a partir das diretrizes da CF de 1988, da estabilização da moeda e com a ampliação das políticas sociais de inclusão e de compensação histórica, como as políticas de cotas e uma ampliação da consciência histórica sobre os núcleos principais do Inconsciente Nacional. É contra essa reestruturação em curso na sociedade brasileira que o movimento de forças sociais reacionárias-conservadoras que culmina no Bolsonarismo se levanta, como se o Brasil quisesse manter a estrutura herdada dos períodos históricos anteriores, com senhores e escravos bem definidos, e num jogo social no qual a cor da pele é significante fundamental para definir quem pode viajar para Disney e frequentar uma universidade. O tema da corrupção, uma chaga histórica na estrutura político-econômica do Brasil, tornou-se naquele momento o fetiche capaz de aglutinar o ressentimento e a insatisfação de grande parte da sociedade brasileira, que se sentiu perdendo privilégios, direitos e ainda assaltada de fato. A partir daí, o autoritarismo ganha força como escolha patriótica capaz de restaurar a ordem e os valores tradicionais: Deus, Pátria, Família.

do Estado, especialmente a tortura perpetrada na Ditadura Militar-Civil de 1964-1988 e a violência policial contra negros..

Vale sublinhar que o atual discurso globalizado sobre a meritocracia e o empreendedorismo neoliberal favorece esse desprezo pela História e pelas Ciências Humanas e Sociais em geral, buscando-se explicações matemáticas abstratas ou estritamente biológicas para os fenômenos sociais humanos. Deste modo, com o Desmentido (*Verleugnung*) dos impactos da Escravidão, do Genocídio e do ataque aos direitos dos povos indígenas e da Tortura de Estado durante a Ditadura Militar-Civil de 1964-1988, o que está em jogo é a manutenção da *Herança Arcaica* brasileira, que é em termos socioeconômicos a manutenção da estrutura colonial escravagista, com clara separação entre as classes "senhoriais" e as classes "escravas", entre as classes cidadãs e as classes sub-cidadãs, bem como uma clara posição subserviente do Brasil na política internacional, muito diferente inclusive da política externa independente e alinhada à luta contra a desigualdade global, que foi marca da ação do Itamaraty em alguns períodos, inclusive em regimes de exceção, como sob a chefia do Embaixador Azeredo da Silveira[76], mas especialmente no governo Lula quando o Embaixador Celso Amorim conduziu a política externa brasileira de forma *ativa e altiva*, e o Brasil tornou-se efetivamente um ator estratégico no campo das Relações Internacionais e um dos líderes do Sul Global.

A crítica de De Certeau ao uso da Informática pelo historiador é muito importante, por fim, porque em sua reflexão, ele justamente aponta o Inconsciente freudiano e sua atemporalidade — lembramos que os efeitos das forças inconscientes seguem retornando de forma circular, sem uma *retilinearidade*, sem uma sequência cronológica de tempos e movimentos — como estrutura que inviabiliza essa informatização da historiografia, ao menos de forma plena. O historiador francês sublinha que o Inconsciente diz respeito não apenas às ideias recalcadas, mas também aos afetos suprimidos, de modo que "a economia dos afetos retornou sob o modo freudiano de uma economia do inconsciente" (2011, p.67). Ele, assim, insere o inconsciente freudiano na dinâmica histórica, e especialmente no ofício do historiador, que trabalha numa complexidade de tempos na qual os períodos e momentos históricos retornam não apenas pelas camadas de memória oficiais, pelos registros

76 Ministro das Relações Exteriores no governo Geisel, durante a Ditadura Militar, que implementou uma Política Externa independente e bastante pragmática.

concretos, conscientes ou não, mas especialmente pela via dos afetos inconscientes que se apresentam à pessoa do historiador na sua própria história, mas também nas repetições — angústias, alegrias e violências — evidenciadas na sociedade que, naquele momento, apresenta-se como culminância do processo histórico-social. O registro, o arquivamento e a transmissão desses afetos profundos na dimensão social são certamente um grande desafio ao pensamento organizador. Propomos que esse retorno do afeto suprimido tem uma dupla face: o próprio historiador/pesquisador é afetado inconscientemente em sua posição temporal, cultural, social e política; e a própria coletividade, a Cultura Nacional (essa construção complexa e multifacetada) é afetada por esses retornos do recalcado, e no caso do Brasil, especialmente como efeitos repetitivos do Genocídio Indígena, do Racismo Estrutural e a violência associada a ele, e da Tortura perpetrada por agentes de Estado, especialmente em espaços-tempos de exceção.

Um exemplo atual de um retorno de afetos recalcados foi, como coloca a psicanalista Maria Rita Kehl (2020), o fato de que o ressentimento teria sido o afeto determinante das eleições nacionais em 2018. Ela nos mostra que, nas sociedades modernas democráticas, o ressentimento político é um afeto decorrente da frustração que o indivíduo ou grupo social sente diante do modo como interpreta sua posição na hierarquia social, o que é possível em sociedades nas quais existe a construção jurídica de uma igualdade de todos os cidadãos nacionais perante as leis do país, e também diante das possibilidades de sucesso e de ascensão social. Desse modo, se cria a expectativa imaginária de meritocracia, de que numa sociedade democrática composta por cidadãos, cada um alcançará aquilo que seu esforço individual lhe conferir, conforme o mérito, conforme o esforço empreendido e as realizações individuais, de forma supostamente justa. Essa lógica falsa é típica não apenas do cinismo capitalista, que se efetiva em sociedades profundamente desiguais, mas especialmente da propaganda do Capitalismo Neoliberal, que é forjada com base no domínio da dimensão imaginária e no biopoder, o controle social dos corpos pelas lógicas disciplinares de produção e de consumo.

O que vimos no Brasil, após a promulgação da Constituição Federal de 1988, a qual reconheceu em seu texto, especialmente no Artigo 5°, diversos direitos e garantias individuais, e principalmente no período entre 2000 e 2014, com a estabilidade econômica e a adoção de políticas sociais massivas, foi uma ascensão das classes sociais mais baixas, historicamente excluídas e oprimidas, e uma diminuição da fome e da pobreza que assolavam o Brasil profundo. Essa transição social fez com que as classes médias históricas (pequena burguesia e trabalhadores assalariados com maior escolaridade) se sentissem mais próximas das classes baixas em ascensão do que dos grupos ricos históricos do Brasil, do qual as classes médias sempre quiseram fazer parte, mas raramente conseguiram adentrar. **O narcisismo das classes médias históricas brasileiras foi ferido pela ascensão social das camadas secularmente excluídas**, que serviam de forma barata às classes mais altas, mas também às classes médias. Nesse sentido, como aponta Kehl, o ressentimento em 2018 não era tanto pelo indivíduo não ter conseguido comprar o bem de consumo de luxo que almejava ou por não ter realizado suas expectativas socioeconômicas, mas porque pessoas anteriormente mais pobres estavam frequentando os mesmos espaços, *retirando* privilégios de um grupo que se sentia com mais direitos, que historicamente se enxergou como parte da elite escravocrata ou *amigo* ("compadre") dessa elite. A frustração da classe média *branca* era pela perda de um lugar social percebido como privilegiado, na medida em que mais pessoas (e com cores de pele e costumes diferentes) passaram a ascender e adentrar as classes médias, deixando claro que quem continuou ali, nunca fez parte de fato da *Casa Grande*:

> Presenciei algumas demonstrações de desagrado de pessoas 'tradicionalmente' de classe média ou alta contra a invasão daqueles 'ex-pobres' em seus espaços de prestígio. A frase 'este aeroporto está parecendo uma rodoviária', por exemplo, traduz a rejeição de passageiros recorrentes à presença de passageiros de *primeira viagem*, que 'desprestigiariam' o sinal de *status* recentemente adquirido por aqueles. A rejeição e o ressentimento não se dirigiam a passageiros mais endinheirados, e sim àqueles em relação aos quais os revoltados gostariam de ostentar pelo menos uma *pequena diferença*. A presença de pessoas mais pobres nos aviões anulava o privilégio dessa diferença. (Kehl, 2020, p. 201)

Podemos, assim, postular que esse ressentimento se relaciona com a estrutura social inconsciente e os conflitos profundos da sociedade brasileira, estruturados sobre os três grandes núcleos de Recalque que se constituíram na formação do Brasil e que, ao mesmo tempo, são centrais na constituição da Brasilidade e da estrutura socioeconômica do país, num interjogo dialético entre a estrutura inconsciente e a *evolução* das dinâmicas sociais, políticas e econômicas ao longo da História. O ressentimento emerge como um afeto relacionado aos conflitos e (in)-conciliações do Inconsciente Social Brasileiro. Essa estrutura inconsciente, forjada desde a chegada do conquistador português e de seu encontro fundante com os povos indígenas, reforçada em diferentes momentos no período colonial, especialmente pela estrutura produtiva baseada na Escravidão, e que seguiu inalterada no Império e manteve sua estrutura nas primeiras Repúblicas apesar da Abolição, somente foi verdadeiramente *tocada*, com uma potência transformadora, pelos avanços sociais decorrentes da Constituição Federal de 1988[77], da implementação do Plano Real e das políticas de reconhecimento e inclusão social especialmente fortalecidas ou construídas nos governos do Partido dos Trabalhadores. Tais políticas possibilitaram a ascensão de grupos sociais historicamente excluídos da cidadania, e mexeram com a estrutura de classes que permanecia, sob as transformações conjunturais, a mesma do período colonial, caracterizada pela exclusão de negros e indígenas, e baseada numa escala de valorização social e acesso à cidadania atrelada à cor da pele. Certamente, a produção historiográfica e sociológica da segunda metade do século XX em diante passou a ter um papel de fomentar a *elaboração psíquica e histórica* dos grandes traumas nacionais. Seguiu, contudo, esbarrando nas resistências da própria estrutura de privilégios e nas próprias contradições internas ao campo da reflexão, lançadas não apenas pelas resistências presentes em todos nós brasileiros/as/xs, inclusive nos pesquisadores, mas pela forma como certas noções conceituais chaves para a compreensão do Brasil contemporâneo foram sendo ressignificadas, de modo a manter os Recalques e a conter a expansão da memória e da consciência acerca de quem somos nós brasileiros/as/xs. Por vezes, esquecer é importante, mas esquecer é muito diferente de recalcar, como sabemos desde a obra seminal de Sigmund Freud.

Os efeitos dos recalcados nacionais retornaram ferozmente no período pós-2013, predominantemente sob a forma afetiva do ressentimento e da raiva, justamente sob uma alienação bastante ampla acerca das grandes culpas nacionais, as quais não puderam (ainda) ser melhor analisadas e transformadas em responsabilidades da sociedade

---

77 Certamente, a Abolição, a Consolidação das Leis do Trabalho (CLT), o voto feminino, entre outros são marcos de avanços socioeconômicos culturais relevantes, contudo, ocorriam mais como algo inevitável diante das mudanças na ordem mundial ocidental do que como parte de uma transformação da estrutura socioeconômica e cultural profunda do Brasil.

nacional, pelos efeitos de um passado de terror — temos aí uma enorme parcela da população nacional que rechaça os efeitos nefandos da estrutura colonial para a sociedade brasileira atual, os efeitos correntes do Genocídio Indígena, da Escravização do negro e da Tortura de Estado contra quem ousava não se submeter ao *Senhor*, que são temas essenciais para que o Brasil possa de fato se "modernizar" e deixar de ser uma sociedade tão desigual e com *territórios*[78] tão separados entre áreas de cidadania nas quais a lei vige e existe cidadania, e *territórios* nos quais funciona um sistema de exceção baseado na violência, na ausência de cidadania e sob poderes paramilitares paralelos.

Ainda pensando as relações entre Psicanálise e História, De Certeau (2011) aponta que os materiais do historiador trazem para o tempo atual não apenas "arquivos originais" (se é que tal coisa é factível), mas os próprios momentos historiográficos nos quais tais "arquivos originais" foram (re)-trabalhados. Estes momentos, erigidos dentro de contextos sócio-políticos e metodológicos, atravessados pelas forças recalcadoras, pelos efeitos do Inconsciente Nacional e Individual, também têm uma historiografia. O Inconsciente *fala* entremeado e entremeando-se com a escrita científica da História, com o próprio Inconsciente Historiográfico que vai sendo criado pelos recortes e supressões efetivados na escrita da História, pois aí também há perdas, e estas não são aleatórias. Quando o *Isso* (*Das Es*) fala por meio da História, cabe ao historiador (junto com os artistas e demais pensadores da Cultura) construir o que estava inconsciente — como o psicanalista e o analisando em *Construções em Análise* (Freud, 1937), texto final de Freud sobre o tema da "des-coberta/construção" em análise, apontando que tal *descoberta* é na realidade uma reconstrução do acontecimento ou dos arquivos perdidos em sua plena fatualidade ou originariedade, jamais o encontro da *coisa-em-si*. Nesse sentido, o registro exato da memória fatual está perdido, ele é um *arqui-registro*, um momento mítico originário se quisermos; mas, existe na continuação histórica o que desses traumas originários se repete nas ações e organizações sem ser simbolizado, o que do traumático segue reclamando da sociedade brasileira uma elaboração: *Isso* que insiste e se retransmite, e que insistimos em recalcar, em não conseguir retirar das trevas e trazer para o debate lúcido: o Triplo Recalque Nacional.

---

78 Essa divisão tem uma nitidez cristalina nas grandes cidades. Não apenas pela separação entre as zonas nobres das cidades e as áreas carentes, onde reside a classe trabalhadora, mas porque nas áreas nobres, a classe trabalhadora é invisibilizada, executando as tarefas menos valorizadas pela sociedade brasileira, que é extremamente elitista e desvaloriza o trabalho braçal. Sérgio Buarque de Holanda (2006) tenta encontrar as raízes disso em características da cultura ibérica.

Apontamos estes três grandes núcleos de recalcados, que nos estruturam como povo e sociedade, e que seguem no devir histórico se relançando em novas camadas de memória, de ocultamento e também em *novas-velhas* formas de violência. Quando algo desses conteúdos recalcados é trazido para a consciência e reconhecido, não apenas pelo esforço de elaboração dos pesquisadores da História, mas inclusive obtém reconhecimento legal, como em alguns pontos na Constituição Federal de 1988[79], esses movimentos simbólicos com impactos na estrutura inconsciente social e na estrutura econômica, engendram um profundo conflito na sociedade, pois ao se buscar elaborar conteúdos recalcados, as forças recalcadoras atuam para conter o movimento de conscientização e o conflito está posto. Nesse sentido, é como se uma enorme parcela da sociedade brasileira não quisesse saber dos *nossos* crimes históricos, das violências profundas e dos efeitos nefandos das ações de dominação e submissão sobre uma enorme parcela da população brasileira. De certa forma, aqueles que *lucraram* com a Escravidão, ainda que não diretamente no sentido de uma herança objetiva, em bens ou herança (indivíduos escravizados e riquezas diretamente decorrentes do trabalho escravo), não querem vasculhar a própria culpa nem os efeitos atuais dessa posição de superioridade e de arrogância, tão típicas de uma parcela das classes médias brasileiras, que pensa que o parque da Disney nos Estados Unidos da América não é lugar para uma empregada doméstica, em sua maioria mulheres negras descendentes de escravizados, passar suas férias; e a Universidade não seria lugar para o filho de um porteiro, geralmente de origem humilde e preto, pardo ou nordestino[80], frequentar. Uma vez que as

79 Os direitos dos povos indígenas estão expressos e garantidos no *Título VIII, Da Ordem Social, Capítulo VIII, Dos Indígenas,* assegurando o respeito à sua organização social, costumes, religião, crenças e tradições, bem como seus direitos originários sobre as terras que historicamente ocupam.

80 O sertanejo também sofre preconceitos nas grandes cidades do Sudeste e Sul do país, geralmente tendo um tipo físico miscigenado e não se enquadrando nos parâmetros da branquitude. Como os escravos foram a principal mão-de-obra para a construção da riqueza no Brasil entre 1530 e 1888, e seus descendentes seguem como força de trabalho explorada, os nordestinos que migraram para São Paulo no pós-guerra foram uma das principais potências de trabalho na transformação dessa cidade na maior metrópole da América do Sul e uma das maiores cidades do mundo. O tema das viagens das empregadas domésticas à Disney surgiu a partir de falas do então Ministro Paulo Guedes, que foram noticiadas pelos principais veículos de imprensa no Brasil nos dias 13/2/2020 e 29/4/2021 respectivamente: neste vídeo publicado em *O Globo* https://www.youtube.com/watch?v=bLGlc4cVP8Q o Sr. Paulo Guedes comenta que havia empregadas domésticas indo para Disney, o que era "uma festa danada", permitindo depreender que as empregadas domésticas não deveriam poder viajar para a Disney. Ainda que ele tenha se desculpado depois e esclarecido que o sentido de sua fala tratava dos impactos da valorização

forças recalcadoras bloqueiam o processo de tomada de consciência e de elaboração, os afetos suprimidos podem retornar acriticamente e assumir diferentes tonalidades nos indivíduos, de modo a se "repetir" velhos atos violentos, ou simplesmente emergir como naturalização de uma estrutura social desigual e perversa. Tal configuração tem sido nítida, especialmente após a vitória do Bolsonarismo nas eleições de 2018, movimento político-social que se estruturou com base na ideia conservadora e etnocêntrica da defesa de Deus, da Pátria e da Família[81], em um discurso de defesa do armamento da população civil e na desconstrução da organização administrativa do Estado brasileiro, com uma afronta direta à estrutura dos poderes da República, especialmente o Poder Judiciário[82], com uma valorização do autoritarismo e acenos constantes nas manifestações bolsonaristas a uma intervenção militar.

É importante notar que as forças que mantêm o Triplo Recalque Nacional atuante trabalham pela manutenção de formas de violência históricas, mas também pela contenção de movimentos de mudança na estrutura socioeconômica e cultural, ou seja, atuam pela manutenção de privilégios, pela manutenção de lugares especiais na estrutura social e pelo desmonte das políticas públicas sociais erguidas a partir

---

do Real, fica a pergunta: por que a referência às empregadas domésticas, que em sua maioria são mulheres negras, descendentes de escravizados? As mulheres brancas com nível superior poderiam continuar a ir à Disney, mesmo com a desvalorização da moeda nacional numa festa restrita a poucos? Por que não dizer simplesmente que a moeda nacional estava sobrevalorizada e isso causava distorções cambiais percebidas pela ampliação das viagens de brasileiros ao exterior?

Ao criticar o funcionamento do Fundo de Financiamento ao Estudante de Ensino Superior (FIES), programa criado no governo de Fernando Henrique Cardoso e ampliado no governo de Lula, cujo objetivo era financiar o ensino superior de jovens oriundos de estratos da população brasileira que historicamente não tinham acesso ao ensino superior, Paulo Guedes usou como exemplo o filho de um porteiro. Houve muitas reportagens sobre a fala do ministro, por exemplo no portal G1: https://g1.globo.com/educacao/noticia/2021/04/30/paulo-guedes-critica-o-fies-e-diz-que-filho-de-porteiro-tirou-zero-na-prova-e-conseguiu-financiamento.ghtml) O Racismo Estrutural, que é uma das bases do Inconsciente Social Brasileiro, se revela na estrutura das organizações e instituições, em certos usos da linguagem e na escolha das imagens para exemplificar algum fato social. Ele emerge no convívio social, muitas vezes de forma inconsciente, sem caracterizar necessariamente uma agressão direta a um indivíduo, mas reforça a estrutura racista, às vezes de forma sutil, porém, não podendo ser de forma alguma normalizado ou banalizado.

81 O etnocentrismo no caso decorre do fato que o Deus, a Pátria e a Família em questão são os baseados no modelo da família burguesa cristã, porém sob um modelo político autoritário.

82 Existe um debate importante no campo político sobre a expansão do Poder Judiciário sobre o campo legislativo, mas esse debate em nada se relaciona com a resposta das Altas Cortes Nacionais à violência contra a República Federativa do Brasil. De todo modo, o Poder Judiciário em muitos casos ocupa o vácuo deixado pelo Poder Legislativo diante de temas prementes à sociedade.

de 1988, como as políticas de cotas, de transferência de renda, o Sistema Único de Saúde, a ação conscientizadora da Fundação Palmares, a demarcação das reservas indígenas, a defesa dos direitos humanos, o uso social das terras improdutivas, todas essas *reformas de base* — para usar o termo que descreve as tentativas no governo Jango de conduzir mudanças estruturais no país —, as quais finalmente vinham sendo implementadas a partir de 1988, mas especialmente nos governos petistas entre 2003 e 2014.

Deste modo, na dinâmica política das forças sociais existem as forças que trabalham pela manutenção dos Recalques, ou seja, as forças *conservadoras*, e as forças que tentam desbloquear o recalcado, que buscam uma perspectiva mais ampla da complexidade histórico-social e os caminhos de elaboração que nos levem à formação da Brasilidade. Estas são as forças da elaboração simbólica, ou seja, da compreensão mais ampla possível dos acontecimentos em sua complexidade e pluralidade de significações. Elas se produzem como conhecimento organizado especialmente no campo universitário-científico, principalmente no âmbito das Ciências Humanas e Sociais, mas também na potência das artes, das lutas trabalhistas, dos diversos movimentos sociais por reconhecimento e direitos e eventualmente no campo político-partidário. Esse jogo de forças é travado sob influência do Inconsciente Social Nacional, a partir da Herança Arcaica e das marcas estruturais histórico-sociais, ou atravessado pelos afetos circulantes que catalisam a ação social. A estrutura inconsciente herdada está projetada na organização concreta da sociedade, ou seja, com as posições sociais, econômicas, culturais, fortemente orientadas por esta estrutura arcaica que habita a nossa língua, nossas instituições, nosso comportamento. Os atores sociais, no seu agir cotidiano, não atuam conscientemente a favor ou contra a força do Recalque, mas sim inserindo-se num jogo social complexo, e muitas vezes contraditório e alienado em relação aos impactos da estrutura inconsciente na sua vida cotidiana, inclusive nos abusos e violências que cometem e/ou sofrem.

Nesse sentido, vamos refletir brevemente sobre algumas falas do ex-Presidente da Fundação Palmares, que esteve à frente da instituição de novembro de 2019 a março de 2022. Por ocasião do Dia da Consciência Negra de 2021, celebrado anualmente em 20 de novembro, data escolhida em homenagem ao histórico líder do Quilombo dos Palmares, Zumbi dos Palmares, e que aponta entre outras coisas para a importância da sociedade brasileira celebrar e refletir sobre a luta e a participação dos africanos e seus descendentes na construção do Brasil, o Sr. Sérgio Camargo, um homem negro, mas aparentemente crítico das lutas antirracistas, afirmou, conforme o *Portal de Notícias G1*, que repercutiu publicações do próprio Sérgio Camargo em seu Twitter, que:

> Sérgio Camargo, presidente da Fundação Cultural Palmares, órgão responsável pela promoção e preservação de manifestações culturais negras, criticou e ironizou o Dia da Consciência Negra, em postagens em seu perfil no Twitter neste sábado (20). Camargo escreveu que o "povo brasileiro precisa acordar para a natureza intrinsecamente racista do Dia da Consciência Negra". Ele também chamou a data de "Dia da Vitimização do Negro", "Dia da Mente Negra Escravizada pela Esquerda", "Dia do Culto ao Ressentimento pelo Passado" e "Dia de Luta pela Divisão Racial do Povo" (Acesso em 24/11/2021: https://g1.globo.com/politica/noticia/2021/11/20/presidente-da-fundacao-palmares-critica-dia-da-consciencia-negra.ghtml)

Na nossa perspectiva de análise, trata-se não apenas de recalcar o significado da luta de Zumbi dos Palmares e seus companheiros contra a Escravidão, mas também a força dessa luta e seu significado na atualidade diante da estrutura socioeconômica brasileira, que mantém os indivíduos pretos e pardos numa *cidadania de segunda classe* e sob os efeitos do Racismo Estrutural, herdado dos períodos colonial e imperial, quando a Escravidão era o centro da economia brasileira e tinha no Racismo sua base ideológica. Nos parece possível depreender de seus *tuites,* citados acima, que o Sr. Sérgio Camargo aponta não querer alimentar "vitimismos" e "ressentimentos"; contudo, essa postura impede o debate amplo sobre a Escravidão e sua herança na contemporaneidade, recalcando o tema e tentando situá-lo no passado, como algo totalmente superado. Parece-nos ainda efetivar um Desmentido (no sentido da *Verleugnung* freudiana) dos efeitos da herança escravocrata no tempo presente, retirando do campo perceptivo e memorial o reconhecimento de que a hierarquização socioeconômica da sociedade brasileira foi estruturada a partir do período colonial e acima de tudo pela Escravidão e sua base ideológica que era o Racismo, e sem que a partir da Abolição tenha havido qualquer política social de inclusão dos ex-escravizados na sociedade, a não ser no século XXI, com o início das políticas públicas de reconhecimento e reparação por meio de ações afirmativas. Aparentemente, ele seria incapaz de se colocar no lugar de descendente de escravizados, no lugar dos negros que sucessivamente são violados em seus direitos básicos, agredidos simplesmente pelo fenótipo, tratados de forma diferentemente negativa pelas forças de segurança e pela população em geral, e muitas vezes assassinados em virtude da cor de pele no Brasil, como vemos ainda e de forma constante no ano de celebração dos 200 anos da Independência e 134 anos da Lei Áurea.

Diante disso, salvo esclarecimento por meio do debate e uma melhor compreensão, parece ter havido na sua atuação como presidente da Fundação Palmares[83], por meio da qual deveria ter zelado pela Memória e pelo Legado das lutas de negras e negros contra o Racismo, por liberdade e por justiça social, simbolizadas pela figura histórica do líder Zumbi dos Palmares, uma desconsideração (no sentido da *Verleugnung* freudiana) das forças agressivas repressoras e escravocratas ainda presentes na sociedade brasileira. Parece ter havido também uma desconsideração das forças passadas e atuais na luta por direitos individuais e sociais e pelas devidas reparações históricas, e que no nosso entender caberia justamente a Fundação Palmares esclarecer e apoiar essa luta. Negar os efeitos ainda existentes da Escravidão, e restringir a catástrofe social que foi o escravagismo no Brasil ao seu período histórico estrito (ou seja, até 13/05/1888), é uma forma de reforçar, salvo melhor compreensão, o Recalque histórico sobre esse tema, e assim deslegitimaria a luta atual

---

83 É possível encontrar inúmeras reportagens com críticas sobre a gestão do Sr. Sérgio Camargo à frente da Fundação Palmares. Por exemplo em: https://almapreta.com/sessao/politica/sergio-camargo-fora-da-palmares-relembre-polemicas-e-ataques-aos-movimentos-negros

No caso do vergonhoso assassinato do cidadão congolês Moïse Kabagambe, refugiado no Brasil, ocorrido em janeiro de 2022 no Rio de Janeiro-RJ, conforme noticiado pela grande mídia, ele o teria chamado de "vagabundo", demonstrando absoluta falta de empatia diante de uma morte extremamente violenta, e desvinculando-a da questão do Racismo Estrutural, que ele aparenta, com base nas declarações e reportagens aqui referenciadas, não reconhecer como existente no Brasil. Este fato foi noticiado no *Portal UOL* em 12/02/2022: https://noticias.uol.com.br/ultimas-noticias/agencia-estado/2022/02/12/sergio-camargo-chama-moise-de-vagabundo-e-e-alvo-de-nova-acao-para-deixar-o-cargo.htm?cmpid=copiaecola Também, segundo o *Portal G1*, em reportagem de 28/11/2019 o Sr. Sérgio Carmargo teria publicado em seu Twitter que: "O Dia da Consciência Negra celebra a escravização de mentes negras pela esquerda. Precisa ser abolido".

Por outro lado, é possível encontrar notícias no próprio site da Fundação Palmares com resumos positivos da gestão do Sr. Sérgio Camargo à frente da instituição. Nesse sentido, é importante sublinhar que estamos nos atendo, na nossa análise, a essa mensagem cujo conteúdo parece recusar a importância da luta de Zumbi de Palmares e recusar ou desconsiderar a existência de efeitos nefandos da Escravidão no tempo presente, bem como da necessidade de reconhecimento e de reparação histórica por esses efeitos. Exemplo de notícia elogiosa da gestão do Sr. Sérgio Camargo no site da Fundação Palmares publicada em 30/11/2021: Presidente da Palmares tem próspera trajetória em dois anos de Fundação — Fundação Cultural Palmares (www.gov.br)

pelo reconhecimento histórico-social dos efeitos nefandos do sistema econômico-social colonial baseado na Escravidão. A estrutura colonial-escravagista, em muitos sentidos e relações, ainda *vigora* no Brasil, obviamente sob novas roupagens, especialmente após o ano de 2016, com o abandono das políticas econômicas neodesenvolvimentistas e o questionamento mais enfático, por alguns segmentos políticos e sociais, das políticas públicas de reconhecimento dos crimes e violências perpetrados contra africanos e seus descendentes, e de reparação histórica diante dos efeitos ainda presentes na estrutura socioeconômica. Certamente, quanto maior a alienação acerca da Herança Histórica brasileira e seus efeitos no presente, menor será a capacidade de elaboração dos efeitos do Triplo Recalque Nacional e a compreensão da necessidade de reformas estruturais na sociedade, de modo a reparar essa dívida histórica com os negros, mas também com os indígenas e com aqueles que foram submetidos à tortura e seus descendentes.

A mudança nas políticas socioeconômicas, empreendida a partir de 2016, está associada em termos de contexto internacional a uma adesão mais intensa do Brasil ao ideário capitalista neoliberal. Nesse sentido, é importante enfatizar com Laurentino Gomes (2019) que o Quilombo dos Palmares não foi sucessivamente atacado, até a sua destruição total, pelo que significava como ameaça concreta à estrutura de dominação e produção da Coroa Portuguesa no Brasil, mas sim pelo seu significado simbólico e político: a possibilidade real de uma outra forma de vida para os negros no Brasil, com liberdade, com a construção de sentidos sociopolítico culturais próprios, baseados em outra matriz cultural e outros modos de organização do trabalho e da produção. Palmares significava que era possível viver fora do modelo escravocrata, fora da senzala e da submissão ao Senhor português:

> No período que precedeu a destruição final do refúgio, entre 1672 e 1694, os quilombolas resistiram a nada menos que um ataque a cada quinze meses. Estima-se que, no total, as operações contra Palmares tenham custado aos cofres portugueses mais de 400 mil cruzados, três vezes o orçamento das oito capitanias brasileiras em 1612. Essa ofensiva tão grande e prolongada ocorreu não porque Palmares fosse um reino poderoso ou apresentasse qualquer ameaça real do ponto de vista militar, mas porque a sua simples existência desmentia e fragilizava os alicerces da própria ordem escravocrata do Brasil colonial. Aceitar Palmares significaria admitir que os cativos teriam algum espaço, ainda que precário, de resistência à brutalidade dos seus senhores. (Gomes, 2019, p. 411).

Sublinhamos que o Triplo Recalque que estrutura o Inconsciente Nacional Brasileiro, segue se efetivando e atualizando em diferentes e sucessivos momentos, de modo que reprime algumas forças e libera outras, pois a economia dos afetos não funciona sem algum grau de descarga, seja no nível do indivíduo, seja na coletividade. Em termos do desenho do aparelho psíquico freudiano, podemos afirmar que o *supereu* (*Überich*), instância subjetiva e social que regula os comportamentos dos sujeitos a partir dos valores morais incutidos no indivíduo, e que defende a imagem idealizada de si-mesmo, a qual deve ser buscada e mantida em nome do amor e da inserção social, o *supereu* não age sem afetos, sem energia psíquica, de modo que o conjunto de ideias (Ideologia) que organiza a imagem, individual ou grupal, é um vetor para a afetividade, seja uma afetividade de conexão e construção com o outro, seja uma afetividade de separação e destruição, justificada pela idealização de si, sustentada por um conjunto de ideias e valores, ideologia e doutrina, que o outro, pela sua diferença, coloca em questão ou até mesmo surge como ameaça quando a estrutura narcísica é tomada pela paranoia, pelo temor da destruição. É importante sublinhar que a ação *superegóica* pode ser extremamente agressiva e até sádica, pois mescla vida, morte e culpa por um viés de controle e organização, mas também de fúria e vingança. O conjunto da Cultura, especialmente em sua estrutura profunda, inconsciente, transmitida ao longo dos séculos e décadas, é o espaço de recirculação, ressurgência de afetos suprimidos, recalcados em nome de ideias e valores que compõem uma moral, cuja existência assegura para os sujeitos seu amor de si mesmos e seu pertencimento ao grupo social. O retorno desses afetos suprimidos ocorre, muitas vezes, de forma reversa[84], de modo que culpas inconscientes se transformam em raiva e violência contra o outro cuja existência, pelo simples modo como é (vejam as dificuldades do *patriarca tradicional* em lidar com a homoafetividade ou mesmo com o corpo feminino), toca os afetos

84 A base dessa ideia é freudiana, pois ao tratar das pulsões e seus destinos, Freud (1915a) considera que uma das possibilidades de destino das pulsões é a reversão ao seu contrário. O exemplo clássico é o desejo amoroso que é revertido em ódio e destrutividade. Na estrutura paranoica é muito comum que o desejo homoerótico se transforme em ódio e agressividade diante de um homem que expresse o seu homoerotismo. Daí que as agressões tão frequentes de homens heteronormativos, geralmente do tipo *machão-top*, revelam na verdade que esses sujeitos não podem lidar com o próprio homoerotismo. Vale ressaltar que a homoafetividade não precisa conduzir necessariamente ao ato sexual com parceiro do mesmo sexo; mas, a simples percepção de uma volição nesse sentido, dentro de si-mesmo, faz o indivíduo recalcar seu desejo, e um dos destinos possíveis para a pulsão homoerótica renegada pelo sujeito é a reversão em seu oposto com a transformação do afeto, assim, ao invés de amar e desejar o outro homem, o sujeito o odeia e agride.

suprimidos, mobilizando o sujeito em um modo de conflito psíquico e os grupos sociais em conflitos políticos. A raiva que se expressa como violência, muitas vezes se realiza em modos perversos, atacando todos que não possuírem em seu corpo e figura os marcadores que funcionam como índices de acesso à cidadania (sexo masculino, pele branca, heterossexualidade, aderência aos valores do Patriarcado, residência em áreas onde vigora a lei, alienação política, defesa do Capital e dos seus modos atuais de expropriação da Mais-Valia) ou que não aceitem a submissão e a subserviência (ser "bela, recatada e do lar" ou demonstrar gratidão pelo subemprego em condições precárias, por exemplo).

Considerando os aspectos acima, podemos propor que as forças sociais recalcadoras, atuando em nome da manutenção de uma determinada ordem e de um determinado "sintoma", se materializam na Cultura por meio de *massas alienadas*, capturadas pelas *Lembranças Encobridoras* e pelas novas *Histórias Recobridoras*, de modo que não compreendem quais forças as estão movendo no campo político-social. As massas, contudo, necessitam direcionar seus afetos e, dado o ataque narcísico que a ascensão socioeconômica de pretos, pardos e indígenas ocasionou às classes médias brancas e pseudo-brancas, os afetos emergentes a partir de 2013 foram o ressentimento e o ódio direcionados mais fortemente a esses grupos ascendentes e ao *pai* que patrocinou essa mudança, especialmente quando ele foi transformado num grande vilão (a corrupção sempre motivou as maiores fúrias no Brasil). Julgado e condenado por um Tribunal que se revelou não apenas parcial e jurisdicionalmente incompetente, mas por praticamente toda mídia, num processo que se apresentou desde o início das ações bastante discutível, dada a forma como o Ministério Público e o Juízo se relacionaram na condução da Operação Lava-Jato[85]. O encontro de uma liderança política e de ideias que capturem essa afetividade emergente — no caso do Brasil, a partir de 2014 esse afeto foi principalmente o ressentimento, mas também a fúria — é fundamental para o movimento político, e não podemos nos ater a uma leitura estritamente materialista da História. Há sim luta de classes no Capitalismo, e no caso brasileiro essa luta espelha a herança colonial e a divisão mais essencial da sociedade brasileira entre

85 A partir de Junho de 2019, o *The Intercept* publicou uma longa série de reportagens apresentando evidências da atuação parcial do MP e do Juízo na Operação Lava-Jato, especialmente em relação aos processos contra o Presidente Lula. Essa série de reportagens pode ser acessada no site do *The Intercept* e ficou conhecida como *Vaza Jato*: Leia todas as reportagens que o Intercept e parceiros produziram para a Vaza Jato (theintercept.com)

Senhores e Escravos; contudo, as formas como os indivíduos e grupos se localizam entre as classes não é definida apenas pelos elementos econômicos, havendo uma série de índices simbólico-culturais que fazem essa caracterização em diferentes grupos sociais, a maior parte deles visuais, fenotípicos e imagéticos, geralmente redundando numa avaliação do *status* social do indivíduo e do lugar que se espera que ele ocupe na estrutura da sociedade.

O campo ideológico é, portanto, decisivo para arregimentar tropas e capturar afetividades e energia. A determinação superegoica[86] decorre dessa vinculação de ideias e ideais atuais com a força de afetos arcaicamente suprimidos e valores historicamente construídos. Trata-se do que se apresenta como ideológico no discurso das lideranças políticas capazes de arregimentar "massas", capturando os afetos que atravessam certos grupos sociais em determinados momentos históricos. Ideias que valorizam a ordem, a força, a tradição, encenadas de forma veemente, e expressas por um conjunto de valores, imagens e princípios conservadores podem servir para a aderência de afetividades do campo do ressentimento, do ódio, da dificuldade de aceitar a diferença e a transformação social, reunindo a vontade de conter as forças progressistas e expressando-se como forças reacionárias quando a sociedade *se transforma*. O fato de inúmeros candidatos a cargos executivos e legislativos, que veicularam discursos eleitorais os quais utilizaram imagens agressivas, eventualmente com conteúdo de ódio e de justiçamento, terem sido eleitos nas eleições gerais de 2018 mostra que parte da população brasileira estava muito ressentida e magoada, precisando direcionar afetos do campo da raiva, do ódio, e no *extremo* afetos furiosos e com potencial destrutivo. Nesse sentido, o movimento bolsonarista capturou o ressentimento das classes médias *brancas* ameaçadas imaginariamente pela ascensão social de negros e de indígenas, enraivecidas que estavam por não perceberem na sua

86 O Superego freudiano (*Das Überich*, o que está acima do eu) é a instância psíquica que congrega os ideais do indivíduo, vigiando-o e punindo-o quando seus desejos ou ações entram em conflito com esses ideais. Em termos sociopolíticos, podemos dizer que cada grupo possui sua cartilha moral e seus modos de vigilância, correção e punição dos comportamentos desviantes. Quanto mais fanatizado o grupo, mais severa será a vigilância, bem como as punições. No caso de um povo nacional, podemos supor que o Superego Nacional está associado à construção da identidade nacional, apresentando-se nos julgamentos morais, bem como no modo de funcionamento das instituições e relações sociais. Certamente, o braço judiciário-policial do Estado, em parte, é responsável por esse controle, mas estamos falando também de controles e determinações comportamentais mais sutis, que decorrem da estrutura inconsciente e seus efeitos nas instituições e coletivos.

existência a ascensão social obtida por outros grupos sociais. A fúria contra a corrupção e a percepção de uma não-representatividade efetiva no sistema político constituído em 1988 foram os recobrimentos conjunturais[87] desse ressentimento de raízes históricas arcanas, bem como da dificuldade de lidar com a ascensão social de pretos e pardos e o reconhecimento dos direitos dos povos originários e dos perseguidos políticos e torturados na Ditadura de 1964-1988.

Deste modo, sob o véu da caçada aos políticos corruptos, mote muito usado ao longo de todo o período republicano brasileiro[88], e do resgate de valores conservadores, estava algo mais profundo, o ressentimento e o medo relacionados à transformação estrutural da sociedade, com ampliação dos direitos individuais e sociais e do poder aquisitivo de um contingente populacional historicamente excluído: pretos, pardos, indígenas, nordestinos, mulheres. Tais grupos têm seus costumes, música, religiões, folclore, modos de se vestir, entre outras produções culturais, que passaram a ter cada vez mais espaço, deixando de ser marginais na Cultura, e isso também ameaçava, ao menos imaginariamente, a dominação cultural europeia e norte-americana. A ascensão socioeconômica desses grupos sociais espelhou para as classes médias identificadas com o "senhor caucasiano", com o "cidadão de bem conservador", a verdadeira face do Brasil, um país predominantemente indígena e africano, com diversas possibilidades de inserção cultural, religiosa, econômica, sexual, porém, submetido ao jugo colonial patriarcal e a uma estrutura socioeconômica derivada diretamente da estrutura colonial escravagista, extremamente concentradora de renda e geradora de privilégios. Nossa hipótese é que esse ressentimento tão agressivo que emergiu na campanha eleitoral de 2018 — e que se mantém fortemente presente — não tem apenas a ver com a questão da corrupção, alavancada pela Operação Lava-Jato e seus eventuais desdobramentos como propaganda política, mas principalmente com uma estrutura socioeconômica profunda, herdada do período colonial, mantida durante o Império e que sofreu apenas ajustes conjunturais nos sucessivos momentos do período republicano, especialmente em

87 Isso não quer dizer que a luta contra a corrupção e as críticas ao sistema representativo brasileiro não sejam importantes, mas foram tomadas como motor político central no seio de um movimento conservador-reacionário com tonalidades extremistas e autoritárias.

88 Basta lembrarmos da vassourinha para varrer a corrupção, imagem usada na campanha eleitoral de Jânio Quadros em 1960 ou da caçada aos marajás do serviço público da campanha de Fernando Collor em 1989. Vale ainda lembrar as pressões de Carlos Lacerda sobre Getúlio Vargas com acusações de corrupção em seu governo.

decorrência da contenção reacionária realizada pelo Golpe de 1964 e a Ditadura Civil-Militar que se sucedeu. Assim, apenas na Nova República, a partir da promulgação da Constituição Federal de 1988, pela primeira vez, essa estrutura sociopolítica-econômica profunda, montada sobre o Triplo Recalque Nacional, começou a ser lentamente transformada, por meio de um movimento que incluiu especialmente o reconhecimento da importância dos africanos e dos indígenas na formação do Brasil, bem como das injustiças e violências impingidas a eles desde o período colonial e ainda hoje. As ações de inclusão social e de eventual reparação histórica, com algum impacto na distribuição do *bolo* econômico nacional, ainda que pequeno, tocaram nessa estrutura profunda da sociedade brasileira. O fato de mais descendentes de escravizados e de indígenas estarem ingressando na Universidade é, por exemplo, um efeito das políticas públicas que buscaram diminuir a desigualdade social histórica no Brasil. O ressentimento dos *brancos*[89], dos identificados com a elite da *Casa Grande*, é justamente o ressentimento de quem não quer dividir "sua picanha", "seu aeroporto" ou "sua gasolina" com o indivíduo que considera um *cidadão de terceira-classe*, como indivíduo que não pode estar nos mesmos lugares que "eu e meus filhos", ou pior ainda, como alguém que não pode "tomar o lugar dos meus" ou que não pode expressar o seu modo de vida outro, com outras religiões, outras músicas, outros erotismos, outras vestimentas, etc. Ou seja, trata-se de um ressentimento mesquinho de uma classe "média" acostumada a pequenos privilégios, a algumas migalhas caídas da "Casa Grande", que segue como espaço real de uma parcela muito pequena da população, concentrando cada vez mais as riquezas conforme o Capitalismo *evolui*.

Alcançar uma consciência sobre o Inconsciente Nacional Brasileiro depende de um processo complexo de construção da Memória Nacional, de análise Histórico-Social e de um processo educacional e

89 Ainda que nem sempre sejam de fato "brancos" no sentido do fenótipo, pois somos uma população miscigenada e muitos dos ditos "morenos claros" se identificam como brancos, especialmente se estão nas classes médias e altas; certamente, ao chegarem em qualquer país europeu ou nos EUA imediatamente descobrem que não são brancos, sendo classificados e discriminados como "marrons", "latinos", "negros" ou "árabes", mas nunca vistos como brancos. Essa inclusive é a minha experiência pessoal, pois só descobri que era "pardo" quando estive na Europa, onde fui frequentemente vigiado pela polícia ou tratado com desdém por garçons e comerciantes, que muitas vezes desconfiaram de mim exclusivamente pelo meu fenótipo. Obviamente, esta experiência não se compara ao racismo cotidiano sofrido por milhões de brasileiros, mas me permitiu compreender um pouco o que é ser olhado como inferior e indigno de estar em algum lugar social em razão exclusivamente da aparência física, da cor da pele ou dos traços da boca, do nariz, do cabelo.

político de longo prazo, que não pode ser feito no modelo de mensagens curtas das Redes Sociais. Depende, logo, de como essa Memória é compartilhada entre os diferentes grupos de um país enorme e diverso como o Brasil. Pensando a partir da experiência psicanalítica, acessar o desconhecido de nós mesmos, aquilo que não queremos saber acerca de quem verdadeiramente somos, é um processo muito penoso, por vezes extremamente difícil e doloroso, pois envolve rever nossa identidade e realizar lutos acerca de nossa imagem narcísica: descobrir, por exemplo, que não somos tão justos, corretos e cordiais como nos imaginamos; descobrir que somos humanos repletos de contradições e capazes de nos equivocar inúmeras vezes ao longo da vida. Descobrir que somos capazes até de ter pensamentos divergentes em relação aos nossos ideais mais *nobres*. No nível de um povo, esse processo é ainda mais complexo, pois as camadas de memórias em suas articulações afetivas e ideológicas formam um arquivo impossível de ser completamente analisado e compartilhado. Ainda assim, os efeitos sociais do Triplo Recalque Nacional são notáveis ao longo da História do Brasil, e se re-conhece o Inconsciente Social Brasileiro pelas repetições ao longo do tempo: o desrespeito e assassinato continuado de indígenas, de negros e daqueles que ousaram enfrentar, pelas ideias e/ou armas o Estado de Exceção brasileiro nos momentos em que este se apresentou de forma ditatorial, ou ainda nas áreas de exceção regidas pela ausência de lei e cidadania. As forças que atualmente desmentem (no sentido psicanalítico da *Verleugnung*) os símbolos e marcas visíveis[90] da ação desse Triplo Recalque, arregimentadas em torno de um projeto político-social ultraconservador, conseguiram justamente capturar o ressentimento e a culpa não elaborados de enorme parte da população brasileira, fazendo parecer que o reconhecimento de direitos sociais é uma falácia, e que o tempo presente nada deve ao passado, como se o hoje fosse um momento apartado no tempo histórico, sem nenhuma conexão com a longa formação da realidade brasileira na e pela História. Deste modo, seguimos sem enxergar nossa responsabilidade na manutenção da desigualdade social e da violência no Brasil. A alienação de grande parte dos brasileiros está justamente em fazer isso em nome

90 As marcas mais visíveis são a contínua violência e extermínio dos povos indígenas e da população negra e parda, especialmente quando não aceitam o papel serviçal e de segunda classe ao qual foram "condenados" pela condução político-econômica do país a partir de sua formação no período colonial. Império e República nunca conseguiram de fato sustentar um projeto de Brasil independente, capaz de superar a estrutura colonial, suas profundas desigualdades e impactos sociais, econômicos e culturais.

da atualização desse passado escravocrata no tempo presente, **sem ter consciência disso**, sem querer enxergar quem somos e qual a nossa História. Essa alienação se reveste hoje — e também ontem — de um conteúdo *conservador*, pela defesa "de Deus, da pátria, e da família", lema que evoca o movimento Integralista brasileiro, ainda que de forma um tanto caricata. Como complemento à nossa hipótese do Triplo Recalque Nacional, e de que na atualidade o movimento conservador de extrema direita que se aglutinou no Bolsonarismo constitui um Desmentido da Realidade (*Verleugnung*), vislumbramos a criação de uma realidade paralela, que como toda realidade paralela torna-se, em seus elementos paranoicos e fetichistas, inacessível ao argumento racional ou científico, enclausurada em suas cercas.[91]

Nesse sentido — e aqui reside uma contradição dramática no jogo de forças sociais e de composição das memórias —, é importante refletirmos que a História e a Sociologia, em que pese seu papel como esclarecedoras da formação nacional, especialmente nas análises histórico-sociológicas ditas fundantes do Brasil moderno, criaram alguns *mitos nacionais* que ao invés de operarem, em sua disseminação, pela superação do Triplo Recalque, operaram e seguem operando pela manutenção dos recalcados e da estrutura socioeconômica e ideológica dele decorrente. As noções conceituais de "democracia racial", de "cordialidade", de "alegria brasileira", de "país sem racismo", defendidas por intelectuais de gerações anteriores e assimiladas pela população, são ideias que servem aos propósitos recalcadores, às forças alienantes e à manutenção do *status quo* patriarcal colonialista. A falsa memória de uma "democracia racial" composta por indivíduos miscigenados, "cordiais", "alegres" e sem racismo, oculta a memória anterior, que contém a violência genocida contra indígenas e africanos, recalcando não apenas essa memória, mas possibilitando a construção de "histórias recobridoras" (Inglez-Mazzarella, 2021). Este conceito, desenvolvido pela psicanalista Tatiana Inglez-Mazzarella a partir do conceito freudiano de lembrança encobridora, é fundamental para compreendermos

---

91 É verdade que além dos grupos ideológicos, nos quais os afetos de ressentimento e ódio se manifestam de forma constante, há os políticos e empresários altamente pragmáticos que aproveitam o cenário para "passarem suas boiadas" e fortalecerem seus poderes e/ou ampliarem suas fortunas, sem considerar a realidade social trágica do país e alguma possibilidade de transformação. A *ratio* é sempre a lógica utilitarista da maximização das utilidades, ainda que concentrem muita renda, ao ampliar sua riqueza estariam ampliando a riqueza nacional. A grande questão é que não existem mecanismos para que essa riqueza seja distribuída de forma minimamente justa.

os desmentidos em curso no momento político brasileiro atual. Se a lembrança encobridora freudiana recobre o espaço em branco da memória, decorrente do processo de Recalque (*Verdrängung*), criando falsas conexões e sentidos na memória histórica; a *história recobridora*, por sua vez, tem um efeito ainda mais danoso, pois não se trata de ocupar a lacuna na memória deixada pelo Recalque, mas de desmentir (no sentido da *Verleugnung*) efetivamente o que o sujeito pode ver e sentir em sua experiência traumática atual, e que poderia remetê-lo ao que fora apagado pela ação do Recalque. As *histórias recobridoras*, portanto, fecham as possibilidades de elaboração psíquica e de conscientização:

> As histórias recobridoras, contudo, são histórias que acabam por funcionar como tamponamento de questões traumáticas e, portanto, falham em sua função de propiciar elaboração. Se suas construções são uma tentativa de elaboração do trauma, a forma como circulam dificulta ou impede novas elaborações. É nesse sentido que as nomeio 'recobridoras', pois perdem a mobilidade de abertura inconsciente, que tem a formação de compromisso, e passam a ser elas próprias, muitas vezes, retraumatizadoras por si. (Inglez-Mazzarella, 2021, p. 72)

A História toma o lugar do acontecimento, porém, ela é escrita e reescrita a partir de sucessivos registros, inclusive os próprios arquivamentos historiográficos. Deste modo, a pesquisa e as ideias da geração anterior de historiadores se tornam fontes de pesquisa para a geração seguinte, pois se os documentos são os "mesmos", o ponto de observação e de análise é redirecionado, seja por questões metodológicas, seja pela modificação da visão (*re-visão)* acerca dos fatos e das causalidades. Além disso, eventualmente, pesquisadores localizam documentos inéditos cuja descoberta, num determinando momento histórico, pode contribuir para uma revisão e ressignificação de um algum evento ou processo histórico. Nesse sentido, a lógica psicanalítica do "a posteriori" (*Nachträglichkeit)* deve ser considerada, pois quando um novo passado chega a partir do que vem do futuro, ocorre uma revisão do significado histórico no sentido inverso ao da causalidade progressiva, não é A quem causa e define B, mas B quem reposiciona e redefine A.

Essa complexa articulação entre tempos e acontecimentos muitas vezes é superada pelo trabalho das forças recalcadoras, que lutam contra a descoberta ressurgente que poderia modificar a História, alterando os modos de compreensão predominantes até então. As forças recalcadoras atuam, ao conterem os afetos e as lembranças com potencial disruptivo, para a manutenção do *status quo* e da estrutura de poder econômica e cultural existente. Quando documentos de Estado são classificados como secretos e mantidos em sigilo por décadas, ou em outros casos são destruídos, essa ocultação ou apagamento radical, que muitas vezes tem um motivo conjuntural, contribui também para uma determinada perspectiva estrutural no longo prazo. Um exemplo claro disso no Brasil é o fato de que mais de 30 anos após o término da Ditadura Civil-Militar de 1964-1988, mesmo com a criação de uma Comissão Nacional da Verdade no governo Dilma Rousseff — com enorme atraso, é verdade, pois deveria ter sido criada imediatamente após o término da Ditadura como ocorreu em outros processos de redemocratização —, nós ainda não tivemos (e talvez nunca venhamos a ter) acesso a todos os arquivos relacionados às ações de militares e civis nas ações de perseguição e de repressão conduzidas por agentes estatais ou agindo em nome do Estado, especialmente nos casos de tortura e de desaparecimento de presos políticos. E principalmente, nunca houve um reconhecimento pelas Forças Armadas Brasileiras dos abusos cometidos em nome de uma luta contra supostos *grupos terroristas comunistas*, muito menos uma condenação, em última instância, dos agentes estatais envolvidos[92], pela Justiça brasileira.

Essa lacuna histórica tem como consequência uma não-elaboração pela sociedade dos traumas ocorridos nesse período. O trauma silenciado permanece sendo transmitido inconscientemente, principalmente pela sua repetição — somos, por exemplo, um país cujas polícias militares violam direitos humanos e atuam sem respeito à lei de forma constante, como vemos nas incursões em comunidades carentes no Rio de Janeiro-RJ, quando nas chamadas operações especiais, residências de *cidadãos comuns* são *invadidas* sem que exista mandado ou flagrante delito, colocando em risco a vida de trabalhadores que residem em favelas e comunidades localizadas nas periferias das cidades grandes e médias. A lógica de uma anistia, que será aprofundada adiante, baseia-se num pacto da sociedade pelo esquecimento de certos acontecimentos em nome do soerguimento de um novo tempo, sob uma nova ordem política e jurídica, supostamente em paz. No nosso caso, uma nova

92 A Lei da Anistia, recebida pela CF de 1988, colocou um véu jurídico sobre os crimes bárbaros cometidos no período da Ditadura Militar. Além disso, tivemos como já apontamos acima, os recentes e reiterados elogios ao Coronel Brilhante Ustra. Como aponta Bruno Paes Manso (2020), esse comportamento favorece e reforça a violência indiscriminada por agentes militares, especialmente das polícias militares estaduais, que se sentem autorizados à tortura e ao abuso da força, especialmente nas zonas de exclusão da cidadania, as comunidades mais carentes.

ordem político-social que nasce sob um ideário pluralista, democrático, republicano e pacífico como definido pela Assembleia Constituinte de 1986-88. A questão é que o trauma não é algo que se esquece por deliberação racional ou por decisão política, como se os agentes que representam a *consciência nacional* pudessem dizer: "a partir de hoje está deliberado esquecer todos os abusos e violências que sofremos e/ou que cometemos de modo a vivermos em paz daqui para frente". Os fantasmas chegam, bem como os afetos, mesmo que aqueles que sofrem com as assombrações não compreendam de onde elas vêm. Citamos Kehl a propósito:

> O 'esquecimento' da tortura produz, a meu ver, a naturalização da violência como grave sintoma social no Brasil. Soube, pelo professor Paulo Arantes, que a polícia brasileira é a única na América Latina que comete mais assassinatos e crimes de tortura na atualidade do que durante o período da ditadura militar. A impunidade não produz apenas a repetição da barbárie: tende a provocar uma sinistra escalada de práticas abusivas por parte dos poderes públicos, que deveriam proteger os cidadãos e garantir a paz.
>
> Para a psicanálise, o esquecimento que produz sintoma não é da mesma ordem de uma perda circunstancial da memória pré-consciente: é da ordem do recalque. (...)
>
> (...)
>
> O sintoma social se manifesta por meio de práticas e discursos que se automatizam, independentes das estruturas psíquicas singulares de cada um de seus agentes. (Kehl, 2010, p. 124 IN: Teles & Safatle, 2010).

Na nossa hipótese do Triplo Recalque Nacional, é importante sublinhar não apenas o efeito dos três núcleos de Recalque que estruturam o Inconsciente Social Brasileiro, cuja existência possibilita uma dinâmica afetiva e de ordenamento social secular, mas também os efeitos do Desmentido (*Verleugnung*) em alguns momentos de crise social, com o uso de *Histórias Recobridoras* (Inglez-Mazzarella, 2021), para manutenção da estrutura social, com os *devidos lugares* de cada grupo étnico-social mantidos. Quando, por exemplo, o Presidente Jair Bolsonaro, em fala durante sua campanha eleitoral de 2018, apresenta opiniões a nosso ver bastante equivocadas, em face das pesquisas históricas mais completas sobre a Escravidão — que é na nossa compreensão um elemento central na formação do Brasil e de seu povo nacional, com efeitos no tempo presente —, ao dar a entender que a Escravidão era uma questão exclusivamente dos africanos, diminuindo sua relevância e impactos na formação do Brasil e da sociedade brasileira, de uma certa forma eximindo os portugueses e brasileiros de responsabilidades históricas, e ainda afirmando textualmente que **ele** não escravizou ninguém para ter que reparar uma dívida histórica com os descendentes de escravizados (ver a citação dessa fala abaixo), operar-se-ia aí um Desmentido (*Verleugnung*) da realidade e da memória histórica, a qual cotidianamente se atualiza, diante de nossos olhos, com a apresentação dos impactos da Escravidão na divisão social do trabalho no Brasil contemporâneo, associada à violência, incessante e sem justificativa ética, contra indígenas e negros. O fato de que oficialmente ninguém seja proprietário de escravizados desde 13 de maio de 1888 não significa que os efeitos da Escravidão e do Racismo cessaram no instante em que a Princesa Izabel assinou a Lei Áurea; pelo contrário, sabemos que naquele instante os ex-escravizados foram marginalizados, e a elite nacional buscou formalmente embranquecer o povo brasileiro, recusando a assimilação dos negros como cidadãos, deixando-os à margem da sociedade e da cidadania. Cito trecho de artigo de Alex Andrade Costa, no qual ele cita e analisa os impactos dessas falas do então candidato à Presidente da República, dentro de um contexto de análise mais amplo do significado de diversas atitudes do político:

> após ser interpelado [no programa Roda Viva] sobre se a manutenção das cotas não representaria uma reparação à dívida histórica do Brasil para com a população afrodescendente devido à escravidao, Jair Bolsonaro replicou: "que dívida? Eu nunca escravizei ninguém na minha vida" (BOLSONARO, 2018) e complementou: "o português nem pisava na África. Foram os próprios negros que entregavam seus escravos" (GARCIA, 2018). (Costa, 2021, p. 141)[93]

93 Importante sublinhar que as falas do então candidato à `Presidência da República ocorreram no programa *Roda Viva* da TV Cultura, quando ele foi indagado sobre o tema da política de cotas. O programa foi transmitido em 31/07/2018 e pode ser assistido no Youtube. A entrevista e o comentário citado foram amplamente divulgados pela imprensa. Em reportagem do jornal *O Globo* sobre as referidas declarações, a historiadora Iamara da Silva Vianna afirmou que: "Negar que exista uma dívida histórica com a Escravidão é simplesmente querer apagar a História, esquecer ou fingir que não existiu um passado que nos liga a uma escravização por 400 anos e ainda é presente na sociedade atual de diferentes maneiras. Uma delas é o próprio racismo". Na mesma reportagem, a historiadora e cientista política Heloísa Starling afirmou que: "A sociedade ainda hoje é escravista porque nós temos uma herança. Essa raiz está presente na profunda desigualdade que existe em relação aos negros e isso precisa ser enfrentado" (publicado em O Globo, em 01/08/2018 — https://oglobo.globo.com/politica/bolsonaro-na-tv-negar-divida-com-escravidao-apagar-historia-diz-historiadora-22938430).

É importante percebermos que mesmo temas que já não são mais objeto de um desconhecimento ou recalque no campo científico, ou seja, sobre os quais a Ciência já estabeleceu algumas leis ou interpretações bem fundamentadas, podem não ter um lugar bem definido e elaborado na consciência histórica de um povo. Apesar de bem pesquisados e analisados pelos cientistas, o conhecimento sobre tais fatos históricos ainda está sujeito aos efeitos do Recalque ("lembranças encobridoras") e dos eventuais Desmentidos ("histórias recobridoras"), pois trata-se dos recortes que fundaram uma Cultura, sem os quais ela seria outra. Nesse sentido, a História e as demais Ciências Humanas e Sociais constroem-se algumas vezes de forma crítica ou mesmo oposta à própria estrutura político-social profunda de um povo nacional, e por isso enfrentam resistências. É compreensível, portanto, o rechaço (ou a indiferença) de certos setores da sociedade ao conhecimento histórico-social, uma vez que esse conhecimento afronta as estruturas que organizam, no inconsciente das pessoas e na prática social cotidiana, a sociedade, especialmente no que diz respeito aos lugares sociais de cada grupo étnico e ao próprio autorreconhecimento como cidadão brasileiro. Entendemos então que a Cultura Nacional, compreendida como conjunto de produções portadoras das formações simbólicas que compõem as ideias fortes do imaginário de um povo, isto é, as características fortes da identidade nacional, pode ser em alguns casos questionada pela Ciência em seus significados e até em sua existência fática, tratando-se mais de mitos narcisistas do que de qualidades evidenciadas pela realidade histórico-social.

Nesse sentido, a construção científica não é invencível ou soberana diante dos efeitos do Recalque e das expectativas imaginárias erguidas na construção de uma nação e seu povo, pelo contrário, ela pode enfrentar resistências profundas, de modo que a assimilação do conhecimento e a saída da alienação são tarefas coletivas extremamente difíceis, tanto do ponto de vista prático da materialização de uma rede educacional de qualidade e universal, mas também do enfrentamento das forças recalcadoras que intentam conservar a estrutura social profunda da sociedade. No caso brasileiro, tratando-se da conservação de uma estrutura racista (disfarçada pelas distorções do Recalque e das lembranças encobridoras) que relega a indígenas e negros um lugar subalterno na sociedade, e que autoriza a violência contra representantes desses grupos étnicos, como também o ódio àqueles que se aventuram a tentar mudar essa estrutura profunda, atualmente estigmatizados como *comunistas*[94], sem que se tenha, muitas vezes, a devida compreensão do que esse termo de fato significa em termos de organização do Estado e da Economia. *Comunista* no Brasil dos anos 2020 se aplica a todo indivíduo que propõe modificar a estrutura social desigual e violenta do país, estrutura que é defendida com maior ou menor consciência pelos grupos conservadores, os quais aparentemente se sentiram ameaçados de perder algum privilégio ou se sentiram injustiçados diante da ascensão das chamadas *classes D e E* durante os governos social-democratas e trabalhistas anteriores, sem jamais reconhecerem as desigualdades históricas profundas do país, ou ainda reconhecendo-as, mas não se relacionando com elas como brasileiros corresponsáveis, identificando-se mais com o branco norte-americano ou europeu, e justificando-se de forma *anistórica* como o então candidato Jair Bolsonaro ao afirmar "eu nunca escravizei ninguém na minha vida" (Apud Costa, 2021, p. 141, citando fala pronunciada no programa *Roda Viva* da TV Cultura em julho de 2018) como justificativa para negar a existência de uma dívida histórica.

É importante considerar que, muitas vezes, os próprios conceitos elaborados por intelectuais e pesquisadores acabam servindo às forças recalcadoras, seja porque o pesquisador também estava sujeito a estas forças e também não queria, inconscientemente, a mudança da estrutura profunda[95]; seja porque os conceitos formulados, em sua disseminação e assimilação mais ampla na Cultura, incorporaram os afetos profundos que impactam a sua compreensão pela sociedade, muitas vezes tornando-se novas formas de recobrimento, novas "lembranças encobridoras" no sentido freudiano ou sendo encobertos por memórias artificiais ou ainda desmentidos por "histórias recobridoras". É como se a interpretação proposta pelo psicanalista (ou no caso da Cultura pelos historiadores, sociólogos e demais pensadores da sociedade) ao invés de desvelar uma parte do que está recalcado, surtisse o efeito oposto e funcionasse, por meio de distorções e desconsiderações, como um novo recobrimento da verdade histórica. Nesse sentido, o Inconsciente Historiográfico se forma quando conceitos e interpretações, que a princípio estariam buscando ampliar o conhecimento e possibilitar

94 Ainda que praticamente não haja defensores da extinção da propriedade privada e da sua transformação em propriedade comum gerida pelo Estado.

95 Aqui estaríamos mais no campo da psico-história tal como proposta por Peter Gay (1989 [1985]).

elaborações sobre a Identidade Nacional, tornam-se novas camadas de encobrimento da verdade, ainda que, truísmo dizer, não fosse a intenção dos pesquisadores ou intelectuais.

Noções como "cordialidade", "democracia racial", "país do futuro", entre outras, que emergem a partir de obras de grandes demiurgos do pensamento sobre a Brasilidade, em suas aplicações e usos tornaram-se inúmeras vezes instrumento de Recalque e não de conscientização ou de elaboração. As forças da ordem *dis-torcem* a eventual disruptividade dessas ideias, e apesar do debate, a estrutura profunda permanece: o Triplo Recalque segue como fonte original da estrutura social do Brasil e do imaginário do brasileiro, de modo a inviabilizar uma transformação da estrutura social, que segue nas suas linhas básicas, a mesma do período colonial. Os esforços formais de construção de uma identidade nacional não alteraram essa realidade, ainda que tenham construído lugares ao "índio" (e não ao indígena) e ao "negro" (deslocado de sua história de escravizado e de sua origem e herança africana) de forma superficial e incapaz de realmente colocar nosso passado e suas consequências nefandas em questão. Certamente, essa situação se complexifica no período após 1988, quando uma consciência maior desse processo é desenvolvida com mais força entre indígenas, negros e uma parcela dos *brancos*, bem como pesquisas históricas e análises antropológicas e sociológicas trazem para parcelas da sociedade maior consciência sobre o assunto. O movimento fortemente conservador, cujas bases atuais foram lançadas em 2013, caracterizando-se mais claramente em 2016, e que atinge um momento de muita força a partir de 2018 com a eleição de diversos políticos que enunciaram discursos de ódio, com violências como a quebra, em comício, da placa com o nome da vereadora assassinada Marielle Franco, e desrespeito à pluralidade brasileira, marca um momento de reforço das forças recalcadoras-reacionárias e de manutenção da estrutura socioeconômica do Brasil colonial e patriarcal-conservador, cursando com um aumento da desigualdade social[96] (que vinha sendo reduzida, ainda que lentamente) e da violência contra minorias, especialmente negros e índios[97].

96 Não há dúvida que a Pandemia de Covid-19 contribuiu para o empobrecimento das camadas mais vulneráveis da população, mas isso acontece em um cenário no qual já estava em curso uma reversão do processo de inclusão social e de reparação, ainda que lentamente, das injustiças históricas contra indígenas e afrodescendentes.

97 Certamente, mulheres e pessoas LGBTQIA+ entram como público constantemente violentado, mas certamente entre indígenas e negros tais grupos são ainda mais atacados. A identidade nacional branca e *cristã* mostra todas as suas garras e sua ferocidade na luta contra uma identi-

2.4.2 — Inconsciente e Pesquisa Social

Peter Gay na sua obra *Freud para Historiadores* afirma que "o estilo do historiador é um depósito de vieses" (1989 [1985], p. 12). O autor propõe uma perspectiva de análise interessante, segundo a qual esse estilo do historiador, por mais influenciado que seja pelas neuroses do indivíduo historiador, o conduz a firmes discernimentos sobre seu material histórico. Podemos, sob essa perspectiva, avançar epistemologicamente, afirmando que não se trata de eliminar os vieses ao se realizar uma pesquisa científica, especialmente aqueles decorrentes da estrutura inconsciente do indivíduo, mas sim de buscar compreender e evidenciar essas posições e influências, trazendo-as à consciência como parte do próprio trabalho de pesquisa, de modo que cada pesquisador consiga compreender como sua existência individual, seu pertencimento a um determinado grupo de pesquisa, um determinado grupo social e a uma família, em um determinado tempo histórico, "contaminam" a construção de suas hipóteses e seu trabalho "de bancada" com os documentos e demais fontes de pesquisa. O *dever ético* do pesquisador, de qualquer campo do conhecimento, não apenas das Ciências Sociais e Humanas, passaria, sob essa perspectiva, a ser o de assumir uma postura ética na qual reconheça as relações entre sua postura epistemológica e sua compreensão política e cultural da vida e do mundo — assim, metodologia científica e ética caminhariam unidas, bem como os usos sociais das tecnologias desenvolvidas. Obviamente, quando estamos no campo do debate científico, isso não substitui a construção técnica das análises bem como o debate público e as avaliações *peer-to-peer*, mas quando percebemos que o campo hipotético está completamente descolado da vida real, como é comum em certas análises microeconômicas por exemplo, percebemos que as Ciências Humanas e Sociais não podem ser feitas exclusivamente "em laboratório". É preciso inserir a vida real nelas, e quando isso acontece é inevitável que o pesquisador carregue seu inconsciente para dentro de seu trabalho. Ter um olhar psicanalítico seria, nesse sentido, buscar compreender que mesmo a pesquisa científica está sujeita a ideias inconscientes e forças afetivas

---

dade nacional predominantemente preta, parda e indígena. É uma questão tipicamente narcísica e que pode evidenciar a dificuldade de muitos brasileiros se identificarem com uma Brasilidade que é tão indígena e africana quanto europeia, sem predominância da branquitude, a não ser pela dominação político-econômica que se estabeleceu durante e após a colonização portuguesa, mesmo após a Independência e a República.

desconhecidas, que atuam sobre cada um de nós, e mais ainda sobre coletivos inteiros que compartilham ou não determinadas perspectivas (paradigmas) acerca do objeto de estudo ou tema do debate.

Buscando sustentar a relação entre História e Psicanálise, Gay (1989[1985]) cita uma famosa passagem de *Totem e Tabu* na qual Freud admitia buscar uma explicação "histórica e psicológica" para a formação das comunidades humanas. Peter Gay sustenta essa meta como o cerne de seu programa de pesquisa. Rechaça de forma veemente a crítica constante acerca das relações entre História e Psicanálise, segundo a qual "não se pode psicanalisar os mortos" (Ibidem, p.21). Afirmamos, contudo, que os mortos impactam os vivos e os vivos reassimilam e ressignificam (ou não) aquilo que chega dos mortos sob a forma de uma transmissão inconsciente, a *herança arcaica* conforme o pensamento freudiano. O conhecimento formal e as tradições orais são transmitidos de geração a geração, mas também a estrutura inconsciente alicerçada sobre os recalques fundantes de um povo[98]. Essa estrutura profunda, inconsciente, é transmitida pelos modos de organização socioeconômica e política da sociedade, com suas divisões sociais, de classes, de culturas, de acesso às posições de poder, de perspectivas de trabalho e de casamento e preconceitos. Estes são tão automáticos e incorporados ao imaginário social como verdades que muitas vezes são desmentidos de forma banal — ainda que possamos indagar todos os dias, por exemplo, por que para um policial brasileiro, independentemente da cor de pele deste agente da manutenção da ordem na pólis, um indivíduo negro é sempre mais suspeito do que um indivíduo branco na cena de um delito? Ou em qualquer outro lugar da cidade? Isso tem relação com o Inconsciente Social e a manutenção inconsciente de posições sociais pré-definidas, que afetam não apenas as escolhas maritais[99] e possibilidades de inserção no mundo do trabalho,

98 Certamente, a forma como o conhecimento é organizado e transmitido entre as gerações é decorrente de elementos conjunturais, os quais por sua vez não têm como escapar às forças estruturais, conscientes e principalmente inconscientes. Os pesquisadores, por mais que busquem realizar análises técnicas, não têm como suspender os efeitos de seu próprio inconsciente. A única possibilidade é mergulhar no próprio inconsciente como ferramenta de trabalho e postura ética.

99 Frantz Fanon (2020 [1952]) e Neusa Santos Souza (2021 [1990]) mostram bem como a questão da escolha amorosa do homem e da mulher negro/a é impactada pelo racismo estrutural e pelo colorismo que se estabeleceu nas colônias europeias marcadas pela Escravidão. Quanto mais claro o indivíduo, maior a percepção de seu valor social para o trabalho e para a relação amorosa, então buscar um parceiro/parceira com a pele mais clara habita um imaginário (mais ou menos consciente) de ascensão social. Essa é uma das marcas mais violentas do Racismo Estrutural, pois atua insidiosamente como uma política de apagamento a partir das relações amorosas. Amando um outro "mais branco" ou "menos negro" contribui-se, ainda que de forma bastante avessa, para o genocídio do negro brasileiro por meio do projeto iniciado no final do

mas também o uso da força policial e a definição de quem pode ser considerado imediatamente suspeito de um crime e detido, agredido ou até atacado pelas forças de segurança. Gay sustenta contrariamente a estes críticos dos usos da Psicanálise pela História, que a psicologia é a ciência auxiliar mais importante para o historiador, embora não seja reconhecida como tal, e crítica àqueles que desprezam a Psicanálise, considerando-a inescapável ao pesquisador contemporâneo:

> Se Freud nos obriga a todos, historiadores ou não, a viver em seu mundo, a ver a mente e seu funcionamento a partir de uma nova visão, a descobrir coisas sobre nós mesmos que provavelmente gostaríamos de ignorar, o pagamento recebido por ele é o silêncio, a hostilidade, a apreensão errônea. Pode-se argumentar que a última tem sido a mais prejudicial. (Gay, 1989 [1985], p. 33)

O historiador alemão indaga, como nós, sobre a aplicabilidade de uma ciência da mente individual à pesquisa histórica, e traça ao longo de seu livro uma defesa dessa possibilidade, apontando que a psicanálise "não oferece um livro de receitas, mas um estilo de ver o passado" (Ibidem, p. 166). Nesse sentido, quando o próprio Freud pensa a Cultura a partir de seus achados clínicos e de seus desenvolvimentos teóricos, ele sabe estar lidando com uma aplicabilidade complexa, mas que segue fértil desde seus primeiros passos. A aplicação mais geral de conceitos psicanalíticos exige ser explicada, e não se trata de psicanalisar, em teoria, os indivíduos de um grupo social, mas de usar os conceitos psicanalíticos de forma mais ampla e adaptada, generalizando-os e fazendo os ajustes conceituais necessários para uma interpretação histórico-social. Foi desta forma que Freud (1939) procedeu em *O Homem Moisés e o Monoteísmo*, que é nossa principal inspiração neste escrito. Compreender, então, como os conceitos de Recalque e de Desmentido, conceitos fundamentais da metapsicologia freudiana, podem ser aplicados à Cultura, a um grupo nacional, é um dos nossos desafios, e vamos enfrentá-lo tanto teoricamente como no campo da exemplificação. Nessa construção, é fundamental lembrar com Peter Gay que:

> Tanto a História como a Psicanálise são ciências da memória, ambas estão profissionalmente comprometidas com o ceticismo, ambas rastreiam as causas no passado, ambas procuram penetrar por trás de confissões piedosas e evasões sutis. A história e a psicanálise parecem, assim, destinadas a colaborar em uma pesquisa fraternal pela verdade no passado. (Gay, 1989 [1985], p. 167)

Segundo Império e robustecido na República Velha de embranquecimento do povo brasileiro.

Gay traz a Psicanálise para dentro da História como forma dos historiadores se aprofundarem na complexidade humana, sem recusar os problemas e dificuldades dessa empreitada, tanto em relação às próprias bases epistemológicas da Psicanálise como da relação possível entre os dois campos. O historiador afirma que "As descobertas da psicanálise falam diretamente à paixão do historiador por complexidade" (Ibidem, p.73) e ainda que "a História pede explicações mais profundas" (p.74). Complexidade e profundidade são termos que podem remeter a algum grau de esoterismo, porém, efetivamente entre as qualidades da Psicanálise estão sua complexidade, que se evidencia pelo rico arcabouço teórico desenvolvido por Freud e seus continuadores, em obras de fato monumentais, que exigem décadas de estudo para uma verdadeira compreensão; e sua profundidade, pois se trata do inconsciente, não o coletivo transcendental de Jung, baseado em arquétipos abstratos universais, mas do inconsciente que se forma na articulação entre Natureza e Cultura, no ser humano, por meio do encontro e atravessamento de um aparato biológico sofisticado com complexos dispositivos sociais, o principal deles a linguagem, no seio da Cultura. Assim, podemos falar de um Inconsciente Social que é o *solo instintivo comum de um povo*, a partir de sua formação histórica; de um Inconsciente Individual que se forma em cada indivíduo a partir desse solo inconsciente comum ao grupo que pertence, mas se atualiza no contexto de vida mais específico daquele sujeito, sua família, sua classe social, as relações primeiras com pais, irmãos, tios, avós, entre outros; e também no nosso estudo de um Inconsciente Historiográfico, que tem relação com os recortes que a matriz historiográfica organizadora da memória de um povo efetiva, com inevitáveis exclusões (recalques).

Em cada etapa histórica da formação de uma nação, os discursos e as ações das lideranças políticas, econômicas e culturais do país repercutem fortemente na relação de cada sujeito com o Inconsciente Social Nacional, na medida em que reforçam o Recalque ou ampliam a consciência histórica e a memória de um povo. Uma fonte fundamental para a História é o discurso oficial de governantes e lideranças políticas, bem como as políticas de memória formuladas pelas organizações estatais. Assim, o Recalque incide quando na narrativa oficial, algo que deveria ser explicitado, que aparece ou apareceu de forma nítida nas vivências cotidianas da população, é excluído do discurso oficial, seja pelo arquivamento sob segredo de Estado, seja pela construção de discursos que desmentem ou banalizam os acontecimentos, como no caso da tortura durante a Ditadura Civil-Militar de 1964-1988, que foi oficialmente apagada pela Lei da Anistia, ainda que sobreviva em documentos oficiosos ou trancafiados, nas memórias e gritos de dor e nos vazios deixados pelos torturados e desaparecidos. É verdade que num país com dimensões continentais como o Brasil, a formulação dos discursos oficiais sobre a nação não apenas ficou restrita a uma elite político-econômica, mas também geograficamente existe uma desconexão do discurso oficial em face das realidades das áreas de fronteira, o Brasil profundo. O discurso que inseriu o *Índio* na Memória Nacional, cuja formulação ocorre fortemente durante o Segundo Reinado, com o incentivo direto do Imperador Pedro II à elaboração de obras que concedessem aos *índios* um lugar de destaque na formação nacional, revelou-se posteriormente completamente desconectado do que foi e tem sido o lugar dos povos indígenas na construção do Brasil, um lugar de desrespeito, de ataque sobre os indígenas desde a chegada dos europeus e de destruição das culturas originárias. O *índio* foi a imagem idealizada criada pela memória oficial (lembrança encobridora) sobre o apagamento dos milhões de indígenas assassinados.

Quando o discurso oficial recorta a Memória Nacional, recalcando traumas e criando lembranças encobridoras, geralmente mais toleráveis ou até ufanistas, existe obviamente uma desconexão com a realidade. Além disso, a elaboração de obras de Cultura e a incorporação dessa perspectiva equivocada ou parcial nos livros de História reforça o Recalque, contribuindo para a alienação nacional. Deste modo, algo com um significado e uma força afetiva enormes é esvaziado de seu sentido e de seu impacto afetivo traumático. Até hoje os núcleos do Triplo Recalque Nacional seguem evidentes na realidade cotidiana do Brasil clamando por uma elaboração, e quando autoridades atuam pelo Recalque, na contramão da conscientização, vemos claramente esse processo de negação da verdade. Conforme nossa hipótese, um exemplo de Recalque da questão da herança escravocrata e do Racismo Estrutural teria sido efetivado pela palavra de uma liderança política, com as declarações do Vice-Presidente da República, Sr. Hamilton Mourão, acerca do brutal assassinato de um homem negro no dia 19/11/2020. O homem foi espancado até a morte na área do estacionamento de um supermercado em Porto Alegre-RS, fato este amplamente noticiado pela imprensa. Neste episódio, independentemente dos detalhes específicos do evento, fica evidente o racismo estrutural que subjaz a situação, pois se fosse um homem branco, dificilmente a situação teria evoluído para o desfecho trágico que teve, tampouco vemos tais crimes ocorrerem contra indivíduos brancos na mesma proporção que ocorrem contra indivíduos negros e pardos. Por sua vez, o Sr. Mourão, diante do ocorrido, mesmo que tenha lamentado de forma solidária a morte violenta do cidadão brasileiro, negou veementemente a existência de Racismo no Brasil. Deste modo e conforme nossa análise, ele teria contribuído para manter o Recalque (*Verdrängung*) sobre o tema do Racismo Estrutural e da Herança do Escravagismo. Ele também teria efetivado o Desmentido da realidade (*Verleugnung*) de uma situação que é, na nossa perspectiva de análise do Brasil, uma representação clara do Racismo Estrutural e de suas violentas repercussões cotidianas no país. Em sua fala, o Vice-Presidente evoca justamente uma das ideias presentes no imaginário nacional, que entendemos ser uma "lembrança encobridora", para sustentar sua *percepção* do ocorrido, exatamente aquela ideia que retoma um dos mitos fundantes do povo brasileiro: a harmonia racial, a democracia racial.[100]

Qual a chance de a situação citada acima ter tido o mesmo desfecho brutal se fosse um homem branco naquele supermercado? E se tivesse olhos e cabelos claros, tal traço fenotípico reduziria ainda mais a chance de ser espancado até a morte num espaço público? Muito provavelmente sim, de modo que um homem branco não teria sido espancado da forma como fizeram com um homem que trazia em seu corpo traços físicos do fenótipo miscigenado de descendência africana, que evocam no nosso inconsciente a posição social de escravizado, daquele que como objeto tem menos direito à vida, tornando-se espancável e até *matável*. A memória da Escravidão, do negro sendo chibatado, não tendo

100 O caso em questão está longe de ser uma situação isolada. Sucedem-se diariamente as violências contra indivíduos pretos e pardos, de forma bem diferente do tratamento concedido a pessoas consideradas brancas, que raramente sofrem com abusos da força por parte dos agentes do Estado ou mesmo do cidadão. Além disso, existe toda a estrutura socioeconômica brasileira que relega, desde o período colonial, as posições sociais mais subalternas a negros, pardos e indígenas. A fala do general Mourão pode ser lida em reportagem publicada no portal G1 em 20/11/2020: https://g1.globo.com/politica/noticia/2020/11/20/mourao-lamenta-assassinato-de-homem-negro-em-mercado-mas-diz-que-no-brasil-nao-existe-racismo.ghtml

Sobre as estatísticas de assassinatos de homens negros no Brasil podemos ler no portal G1, em matéria de 19/11/2022 que a taxa de homicídios de homens negros no Brasil é quase 4 vezes maior que a de homens não negros. Fonte: https://g1.globo.com/sp/sao-paulo/noticia/2022/11/19/taxa-de-homicidio-de-homens-negros-no-brasil-e-quase-4-vezes-maior-do-que-a-de-nao-negros-aponta-estudo.ghtml

direito algum, sendo mera propriedade e força de trabalho do outro, do seu Senhor que podia dispor de seu objeto como desejasse, abusar da carne que lhe pertencia como coisa, está no nosso Inconsciente Nacional e nos afeta, mesmo que não tenhamos consciência disso. Por sua vez, a Abolição não iniciou um processo de transformação ou inclusão social, pelo contrário, os ex-escravizados foram largados às margens da sociedade, sem acesso a praticamente nada, tendo que seguir trabalhando em regimes de semiescravidão e de informalidade para sobreviver. Manter essa realidade histórico-social recalcada, sem uma análise, sem uma compreensão de como a herança da Escravidão nos habita estruturalmente, tanto no nível individual como no social, é manter intocada a estrutura social profunda do Brasil, inviabilizando a união nacional em torno de um projeto de reestruturação social e reparação histórica. Esse é um dos nefandos efeitos do Triplo Recalque Nacional, especificamente em relação ao núcleo de Recalque dos traumas e efeitos da Escravidão.

Na sociedade brasileira contemporânea, os efeitos desse processo apresentam-se, nas estruturas e relações sociais, como o que os estudiosos atualmente conceituaram como *Racismo Estrutural*, com destaque especial para a obra do professor Sílvio de Almeida (2020). Trata-se de um Racismo que, habitando a estrutura social profunda, sendo um dos efeitos estruturais do Inconsciente Social Brasileiro, se imiscui sub-repticiamente em todas as organizações sociais, nas instituições públicas, nas empresas privadas, nas relações sociais na rua e nos modos simbólicos da sociedade reconhecer os indivíduos em seu *devido lugar* na estrutura socioeconômica.[101] O ato individual acintosamente racista não é o melhor indicativo desse modo estrutural do racismo, mas sim a divisão social do trabalho e do acesso à educação e à saúde na sociedade brasileira que é extremamente racista, reservando as posições sociais marginais e subalternas aos negros e pardos desde a Abolição — considerando-se que antes dela, os negros eram escravizados e não há que se falar em posição social a não ser como coisa, como propriedade,

101 É verdade que tanto no âmbito estatal como nas organizações privadas, políticas de inclusão de pessoas pretas, quilombolas, pessoas com deficiência, vêm sendo implementadas. De um lado, temos o Desmentido que conserva a estrutura profunda e opera a manutenção do Recalque; por outro lado, pesquisas e ações que buscam esclarecer sobre o tema e ampliar a consciência nacional sobre a nefanda Herança da Escravidão. Infelizmente, vivemos um momento, de 2016 para cá, no qual as forças sociopolíticas conservadoras, que negam o Racismo para mantê-lo presente, vêm prevalecendo na sociedade. O resultado das eleições de 2022 será um bom indicador de como seguiremos nesse complexo processo histórico-social.

como força motriz. Lembramos que a Abolição foi realizada de maneira infame, em meio à implementação de políticas públicas de imigração, principalmente de indivíduos italianos, e que essas políticas visavam abertamente o "embranquecimento da raça brasileira", para redução da então chamada degenerescência dos *tipos híbridos*. Não houve, portanto, nenhuma preocupação com a integração social dos ex-escravizados quando recém libertos. Eles ficaram relegados à marginalidade e tendo que aceitar qualquer trabalho para sobreviver. Nesse contexto, surge, por exemplo, a empregada doméstica, com a *inclusão arquitetônica*, mesmo em imóveis relativamente pequenos, dos *quartinhos de empregada* nas plantas dos *edifícios modernos*, que começavam a ser construídos nas crescentes áreas urbanas, numa atualização histórico-arquitetônica das senzalas. Outro índice desse momento é o estigma lançado sobre a arte da capoeira: livre, mas sem acesso à educação e trabalho, ou seja, sem pilares básicos da cidadania e do reconhecimento social, o que poderiam fazer os ex-escravizados do sexo masculino a não ser jogar a arte que desenvolveram nas senzalas[102] com base em suas memórias ancestrais? Em meio a essa absoluta falta de respeito do Estado e da população *branca*, mulheres e homens negros seguiram produzindo sua Cultura, produzindo Arte e Religião como forma de afirmação e de sobrevivência, e enriquecendo o Brasil apesar dos esforços pelo apagamento da africanidade no povo brasileiro.

Até hoje percebemos os preconceitos implícitos nas avaliações sociais acerca dos negros: são certos usos linguísticos pejorativos cuja utilização acontece de forma automática, evidenciando a estrutura racista presente no inconsciente e emergente em usos cotidianos da Língua; a atuação das forças policiais de forma diferenciada dependendo da cor do cidadão e da área da cidade; o tratamento dispensado em tom senhorial e de superioridade às pessoas pretas e pardas nos mais variados ambientes, mas geralmente nas áreas nobres das cidades onde usualmente *doutores e madames ordenam* pessoas negras, mesmo quando não existe relação de patronato ou de prestação de serviço. A posição de serviçal subalterno (ou de potencial bandido) é aquela que é automaticamente atribuída às pessoas negras pelos descendentes do colonizador ou identificados com este (ainda quenegros), num modo

102 Certamente, o tema da Capoeira é complexo e mereceria muitas considerações que escapam à nossa proposta aqui, ainda que pudessem se associar. Ainda que hoje se reconheça o valor da Capoeira como arte, forma de resistência e marco inegável da Cultura Brasileira, ela segue enfrentando preconceitos.

de violência algumas vezes sutil, noutras abertamente agressivo[103]. Tudo isso ocorre *naturalmente*, sem que os indivíduos percebam o que está evidente em muitas estruturas e organizações brasileiras, sem que percebam a si mesmos não apenas como racistas, mas como indivíduos que contribuem para a manutenção do Racismo Estrutural e da desigualdade social no país, como forma de manutenção de privilégios e de apagamento da herança social, traumática e profunda, da Escravidão de indígenas e negros, essa enorme vergonha nacional não assumida. A manutenção dessa estrutura profunda, sem uma elaboração social coletiva, deixa os afetos inconscientes retornarem de diferentes formas, sendo a culpa base para a agressividade, e o fenótipo a senha que autoriza a violência. A hierarquização social decorrente da colonização e do escravagismo, que não está presente no nosso ordenamento jurídico ou no nosso discurso consciente, está entranhada em nós, no nosso Inconsciente Nacional Brasileiro.

O Desmentido (*Verleugnung*) e os recobrimentos que o caracterizam ocorrem nas reescrituras da História como resposta aos processos de transformação da estrutura socioeconômica e cultural, ainda que no caso do Brasil estes fossem incipientes e lentos. As "histórias recobridoras" são erguidas como discursos que refutam ou desconsideram o trabalho de elaboração e ressignificação histórico-social que vinha sendo feito e que contribui para a ampliação do autoconhecimento dos brasileiros/as/xs sobre si. Assim, se por um lado temos hoje trabalhos e análises primorosos sobre a Escravidão e suas consequências (por exemplo: Florentino (2017); Alencastro (2000); Gomes (2019, 2021, 2022)), por outro temos um movimento político que reduz o significado da Escravidão e de seus impactos na sociedade brasileira. De todo modo e mais importante, resta a pergunta: por que esse Desmentido é bem-sucedido? Por que surge com muita força na sociedade brasileira um movimento reacionário, contrário às transformações sociais e a uma elaboração do passado de violências que forjou a estrutura socioeconômica e a Cultura brasileiras? Justamente, a hipótese do Triplo Recalque Nacional busca auxiliar na compreensão desse movimento social, que

103 A Cultura contemporânea do consumidor muitas vezes se mistura com a questão do Racismo. O lema de que o cliente tem sempre razão pode reforçar o Racismo quando a relação que se impõe envolve uma pessoa preta, parda ou indígena. É bastante frequente a violência contra prestadores de serviço e atendentes, especialmente se forem pretos, pardos ou indígenas (ou ainda nordestinos/sertanejos nas regiões Sul e Sudeste do país), de modo que a lógica do "cliente está sempre certo" reforça o Racismo nas relações de serviço, pois especialmente na prestação de serviços mais simples, o trabalhador (a) costuma ser uma pessoa negra.

se organizou no tempo presente como Bolsonarismo, mas que habita secularmente a estrutura sociopolítica econômica do Brasil de forma estrutural. Nesse sentido, as vozes do movimento bolsonarista apenas enunciam algo que está presente na estrutura da sociedade brasileira, como mensageiros das ideias que norteiam e sustentam o Triplo Recalque Nacional. As novas tecnologias propiciam, por sua vez, uma velocidade de disseminação das ideias e fake News sem precedentes na construção de propaganda política.

Nesse sentido, se como coloca Millôr Fernandes "o Brasil tem um enorme passado pela frente", esse passado retorna por meio da estrutura inconsciente que define posições sociais, hierarquias e jogos de força na sociedade brasileira. Deste modo, absurdos são naturalizados, pois como coloca Jessé Souza (2017, p. 103), "matar pobre no Brasil nunca foi crime". Ora, por que não é crime? Porque a compreensão de que exterminar indígenas, explorar e violentar pretos e pardos, prender e torturar dissidentes políticos é crime, foi recalcada e está fora da nossa capacidade de análise consciente — esses grupos são *matáveis* e sua morte violenta sempre encontra uma justificativa banal que se sustenta, na realidade, no Racismo e na estrutura do Inconsciente Nacional. Literalmente, os indivíduos e a sociedade brasileira não enxergam o próprio comportamento, ao ponto de fatos terríveis da nossa História serem não apenas recalcados, ou seja, postos fora da memória consciente, mas efetivamente desmentidos quando a realidade os (re) apresenta no tempo presente, como vemos nos discursos de lideranças políticas na atualidade. Parte da sociedade brasileira não consegue se olhar no espelho e responder à pergunta *que país é esse*, ou *quem sou eu brasileiro*, preferindo sucumbir à imagem europeia ou norte-americana cultivada pelas elites financeiras e classes médias mais altas nacionais, usualmente alienadas acerca do próprio país e voltadas exclusivamente para sua busca de realização individual, definida em jogo de espelhos com a imagem do europeu ocidental ou do estadunidense.

***

Do ponto de vista epistemológico, um debate importante relacionado à aplicação do conceito de Inconsciente ao social, é a própria temática da transversalidade da estrutura inconsciente em um povo, especialmente em território tão extenso e com regiões geográficas distintas em sua formação socioeconômica e cultural. Como sustentar então um núcleo inconsciente geral para um povo, ainda mais se esse povo se espalha por este território continental, com diferenças regionais de toda ordem? Além disso, submetidos todos nós à passagem do tempo, às inequívocas transformações políticas, tecnológicas, nos costumes e relações jurídicas, como sustentar a permanência de uma estrutura com essa profundidade e amplitude? Para Freud, o próprio material genético incorporaria essa estrutura ao longo da formação de um povo e sua transmissão seria hereditária, biológica, formando a base mais profunda do psiquismo, do Isso (*Das Es*) de cada cidadão. Essa hipótese, complexa e geralmente descartada pelos psicanalistas pós-freudianos, foi substituída por uma atualização da lógica viconiana dos traços culturais-poéticos universais, os *caratteres* (Vico, 2001 [1744]), porém de forma circunscrita à História de um povo nacional, como traços culturais básicos e estruturantes daquela Cultura Nacional, transmitidos simbolicamente, pela linguagem, pelo costume, pelas leis, pela organização socioeconômica e político-institucional.

A lógica da formação e transmissão do Inconsciente Social Nacional é, nesse modelo que exclui a possibilidade da transmissão da estrutura Inconsciente por meio do tecido biológico, realizada por meio das instituições e dos objetos produzidos (objetos técnicos e culturais), das estruturas econômicas, políticas, administrativas, legais e do costume, que portariam esses traços inconscientes, essa estrutura social nacional profunda, indicando o posicionamento social dos indivíduos, as regras implícitas e explícitas de relação e de casamento, entre outras, ao longo das gerações. O Recalque (*Verdrängung*) é esse modo psíquico primordial para organizar a memória, contendo as ideias-afetos disruptivas e mantendo as divisões sociais e os jogos de poder e dominação estruturados no inconsciente individual e coletivo. O Desmentido (*Verleugunung*) opera quando a realidade apresenta para os indivíduos evidências que denunciam algum acontecimento que deveria ter permanecido excluído da consciência, da percepção ou da memória acessível. Deste modo, os atos de violência que remetem ao Racismo Estrutural contra negros e indígenas ou ainda quando movimentos político-sociais atuam pela transformação da estrutura denunciando seus aspectos injustos, em movimentos de educação e pela elaboração social dos conteúdos tabu da Cultura Nacional, é preciso, do ponto de vista de quem não quer aceitar a realidade, descaracterizar esses acontecimentos em nome da manutenção da estrutura inconsciente herdada. O Desmentido é então efetivado por meio de *discursos-fetiche*, de modo a recobrir a verdade que emerge na realidade cotidiana, e assim conter qualquer possibilidade de transformação social mais profunda. O campo das subjetividades tem, portanto, um papel central nesse processo histórico-social, sendo muito mais que um mero aparato simbólico que espelha as dinâmicas econômicas. As dinâmicas de forças subjetivas estruturam a circulação afetiva do povo, bem como estruturam posições sociais no Inconsciente Nacional. Sem a força dos indivíduos nenhuma economia se sustenta e a estrutura inconsciente é formada, por meio dos Recalques, para conter as forças disruptivas, estruturando lugares sociais, direitos e deveres em pactos subjetivos, que no caso do Brasil foram majoritariamente formados a partir da estrutura colonial, baseada na Escravidão e na exploração violenta dos indivíduos indígenas e dos africanos traficados no contexto da Escravidão moderna. Sublinhamos que não há economia sem libido[104] e política sem inconsciente e regras éticas para o conviver.

Certamente, há um interjogo entre as forças profundas que operam pela conservação do Triplo Recalque Nacional e as forças conjunturais que atualizam os modos de Recalque, as ideias e lembranças encobridoras, as histórias recobridoras, as manifestações visíveis na sociedade, bem como os efeitos dos afetos reprimidos no comportamento dos grupos. Sobre essa complexa dinâmica da transformação histórica, Peter Gay (1989 [1985]) afirma que "o compromisso profissional do historiador com a mudança não precisa cegá-lo para a universalidade da estrutura" (Ibidem, p.80). Deste modo, se cada análise coloca em questão a estrutura subjetiva e se uma "diferência", no sentido derridiano, pode emergir; então, o trabalho de análise acontece no seio dessa dicotomia entre uma estrutura profunda que se transmite ao longo das gerações (pela biologia(?), pela linguagem e seus usos, pelas estruturas políticas e sociais, pela legislação e costume) e as transformações que o passar do tempo histórico pode, efetivamente, fazer na estrutura e não apenas na superfície conjuntural. É importante pensar que a estrutura não é apenas Natureza ou Cultura, mas também e desde a origem, uma formação complexa na dobra entre Natureza e Cultura, entre Instinto (*Instinkt*) e Pulsão (*Trieb*), entendida a pulsão como a transformação dos instintos a partir do ingresso dos sujeitos na vida social, a partir de sua nomeação e posicionamento na sociedade em face dos outros indivíduos e grupos sociais. Assim, na teoria psicanalítica é com o conceito

104 No nosso livro *Sobre o Trabalhar Contemporâneo: diálogos entre a psicanálise e a psicodinâmica do trabalho* (Peyon, 2019) tratamos desse ponto debatendo as posições de Freud (1921) e Dejours (2012).

de pulsão (*Der Trieb*) que Freud busca tratar dessa dobra, situando a pulsão na fronteira entre o somático e o psíquico (Freud, 1915a).

Gay afirma, de forma perspicaz, que "a natureza humana tem a sua própria história" (Ibidem, p.81) e na sequência complementa que as pulsões sexuais e agressivas são o combustível das ações humanas, afirmando que elas são o próprio motor da História (p.83). Ora, as pulsões estão constantemente sob a vigilância do Ideal de Eu dos indivíduos, por sua vez ancorados nos códigos morais de seu grupo social. Os impulsos da Pulsão, formulados em ideias desejantes, sofrem os efeitos do Recalque quando sua emergência ameaça essa imagem Ideal de si que o sujeito construiu. Nesse sentido, como os brasileiros/as/xs, que se consideram e se reconhecem, a partir de seu Ideal Identitário Nacional, como sendo um povo gentil, pacífico, sem preconceitos de raça ou cor, poderiam aceitar que essa visão de si é falsa? E que na realidade, somos racistas, violentos, temos uma sociedade hierarquizada pela cor da pele e vivemos numa terra de exploradores, que seguem expropriando a "mais-valia" de forma brutal e violenta, explorando pessoas, especialmente as mais simples e humildes, e destruindo a Natureza e matando os indígenas sem piedade? Esse é o desafio de qualquer análise que envolva a memória e a identidade nacionais: descobrir que não somos quem pensávamos ser, e pior, ter que lidar com as consequências políticas, econômicas e sociais disso!

De forma sucinta, podemos afirmar que as pulsões têm uma formação histórica nos indivíduos, ainda que sobre um corpo biológico. Trata-se de um percurso com fixações afetivas em traumas e nos gozos vivenciados, bem como moldagens narcísicas, que resultam nas formas de satisfação de cada sujeito, bem como em seus eventuais sintomas neuróticos e/ou psicóticos. Essa economia pulsional relaciona-se ao modo como cada indivíduo se enlaça na Cultura, nessa dobradiça entre os instintos, as pulsões, as palavras, os pequenos grupos e as organizações político-sociais complexas. A questão que temos é: pode-se epistemologicamente sustentar uma estrutura de satisfação pulsional que atravesse uma Cultura, como estrutura profunda de um grupo ou povo, como modo *instintivo* de definição das posições sociais, das regras básicas de relacionamentos sociais, com pontos de gozo que se repetem historicamente como violências, e que perdure e se transmita ao longo das gerações como estrutura profunda daquela complexa história coletiva? A análise, nesse sentido, escolhe um caminho e toma alguns discursos supostamente representativos do encaminhamento dessas pulsões[105], que pretensiosamente se oferece como estrutura com algum grau de permanência? Uma estrutura nacional de recalques e de gozos baseada antes de tudo na relação Senhor (o branco europeu e suas derivações nacionais) versus Escravo (indígena, africano, mestiço, sertanejo, mulher) — e na luta política por reconhecimento de cidadania aos excluídos versus a luta pela manutenção da estrutura de desigualdade e não-reconhecimentos de alguns pelos privilegiados?

Nessa estrutura nacional a posição [~~de senhor~~] depende da posição [~~de escravo~~], mas isso fica rasurado sob a miragem da democracia racial, da cordialidade, do futuro de glórias para todo povo nacional. O que está entre colchetes, portanto, é o que fica sob a barra do Recalque, fora da Memória Nacional, mesmo que grite nas esquinas da nação e nas relações de poder que se evidenciam neles cotidianamente. Quando essa estrutura se apresenta na realidade, ela é escotomizada pela ação do Desmentido da realidade (*Verleugnung*), como nas falas de autoridades que, diante de exemplos notórios do Racismo Estrutural, o renegam, o descaracterizam, o minimizam. Existem, nesse caminho, atores com diferentes posições cujas ações individuais e/ou coletivas marcam os recalques e desmentidos que, todavia, fazem parte dessa complexa engrenagem sociopolítica-econômica. O Triplo Recalque Nacional decorre dos modos como se organizou a História e a Memória Nacional para acomodar a estrutura socioeconômica absolutamente desigual e hierarquizada com base no fenótipo, excluindo dos registros acessíveis da Memória os traumas que nos fundam nessa estrutura ou reduzindo sua força afetiva, suavizando a violência, atribuindo ao colonizador uma liderança branda e até generosa, construto também ardiloso e encobridor das violências e abusos. As ações de Desmentido, por sua vez, ocorrem quando diante da emergência inequívoca do recalcado na atualidade, efetua-se sua denegação — "seguranças espancaram o homem negro, mas isso não tem relação com Racismo", e no dia seguinte, "policiais assassinaram homem negro em operação na comunidade tal, mas isso não é Racismo", e assim sucessivamente, com o recurso a ideias míticas que permeiam a Imagem Nacional como a da "cordialidade" e da "democracia racial", as quais criam o imaginário de conciliação enquanto recalcam ou desmentem a repetição da violência histórica.

105 E com os quais eu me deparei ao longo da minha formação dentro dessa sociedade nacional, como portador de um Inconsciente Individual que se forma a partir do Inconsciente Social comum, consideradas as variações familiares, e as complexidades nesse processo.

Ainda na análise de Gay sobre as relações entre História e Psicanálise, o historiador sustenta que há uma *permanência* que é afetada e transformada no caminhar dialético das Culturas, de modo que a estrutura, ainda que entendida por ele como permanente, é dinâmica. A diferença se insere nas *voltas e re-voltas* da História, no retrilhar das estruturas originárias, por fim, na repetição trágica dos traumas, ainda que sob novas vestimentas e costumes, ainda que de modo farsante ou mesmo perverso. A diferença se insere na Estrutura a cada repetição e eventualmente transforma a própria estrutura. A (psic)análise seria o processo de elaboração e conscientização dessas diferenças, como processo histórico também, e como caminho para a transformação da estrutura. Como vemos na análise de indivíduos, romper as defesas erguidas na trajetória do sujeito, é algo muito difícil, talvez impossível. Cada defesa foi erguida para manter um ajuste energético na economia psíquica, de modo a impedir o colapso do sujeito, ainda que o custo dessa manutenção de uma certa estabilidade existencial fosse o sofrimento patológico ou algum tipo de sintoma neurótico. Sustentar-se como indivíduo, porém, infeliz ou deprimido, seria uma das saídas possíveis para o sujeito. Nos coletivos, contudo, essa dinâmica das defesas psíquicas sofre alterações, e Peter Gay contribui de forma interessante neste ponto afirmando, com base em Freud, a existência de "defesas culturais" cuja finalidade seria:

> obter compromissos sustentáveis, tréguas temporárias, mas renováveis, entre desejos ininterruptos e os temores gerados por esses desejos, em si mesmo e nos outros. Com esse objetivo, as defesas culturais constroem códigos legais, injunções morais, ritos religiosos, costumes matrimoniais e forças policiais (Gay, 1989 [1985] p. 136).

Nesse sentido, as agências culturais defensivas administrariam a força pulsional das massas, conformariam a realidade sociopolítica e nos defenderiam da eclosão de forças destrutivas, possibilitando outros destinos para a agressividade e a cólera humanas. Devemos sublinhar, contudo, que as agências culturais são construções sociais complexas que ocorrem no seio de disputas de poder, em meio a conjuntos de forças econômicas, sociais e políticas. Deste modo, os caminhos possíveis para a satisfação pulsional são distintos nos diferentes segmentos de uma determinada sociedade, e esse agenciamento define posições sociais e econômicas distintas, acarretando possibilidades conspícuas de inserção no princípio da realidade, bem como formas diferentes de ajustes culturais na inserção sociopolítica-econômica dos variados grupos sociais, especialmente em sociedades nas quais a igualdade jurídica surge como miragem tardia e pouco efetiva em face da estrutura social arcaica e inconsciente, que se forja ao redor de núcleos de recalque da herança histórica. À História, como principal agência de organização da memória coletiva, cumpre um papel na sustentação ou desconstrução dessas agências político-econômico-culturais, seja para perpetuar estruturas, seja para ressignificá-las, contribuindo então com os processos político-sociais de transformação. A aplicação de construtos psicanalíticos a esta complexa análise histórica é apontada por Gay como uma possibilidade importante, mas que demandaria muito trabalho dos pesquisadores:

> Freud nunca duvidou de que a estrada que leva do divã para a cultura está aberta. O historiador simpatizante, ao refazer os passos freudianos, concordará, mas está obrigado a acrescentar que a psicanálise o deixou com muito trabalho para ser feito. Sua estrada não está completamente pavimentada nem mapeada adequadamente" (Ibidem, p.145).
>
> O historiador, escrevi em 1976, 'coleta e no máximo corrige a memória pública'. Nessa tarefa assustadora, a psicanálise pode prestar uma ajuda monumental, pois não apenas analisa o que as pessoas escolhem para recordar, mas revela o que elas foram compelidas a distorcer, a esquecer" (Ibidem, p. 167).

Como o real da herança arcaica e de sua violência chega até nós no presente? Como chega o que não foi capturado pela História Oficial? O Inconsciente da própria História? Ora, nos chega pelos retornos do recalcado, seja sintoma histérico, obsessivo, fóbico ou paranoia, seja sintoma social, seja ainda pelo trabalho de pesquisa e de elaboração feito pelas sucessivas gerações de historiadores e demais cientistas sociais, atentos ao que escapulia dessa trama narrativa baseada sobretudo na ideia de uma harmonia entre as raças. Tal harmonia decorreria de uma mistura de *águas*, conduzida pelo *rio principal*, o rio português (europeu), que incorporaria numa miscigenação à moda de rios afluentes, os quais desembocariam no rio português, de modo que as águas africanas e indígenas se misturariam com as do rio mais caudaloso e importante da bacia hidrográfica nacional. Obviamente, esta imagem não dá conta da quantidade de água não assimilada pelo rio dito principal. É com essas águas desviadas, submersas, mantidas às margens, por vezes capazes de infiltrar as paredes culturais, que os pesquisadores da história e da sociedade brasileiras vêm desconstruindo o mito da uma miscigenação harmoniosa, pacífica, amigável, por meio da qual se teria constituído um país sem preconceitos, sem discriminações fenotípicas, marcado pela cordialidade e pela alegria de seu povo, destinado a um futuro de carnavais e glórias, a partir de uma suposta *democracia racial*.

2.4.3 — Existe uma Boa Medida para o Esquecimento?

Em Conferência sobre o tema do esquecimento, o historiador Yosef Yerushalmi (2017 [1988]) inicia sua fala se referindo a dois estudos de caso empreendidos pelo eminente psicólogo soviético Alexander Luria. No primeiro caso, trata-se de um homem que, ferido por uma bala que atingiu seu cérebro, perdeu praticamente toda sua memória pregressa, não conseguindo lembrar-se de sua história, e tendo "seu passado apagado". No outro caso, trata-se da situação oposta, um homem que se lembrava demais das coisas, a ponto de não conseguir se concentrar nos acontecimentos do presente, pois alguma lembrança sempre o invadia, sua memória pretérita estava sempre presente e não o deixava em paz. A partir desses dois casos, e de algumas considerações de Nietzsche sobre "saber lembrar e esquecer propositadamente", Yerushalmi interroga qual seria a boa medida da memória para uma vida saudável: "Em que medida temos necessidade de história? E que tipo de história? De que deveríamos nos lembrar, o que poderíamos nos autorizar a esquecer?" (Ibidem, p. 13). De saída, podemos indagar se temos, como indivíduos, algum controle sobre o que lembramos ou esquecemos? Como se forma a nossa memória individual e como ocorre a ação do "Eu consciente" nesse processo? E a memória coletiva, pode uma sociedade decidir apagar um evento de sua História? E se possível, como essa decisão poderia ser tomada e efetivada?

Tanto Yerushalmi nesta intervenção, como Ricoeur (2007 [2000]), nos lembram que os gregos apontavam a diferença, que hoje se evidencia em diferentes Línguas, entre uma memória conscientemente acessível, ou seja, aquilo que voluntariamente buscamos e encontramos (ou, eventualmente, não encontramos) em nossos arquivos e registros; e, uma outra forma de memória que irrompe subitamente como reminisciência sem que identifiquemos, ao menos em um primeiro momento, o motivo dessa emergência mnêmica. A esta segunda memória chamamos de reminiscência, enquanto à primeira nomeamos memória, mas também recordação. A memória teria, segundo Yerushalmi, um caráter ininterrupto, baseada numa lógica linear, de sequência histórica. Ela é aquilo que ordenamos numa cronologia, ou seja, é a memória organizada pelo "Eu" consciente, mas também pelas estruturas sociais de registro, documentação e arquivamento (indo do Arquivo Nacional às coleções fotográficas pessoais). Por sua vez, a reminiscência seria justamente a lembrança que chega fora de ordem, fora do tempo cronológico, de forma surpreendente, geralmente de modo menos nítido, atravessada por afetos estranhos, ou chega até em forma de ato, sem que percebamos que esse ato é uma reminiscência histórica em forma de repetição. Sublinhamos que Freud (1909) afirmava que o neurótico (ele se referia ao quadro clínico que em sua época se chamava *Histeria*) é alguém que sofre de reminiscências, como fragmentos de algo maior que foi totalmente ou parcialmente apagado, mas não por uma decisão racional do indivíduo ou da sociedade. A reminiscência retorna de forma incompreensível para o sujeito, provocando a neurose e seus sintomas histéricos ou obsessivos — assim, colocamos a questão que deriva para nossa análise: **um povo poderia sofrer de reminiscências?** Sublinhamos que o Recalque (*Verdrängung*) é o principal conceito freudiano para dar conta dessas exclusões de certos conteúdos (ideias e afetos) da memória histórica, evocável, consciente, ocasionando a divisão subjetiva e o subsequente conflito entre as reminiscências e a memória consciente ou conscientemente evocável, entre a imagem ideal e a imagem estranhada. Ricoeur aponta a distinção original entre memória e reminiscência para os gregos:

> ... os gregos tinham dois termos, *mnémé* e *anamnésis*, para designar, de um lado, a lembrança como aparecendo, passivamente no limite, a ponto de caracterizar sua vinda ao espírito como afecção — *páthos* —, de outro lado, a lembrança como objeto de uma busca geralmente denominada recordação, *recollection*. A lembrança, alternadamente encontrada e buscada, situa-se assim, no cruzamento de uma semântica com uma pragmática. Lembrar-se é ter uma lembrança ou ir em busca de uma lembrança? (Ricoeur, (2007 [2000]), p.24).

Yerushalmi (2017 [1988], p.14) afirma que todo conhecimento é do campo da *Anamnésis*, ou seja, que a construção de conhecimento é fruto de um trabalho racional organizador da memória. Contudo, se é assim, qual seria o lugar que a História reserva para as reminiscências de um povo, as meia-verdades, os documentos incompletos, os segredos de Estado, o sigilo atribuído, o arquivamento inviolável, os afetos de massa, as passagens ao ato individuais e coletivas? Isso sem colocarmos em cena as "lembranças encobridoras" e as "histórias recobridoras", que fazem parte da memória organizada justamente para ocultar a reminiscência intolerável! Nesse sentido, para fazer uma História que de fato supere os Recalques e os Desmentidos que vão *protegendo* o sujeito ou o povo de suas verdades intoleráveis e conflitos sociais, precisamos ir além dos arquivos organizados, precisamos das afecções, dos traumas, do grito silencioso dos segredos de Estado, das violências ocorridas na surdina e nas masmorras, das missões secretas e das dores transmitidas pela poesia e pela sabedoria popular, precisamos entender que a violência repetida ao longo de gerações é uma forma de memória não elaborada, não organizada, um modo de retorno do recalcado ou de funcionamento cindido do eu. Precisamos, assim, explorar a estrutura inconsciente que contribui fortemente para a estrutura sociopolítica e econômica Nesse sentido, quando inserimos a dinâmica do inconsciente, tal qual formulada por Freud, na sua teorização da memória, individual ou coletiva, temos que lidar com um tipo de arquivo cuja existência se faz notar majoritariamente fora da História oficial ou nos interstícios e lacunas da História oficial, e que precisa, para se tornar consciente, ser revelado, analisado, elaborado, de modo que deixe de ser transmitido como reminiscência e passe a incorporar os registros conscientemente organizados.

Preso à dimensão consciente da memória, Yerushalmi afirma que o esquecimento histórico decorreria de uma ruptura na transmissão de geração a geração: "um povo 'esquece' quando a geração detentora do passado não o transmite à seguinte, ou quando esta última rejeita o que recebeu ou deixa de transmiti-lo, o que dá no mesmo" (Ibidem, p.15-6). O historiador norte-americano parece-nos tratar especificamente daquilo que se transmite teleologicamente. Quando Freud (1939), contudo, na sua obra-testamento, aponta uma "herança cultural arcaica" transmitida inconscientemente desde os tempos fundantes do povo hebreu, ele está apontando para elementos da formação histórica de um povo que foram recalcados ou desmentidos, e que são transmitidos de forma inconsciente entre as gerações, nos interstícios da linguagem, nos efeitos dos recalques e desmentidos, nas violências socialmente estruturadas e que são repetidas no tempo. Existe *algo* que se insere na transmissão formal por uma via não planejada pela consciência, isto é, uma via alternativa aos caminhos organizados pelo Governo, pela Universidade, pelos órgãos formais que produzem arquivos nacionais, livros didáticos etc. Estamos, com Freud, falando de uma transmissão memorial que ocorre independentemente do trabalho formal de transmissão, daquilo que não é conscientemente ou formalmente inscrito nos planos e objetivos educacionais e políticos, e que pode ser transmitido pelos modos de apagamento ao qual foi submetido. No caso da transmissão cultural das estruturas inconscientes de uma sociedade, estamos certamente nos aventurando pelo território ainda bastante pantanoso das transmissões inconscientes intergeracionais, especialmente quando extrapolamos o escopo familiar e o ampliamos para um povo. Não por acaso, Yerushalmi critica o que considera ser o "psicolamarckismo freudiano", afirmando que o que Freud fez foi aplicar um modelo de compreensão da estruturação do psiquismo individual a um povo. É importante sublinhar que para Freud (1939) a transmissão da herança cultural arcaica se faria pelo DNA, por uma hereditariedade biológica, configurando um Instinto[106], por isso a associação de seu pensamento com o de Lamarck. Sublinhamos que em Freud, evolução da espécie e desenvolvimento do indivíduo, filogênese e ontogênese, biológico e histórico-social estão imbricados. (Ferretti, 2020)

Além dessa possibilidade de transmissão do Inconsciente Social Nacional como *Instinto*, estamos aqui também pensando numa transmissão inconsciente pela *Cultura*, por meio da linguagem, símbolos, instituições, formas de produção e relações sociais, os quais forjam e preservam o Inconsciente Nacional. Conforme a História de um povo vai remanejando sua Memória, núcleos de Recalque vão sendo estabe-

106 É importante que ao tratar da Herança Arcaica, Freud (1939) usa o termo alemão ***Instinkt***, ou seja, ele pensava que essa Herança chegaria para as gerações seguintes com a força de um instinto, menos maleável, portanto, do que a pulsão (***Trieb***), que dependeria da formação do sujeito desde o nascimento no seu encontro com os adultos. Certamente, por diferentes vias, essa possibilidade de a Herança Cultural ser um instinto foi bastante criticada, porém, a ideia de uma herança arcaica inconsciente, que vai sendo transmitida, de geração em geração, como base de uma estrutura inconsciente de um povo não foi jogada fora junto com a água do banho. A transmissão da Herança Arcaica se faz pela Cultura e não pela Biologia, essa foi a adaptação dos pós freudianos. Para nós, a Herança Arcaica está na base de ideias como "Racismo Estrutural", "Machismo Estrutural", entre outros aspectos da estrutura profunda de um povo.

lecidos e ao redor deles camadas de conteúdos recalcados, formando os temas-tabu na sociedade, que ficam submetidos aos modos de censura da formação da Memória acessível, arquivada pelos indivíduos, textos e organizações sociais. Algumas vezes essa censura é realizada de forma aberta, como em períodos de governos claramente de exceção, ditatoriais, mas também de diversas outras formas: seja pelas "escolhas" políticas, pelos projetos educacionais articulados pelo Ministério da Educação em sua complexa estrutura, as faltas e ausências educacionais na ponta do sistema educativo nacional, seja pela própria produção intelectual e cultural da nação, e principalmente pelos modos de operar a violência na sociedade e de definir quem terá acesso aos melhores recursos sócio-cultural-econômicos, quem sofrerá com exclusões e violências cotidianas, quem por fim terá acesso à Universidade e ao trabalho digno, e quem ficará relegado à marginalidade. A estrutura social inconsciente, tenha sua transmissão pelo tecido biológico, tenha sua transmissão pelas instituições e produções socioeconômicas e culturais, define os lugares de cada indivíduo e no Brasil, com seu extenso colorismo, nascer preto, nascer indígena, nascer pardo, já definem limites sociais muito difíceis de serem rompidos.

No Brasil, desta forma, esse *processo seletivo* é diretamente articulado ao colorismo, com as diversas tonalidades de cor da pele, desde o branco caucasiano ao preto subsaariano, as quais hierarquizam a sociedade e definem (juntamente com a desigualdade social decorrente da Escravidão) quem pode ocupar tal ou qual posição na sociedade, e também quem pode ter a casa invadida pela polícia ou ser vistoriado — e eventualmente até agredido — na rua sem justificativa legal ou suspeita devidamente fundada[107]. Não se trata apenas das ideias

107 São tantos casos, em tantos lugares. No momento em que escrevo, ocorreu há poucos dias o assassinato de um refugiado congolês de forma extremamente violenta na praia da Barra da Tijuca no Rio de Janeiro-RJ, mas esse é apenas um caso extremo entre milhares que acontecem anualmente, indo desde comentários que denunciam a estrutura inconsciente do Racismo Estrutural, como quando o Ministro do STF Luís Roberto Barroso, um homem de ideias progressistas, se referiu ao ex-Ministro da mesma corte, Joaquim Barbosa, como "negro de primeira linha"; de modo que mesmo um homem progressista como o Sr. Barroso é tomado pelo que está no Inconsciente Nacional, pela estrutura. O evento ocorreu em 2017, e foi amplamente noticiado pela imprensa, inclusive o pedido de desculpas emitido logo em seguida pelo Ministro Barroso, que utilizou o termo *inconsciente* para explicar seu gesto atravessado pela estrutura nacional racista. Desse modo, podemos perceber que o Racismo Estrutural é inconsciente, ou seja, o indivíduo utiliza a expressão racista sem perceber ou apenas percebendo após a fala ou gesto. Há uma autorização, ou até mesmo uma injunção, decorrente da estrutura do Inconsciente Nacional Brasileiro que se apresenta, que emerge como reminiscência, especialmente nas violências atuadas. Mesmo indivíduos que lutam contra o Racismo podem ser capturados

e conceitos que encobrem ou recobrem traços-tabu da História e da Memória nacional, mas da forma como a violência é permitida em alguns contextos e proibida em outros, com uma anuência mais ou menos velada da população. A violência policial em comunidades carentes não é uma novidade que surge com o fenômeno do tráfico de drogas, pelo contrário, esta violência atual é uma reedição de modos inconscientes de operação dos afetos, pois ao indígena, ao africano e a seus descendentes (estes são maioria esmagadora nas áreas carentes) sempre restou a ação violenta da "população autoproclamada de bem" ou dos agentes zeladores dessa população (bandeirantes, feitores, jagunços, capatazes, policiais militares[108]).

Ainda que exista atualmente uma ampliação da consciência crítica sobre esta estrutura social inconsciente e seus efeitos, o fato é que, como no sintoma individual, as repetições se sucedem sob novas máscaras, novas racionalizações, novos desmentidos que desconsideram a realidade. É fato, contudo, como coloca Jessé Souza que: "sabemos que matar um pobre nunca foi crime entre nós" (2017, p. 101). E, sabemos que a grande maioria dos pobres no Brasil é descendente de negras e negros escravizados e de mulheres negras e indígenas estupradas ou constrangidas pelos senhores e seus compadres, incluindo padres católicos, desde o tempo das Missões. Deste modo, existem memórias-clandestinas arcaicas no porão da História Nacional, memórias que, todavia, têm uma enorme carga afetiva e um enorme impacto na realidade. Memórias, cujos recalques, com os três núcleos principais de recalcado enunciados por nós, e os sucessivos desmentidos, forjam a estrutura do Inconsciente Nacional Brasileiro. Vale citar em relação a isso um trecho da Introdução do terceiro volume da obra de Laurentino Gomes sobre a Escravidão, na qual o autor mostra que, durante o Império, nos centros urbanos, a punição violenta dos escravizados era

---

pela estrutura inconsciente e ter atitudes estruturalmente racistas, de modo que a questão vai além dos indivíduos e sua "boa ou má fé", exigindo uma transformação da Cultura Nacional bem como das estruturas socioeconômicas. Obviamente, o fato de o fenômeno do Racismo ser estrutural na sociedade brasileira não abona as condutas individuais que venham a se caracterizar criminalmente.

108 Especialmente a situação do policial militar é extremamente complexa, pois os soldados muitas vezes são oriundos do próprio grupo que acabam por violentar, evidenciando muitas vezes alto sofrimento na relação com o seu trabalho, apesar da doutrinação das academias de formação militar. Nesses casos, também se evidencia a captura pela estrutura inconsciente, bem como a fabricação de racionalizações conscientes para o modo de ação violento Uma boa introdução ao tema dessa captura pela estrutura inconsciente pode ser encontrada em Fanon (2020 [1952]).

realizada em dependências do Estado, ainda que os carrascos fossem também escravizados. O poder estatal organizava a tortura dos escravizados e cobrava dos Senhores uma taxa para aplicar a punição. Como não atualizar o quadro descrito por Gomes no modo como as polícias militares atuam nas áreas carentes e favelizadas das cidades brasileiras, sabendo que os policiais são muitas vezes oriundos de comunidades carentes semelhantes e que as classes altas, em grande parcela, apoiam a ação violenta das polícias, mas muitas vezes criticam os gastos em Saúde, Educação públicas e políticas de suporte social!?

> Pelas leis imperiais, os senhores eram autorizados a aplicar somente 'castigos moderados' em seus escravos, sem supervisão direta das autoridades. O artigo 179 da Constituição de 1824, a primeira do Brasil independente, proibia que cidadãos particulares executassem, por conta própria, 'os açoites, a tortura, a marca de ferro quente, e todas as mais penas cruéis', interdição que seria reforçada pelo código criminal de 1830 e a lei número 4, de 1835. Queimar, ferir, afogar ou matar eram atribuições exclusivas do sistema policial judiciário.
>
> (...)
>
> O açoitamento de negros era um dos cinco serviços de disciplina que o governo brasileiro oferecia aos senhores escravocratas. Os outros eram a prisão com trabalhos forçados, punição também chamada de galés; a prisão simples, sem trabalhos forçados; o degredo para Angola, Moçambique, São Tomé e Príncipe ou alguma província distante do próprio Brasil; e, por fim, a pena de morte, a mais drástica de todas, quase sempre por enforcamento. *Os castigos de açoite eram aplicados sem julgamento ou qualquer outra formalidade legal, bastando apenas que o senhor fizesse o requerimento e pagasse uma pequena tarifa.* (Gomes, 2022, p. 22, grifos nossos).

A *Mnémé* se forma com a transmissão de grupo a grupo, geração a geração, das memórias recalcadas entremeadas com as lembranças encobridoras e com as histórias recobridoras, de modo que se estrutura um continuum na formação das camadas de Memória. Tais mecanismos de formação e transmissão da Herança Arcaica inconsciente de um povo também operam sobre a Historiografia. Não apenas os historiadores, mesmo quando estrangeiros, estabelecem uma relação com esses conteúdos inconscientes, mas ao cunharem conceitos analíticos estão digladiando com sua própria inserção individual nesse grande Inconsciente Nacional. Obviamente, a censura e o controle do conhecimento são temas seculares, se pensarmos no *Grande Inquisidor*, personagem magistral de Dostoievski na obra-prima *Os Irmãos Karamazov*, ou no monastério retratado por Umberto Eco em *O Nome da Rosa*, estamos no campo da literatura histórica, que revela, talvez com mais precisão que o trabalho historiográfico, ao menos em relação aos afetos envolvidos, a ação das forças recalcadoras, tanto as conscientes como as inconscientes. Como as operações de recalque não são conscientes — *o eu não é senhor na própria casa*, nos cansou de lembrar Freud —, temos a impossível tarefa de tratar da ação de forças inconscientes, cuja apreensão só é possível pela análise dos sintomas e das repetições, que por sua vez não pode ser feita sem uma escuta dos indivíduos e grupos, e sem um olhar atento e honesto para dentro de nós e para as relações sociais que fazemos parte.

Retornando à conferência de Yerushalmi (2017 [1988] p.18 e ss), ele afirma que cada povo tem um caminho, que estrutura sua *halakkah*, "o caminhar do povo". Recorre então a uma afirmação freudiana de que a cadeia de transmissão do povo judeu se faria pela Tora, e que essa Tradição teria mantido esse povo unido. Cito: "Do passado só são transmitidos **os episódios julgados exemplares ou edificantes para a halakkah (o caminhar do povo) de um povo, tal como é vivida no presente**. O resto da 'história' conduz à vala" (Yerushalmi, 2017 [1988], p. 22). Ora, o que eu proponho, parcialmente em desacordo com Yerushalmi, é que o que vai para a vala da História e da Memória não deixa de ter efeitos. Mesmo quando memórias são resgatadas, mesmo quando podem ser formalmente resgatadas, muitos traços mnêmicos seguem na vala, na vala do inconsciente, sendo transmitidos e operando seus efeitos afetivos, com força de (des)organização sobre a sociedade. Não se trata apenas de reencontrar documentos perdidos, ou valorizar leis fundantes que estão inscritas, mas justamente de identificar as leis sociais que não foram inscritas em momento algum, que permanecem encobertas, e sucessivamente recobertas, mas que estruturam a sociedade brasileira e definem as posições sociais e os vetores do trabalho, da acumulação de capital, do poder político, das submissões e das violências sociais. Sem dúvida, nos lembra o historiador "nossos textos são limitados, eles não podem cobrir sozinhos o campo do esquecimento" (Yerushalmi, 2017 [1988], p. 21); e mais, a cada novo texto, a cada revisão das memórias oficiais, mesmo aquelas empreendidas com o intuito de *desalienar*, nunca de desvela completamente o Inconsciente.

Nessa reflexão sobre memória e esquecimento, Yerushalmi discute o papel do historiador apontando que no século XIX ele "era um modelador, um refinador, um restaurador da memória" — todas palavras que tem, ao menos em Português, a palavra 'dor'... (Ibidem, p.23). Porém, em seguida o Historiador teria descoberto ou achado que poderia fazer uma anamnese profunda, que a coletividade jamais alcançaria. O historiador teria caído numa tentação de resgatar o passado total — e daí a referência à crítica elaborada por Nietzsche de que "diagnosticando a malignidade" "a cura se convertera em enfermidade". A crítica seria a uma certa prepotência evidenciada por uma historiografia que afirmaria reunir *mnémé* e *anamnese*, memória afetiva e recordação fatual, de forma plena:

> a história que os historiadores profissionais praticam poderia produzir ilusão e fazer crer que eles misturam igualmente *mnémé* e *anamnesis*. Na realidade, essa história não é uma memória coletiva, tampouco uma lembrança de seu sentido primeiro. Trata-se de uma aventura completamente nova. Quase sempre, o passado que ela recompõe constantemente só é reconhecível a partir daquilo que a memória coletiva reteve. O passado que essa história restitui é, na realidade, um passado perdido, mas não aquele cuja perda nós lamentamos." (Yerushalmi, 2017 [1988], p. 23).

Apesar da crítica, o historiador afirma, relembrando os casos clínicos estudados por Luria, do *homem que tudo esqueceu* e do outro *homem que nada consegue esquecer*, que *é melhor lembrar demais do que esquecer demais*. Nesse sentido, o trabalho de recordar é primordial, uma vez que as forças do esquecimento, geralmente atuam a favor da injustiça. Yerushalmi conclui então que **"é possível que o antônimo de esquecimento não seja memória, mas sim justiça"** (Ibidem, p.28, grifos nossos). Esta reflexão abre uma via importante sobre como lidar com os efeitos estruturais do Triplo Recalque Nacional. Certamente, é impossível transformar toda *mnémé* em anamnese, toda herança arcaica em História formalmente organizada; contudo, existe a extrema injustiça que decorre da estrutura social inconsciente. Assim, construir uma práxis pela justiça pode ser um caminho de elaboração coletiva dos efeitos inconscientes sociais dos traumas históricos e seus recobrimentos. Desta forma, não se trata de levantar todo o Recalque — tarefa impossível —, ou de apontar os equívocos ou encobrimentos historiográficos e políticos na sua integralidade, mas sim na medida suficiente para permitir a elaboração coletiva das dores e injustiças, de modo que exista uma prevalência de um caminhar na direção da justiça, ou seja, do autêntico reconhecimento social de todos os membros de uma sociedade nacional. No caso do Brasil, isso significa superar a Herança Colonial e seus relançamentos no Império e na República, com nefandas consequências para a população negra, parda e indígena do país.

3. CONCEITOS PSICANALÍTICOS RELEVANTES PARA A COMPREENSÃO DO TRIPLO RECALQUE NACIONAL

A psicanálise aplicada à Cultura faz sentido?

Na parte inicial de *O Homem Moisés e o Monoteísmo*, Freud (1937, p.27) comenta a questão do mito do herói, em debate com seu discípulo Otto Rank, que pesquisou muito a matéria. O objetivo de Freud era justificar os ajustes necessários na saga de Moisés, de modo que ela se adequasse à estrutura do mito, — tal como formulada por Rank —, em sua análise da formação do povo hebraico e de sua religião monoteísta. Nesse momento de seu texto, Freud indaga: em que serviria para o povo judeu um herói estrangeiro? Um Moisés egípcio? Na complexa análise efetuada por Freud, Moisés seria na realidade um egípcio, que decidiu fundar um novo povo, com base em sua religião monoteísta, a qual teria existido por um breve período no Egito, sob o reinado do faraó Aquenáton, que tentara acabar com o politeísmo egípcio, mas não conseguira. Moisés seria, na hipótese freudiana, um seguidor da religião monoteísta fundada por Aquenáton, e teria decidido não deixar sua religião morrer juntamente com seu fundador. Para isso, Moisés necessitou constituir um novo povo a partir da religião monoteísta. Posteriormente, na mitologia-história hebraica, justamente para evitar que Moisés fosse um estrangeiro, um egípcio, sua verdadeira identidade (nacionalidade diríamos hoje) teria sido alterada nas narrativas originárias, e ele foi inscrito na História como hebreu, o pai-fundador de uma nova religião e libertador de seu povo. Além disso, seu assassinato pelos próprios judeus teria sofrido um Desmentido (*Die Verlegnung*), e essa renegação da "verdade histórica" teria sido sucessivamente transmitida, ao longo das gerações, como uma "Herança Arcaica", a qual teria a força de um Instinto (*Instinkt*), pois todo novo judeu nasceria sob influência desse Desmentido da verdade histórica de seu povo.

Tomando essa análise freudiana como inspiração, podemos nos perguntar quem são os heróis nacionais do Brasil? Quais são aqueles que ocupam no Imaginário social um lugar de "pai", de "mãe" ou de fundador da pátria? Quais os que dão nome às principais ruas, avenidas e praças do país? E mais importante, quais são suas características e atributos? Quais as qualidades (e defeitos) que habitam o imaginário popular? E quais aqueles que foram sucessivamente incluídos e/ou excluídos do panteão? E mais, na formação da mitologia nacional, teriam ocorridos Recalques e/ou Desmentidos? Como indígenas e africanos, e seus descendentes, entram na nossa História? Geralmente, os heróis de maior peso histórico na historiografia brasileira são brancos (ou pardos retratados como brancos, os chamados "morenos claros")[109], europeus ou filhos de europeus, desde o "descobridor", o escrivão da frota real portuguesa, os primeiros Capitães Donatários, os quais muitos nunca estiveram no Brasil, os governadores-gerais como Mem de Sá, os governadores de província, os Ouvidores-Gerais, os comandantes militares como Estácio de Sá, que fundou o RJ, derrotando indígenas e os franceses que buscavam seu quinhão no Novo Mundo; Dom Pedro I, Dom Pedro II, nosso imperador esclarecido, por fim Duque de Caxias, o grande herói militar pacificador do Império. Além desses, temos Joaquim José da Silva Xavier, o Tiradentes, (revisitado na República, pois no período colonial foi obviamente executado exemplarmente como traidor), a Princesa Izabel, a nobre de olhos azuis e sangue das mais tradicionais casas reais da Europa, que libertou os escravos num gesto tardio e inevitável naquele momento histórico, e absolutamente nulo do ponto de vista de alguma preocupação com a inserção social dos ex-escravizados, o Marechal Deodoro da Fonseca, que fundou a República num Golpe Militar. Getúlio Vargas, o estancieiro de São Borja-RS, que se tornou o ditador "pai dos pobres" e comandava uma polícia secreta, que prendeu e eventualmente torturou e matou seus adversários políticos, mas que teria adiado em 10 anos a Ditadura Militar-Civil com seu suicídio em 1954; Juscelino Kubitschek, o presidente bossa nova visionário, que construiu Brasília; o General Emílio Garrastazu Médici, o ditador que frequentava o Maracanã e abraçou o

109 A expressão "moreno claro", bem comum no Brasil, refere-se ao pardo "embranquecido" que, quando membro das classes altas e médias, é tomado socialmente como branco. Obviamente, essa branquitude não costuma resistir a um casamento da alta elite nacional, muito menos a uma viagem aos Estados Unidos da América ou à Europa.

rei Pelé; José Sarney e Fernando Collor, primeiros presidentes civis na transição democrática após a Ditadura Militar-Civil, típicos representantes das elites agrárias reacionárias, homens riquíssimos oriundos de regiões empobrecidas do país; Fernando Henrique Cardoso, o intelectual fabianista exilado durante a Ditadura Militar-Civil de 1964-1988, e que posteriormente trabalhou pelo grande Capital seguindo o projeto de Estado Mínimo e de privatizações, ainda que tenha o mérito de ter comandado a vitória na batalha pela estabilização econômica do país nos anos de 1990, após mais de uma década de inflação galopante. Escapam sem dúvida aos modelos tradicionais brasileiros os presidentes mais recentes Lula, Dilma e de certa forma Jair Bolsonaro, pois cada um deles, a seu modo, representa uma ruptura com o modelo tradicional do patriarca *cordial*. Ainda que no caso do último, sua chegada ao poder pareça representar interesses e principalmente afetos de uma parcela da população ressentida e ofendida pela tentativa, ainda que relativamente discreta, de se desrecalcar e elaborar alguns conteúdos centrais da "Herança Cultural Arcaica" brasileira, base do Inconsciente Social Nacional, a partir dos trabalhos da Assembleia Constituinte e da promulgação da Constituição Federal de 1988. Nesse sentido, o Bolsonarismo seria um movimento sociopolítico conservador-reacionário contrário às bases da Redemocratização e das transformações socioeconômicas e políticas consolidadas na nossa Carta Magna promulgada em 1988, e que teria como meta barrar a transformação da estrutura socioeconômica profunda do país.

Em realidade, um aspecto central em nossa hipótese é que o discurso da extrema direita na atualidade, por meio de suas lideranças políticas, rompe com a tradição de buscar, ao menos na propaganda, efetivar um *Recalque cordial*, e instaura o *Desmentido violento*, ainda que por vezes patético, mas com a finalidade de restaurar a estrutura colonial e a desigualdade social, baseada no genocídio dos indígenas, na exclusão de negros e pardos e na violência autoritária de Estado, agindo na contramão das transformações sociais que vinham ocorrendo a partir da estrutura sócio-política fundada em 1988, e que foi mais claramente buscada nos governos petistas, que levaram a cabo diversos projetos de transferência de renda e de capital cultural, buscando enfrentar a questão da enorme desigualdade social no Brasil. Apesar de já termos circunscrito nosso uso dos conceitos freudianos de Recalque (*Verdrängung*) e de Desmentido (*Verleugnung*), vamos agora aprofundar nossa compreensão destes conceitos psicanalíticos, que vimos utilizando na construção da nossa hipótese do Triplo Recalque Nacional.

3.1 — O Recalque, o Desmentido, e os Modos de Recobrimento do Traumático

3.1.1 — Sobre o Recalque e suas aplicações

No edifício teórico freudiano, o conceito de Recalque (*Verdrängung*) surge associado ou derivado da ideia mais ampla de Defesa (*Abwehr*). A ideia geral de Defesa abrange os mecanismos psíquicos utilizados pelo Eu para afastar da consciência desejos que ameacem sua integridade, geralmente por serem desejos cuja finalidade exporia o Eu a alguma ameaça em face de estar em conflito com os parâmetros de moralidade e os compromissos sociais assumidos pelo sujeito. O processo de Defesa, portanto, se efetiva por mecanismos psíquicos que o Eu utiliza para excluir da consciência ideias, desejos ou memórias que o colocariam em conflito consigo mesmo. A Defesa pode, contudo, ocorrer também em face de percepções (visuais e auditivas majoritariamente) de modo que o Eu desconsidere, desminta ou distorça a percepção de algo que lhe seria insuportável reconhecer. De todo modo, diante de seus desejos intoleráveis ou de percepções insuportáveis, o Eu encontraria formas de evitar o conflito psíquico e apaziguar sua angústia.

De um modo geral, consideramos que a ameaça à integridade egóica decorre da contradição que tal ideia ou percepção representa em face da imagem que o Eu sustenta de si, base do narcisismo do sujeito, e também em virtude do conjunto de valores morais que caracterizam a Cultura da qual aquele sujeito faz parte e que passaram a fazer parte de si, como injunções que deveria respeitar. Para o Eu a existência dessas ideias ou percepções irreconciliáveis significa não apenas a emergência de um conflito psíquico, mas uma ameaça à sua integridade narcísica. Vale sublinhar que no caso das ideias intoleráveis (desejos proibidos pela moral), a Defesa primordial utilizada pelo Eu é o Recalque, que se efetiva de forma inconsciente. No caso das percepções intoleráveis (a visão da diferença sexual é o exemplo clássico freudiano), o principal mecanismo é o Desmentido (*Verleugnung*), que pode se efetuar na prática por uma série de modalidades distintas: fetichismo, racionalização, banalização, alucinação, entre outros modos psíquicos de recobrir ou transformar a percepção insuportável. É importante ainda destacar que tais defesas dividem o Eu. Com o processo de Recalque, forma-se fora da consciência uma zona contendo as ideias excluídas:

o Inconsciente[110]. Freud chega a postular um Recalque Originário que fundaria o Inconsciente, e que seria o próprio ingresso do indivíduo na linguagem humana, constituindo-se como sujeito. Em termos da memória acessível, Freud percebe em sua clínica que as lacunas na memória, decorrentes do processo de Recalque, eram preenchidas por lembranças encobridoras, ou seja, memórias falsas evocáveis pela consciência e que formariam uma tela sobre o branco deixado pelo Recalque. No processo de Desmentido, formar-se-ia uma profunda cisão do Eu (*Ich-Spaltung*), pois a percepção intolerável é desmentida, mas também é reconhecida por uma parte do sujeito, de maneira que o Eu passa a funcionar sob dois modos subjetivos distintos na sua relação com a realidade, uma metade de si que reconhece na realidade a percepção insuportável, mas uma outra parte de si que não reconhece esse traço inassimilável da realidade, e funciona desconsiderando a percepção insuportável por meio de uma *maquiagem* desse aspecto da realidade em situações específicas

Freud (1927) vai formular de maneira muito precisa o mecanismo da *Verleugnung* em relação ao caso dos fetichistas. É importante sublinhar que a parte do Eu que fica sob efeito do Desmentido passa a funcionar sob um regime psíquico distinto, pois trata-se então de um espaço subjetivo marcado pela não simbolização de um aspecto marcante da realidade, restando à espreita, contudo, os afetos relacionados à percepção intolerável, permanecendo não acessíveis pela palavra como uma espécie de enclave ou, como dizemos, como um *clandestino visceral*. O psicanalista francês Octave Mannonni (1979[1969]) resumiu bem essa posição subjetiva a partir da frase tipicamente usada pelas pessoas quando desconsideram um traço da realidade: "eu sei disso, mas mesmo assim vou acreditar naquilo..."; ou seja, eu sei que a realidade se apresenta de tal forma que contraria meus ideais e crenças, com tal ou qual limitação ou aspecto, mas, mesmo assim, vou encontrar uma forma de agir ou de pensar que, como num passe de mágica — um feitiço, um fetiche —, desminta o aspecto intolerável da realidade. No extremo, esse processo pode caracterizar uma perda maior da realidade, consolidando-se então uma forma radical de Recusa (*Die Verwerfung*) da realidade que pode causar estados psicóticos. Não por acaso, Freud formula de modo organizado o conceito do Desmentido em seu texto de 1927 sobre o Fetichismo: trata-se na organização teórica de Freud

110 Ainda que o Inconsciente seja mais amplo que o conjunto das ideias e afetos excluídos pelo processo de Recalque (*Verdrängung*).

de um feitiço efetivado pelo Eu, que desmente a castração materna (sob uma lógica falocêntrica) ou simplesmente rejeita a diferença sexual. O fetiche, no exemplo clássico freudiano, serviria para camuflar a diferença sexual. Deste modo, o fetichista constrói na mulher um substituto do pênis não visto, percepção que o aterrorizou por apontar a castração que passaria a ameaçá-lo. A mágica efetivada pelo fetiche, nos diz Freud, é que ele passa a substituir o pênis não encontrado na mulher[111]. Dito de outro modo, um traço insuportável e angustiante da realidade é renegado por meio de uma montagem que o desmente. Essa montagem envolve uma construção que incida como uma espécie de decalque sobre o que não se quer ver ou modulador sobre o que não se suportou escutar, possibilitando desmentir e assim desconsiderar a realidade por meio de uma transformação do ponto específico da realidade que se apresentou como insuportável e angustiante para o sujeito.

A ideia de Defesa é fundamental na nossa reflexão, pois é em nome da manutenção de uma visão idealizada e integrada do Brasil e de seu povo nacional, que o Recalque incide para ajustar a memória histórica. Não se trata de uma ação contra a verdade de um desejo irreconciliável com a moral do sujeito, mas sim contra uma verdade histórica insuportável, que minaria o imaginário identitário forjado ao longo dos séculos pela elite econômica e intelectual do país, principalmente após 1822, incidindo especialmente sobre a herança colonial e seus efeitos continuados. A verdade nacional recalcada é a de que somos um povo cuja formação se deu a partir de uma violência constante de uma parte pequena da população, o conquistador de raiz ibérica, sobre uma grande parte, até hoje excluída e predominantemente parda e preta, de origem predominantemente indígena e africana. É fato que como nos primeiros séculos de colonização praticamente não havia mulheres europeias nas terras brasileiras, a miscigenação entre o colonizador e os indígenas e africanos foi inevitável, e muitas vezes as mulheres indígenas e africanas foram violentadas pelos senhores. Reconhecer essa verdade sobre como nos formamos e como a estrutura socioeconômica extremamente desigual na atualidade é fruto dessa História seria desmontar toda mitologia nacional acerca da generosidade do pai português, do heroísmo do índio que aceitou a liderança portuguesa e da inclusão do negro numa

111 Eu estou vendo que ela não tem um pênis, mas mesmo assim ela tem — e então é preciso forjar (uma parte do corpo, um adereço, etc) esse substituto. Uma vez constituído o fetiche, a vida desejante do fetichista fecha-se na monotonia de repetir a cena que desmente a diferença sexual.

suposta democracia racial sincrética, na qual todos são alegres e cordiais, num país destinado a um futuro inequívoco de glórias e marcado pela pluralidade, ausência de racismo e respeito às diferenças. Não é mentira que nossa cultura seja fruto desse *caldeamento étnico*, como diziam os *racistas científicos* do início do período republicano, mas é mentira ou ilusão — ao modo de uma lembrança encobridora psicanalítica — que sejamos uma democracia racial, um povo sem racismo, um povo cordial, estruturalmente solidário, formado sobre relações de respeito entre europeus, indígenas e africanos, e principalmente uma nação na qual não existam privilégios historicamente constituídos e definidos em decorrência da origem étnica e da cor da pele.

O Recalque mantém inconscientes, ao longo dos séculos, as verdades sobre o genocídio continuado contra indígenas e negros desde 1500 até os dias atuais, e também sobre as violências de Estado e especialmente a Tortura, utilizada contra aqueles que questionaram esse grande encobrimento que forja o mito da identidade nacional brasileira, principalmente durante a Ditadura Militar de 1964-1988. Quando Mario de Andrade (1992 [1928]) afirma, com todo seu enorme conhecimento da formação cultural brasileira, que Macunaíma, síntese poético-literária da miscigenação brasileira, é o *herói sem caráter*, ele está tocando nesse ponto da nossa identidade. Se esse povo imaginado — miscigenado, plural, democrático, cordial e alegre — é pelo menos parcialmente uma mentira, uma espécie de *falso self*, a realidade evidencia uma identidade ainda em formação, cujo caráter ainda não se constituiu e que se ergue sobre grandes confrontos, violências e silenciamentos. Macunaíma parece fugir da própria História, ainda que a sumarize em sua existência repleta de contradições. Outra possibilidade interpretativa da Brasilidade, pior, é que o caráter nacional seria de fato Racista, marcado pela violência do patriarcado branco ou *pseudobranco*. Estaríamos, portanto, cindidos entre uma metade nacional *branca*, racista e violenta e outra metade que se reconhece miscigenada, complexa e mais próxima dos povos originários e dos povos africanos do que do conquistador europeu? Seria essa a base da divisão sociopolítica que se (re)estabeleceu no país a partir de 2016?

Para explicarmos a transposição dos conceitos de Recalque e de Desmentido da clínica psicanalítica para uma análise da Cultura, considerando as transformações necessárias neles, vamos retomar alguns aspectos centrais colocados por Freud. Inicialmente, devemos situar a relevância do Recalque para a teoria psicanalítica: "A teoria do Recalque é a pedra angular sobre a qual repousa toda a estrutura da Psicanálise" (Freud, 1914, p. 26). Vale salientar também que desde as suas primeiras aparições na obra freudiana, a ideia de Recalque esteve associada à ideia de resistência. (Freud, 1895). Resistir, no vocabulário freudiano, é não aceitar o processo reflexivo, a análise e o consequente reconhecimento de nossos desejos inconscientes e conflitos psíquicos. Resistir é temer a verdade sobre si mesmo. Ao resistir à análise, o paciente trabalha pela manutenção do recalcado e dos sintomas e sofrimentos decorrentes da não elaboração dos elementos que causam conflito, que ameaçam a integridade psíquica do Eu[112], e dos quais este se defende por esta forma especial de evitação, o Recalque, que Freud (1915b) no texto "O Inconsciente" assim definiu:

> Aprendemos com a psicanálise que a essência do processo de Recalque não está em pôr fim, em destruir a ideia que representa uma pulsão, mas em evitar que se torne consciente. Quando isso acontece, dizemos que a ideia se encontra num estado 'inconsciente', e podemos apresentar boas provas para mostrar que, inclusive quando inconsciente, ela pode produzir efeitos, incluindo até mesmo alguns que finalmente atingem a consciência. Tudo que é recalcado deve permanecer inconsciente; mas, logo de início, declaremos que o recalcado não abrange tudo que é inconsciente. O alcance do inconsciente é mais amplo: o recalcado é apenas uma parte do inconsciente. (Freud, 1915, p. 191)

Freud postulou o Recalque a partir de sua percepção na clínica do fenômeno da Resistência. Vale sublinhar que o Recalque é o primeiro processo defensivo do Eu identificado por Freud (1895) nos *Estudos sobre a Histeria*, a partir do momento em que começa a utilizar o método psicanalítico, ou seja, a Associação Livre por parte do paciente e a Escuta Flutuante pelo analista — método criado e desenvolvido por Freud após tentativas problemáticas com a hipnose e outras formas de influência *direta* sobre a memória do paciente. A Resistência do paciente é, no contexto psicanalítico, a evidência da força conservadora que impede o sujeito de reconhecer um determinado desejo ou pensamento — proibido, interditado, contrário aos valores morais, etc — como próprio, como verdadeiro. Ora, o desejo recalcado ("ideia intolerável") trata-se de uma ameaça ao imaginário narcísico do sujeito, calcado em valores morais e regras de conduta, que foram introjetadas no Eu, formando

112 Muitas vezes, o processo defensivo, além de garantir a integridade narcísica do sujeito, gera algum "benefício secundário da neurose".

justamente o Ideal de Eu e seu guardião moral, o Supereu ou aquilo que dentro de mim me diz como devo ser e agir. Quando algum traço da verdade inconsciente emerge, isto é, quando desejos e percepções denunciam para o Eu que ele não é tão lindo e limpinho, "tão branquinho e europeu", "tão cordial, gentil e feliz", "tão cristão e dadivoso", "tão patriarcal, macho e heterossexual", "tão potente e imbrochável" quanto se imagina, a primeira resposta, pela ação da Resistência que atua inconscientemente, é uma negação como forma de Defesa de sua autoimagem e de seu amor-de-si. O Recalque é uma das defesas mais preciosas para que o Eu mantenha sua ilusão acerca de si mesmo e de sua integridade, em sua alienação imaginária e narcisismo. Geralmente, na vida dos indivíduos, a realidade trata de mostrar-lhes, mais cedo ou mais tarde, que não são indivíduos tão unos, íntegros e perfeitos, como seu narcisismo gostaria. Poder se reconhecer como faltoso e imperfeito é essencial para o desenvolvimento dos indivíduos e dos povos. Um dos aspectos centrais das tiranias é justamente a ilusão de perfeição e pureza que elas constroem, de modo a expurgar todo aquele que não estiver totalmente identificado com esse imaginário, expurgar tudo que possa remeter às diferenças e inconsistências humanas, excluir aqueles que portam *nódoas*.

Para sustentar nossa hipótese do Triplo Recalque Nacional, realizamos, portanto, um ajuste no conceito freudiano de Recalque ao deslocá-lo para a coletividade, para o social. Não estamos aqui tratando diretamente do recalque das pulsões, ainda que estas façam parte do jogo social como base das forças sexuais e agressivas que movimentam os indivíduos e grupos no complexo tabuleiro político. Tratamos em nossa hipótese daquilo que precisa ser excluído do imaginário social e da memória nacional em nome da manutenção de uma certa ordem socioeconômica e cultural e das hierarquias e poderes estruturados nessa ordem. O Recalcado é, portanto, a parte da verdade histórica que ameaça o discurso egóico dos *vencedores*, e fica de fora da Memória Nacional — ao menos da oficial — construída e compartilhada pela maior parte da sociedade.[113]

É importante destacar também que quando Freud, na citação acima, aponta que no indivíduo o Inconsciente é mais amplo que o conteúdo Recalcado, ele está se referindo ao que chega ao indivíduo

113 Certamente, uma pesquisa social importante seria indagar de Norte à Sul do país, para indivíduos dos mais variados grupos socioeconômicos e culturais, "o que é ser um/a/x brasileiro/a/x"? "O que te caracteriza como brasileiro/a/x?"

herdado das gerações anteriores, ao que faz parte do *Isso* (*Das Es*) humano, por ele nomeado de "Herança Arcaica". Foi justamente na obra *O Homem Moisés e o Monoteísmo* que Freud (1939) elaborou melhor esse conceito, postulando de forma mais clara a "Herança Arcaica", que seria transmitida ao longo das gerações como um Instinto (*Instinkt*). Ao usar o termo Instinto ao se referir à Herança Arcaica, Freud não apenas insinua uma transmissão biológica de acontecimentos arcaicos da espécie humana e de cada povo em sua formação, mas coloca essa Herança Arcaica num patamar distinto da pulsão, que é forjada na criança a partir do encontro entre biologia (corpo físico-químico) e sociedade (linguagem simbólica; cultura), ou seja, a pulsão é biopsicossocial, estando na "fronteira entre o somático e o psíquico"[114], conforme a famosa fórmula freudiana. Quanto ao conceito de Desmentido (*Verleugnung*), nosso uso também será diferente daquele empreendido por Freud em 1939, ainda que a obra *O Homem Moisés e o Monoteísmo* seja nossa principal autorização teórica e inspiração para este trabalho, pois ali Freud postula o Desmentido como mecanismo fundante do psiquismo hebreu: é o Desmentido do assassinato de Moisés pelos próprios judeus, que teria sido segundo o psicanalista austríaco, o que caracterizaria a Herança Arcaica desse povo, sendo parte do *Isso* judeu e transmitido de forma inconsciente ao longo dos séculos.

A distinção entre Recalque e Desmentido, na nossa perspectiva de análise histórico-sociológica, tem relação com a temporalidade histórica, pois, na nossa hipótese acerca do *caso brasileiro*, o Recalque, em termos cronológicos, acontece primeiro e é fruto de um determinado modo de reconstrução histórica do passado, que excluí ou encobre os acontecimentos vergonhosos ou ameaçadores para o povo nacional, bem como escanteia as violências, traumas e culpas históricas para fora da consciência e da memória nacional. Certamente, existe como em relação a tudo que é estrutural no Inconsciente, uma circularidade, um processo de repetições que é evidenciado pelos retornos do recalcado, sendo os índices mais nítidos e recentes disso a continuação do Genocídio Indígena ao longo dos séculos e inclusive no tempo presente, e também a continuação da Violência de Estado contra os negros das áreas periféricas e carentes do país, bem como sua exploração como força de trabalho barata, informal e precarizada. A continuidade dessas violências historicamente estruturadas reencena a violência existente

114 Enunciada por Freud no seu artigo "A Pulsão e seus Destinos", de 1915.

durante o período colonial, especialmente nas favelas, comunidades e áreas mais carentes, nas quais vivem as populações mais pobres, majoritariamente compostas por negros, e onde funcionam verdadeiras áreas de exceção.

O processo do Desmentido da realidade (*Verleugnung*) ocorreria, por sua vez, em período posterior ao Recalque, em momentos de revisão histórica e especialmente no momento presente: seguindo nossa hipótese, o que é desmentido pelo discurso e imagens do Bolsonarismo são os índices, evidentes na realidade cotidiana brasileira, que denunciam os acontecimentos recalcados na formação de nossa memória histórica, bem como seus efeitos que continuam chegando no presente. Nesse sentido, fica evidente porque os movimentos fascistas e totalitários de um modo geral, precisam negar a História. No caso brasileiro, tudo que mostre ou aponte para as violências históricas contra indígenas e negros, e, logo, para as culpas e privilégios dos brancos e seus herdeiros, não encontra espaço num discurso que visa manter não apenas os privilégios e a estrutura socioeconômica herdados do período colonial e imperial, mas principalmente a imagem dos brasileiros como "homens de bem", frutos de um patriarcado cristão infalível, caracterizado pela generosidade e pela suposta falta de preconceito racial do colonizador português e, subsequentemente, das elites brasileiras.

O Desmentido (*Verleugnung*), como vimos exemplificando ao longo do texto, se efetiva por discursos que recortam para fora da realidade os acontecimentos e informações que evidenciam as repetições históricas das violências estruturais do Brasil, acontecimentos que denunciam que não apenas não somos uma "democracia racial", mas vivemos sob a força de uma violência estrutural que submete indígenas e pretos e pardos a ataques constantes. Nesse sentido, o Racismo Estrutural se articula com o Recalque da questão da Escravidão de indígenas e de africanos e seus descendentes e da Estrutura socioeconômica forjada no período colonial e que continuou sendo a base da organização do trabalho no Brasil; ou seja, o Racismo Estrutural que nos assola é decorrência dos anos históricos nos quais se forjou e se transmitiu uma hierarquia social baseada na cor da pele, na ideologia Racista, que chegou a ter ares científicos entre aproximadamente 1850 e 1945 e que impregna o Inconsciente Social Brasileiro. O Desmentido, por sua vez, incide sobre os efeitos desse Racismo Estrutural em momentos posteriores e especialmente no tempo presente, e não se faz por meio dos Recalques historicamente consolidados, mas pela repetição — burlesca no caso brasileiro atual — desse movimento de negação da verdade histórica. O cerne do discurso bolsonarista, como atualização do discurso conservador brasileiro, é este: sustentar a imagem de uma Brasil democrático, sem racismo, construído por homens de bem, cristãos generosos, onde a livre iniciativa e o empreendedorismo têm espaço sob a liderança destes patriarcas idôneos, másculos e trabalhadores. Neste movimento, todos são abstratamente bem-vindos desde que se curvem ao modelo patriarcal conservador. Obviamente, qualquer pessoa que andar de olhos e ouvidos abertos verá e escutará um país com uma desigualdade social enorme e histórica, marcado pelo Racismo estrutural, pela perseguição aos indígenas e destruição de suas terras, pela violência policial e pela absoluta falta de equidade social, sob o que afirmar uma lógica meritocrática e de igualdade de oportunidades é muito desconhecimento da realidade social ou puro cinismo.

O Recalque (*Verdrängung*) é dedutível na clínica psicanalítica a partir de seus efeitos, e também das forças que insistem em negar, em manter oculto, devidamente recalcado, o que emerge a todo instante, mas o sujeito insiste em não enxergar, em não querer saber. O Desmentido (*Verleugnung*) complementa a ação de defesa psíquica justamente neste ponto de reencontro, no tempo atual, dos sujeitos com a percepção ou memória da percepção do fato ocorrido e que não se suporta como realidade. Observemos que, por exemplo, um pesquisador como Laurentino Gomes (2019; 2021; 2022) passou mais de 10 anos elaborando uma das maiores pesquisas sobre a Escravidão no Brasil e no eixo Atlântico Sul. Essa colossal obra foi publicada em 3 extensos volumes, evidenciando com ampla documentação os horrores efetivados sobre os escravizados, suas lutas por liberdade, os interesses econômicos da elite portuguesa e depois brasileira nesse comércio de seres humanos, e a forma como a herança da Escravidão chegou para a República do Brasil, e que nunca foi devidamente tratada após a Abolição. Por sua vez, em poucos minutos, ou mesmo alguns segundos, sem nenhuma fonte histórica sólida, sem demonstrar um conhecimento mais elaborado ou científico sobre o assunto, mas alicerçado num Imaginário Social construído desde os tempos da Colônia, e especialmente no Império e na República, um candidato então em campanha presidencial como o Sr. Jair Bolsonaro, que hipnotizou multidões nas eleições presidenciais de 2018 (e de 2022), desmente (no sentido da *Verleugnung*) a enorme pesquisa histórica efetivada não apenas por Laurentino Gomes, mas por diversos pesquisadores da História do Brasil (Lília Schwarcz, Manolo Florentino, Luiz Felipe Alencastro, entre outros), e assim desconsidera os documentos, os relatos, as estatísticas, todas as evidências cotidianas da terrível história da Escravidão no Brasil bem como o seu legado nefando dizendo que não há Racismo no Brasil, que a Escravidão era uma questão dos africanos e que ele nunca teve escravos[115] . Desta forma, consciente ou inconscientemente, efetiva-se o Desmentido da realidade (*Verleugnung*) com afirmações banais e sem base histórica, mas que sustentam o Imaginário nacional, até certo ponto organizado em torno de ideias relevantes para a imagem nacional: de que somos um *povo unido e solidário que viveria na alegria de uma democracia racial.* O mais significativo, contudo, é que ele mesmo teria sido veículo de falas que denunciariam em si mesmas o Racismo Estrutural brasileiro, especialmente em relação aos quilombolas, como no famoso discurso pronunciado no Clube Hebraica no Rio de Janeiro durante sua campanha presidencial de 2018. O que está implícito em suas falas sobre os quilombolas, no referido discurso, é o mesmo que se dizia dos indígenas e negros, desde o período colonial, quando não se submetiam ao jugo do colonizador português: são preguiçosos, indolentes, não gostam de trabalhar, deveriam ser pesados em arrobas. O então Deputado Federal e candidato foi processado e condenado em primeira instância pelas suas falas sobre os quilombolas enunciadas no Clube Hebraica, contudo, após recorrer, ele foi absolvido, pois houve o entendimento da Justiça Federal de que ele estava protegido pela imunidade parlamentar. O Ministério Público Federal o havia denunciado pela "prática de racismo e violação da dignidade indígena e quilombola". [116] Muitos brasileiros

115 O Sr. Jair Bolsonaro afirmou não haver racismo no Brasil em discurso proferido em Fortaleza-CE, no dia 28/06/2018, durante sua campanha presidencial de 2018, fazendo referência inclusive à sua vida pessoal para mostrar que não seria racista por ter amigos negros. O evento foi amplamente noticiado. É importante entender que o fato de um sujeito adotar ou não, individualmente, posturas ostensivamente racistas não contradiz a questão do Racismo Estrutural e a banalização da situação precária e da violência contra indígenas e negros no Brasil. O Desmentido (*Die Verlegnung*) das evidências claras e cotidianas de Racismo reforça a manutenção da estrutura socioeconômica, cultural e institucional racista do Brasil. Fonte para a fala do Sr. Jair Bolsonaro, Portal UOL em 29/6/2018: https://noticias.uol.com.br/politica/eleicoes/2018/noticias/agencia-estado/2018/06/29/aqui-no-brasil-nao-existe-isso-de-racismo-diz-bolsonaro-em-fortaleza.htm

116 Pode-se ler sobre a denúncia do MPF em matéria da Carta Capital de 03/10/2017: https://www.cartacapital.com.br/politica/bolsonaro-e-condenado-por-comentario-racista-contra-quilombolas-leia-a-integra/ E sobre a absolvição em matéria do portal G1 de 08/06/2019: https://g1.globo.com/jornal-nacional/noticia/2019/06/08/bolsonaro-e-inocentado-de-vez-da-acusacao-de-racismo-contra-quilombolas.ghtml

eventualmente fazem usos da linguagem com conotação racista sem terem consciência disso, e esse é justamente um dos efeitos mais reificados do Racismo Estrutural, a normalização do Racismo nos usos da linguagem e na organização social.

O ponto essencial dos processos sociais de Recalque e de Desmentido, é que uma enorme parcela da população, talvez a maioria, *não quer* reconhecer a verdade sobre o Brasil e seu povo.Aqueles que se beneficiam da estrutura socioeconômica profunda não querem enfrentar a própria culpa e as ações que poderiam fazer avançar um processo que deveria ir do reconhecimento da culpa à responsabilização e à reparação dos que foram e são violentados, por meio de ações concretas que transformem a estrutura socioeconômica profunda do país. E, por outro lado, aqueles que estão submetidos à violência e à subalternidade socioeconômica não podem aceitar a verdade, sob pena da vergonha e do remorso, de que sua situação é uma de indivíduos permanentemente oprimidos e excluídos que vivem sem dignidade numa sub-cidadania e submetidos à violência constante.[117] Há, portanto, no nível inconsciente, uma espécie de pacto social perverso que possibilita às forças conservadoras encontrarem apoio em todos os segmentos socioeconômicos da população, inclusive entre aqueles que sofrem secularmente os efeitos do Racismo Estrutural e da violência histórica do Brasil. Mostrar a verdade é transformar o sonho do "Brasil, país do futuro" e do "Brasil, país do Carnaval", devido à sua imaginária "democracia racial" e à suposição de uma "cordialidade" de seu povo, numa realidade chocante de persistente dominação, violência e assassinato, com a reprodução da estrutura colonial de dominação ao longo de séculos, mesmo após a Independência, a República e a Nova República, ainda que neste período mais recente tenha se iniciado um processo parcial de elaboração histórica e de transformação da estrutura socioeconômica do país.

No artigo *O Recalque* de 1915, Freud afirma que o conflito psíquico se intensifica quando a ideia detestável, ou seja, aquilo que o sujeito não quer acreditar, ganha força em seu psiquismo. No caso do Brasil, a ideia detestável, que contradiz a visão imaginária que constitui e supostamente unifica e une o povo brasileiro, tem três núcleos de Recalcado conforme afirmamos: às ideias relacionadas ao genocídio indígena e ao

117 É verdade que, obviamente, a necessidade compele aqueles que estão em situação precária a lutar bravamente pela sua sobrevivência, o que não os impede de refletir sobre a realidade, ainda que a força do Triplo Recalque Nacional atue transversalmente.

direito histórico das populações originárias sobre parcelas do território nacional; às ideias relacionadas à violência contra negros africanos e seus descendentes, perpetuadas até a atualidade; e aquelas que mostram como o Estado brasileiro foi capaz de recorrer à tortura e ao assassinato, de forma sistemática e organizada, como meio de manter a estrutura socioeconômica herdada do período colonial quando houve o "risco" de uma transformação socioeconômica no país, no sentido da redistribuição de terra e de renda[118]. A entrada dessas ideias na consciência nacional teria como consequência a responsabilização histórica e a necessidade de políticas de reparação. Por isso, o avanço dos trabalhos reflexivos, acadêmicos ou não, de pensadores indígenas e negros, bem como a constituição da Comissão Nacional da Verdade no governo de Dilma Rousseff, fizeram crescer a resistência contra a verdade histórica, como se o que estivesse vindo à tona não pudesse ser reconhecido como verdade. O Bolsonarismo, nesse sentido, é um movimento que trabalha pelo recalque e pela alienação, por uma Brasilidade que não quer olhar de verdade para si mesma, para a realidade sociocultural racista, desigual e violenta do país em que vive, e que como toda resistência que defende radicalmente uma posição imaginária, adquire traços paranoicos e violentos — ainda que a violência seja traço histórico da hierarquia social racial no Brasil.

Além da perda de privilégios socioeconômicos, o reconhecimento da verdade histórica nacional, em termos culturais, significaria admitir que o Brasil não é um país de origem europeia somente, mas verdadeiramente um país predominantemente negro e indígena, com

118 Não é possível saber até onde iriam as Reformas propostas pelo Presidente João Goulart em 1964, na medida em que ele foi deposto pelas armas. Sabemos, contudo, que após 1988, iniciou-se um processo de refundação do país, buscando estabelecer-se uma democracia mais ampla, com uma série de dispositivos de defesa dos direitos humanos e garantias fundamentais, direitos sociais, direitos das comunidades originárias indígenas, uso social da terra, etc. Esse processo foi interrompido pelo Golpe Palaciano-Parlamentar de 2016, que obteve apoio da população, especialmente das classes médias urbanas e proprietários rurais, pelos efeitos do discurso de corrupção do sistema político, especialmente associadas ao ex-Presidente Lula, um dos grandes líderes pela transformação da estrutura socioeconômica do Brasil a partir da redemocratização do país. Os três núcleos do Recalcado começaram a ser não apenas desvelados, mas transformados na prática a partir da refundação do país em 1988; mas, especialmente a atuação da Comissão Nacional da Verdade, vinha tendo especial repercussão nos grupos conservadores e principalmente entre os militares e defensores ardorosos da Ditadura Militar-Civil de 1964-1988. É impressionante que 34 anos após o final da Ditadura Militar, o Brasil ainda viva sob o Recalque da tortura e dos horrores perpetrados neste período, e que nossas forças militares ainda defendam o estado de exceção e violência implementado pelas armas, com apoio da elite política e econômica do país. Sublinhamos, contudo, que nenhuma lei pode garantir o efeito do Recalque — leis não apagam fatos. Anistias não apagam as dores, tampouco as culpas.

uma série de influências culturais que nos conectam profundamente com a África e com os povos originários americanos tanto como com a península Ibérica, a Itália e outros países europeus. Em outras palavras, não somos um país de brancos europeus cristãos, essa identidade não se aplica à nossa realidade e não se pode conduzir a organização social do país com base nela, tampouco a construção da Memória Nacional e do nosso Imaginário Nacional. É esse preço que a verdade histórico-social impõe aos brasileiros/as/xs e sobre a qual incidiu por séculos o Triplo Recalque Nacional, constituindo um Inconsciente Social Brasileiro, que vem sendo transmitido como herança coletiva de geração a geração, e que quando questionado pelos índices, visíveis diariamente na realidade da maior parte da população brasileira, sofre o efeito de sucessivos Desmentidos. O discurso Bolsonarista é o mais recente e impactante Desmentido (*Verleugnung*) da verdade histórica nacional, atuando em prol da manutenção da estrutura socioeconômica extremamente desigual, de uma Cultura pretensiosamente europeia e cristã, constituída à força ao longo da Colonização, baseada na lógica exploratória predatória, bem como pela imagem nacional de um país do futuro, com um povo plural que viveria em paz e harmonia numa democracia racial — sendo esta a grande "lembrança encobridora" que oblitera o reconhecimento da realidade completamente outra, marcada pelo Racismo Estrutural, pelo genocídio de indígenas e negros e pela violência de Estado (e também paraestatal) contra as vozes que ousam lutar por um país mais justo ou simplesmente existir conforme seu Ser.

3.1.2 — O Desmentido: Evolução do Conceito e Desdobramentos

O mecanismo do Desmentido (*Verleugnung*), do qual também nos apropriamos nesta reflexão, surge de forma mais acabada em um momento bem avançado na obra de Freud, tendo como marco principal os textos de 1927 sobre o Fetichismo e o texto-testamento de 1939, escrito em várias etapas e momentos, sobre a formação do povo Judeu. Henry-Flaud (1997), porém, resgatando de forma precisa a construção desse conceito na obra freudiana, mostra que desde 1905 Freud vinha trabalhando com esta outra modalidade de defesa psíquica, a qual incide não sobre uma ideia intolerável que habita o sujeito, mas sobre uma percepção insuportável no mundo externo, algo que o sujeito percebe, mas se nega a acreditar. O Desmentido tem forte relação com a ideia de crença, pois vai se relacionar ao campo do dogma e do fanatismo como formas de alienação da realidade — contra um dogma não existe fato que o contrarie, pois ele existe acima da realidade perceptível. Por isso, a profunda relação do mecanismo do Desmentido com a questão religiosa, especialmente no campo do fanatismo dogmático, que é diferente do campo da fé[119].

Henry-Flaud resgata, no corpus freudiano, a formação do conceito de Fetiche/Fetichismo desde as primeiras aparições do tema nos *Três Ensaios* de 1905. Sublinha que no texto de 1905 Freud:

> apenas parece preocupar-se com a origem do fetiche, sem suspeitar da significação que reconhecerá para o fetiche na teoria psicanalítica mais adiante; contudo, ao assinalar as operações que presidem a escolha do 'objeto', ao sublinhar seu papel de símbolo substitutivo dos órgãos genitais e isolar a 'condição fetichista', Freud postula de saída alguns princípios essenciais à sua busca posterior (Flaud, 1997, p.22-23, tradução livre da versão em espanhol).

Em comunicação realizada em 1909 — seguimos o percurso de Flaud — Freud modifica a teorização que vinha construindo: ao invés do fetiche ser derivado do prazer coprofílico, e assim um substituto do objeto anal, Freud sustenta então o fetiche como um derivado do "objeto direto" da pulsão, de modo que decorreria do prazer de sentir o cheiro dos pés. O pé, portanto, deixava de ser nesta hipótese de 1909 um substituto do objeto anal, e passava a ser um objeto direto de gozo, fora do campo do Recalque. Neste ponto, Freud postula como solução teórica para o fetichismo o *recalque parcial* como uma forma de conciliação, uma solução intermediária entre a conservação da satisfação infantil perversa (gozar direto do odor dos pés) e o recalcamento neurótico do desejo intolerável. Podemos, assim, distinguir neste momento do pensamento freudiano três níveis de relação com o desejo: um Recalque total; um Recalque parcial que culmina no fetichismo com a idealização do objeto (transformação dos pés com seu odor natural em pés fetichizados limpos, bonitos, adornados) e a solução perversa que mantém a satisfação original direta (pés sujos, com odor fétido).

119 Em artigo intitulado "Da Crença no Mito à Fé no Buscar: reflexões" (2013) esbocei uma diferença entre a Crença, constituída no campo do Imaginário; e a Fé, forjada no campo do Simbólico. Podemos acrescentar que o Desmentido é um importante mecanismo para a sustentação da Crença, como modo fanático de encarar a realidade, bem diferente da Fé, que se sustenta como uma busca, sustentando-se em apostas simbólicas e não em dogmas inquestionáveis.

Com isso, o perverso — aquele que goza diretamente do objeto em estado *natural* — desejaria beijar e cheirar pés sujos; já o fetichista, ao transformar o objeto, ansiaria por beijar pés lindos, embelezados, cheirosos, *sofisticados* — enfim, fetichizados. Um recalque parcial (que deixa passar algo do desejo perverso) é o modo que Freud encontra para teorizar essa passagem do gozo direto do objeto para o gozo do objeto fetichizado. A elaboração teórica freudiana avançará com modificações até a forma final em 1927, mas Flaud (1997) aponta que, neste conjunto inicial das teorizações sobre o fetichismo, é possível identificar dois alicerces: a tese de que o fetiche é um substituto do objeto anal, a qual vai perder espaço adiante; e a tese da repressão parcial que irá se transformar, caminhando justamente para a conceituação do Desmentido (*Die Verleugunung*) e da cisão do Eu (*Ich-Spaltung*). Em carta a Abraham nesta época, Freud afirma: "o fetiche se constitui da seguinte maneira: resulta de uma forma específica de recalque, que se poderia qualificar como parcial; uma parte do complexo é reprimida, e a outra parte, em compensação, é idealizada" (p. 38, citado por Flaud). Freud percebe tratar-se de um modo de negação diferente, mas ainda não formula o Desmentido (*Verleugnung*) neste ponto de sua teorização, o que aconteceria alguns anos depois. Neste momento, aproxima o objeto-fetiche de um objeto idealizado como forma de manter algo do objeto perverso.

Flaud recorre a uma memória de Descartes — o filósofo identificou em sua vida uma tendência a amar mulheres vesgas —, para avançar na discussão sobre o fetichismo. Segundo ele, Descartes conta que após ter se lembrado que, na sua infância, amou uma garota vesga, deixou de ser capturado amorosamente, na vida adulta, por esta característica física numa mulher. Antes da rememoração e da elaboração psíquica de Descartes, o fato de a mulher ser vesga colocava-se acima dos demais atributos na escolha amorosa do filósofo, aparecendo para ele como causa principal do seu desejo sexual-amoroso. O reconhecimento desse fato, a recordação clara de seu amor da infância, fez com que Descartes refletisse sobre a questão e deixasse de amar automaticamente as mulheres vesgas (cf Flaud, 1997, p. 52-53). Diante disso, qual seria o papel da reminiscência no fetichismo? E no amor, indaga Flaud? "No amor por reminiscência, a paixão amorosa acontece quando o sujeito se depara com uma mulher que apresenta o traço de seu primeiro objeto" (Flaud, 1997, p. 55, tradução livre).

Nesse sentido, a estrutura do desejo neurótico teria como base um traço significante *escolhido* em um dos outros primordiais de nossas vidas, traço que passa a ser o suporte significante do desejo. Os artistas, com seu talento, seriam capazes de fazer com que o traço de seu objeto singular de amor se tornasse *universal* pela beleza de sua arte, de sua invenção criativa, erguendo uma obra para representar esse objeto inaugurador do seu desejar. O amante comum falharia em explicar aos outros o que o encanta no seu objeto de amor, diferentemente do artista que conseguiria, pela sublimação, dar forma única e bela a esse traço enigmático do desejo, ainda que possivelmente sem saber explicá-lo racionalmente também. Tal traço do objeto do desejo não chegaria à consciência dos sujeitos, permanecendo ao menos em parte inconsciente e desconhecido. Quando apaixonado, o sujeito conseguiria compartilhar, com os outros de seu grupo social, algo desse traço que causa o seu desejo amoroso, porém, sem conseguir defini-lo claramente — ela ou ele tem um "Q", um "borogodó", um "jeito único", algo que causa o desejo amoroso, mas que não se consegue definir com precisão. O artista, por sua vez, conseguiria efetivamente criar uma imagem singular e bela desse traço ou característica do outro que desperta o seu amor, o seu desejo, por meio da obra de arte. O fetiche, diferentemente, não teria relação com traços significantes inconscientes associados aos primeiros objetos de amor: o fetiche seria derivado de um gozo perverso relacionado às pulsões parciais, e à transformação desse gozo perverso em algo muito específico. A discussão freudiana, portanto, caminhava no sentido de diferenciar o objeto causa de desejo amoroso do objeto fetiche, estando o primeiro ligado aos traços dos primeiros objetos de amor e ao Recalque; e o segundo relacionado ao que escaparia ao processo de Recalque dos objetos primários da pulsão.

Flaud (1997, p.59) sublinha como a *característica* da mulher desejada por Descartes se constituiu a partir do primeiro objeto de enamoramento. Tal fato atesta um selo de origem e uma necessidade de reencontrar a característica que condensaria na pessoa a qualidade para ser amada. Ser vesga era causa de amor, de modo inconsciente, para Descartes, até que ele conseguiu reconhecer isso, e então se libertou da necessidade de a mulher ser vesga como condição para amar. No caso do fetichista, essa reflexão não ocorre, uma vez que ele não sente necessidade de questionar ou compreender o fato que se configura como causa de seu desejo sexual. Seja qual for o fetiche, ele não é objeto de questionamento ou dúvida pelo sujeito, mas apresenta-se como chave direta para o gozo. O status do fetiche não é de *causa segunda ou terceira* numa cadeia de deslocamentos, mas de *causa primeira*, acerca da qual não cabe interrogação pelo sujeito. Por isso, diz Flaud, é preciso entender do que Freud fala quando afirma que há uma idealização no objeto-fetiche — tal objeto seria elevado à condição de *Das Ding* como objeto direto do desejo, o objeto perdido e único do desejo. Decorreria disso a fixidez do objeto-fetiche, na medida em que não existe enigma ou dúvida para o perverso, como também não existe para um fanático em relação às suas crenças e ídolos. A monotonia é uma característica importante tanto do fetichismo como do dogmatismo, de modo que o pensamento e a mudança ficam bloqueados. Nesse sentido, o campo do fetichismo é um campo sem espaço para a diferença e para o debate, o que ficará mais evidente com a teorização freudiana do Desmentido (*Verleugnung*).

Dessa forma, mesmo que o mecanismo psíquico do Desmentido ainda não esteja elaborado por Freud neste momento, já fica clara a rigidez desta modalidade de relação com o outro, na qual não apenas não cabe questionamento, mas o sujeito não vê ou sente necessidade de questionar, de refletir, de compreender o seu desejo ou a sua crença. Em termos de pensamento, isso gera uma limitação, pois se a elaboração do objeto fetiche pode ser requintada e eventualmente bela, por outro lado, a monotonia e a indiferença estão instaladas uma vez que o fetiche se constitui. De todo modo, Freud situa o fetichista entre a compulsão à repetição neurótica (campo do significante e do Inconsciente recalcado) e o impulso perverso ao objeto arcaico anal (*a céu aberto*, sem mediação simbólica). O objeto fetiche seria uma montagem empreendida pelo sujeito, pois envolveria uma maquiagem do objeto direto da pulsão, estabelecendo um modo fixo e repetitivo para a satisfação pulsional. A perversão, por sua vez, se caracterizaria pela relação direta com o objeto arcaico, sem mediações, tratando-se aí dos objetos em sua *pureza bruta*: os excrementos, a urina, o sangue, o chulé. Essa distinção entre o modo de gozo perverso e o modo fetichista nem sempre é evidente nas releituras da obra de Freud, especialmente quando se toma o Fetichismo como sinônimo da Perversão e o Desmentido (*Verleugnung*) como mecanismo estruturante de uma subjetividade dita perversa.

Freud (1930), numa nota de rodapé de *O Mal-Estar na Cultura*, reflete sobre a passagem, na *evolução* da espécie humana, para a posição vertical, de animal quadrúpede para bípede. Tal mudança de postura teria alterado completamente a relação do ser humano com o sexo e a sexualidade, pois o olfato teria perdido, com essa mudança de postura, a sua qualidade de sentido definidor da condição propícia para o coito — a compreensão freudiana é que inicialmente seria o cheiro exalado pela fêmea que definiria diretamente a atuação sexual do macho, sinalizando para ele a disponibilidade da fêmea para a relação sexual, de forma instintiva. Freud compreendia os instintos, diferentemente das pulsões, como impulsos biologicamente definidos e caracterizados por rituais fixos e bem caracterizados. Quando os hominídeos passaram a ficar de pé, teria ocorrido um distanciamento do nariz em relação aos órgãos sexuais do outro indivíduo, de modo que o olfato teria perdido sua função primordial na preparação para a atividade sexual. O desejo sexual passaria então a ser mediado principalmente pelo olhar e pela voz, abrindo o campo do mal-entendido no desejo e na relação sexual. Esta teria perdido neste ponto da evolução, para os seres humanos, a característica de um impulso ou de um ato determinado exclusivamente pelo elemento biológico, pelo instinto, passando a depender cada vez mais de uma mediação intersubjetiva. No campo da comunicação, do olhar,da voz e dos gestos, da linguagem simbólica e das interpretações, estaria presente a possibilidade da dúvida e de uma série de condicionantes culturais para a realização do ato sexual, incluindo o interdito ao incesto e as regras de casamento, fundamentais para a formação da Cultura, como elaborado por Freud em *Totem e Tabu.*

No campo das neuroses identificadas por Freud, o neurótico obsessivo é o sujeito invadido pela dúvida porque não tem certeza sobre seu desejo, tampouco sobre o do outro, e teme perder o mais essencial de seu prazer ao fazer uma escolha, sendo então colonizado pelo pensar ruminante. O fetichista diferentemente não tem dúvida sobre o seu desejo: ele *sabe* quando encontra o objeto fetiche ou as condições para sua montagem. O fetiche representa para ele o objeto inequívoco de seu desejo e a possibilidade de gozar sem perdas — como veremos adiante na progressão da teorização freudiana. Com o avanço da teoria, o fetiche passaria a ter como principal objetivo o Desmentido (*Verleugnung*) da Castração feminina na percepção da realidade pelo menino, essa é a síntese freudiana em 1927. O fetichista *encontra*, assim, uma ardilosa forma de desconsiderar os aspectos da realidade que lhe são insuportáveis e inassimiláveis, e o fetiche o protege da angústia de castração e eventualmente da psicose pela completa forclusão da realidade. Deste modo, a posição do fetichista se caracteriza, para Freud, como uma solução astuta para o enfrentamento da realidade, uma vez que ele consegue estar no campo da representação (inserido na Cultura), mas sem se submeter completamente às suas regras: o fetiche seria o seu ponto de escape dos limites e dúvidas impostos pela Castração e pela necessidade de mediar simbolicamente o enigma do desejo, da diferença sexual e da morte — realidades de difícil relação para o ser humano, porém insuportáveis para o fetichista. A solução fetichista possibilitaria ao sujeito estar inserido na Cultura, mas simultaneamente encontrar um espaço de desconsideração das regras, sem que se sinta transgressor, ainda que racionalmente ele saiba que está jogando "fora das quatro linhas". *Ele sabe disso, mas mesmo assim...*

Os principais textos de Freud sobre o Desmentido (*Verleugnung*) — o processo de defesa psíquica que ele identificou nos estudos de casos de fetichismo, mas que não restringiu sua utilização psíquica aos fetichistas — são *Fetichismo* (1927) e *A Divisão do Eu no Processo de Defesa* (1938). Já em *O Homem Moisés e o Monoteísmo* (1939), Freud vai utilizar, como já apresentamos, o conceito de Desmentido como estruturador de uma Religião, o Judaísmo, eixo central para formação do povo judeu. Nesse sentido, repetimos que associar o Desmentido à existência de uma estrutura subjetiva perversa é uma construção não-freudiana, que parece pertencer a leituras excessivamente estruturalistas da obra de Jacques Lacan. De todo modo, essa associação unívoca entre o mecanismo de defesa denominado por Freud de *Verleugnung* e a Perversão está descartada por nós no presente trabalho, de modo que entendemos estar sendo fiéis à leitura predominante da obra freudiana, e aquela que efetivamente nos parece mais nítida em seus textos. O Desmentido (*Verleugnung*) pode acontecer fora do campo do fetichismo, sendo a cisão do Eu um fenômeno encontrado em diversos indivíduos, predominantemente neuróticos, e que pode também ser utilizado para refletir sobre a formação de um povo, como fez Freud (1939).

Em 1927, Freud consolida, portanto, sua teorização sobre o mecanismo defensivo do Desmentido em torno da noção de Castração. Seu exemplo princeps é a rejeição e conservação pelo menino, de modo simultâneo, da percepção da Castração no corpo feminino, especialmente em sua poderosa e adorada mãe. É como se o menino, tendo seu amor-próprio muito relacionado ao seu pênis, não compreendesse como a sua mãe, tão amada e especial, não teria um pênis. Aceitar essa visão da realidade, a diferença sexual, o próprio risco imaginado de vir a ser castrado, exige do menino um enorme trabalho psíquico, especialmente em culturas falocêntricas e patriarcais. É muito interessante que Freud, pensando o homem adulto, afirme que a percepção da castração significaria para este a ameaça ao "Trono e o Altar", ou seja, à própria ordem dos poderes mundanos e espirituais que organizavam o mundo moderno. Deste modo, podemos afirmar que nas culturas patriarcais, organizadas ao redor da potência fálica, a presença de diferenças que apontem as limitações dessa potência (a fantasia da Castração e seus derivados), especialmente a feminilidade e seus enigmas, a homoafetividade e as demais possibilidades existenciais, signifiquem para o *macho patriarcal* uma ameaça não apenas ao seu poder imediato, mas o próprio desmoronamento de sua ordem cultural, gerando afetos do campo da angústia:

> O que sucedeu, portanto, foi que o menino se recusou a tomar conhecimento do fato de ter percebido que a mulher não tem pênis. Não, isso não podia ser verdade, pois, se uma mulher tinha sido castrada, então sua própria posse de um pênis estava em perigo, e contra isso ergueu-se em revolta a parte de seu narcisismo que a Natureza, como precaução, vinculou a esse órgão específico. Na vida posterior, um homem adulto talvez fosse experimentar um pânico semelhante, quando se eleva o clamor de que o *Trono e o Altar* correm perigo e consequências ilógicas decorrerão disso. (Freud, 1974 [1927], p. 180, grifos nossos)

Interessante que Freud afirme que para manter seu narcisismo e seu reino intactos, o indivíduo do sexo masculino será capaz de "consequências ilógicas". Ora, o mecanismo do Desmentido será, então, uma defesa psíquica que não provocará a loucura, pois não se trata de uma recusa completa da realidade, mas que terá em seu cerne uma *ação psíquica ilógica e específica*. Esta ação será o Desmentido (*Die Verlegnung*) da percepção insuportável do outro sexo, percepção que resulta na ameaça de castração e no desconhecimento do outro (ou mais corretamente da outra). O fetiche será erguido justamente como substituto do pênis não percebido no local em que se esperava encontrá-lo, desmentindo essa ausência, esse buraco na ordem estruturada ao redor do falo. O Desmentido da realidade é, portanto, uma solução de compromisso entre reconhecer e, simultaneamente, não reconhecer a diferença sexual, que no universo falocêntrico do menino (e de Freud) adquire o significado de perda, de castração:

> Não é verdade que, depois que a criança fez sua observação [do corpo] da mulher, tenha conservado inalterada sua crença de que as mulheres possuem um falo. Reteve essa crença, mas também a abandonou. No conflito entre o peso da percepção desagradável e a força de seu contradesejo, chegou-se a um compromisso, tal como só é possível sob o domínio das leis inconscientes do pensamento — os processos primários. (Ibidem, p. 181).

Deste modo, diante da percepção insuportável, ameaçadora à integridade do menino, ele desvia seu olhar. Uma metade de si reconhece a diferença e o medo da castração, ou seja, aceita a realidade e terá que lidar com as consequências desse fato. Contudo, uma outra metade do Eu não reconhece a castração, e rapidamente encontra um substituto do pênis não percebido numa parte do corpo ou em alguma indumentária da mulher, que passa a ter, como que por feitiço, o valor de falo e se torna a chave para o desejo sexual do fetichista, a garantia da não-diferença sexual e do apaziguamento da angústia. O preço pago pelo sujeito nesse processo defensivo é a profunda divisão do seu Eu, que Freud no artigo de 1938 vai nomear *Die Ichspaltung*. Temos então um duplo registro de memória, numa metade do sujeito existe o registro da diferença sexual, e numa outra metade a constituição do fetiche preserva o sujeito de ter que lidar com essa diferença: a mulher mantém-se fálica e não é *rebaixada* pelo menino (que atribui ao seu pênis esse valor de potência) quando apresenta o traço ou as condições que caracterizam o fetiche porque com esta posse ela adquiriu o significado fálico. Nesses casos, o fetichista se aproxima da mulher que apresenta o fetiche sem dúvidas ou receios, como se ela tivesse o falo (e desprezando todas as outras), e por isso Freud escreve que:

> Podemos perceber agora aquilo que o fetiche consegue e aquilo que o mantém. Permanece um indício de triunfo sobre a ameaça de castração e uma proteção contra ela. Também evita o fetichista de se tornar homossexual, dotando as mulheres de característica que as torna toleráveis como objetos sexuais. (Freud, 1927, p. 181)

Se no texto de 1927, o Desmentido (*Verleugnung*) é concebido a partir do estudo do Fetichismo, em 1938 Freud vai iniciar seu texto indagando se está diante de algo "há muito tempo conhecido ou como algo inteiramente novo e enigmático" (1975 [1938], p. 309). O mecanismo da cisão defensiva do Eu seria um caminho diferente do modo operativo tanto do Recalque do representante pulsional ameaçador (o desejo inconsciente proibido) como da Recusa radical da realidade (*Die Verwerfung*) em nome do desejo inconsciente, o que culminaria numa perda ampla da conexão com a realidade social e a formação de uma psicose. No exemplo típico freudiano para o Desmentido, o menino sustenta psiquicamente o reconhecimento da realidade e seus limites (a castração, a diferença sexual, os limites de seu conhecimento quando diante do outro/a/x), bem como a possibilidade, contraditória, de manter sua satisfação pulsional proibida e preservar seu narcisismo centrado no falo, protegendo-se na angústia de castração. O preço a ser pago por essa *mágica* nos diz Freud é a produção de "uma fenda no eu, a qual nunca se cura, mas aumenta à medida que o tempo passa" (Ibidem, p. 309). O Desmentido, portanto, vai cobrando com o passar do tempo um preço cada vez mais alto para o sujeito, pois este vai tendo que sustentar duas realidades completamente distintas, uma na qual reconhece os limites, a Lei e a diferença sexual, e outra, especial e geralmente secreta, na qual ele tem uma forma de manter sua satisfação pulsional sem limites, pois não tem medo da castração, uma vez que esta é desmentida pela crença fetichista. De todo modo, as crises de angústia mencionadas por Freud, bem como o encontro com os limites do conhecimento humano acerca da vida, o envelhecimento e a consciência da própria morte vão apontando a vitória da Castração (Realidade) sobre o Desmentido da realidade.

Safatle (2010) recorre à teorização psicanalítica sobre o Fetichismo para discutir a colonização do outro — e podemos indagar como isso se relaciona com a colonização de um espaço territorial e seus habitantes originários por outros indivíduos, os colonizadores, os que chegam, invadem, destroem e tomam para si o espaço, suas riquezas e também seus habitantes, geralmente reduzidos à escravidão, à assimilação pela submissão, ao desterro ou assassinados. Especialmente no modelo de expansão mercantilista colonial que surge no século XVI, com a transformação do tráfico escravocrata em comércio internacional altamente rentável e base da plantation colonial. O filósofo aponta de saída que

Freud e Marx inserem o fetiche como um operador importante para a compreensão da Modernidade. Ao identificarem o fetiche, que anteriormente caracterizava uma forma primitiva e mágica de relação humana com a natureza, com as relações de consumo e/ou com a sexualidade, Marx e Freud inserem essa noção na Modernidade, no seio da sociedade esclarecida pela Razão e pela Ciência construindo conceitos específicos a partir da ideia de fetiche (Safatle, 2010, p. 26 e 27). Deste modo, o fetiche que estava anteriormente relacionado ao "culto de objetos inanimados" e à "divinização de animais e de fenômenos irregulares da natureza" é inserido no campo da racionalidade e compreendido em outros termos, apontando modos de alienação específicos das sociedades modernas, seja na relação com o desejo sexual e principalmente com a diferença sexual, seja na relação com os objetos de consumo e a perspectiva de uma completude que cada nova mercadoria promete. Fetiche sexual e objeto de consumo teriam o efeito mágico de proporcionar uma integridade impossível entre o Eu e o Outro/Outra/Outrx.

Safatle sublinha que o fetichismo, na obra freudiana, passou de algo relacionado a um modo específico de relação com o objeto sexual para, com o avanço dos achados clínicos e sucessivas teorizações, compor um mecanismo de defesa psíquico de uso mais amplo, o Desmentido (*Verleugnung*). Nesse sentido, em obras tardias, Freud (1938;1939) utiliza-se e refere-se ao Desmentido como algo que talvez fosse corriqueiro entre as pessoas, descaracterizando o recurso a essa Defesa como um processo exclusivo do fetichismo, e chega a propor que a *Verleugnung* estava na base da "Herança Arcaica" transmitida ao longo de gerações, por séculos, no seu estudo sobre o povo judeu. Deste modo, o Desmentido, que sem dúvida é inicialmente teorizado por Freud para compreender o fenômeno sexual do fetichismo, torna-se um dos modos principais de estruturação do sujeito face a seu desejo, e da própria Cultura, conforme a Psicanálise. Sustentamos que o Recalque e o Desmentido podem conviver num mesmo sujeito, e também numa mesma Cultura ou grupo, ainda que se possa evidenciar, especialmente no indivíduo, um modo predominante de relação psíquica com a diferença sexual e com a morte, como índices máximos da Castração na teoria psicanalítica.

Como Henri-Flaud (1997), Safatle (2010) também reconstrói o percurso freudiano na teorização sobre o Fetichismo. Relendo os *Três Ensaios,* ele aponta uma nota de rodapé na qual Freud indica que a construção do fetiche é posterior a uma fase da sexualidade que fica submersa. Tal remarca é importante porque na nossa construção sobre o Triplo Recalque Nacional, sustentamos que existem os Recalques fundantes do Inconsciente Social Brasileiro, e os Desmentidos que os sucedem para manter os traumas fundantes velados, recobrindo as evidências atuais e efeitos que remetem às memórias traumáticas, violentas, geradoras de culpa e dor, bem como suas repetições. Nesse sentido, existe o tempo inaugural no qual acontecem os Recalques e suas sucessivas repetições e transmissão intergeracional; e os momentos posteriores de Desmentido, os quais são efetivados justamente quando novas violências, ao existirem na realidade, fazem reviver os traumas, ou, por outro caminho, ações políticas e sociais num tempo presente buscam trazer o recalcado à consciência, e apontar a verdade histórica para propor caminhos de elaboração e transformação social.

O Desmentido (*Die Verlegnung*), nesse sentido, é um tempo complementar da alienação que mantém os brasileiros/as/xs, ao menos em parte, presos a uma crença imaginária acerca de si mesmos, bloqueando a reflexão e o acesso às memórias mais dolorosas e seus efeitos — o Desmentido reforça, portanto, a resistência contra as verdades históricas e contra a transformação socioeconômica do país. Na medida em que o Desmentido reforça o Recalque, por meio de um recobrimento da realidade insuportável, que denunciaria o apagamento da memória histórica, isso gera ou acentua a divisão profunda na sociedade entre aqueles que preferem viver na ilusão imaginária, presos ao seu ideal nacional do Brasil imaculado e garantindo privilégios reais ou imaginários; e aqueles outros que cônscios da realidade ou menos alienados na dimensão imaginária (no caso do Brasil, cônscios dos efeitos do Triplo Recalque Nacional, ou seja, das negações do genocídio indígena, do genocídio do negro e da tortura como instrumento de Estado e dos efeitos atuais desses traumas) buscam uma transformação da sociedade, na direção de um reconhecimento, na sociedade brasileira. dos efeitos do Genocídio Indígena, do Genocídio dos Negros e da Tortura daqueles indivíduos que lutaram contra as forças conservadoras da estrutura social colonial-escravocrata. Sobre as relações entre o Fetiche e as lembranças encobridoras, Safatle afirma que:

> o fetiche marca o véu do esquecimento por ser uma 'lembrança encobridora' (*Deckerinnerung*), ou seja, uma recordação que desloca o verdadeiro núcleo do acontecimento, que nos fixa em algo que apenas encobre um acontecimento que deve ser revelado" (2010, p. 49).

Deste modo, o fetiche é também uma forma de encobrimento do "verdadeiro núcleo do acontecimento"; porém, constitui-se como um modo de defesa psíquico bastante distinto do Recalque. Por isso, preferimos nos referir, seguindo a proposta de Tatiana Inglez-Mazzarella (2021), ao invés de às lembranças encobridoras, forjadas para recobrir a lacuna deixada na memória pela ação do Recalque (*Verdrängung*), ao efeito do Desmentido (*Verleugnung*) como sendo a produção de "histórias recobridoras", as quais incidem sobre os aspectos da realidade que evocam ou denunciam o que está recalcado e furam as defesas imaginárias dos sujeitos. Nesse sentido, quando vemos a continuação no tempo presente do genocídio indígena (ou pelo menos de uma violência continuada contra os povos indígenas), da violência estrutural contra os negros e o uso da tortura por agentes do Estado, em momentos que o Recalque não opera mais de forma plena, e que a verdade está aparecendo nitidamente na sociedade, surgem as "histórias recobridoras" que desmentem essa realidade que emerge cristalina. Os exemplos surgem no discurso de representantes do conservadorismo brasileiro, mais recentemente aglutinado pelo Bolsonarismo, caracterizando a efetivação do Desmentido (*Verleugnung*) da existência da violência estrutural contra os indígenas e da existência do Racismo Estrutural no país, bem como com o persistente elogio da Ditadura Militar-Civil de 1964-1988 e especificamente de um dos seus agentes reconhecido publicamente como torturador.

Os discursos que são erguidos de modo a tamponar ou distorcer a realidade possuem alguma âncora nos acontecimentos e por isso geram muita confusão e alcançam ampla capacidade de convencimento. Esta conexão parcial com a realidade se torna o núcleo de uma construção farsante, bem ao estilo das chamadas *fake news*. A principal características das "histórias recobridoras" é seu caráter de *farsa convincente*, pois como no delírio paranoico, elas possuem esses pontos de contato com a realidade, capturando muitos indivíduos que encontram, no lugar proporcionado por esse recobrimento das percepções ou memórias inaceitáveis, um equilíbrio pulsional e uma satisfação narcísica, visto que a maioria não obtém benefícios socioeconômicos diretos da participação na farsa político-ideológica — o benefício é muito mais psicológico em termos da manutenção da identidade e de uma integridade narcísica, o que acontece também por meio da participação em um movimento político-social, como membro de um grupo que partilha as mesmas crenças e ideais de forma dogmática, do que um benefício prático na escala dos privilégios ou dos ganhos econômicos.

É importante, todavia, sublinharmos que as pulsões de vida — o *Eros* freudiano —, em sua poliformia e pluralidade, podem escapulir aos controles e modelagens culturais, produzindo vida e verdade nas margens do sistema, mesmo quando o Recalque (*Verdrängung*) e o Desmentido (*Verleugnung*) seguem operando. Nesse sentido, superar o Recalque é se abrir a expressão plural de uma sociedade complexa, em seus diversos movimentos de vida, que possibilitam a criação de modos coletivos e individuais de expressão não apenas das dores, mas das belezas suprimidas. Os discursos conservadores, com sua necessidade de manter um imaginário nacional restrito e controlado, baseado na herança do patriarcado autoritário e escravagista, e que define ou tenta definir como devem ser os brasileiros/as/xs, esbarra na *vida plural* que emerge potente apesar das contenções, que muitas vezes se fazem sentir pela atuação institucional violenta, a qual é não apenas racista e violenta, mas fálica e machista, na medida em que o Triplo Recalque Nacional decorre e é sustentado por toda uma estrutura Patriarcal, que estruturou o modelo colonialista, com suas relações de poder e hierarquias sociais.

A pluralidade pulsional, expressa nas variantes culturais que compõem os modos brasileiros de existência, abrangendo desde os modos de prazer sexual às formas de representação da vida e da morte no folclore, na religiosidade e na arte, especialmente pelos modos de expressão de indígenas e negros, não é contida pelos muros dos discursos conservadores. Tais discursos intentam restringir e direcionar as pulsões, em todos os níveis e dimensões, sempre cabendo àqueles que conduzem o discurso conservador se apresentarem como paladinos da moral, dos bons costumes, do bem e da ordem, sempre severos e incorruptíveis em seus discursos e falando em nome de Deus, atribuindo uma série de adjetivos, com conotação ideológica pejorativa, aos outros/as/xs como por exemplo a pecha de *comunista* a todos que não apoiam o Bolsonarismo ou a Ditadura Militar-Civil, ou de *turma dos direitos humanos* para aqueles que problematizam a violência policial e carcerária, e propõem soluções sociais complexas para a questão da criminalidade, entre outros modos de não apenas desqualificar os discursos que evidenciam a complexidade social do Brasil, mas principalmente as mazelas herdadas do período colonial e mantidas até o presente sob os efeitos do Triplo Recalque Nacional.

A própria ideia de Progresso, que é "branca" e "eurocêntrica", subordina outros modos de vida, que ao escapulirem do controle simbólico, ao evidenciarem a ação do Recalque pelo retorno de conteúdos excluídos, precisam ser novamente atacadas e silenciadas — daí o constante ataque aos indígenas e sua forma de organização sociopolítica e principalmente seu modo de relação com a Natureza. Esses ataques visam não apenas destruí-los, mas principalmente eliminar essas outras formas de relação com a Terra e de organização socioeconômica e cultural. Os sucessivos ataques às religiões de matriz africana evidenciam também essa não aceitação do que foge ao modelo dominante eurocêntrico cristão. Negros e indígenas são *bem-vindos* desde que se aculturem e aceitem um lugar subalterno na sociedade, ocupando lugares pré-determinados de sub-cidadania. Essa é a mensagem transmitida pelo conservadorismo, e é a mesma do Colonizador português, do brasileiro imperial e mesmo do brasileiro republicano, ainda que na segunda metade do século XX, e especialmente com a promulgação da Constituição Federal de 1988, uma outra proposta de nação tenha surgido de forma mais clara e formal. Tal proposta de nação aponta para uma maior inclusão social da diversidade brasileira e propõe um estado de bem-estar universal a todxs, renovando também a imagem do brasileiro/a/x. Esse modelo de sociedade nacional enfrenta resistências ferozes desde o seu lançamento, o que se evidencia pelo constante ataque ao SUS, à educação pública, às grandes empresas estatais, aos programas de transferência de renda, aos programas de cotas nas Universidades e nos concursos públicos, à sexualidade feminina e outras formas de sexualidade, entre outros modos de conter e reprimir a diversidade as diferentes formas de expressão da brasilidade. A voracidade dos representantes do Mercado, ávidos pelo lucro bilionário envolvido em processos de privatização, constituiu toda uma propaganda contrária ao Estado de Bem-Estar Social, e a corrupção é o centro desse discurso, erguido por indivíduos ricos que nunca utilizaram o SUS (a não ser eventualmente em tratamentos específicos e muito caros que os planos de saúde privados não cobrem), e tampouco necessitam da escola pública para seus filhos, ainda que geralmente prefiram que eles estudam nas prestigiosas Universidades Federais e Estaduais. Lembremos ainda o ataque a manifestações culturais como a capoeira, as festas pagãs como o Carnaval, o maracatu, os rituais das religiões de matriz africana e indígena, entre outras muitas manifestações culturais de origem não-europeia ou altamente sincretizadas, o que também evidencia a força do Recalque em defesa de um ideal branco-eurocêntrico-patriarcal-burguês de nação e de povo brasileiros.

É importante o resgate que Safatle (2010) empreende do monismo fálico presente na lógica freudiana do Fetichismo. Desde 1907, Freud generalizou a hipótese infantil da universalidade do pênis, ou seja, ele parte do princípio geral de que todas as crianças teriam essa fantasia. O pênis seria a parte do corpo que unificaria as pulsões parciais em seu entorno, adquirindo centralidade narcísica e forjando uma sexualidade não-polimorfa. A criança de ambos os sexos não conseguiria imaginar um corpo sem esse pênis unificador das suas partes, e se ele falta isso é uma espécie de deficiência ou fruto de uma punição. Esse falocentrismo expressaria, portanto, um "monismo fálico" freudiano. Lembramos que, justamente quando temos na contemporaneidade uma abertura a um debate mais amplo sobre a sexualidade e as questões de gênero, esse império falocêntrico encontra-se ameaçado. A presença de uma perspectiva polimorfa da sexualidade e de uma pluralidade nas possibilidades na relação de cada sujeito com seu corpo, de modo que a biologia seja apenas um dos elementos que compõem o gênero de uma pessoa, exige que pensemos o Desmentido freudiano (*Verleugnung*) para além do modelo fetichista de rejeição da percepção da castração no corpo feminino, mas muito mais como uma desconsideração da pluralidade sexual humana e das demais diferenças que evidenciam que os seres humanos são muito conspícuos em suas organizações individuais e sociais e em suas manifestações culturais, sem que isso signifique primitivismo ou inferioridade, como sustentavam — e ainda sustentam — os Racistas, os Neonazistas, os Fascistas, e outros modos ideológicos supremacistas que incluem a eleição de um sexo, de uma raça, de uma religião, de uma moral, como superior às demais.

O fato é que em nome de seu narcisismo (geralmente fálico, mas não exclusivamente) o sujeito desconsideraria percepções que ameaçassem sua imagem, e como resultado seu Eu ficaria cada dia mais cindido. No caso de um povo, o Desmentido da realidade (*Verleugnung*) seria o mecanismo empregado para rejeitar os aspectos da realidade que evocam os conteúdos culturais historicamente recalcados. Complementarmente, na reação conservadora brasileira percebe-se uma nostalgia do primado fálico, desconstruído pelos movimentos LGBTQIA+ e pelo Feminismo a partir do século XX. O patriarcado é um elemento fundamental na formação do imaginário acerca do povo brasileiro, e o machismo elemento presente e central na nossa História. Entendemos, contudo, que esse elemento não está submetido ao Recalque, sendo ostensivamente parte da Cultura Nacional, a ponto do feminicídio até pouco tempo ser visto como algo legalmente justificável sob a ideia de *defesa da honra masculina.* Assim, enquanto o massacre dos indígenas e dos africanos e de seus descendentes e a tortura efetivada pelo Estado são sucessivamente recalcados e desmentidos, isto é, retirados da Memória Nacional, com a construção de lembranças encobridoras e de histórias recobridoras, a questão do Patriarcado e do Machismo não foram objeto de um Recalque, sendo uma expressão cultural consciente, contra a qual o Feminismo e os movimentos LGBTQIA+ lutam.[120] As conquistas femininas e das pessoas LGBTQIA+, todavia, ferem o narcisismo dos *machos*, cuja subjetividade é organizada em torno do primado fálico e de sua *potência viril.* Nesse sentido, o discurso conservador desvaloriza e agride constantemente as mulheres, e impõe a posição da mulher no patriarcado como tendo que ser a de "bela, recatada e do lar" e "vestir-se de rosa"[121], contribuindo para o machismo num país onde muitas mulheres recebem salários menores que os homens exercendo a mesma atividade, milhares são assassinadas anualmente por seus maridos, ex-maridos, namorados, ex-namorados, que as têm como *propriedade*, não aceitando términos de relacionamento ou simplesmente que elas tenham autonomia em suas vidas. É importante sublinhar que o Machismo e a defesa do Patriarcado não são exclusivos de indivíduos do sexo masculino, mas de toda uma estrutura socioeconômica herdada do período colonial e sucessivamente reforçada e mantida.

Outro ponto importante no que diz respeito ao Racismo, é que ele ocorre de forma específica em relação às mulheres negras, pois se o homem negro é violentamente perseguido e até assassinado, a

---

120 Se entendermos, por outra perspectiva, que se trata de mais um núcleo de Recalque, teríamos o Quadruplo Recalque Nacional e não o Triplo como vimos sustentando.

121 A expressão "bela, recatada e do lar" foi utilizada em reportagem da *Revista Veja*, em Abril de 2016, para se referir à esposa do então Vice-Presidente da República Michel Temer, a Sra. Marcela Temer. Passou a significar o tipo da mulher do ideário machista, obediente ao marido, caseira, bem-comportada, a "mulher de bem". Já a ex-Ministra da Mulher, da Família e dos Direitos Humanos do governo de Jair Bolsonaro utilizou mais de uma vez a ideia de que "meninos vestem azul e meninas vestem rosa", comentário sexista que restringe rigorosamente como um homem deve ser, bem como uma mulher deve ser, a partir do estereótipo que diferencia as cores que devem ser usadas por meninos/homens e meninas/mulheres. De fato, ainda hoje os pais geralmente decoram o quarto e escolhem a cor da roupa de seus filhos em função do sexo biológico: quartos de menino são majoritariamente azuis e de menina geralmente são rosa. Todavia, vivemos hoje uma discussão no sentido de que o gênero e a sexualidade de uma pessoa não são definidos apenas pela biologia. Noticiado por exemplo pelo portal G1 em 03/01/2019: https://g1.globo.com/politica/noticia/2019/01/03/em-video-damares-alves-diz-que-nova-era-comecou-no-brasil-meninos-vestem-azul-e-meninas-vestem-rosa.ghtml

mulher negra sofre o Racismo tornando-se excluída do cenário das relações amorosas, servindo apenas ao trabalho doméstico, muitas vezes exercido em condições de semiescravidão até os dias de hoje, ou no caso das mulheres pardas (historicamente denominadas "mulatas") como objeto de assalto sexual masculino. Lília Schwarcz (2019), por exemplo, refere o provérbio que diz: a branca para casar (via oficial da sexualidade para formação da família), a negra para trabalhar (exploração da mulher considerada inferior) e a mulata para gozar (espaço de libertação da sexualidade polimorfa masculina)[122] — o campo da mulher "bela, recatada e do lar" é o do progresso branco e sem desvios, no qual o patriarcado fálico controla o corpo e o erotismo feminino. Já o campo miscigenado (entendido pelos racistas científicos do início do século XX como campo da degeneração) seria o campo do que escapa às rédeas, e assim do domínio pelos instintos e pela vilania.

Retomando nosso desenvolvimento acerca do Fetichismo, sublinhamos que ele seria, portanto, um mecanismo psíquico para evitar a corrosão do narcisismo fálico por meio da construção de um fetiche, que magicamente desmentiria a diferença sexual, ao encarnar o falo não encontrado no corpo da mulher. Nesse sentido, em termos da sociedade, podemos dizer que discursos ("histórias recobridoras") que desconsideram algum aspecto da realidade em nome da manutenção de um imaginário idealizado de nação e de povo estão operando um Desmentido e ampliando a cisão do povo entre os que, seguindo o Desmentido, se recusam a enxergar a realidade social do país, que apresenta os efeitos atuais do Triplo Recalque Nacional; e aqueles que lutam e defendem um reconhecimento da verdade histórica, buscando superar resistências históricas e elaborar nossos traumas e mazelas estruturais por meio do debate amplo e democrático. Como a verdade histórica continua chegando, existe a necessidade de realizar operações simbólicas constantemente para desmenti-la, descaracterizá-la, excluí-la — obviamente, existem, como sabemos, ataques reais às comunidades que expõem a realidade por grupos políticos radicais que se constituem para realizar estes ataques como uma defesa de algum

122 O Provérbio colonial evocado pela historiadora era: "as brancas são para casar, as negras para trabalhar e as mulatas para fornicar" ou ainda "a negra no fogão, a mulata na cama, a branca no altar" (Schwarcz, 2019 p. 193-194). Essa perspectiva, em boa medida, ainda habita o inconsciente masculino. O machismo não apenas desvaloriza as mulheres e tende a colocá-las na posição de objeto da vontade masculina, mas as hierarquiza conforme a cor da pele. Reparem que tanto negra, como mulata e branca estão em posição de objeto, referenciadas pelas necessidades e desejos masculinos, porém, hierarquizadas pelo Racismo.

valor que está ameaçado. Nesse sentido, defender "Deus, a pátria e a família", quando se trata da defesa de uma estrutura social marcada pela desigualdade socioeconômica, pelo patriarcalismo e pelo Racismo, é um modo de manter um primado fálico que exclui não apenas a diferença sexual, mas todas as diferenças que podem ameaçar uma determinada dominação socioeconômica, baseada num imaginário de nação e de povo completamente descolado da realidade, mas que foi erguido e transmitido ao longo dos séculos, como vimos sustentando. Sabemos que essa defesa do Patriarcado viril e branco historicamente se faz por meio do domínio político-cultural, mas também pela via da força com o recrutamento de milícias, que estão presentes em terras brasileiras desde a figura do capitão do mato, passando por alguns bandeirantes, jagunços, polícias, grupos de extermínio e as milícias contemporâneas. Muitas vezes, sob o disfarce do combate ao crime ou da defesa dos *homens de bem*, o genocídio de indígenas e negros persiste, de modo que o sistema socioeconômico herdado do período colonial permanece: uma pequena camada da população usufruindo de privilégios, uma classe média que sonha fazer parte desse grupo mais privilegiado e muitas vezes se sente parte dele mesmo não sendo, e uma imensa maioria que vive em condições indignas em espaços de exclusão da cidadania. A sabotagem (neo)-liberal ao programa social-democrata da CF de 1988 é sustentada inclusive pelas camadas mais pobres da população que, no seu sonho de liberdade, acreditam na quimera pós-moderna e neoliberal do empreendedorismo e da meritocracia.

Luiz Hanns (1996), no seu *Dicionário Comentado do Alemão de Freud*, no verbete sobre a *Verleugnung*, afirma que nesta operação psíquica se trata de "negar a própria presença, dizer que não está mesmo quando está". Nesse sentido, algo similar na forma tem sido enunciado em relação aos crimes históricos contra indígenas, negros e cidadãos durante a Ditadura Militar-Civil de 1964-1988: "sabemos que houve um massacre dos indígenas, mas veja bem era a Guerra Justa, eles eram preguiçosos, não queriam trabalhar e nos atacavam"; ou "sabemos que houve escravidão, mas eu não tenho nada a ver com isso, nunca escravizei ninguém, isso era uma questão entre os africanos e já acabou"; ou "houve tortura, mas nosso regime militar foi brando e os poucos casos de tortura foram necessários para salvar o país da ditadura comunista e de terroristas violentos". Assim, traumas e violências profundos da História do Brasil, que seguem presentes, são banalizados, desconsiderados, desmentidos sob o véu de histórias recobridoras que amenizam ou banalizam acontecimentos terríveis da História nacional. Como grandes nortes conceituais desses sucessivos recobrimentos da "verdade histórica" estão ideias como as de "democracia racial", de "povo cordial", de "país do futuro", de "cidadão de bem" e mesmo da "alegria brasileira". Assim, construiu-se um Imaginário de Nação baseado nessas ideias que servem ao Recalque e ao Desmentido dos acontecimentos traumáticos e de seus efeitos, de forma que até hoje, sob os efeitos do Recalque (*Verdrängung*) e do Desmentido (*Verleugnung*), a sociedade brasileira segue alienada de si mesma, sem conhecer a própria história e o destino que vem construindo para si.

Caminhando dessa forma, *os brancos e os embranquecidos* não precisam lidar com a própria culpa, ainda que ela siga se transformando por meio de mecanismos inconscientes[123] em violência contra os grupos historicamente agredidos. Os indígenas, negros e pardos, por sua vez, seguem suportando a exclusão da cidadania e vivendo de forma sub-cidadã e muitas vezes semiescrava, sob o jugo da violência de patrões e muitas vezes de agentes do Estado. Certamente, a CF 1988 e os esforços sociopolíticos de reconhecimento e de reparação, que se iniciaram após a estabilização da economia nos governos de Itamar Franco e de Fernando Henrique Cardoso e ganharam corpo nos governos petistas de Lula e de Dilma Rousseff, vinham transformando, lentamente, a estrutura socioeconômica profunda do país, herdada dos períodos históricos anteriores, especialmente do período Colonial, sendo a base econômica durante séculos a Escravidão; contudo, a reação

123 O termo inconsciente aqui significa que o sujeito agride sentindo-se psiquicamente autorizado a fazer algo violento e eventualmente ilegal, ou que ele encontra formas de racionalizar suas ações com base em "lembranças encobridoras" ou "histórias recobridoras". O fato de haver milhares de trabalhadores sob condições análogas à escravidão é um exemplo disso. Geralmente, o patrão (*Senhor*) alega, tanto no campo como na cidade, que ele dá casa e comida para os trabalhadores, que por sua vez ou não recebem salário ou tem a maior parte de seu salário confiscada pelo patrão sob a justificativa de descontos para pagar pela moradia e pela alimentação, tampouco esses trabalhadores possuem jornada de trabalho definida, muitas vezes trabalhando mais de 12 horas por dia e sem as devidas folgas. No caso das empregadas domésticas escravizadas (o que era muito comum no Brasil e ainda existe), as patroas chegam por vezes a afirmar que "ela é como se fosse da família", mas não pagam salário ou pagam algo muito inferior ao mercado e à dignidade humana. As empregadas domésticas submetidas a regimes análogos à escravidão vivem num minúsculo "quartinho de empregada", não têm jornada de trabalho definida e são submetidas aos desmandos dos patrões, quando não a violências psicológicas, físicas e sexuais. É preciso entender que como tais fenômenos não são isolados, acontecendo aos milhares por todo país, com diferentes graus de violência, precisamos examinar os mecanismos psíquicos e sociais que tornam isso possível. A existência do Inconsciente Nacional, obviamente, não absolve os indivíduos de seus eventuais crimes, mas possibilita compreender como tais situações se repetem, ao longo do tempo, sem que os perpetradores se questionem sobre a violência de suas ações.

conservadora a partir de 2013 e especialmente a partir de 2016, colocou em cena de forma contundente, e muitas vezes violenta, as forças sociais recalcadoras existentes no Brasil, forças reacionárias que sustentam um discurso sociopolítico que desmente as evidências que remetem aos grandes recalcados nacionais e à nossa formação como nação. O contexto global atual de descrença no sistema democrático, as crises sucessivas do modelo capitalista neoliberal, a decadência do estado de bem-estar social, mesmo em países nos quais ele se desenvolvera satisfatoriamente como a França e o Reino Unido, tudo isso somado ao novo modelo de *construção da informação* nas redes sociais, com a disseminação muito veloz de mentiras (*fake news*) e de informações truncadas, favoreceu esse movimento no país. O Inconsciente Social Brasileiro, porém, com sua estrutura profunda herdada do período colonial e reforçada no Império e na maior parte da República, é a causa principal do atual estado de divisão social no país e de alienação política de grande parte da população, a qual simplesmente se recusa a aceitar o debate e a importância de temas como o Racismo, o Genocídio de indígenas e negros, e a tortura cometida pelo Estado. O Triplo Recalque Nacional, como base da nossa herança arcaica e da nossa verdade histórica, e o atual Desmentido (*Verleugnung*) da realidade empreendido pelos discursos políticos reacionários, apoiados em fake news e nas racionalizações neoliberais, são os obstáculos que identificamos ao florescimento da democracia e da ciência, como caminhos para a elaboração das violências históricas, reconhecimento de seus impactos e instauração de políticas de reparação.

Na História do Brasil, os discursos que perfazem esse Desmentido da realidade (*Verleugnung*) operam para que se desconsidere todas as evidências de que não vivemos numa democracia racial, para que se desconsidere a inexistência da cordialidade entre as *cores*, bem como a inexistência do respeito às culturas não-europeias, etc. Deste modo, é possível sustentar, contra as evidências da realidade, o Imaginário social de um povo feliz, unido e plural, onde todos convivem em harmonia e possuem oportunidades de desenvolvimento socioeconômico, e destinado a um grande futuro. Essa idealização nacional, eterna expectativa frustrada sob a forma máxima do "Brasil, país do futuro", segue pairando como falsa memória, que encobre as verdades históricas, que deixa restar sob o tapete, uma verdade que insiste em chegar e sucessivamente acaba sendo novamente varrida para o porão. Na realidade o que se vê de fato na sociedade brasileira é uma das maiores desigualdades socioeconômicas do mundo, erguida a partir da separação histórica entre senhores (homens brancos) e escravizados (indígenas e negros, ainda que de forma diferente) e do consequente Racismo, transformado em projeto nacional e oficial de embranquecimento do povo brasileiro, projeto que foi lançado no final do Império e perseguido ao longo da República, especialmente nos seus primeiros 50 anos, como política de Estado. Quando a elite branca percebe a realidade de pobreza, o tratamento usualmente proposto é a criminalização da miséria em meio às políticas públicas de combate ao crime organizado, mantendo assim a histórica violência contra negros e indígenas.

Seguindo a análise de Paul-Laurent Assoun (1979) acerca das repetições históricas, podemos dizer que existe algo de patético na repetição farsante da História brasileira, pois diante de tantas evidências do genocídio de indígenas e de negros no Brasil, diante de evidências robustas da existência de tortura durante a Ditadura Militar[124], sustentar esse Imaginário de democracia racial e de país da cordialidade e alegria é não apenas um Desmentido (*Verleugnung*), mas algo que atenta contra qualquer análise razoável da estrutura socioeconômica brasileira e da história da formação socioeconômica e cultural do país. O processo de Desmentido, ao sustentar ilusões que se contrapõem à realidade evidente, tem sempre algo de mágico ou de místico. Falar de uma sociedade diversa, meritocrática, de igualdade de oportunidades entre todos, como iguais em direitos e com condições socioeconômicas mínimas na partida, é algo bizarro, patético e acima de tudo trágico no Brasil. Essa *história*, contudo, recobre a verdade e retoma o Brasil idealizado desde Karl F. von Martius, passando por Stefan Zweig, e os intelectuais, políticos e militares que alimentaram essas interpretações da brasilidade como "democrática", "alegre" e "cordial", inclusive autores do calibre intelectual de Gilberto Freyre, com sua celebração elitista da miscigenação e da "morenidade". Todos esses recobrimentos operam como fetiches, no sentido de desmentir as percepções da realidade e o conhecimento social e histórico que demonstram a força do Racismo, do Genocídio indígena, da Tortura

124 O livro *Brasil: Nunca Mais*; o Relatório da CNV; a Vala de Perus no Cemitério Dom Bosco em São Paulo; o relato de Fernando Gabeira em seu livro *O que é isso, companheiro?*, e mais recentemente os estudos do historiador Carlos Fico a partir de gravações de sessões do Superior Tribunal Militar (STM) são alguns exemplos documentais robustos da implementação de uma política de estado caracterizada pelo sequestro, tortura e assassinato de brasileiros/as.

na sociedade brasileira, e quando integram a composição da memória histórica compõem *lembranças encobridoras* (Recalques) ou *histórias recobridoras* (Desmentidos).

Ora, o imaginário de uma democracia racial encobre não apenas os séculos de Escravidão e de violência, mas toda a interdição de um lugar social digno, na sociedade brasileira, ao ex-escravizado e seus descendentes, quando após a libertação se buscou, como projeto político, embranquecer o povo brasileiro, e se negou aos negros e seus descendentes trabalho, educação, enfim, dignidade social e cidadania. Quanto ao indígena, desde o período colonial, ele teve reconhecido o direito a um lugar na sociedade branca desde que se subordinasse à religião cristã e ao modelo socioeconômico do colonizador, bem como aos ritmos e modos de vida alienígenas, ou seja, um lugar de anulação de si, de sua cultura e subalterno ao colonizador, mesmo que no Segundo Reinado tenha sido retratado imaginariamente como heroico. Após 1988, mesmo com o reconhecimento constitucional de Terras Indígenas e o reconhecimento de seus modos de vida e culturas, o que se vê é a perpetuação do Genocídio inaugurado em 1500, e que se revigora nos últimos anos, com novos ataques aos povos da floresta, na medida em que as formas mais predatórias e ilegais de exploração da Amazônia aumentam. Por fim, até hoje não se conseguiu verdadeiramente discutir e elaborar as chagas do período ditatorial de 1964-1988: os esforços de comissões de parentes de desaparecidos e torturados, os eventuais esforços de procuradores e advogados, todo material pesquisado por historiadores e os depoimentos dos sobreviventes, o jornalismo investigativo, as valas clandestinas com desaparecidos políticos como a Vala de Perus, as condenações internacionais em cortes de direitos humanos e mesmo a criação de uma Comissão Nacional da Verdade no governo de Dilma Rousseff, todo esse esforço esbarra numa resistência enorme da sociedade brasileira em rever os termos em que a Anistia foi realizada e poder abertamente debater, e eventualmente punir, os crimes hediondos e imprescritíveis cometidos por agentes dos órgãos de repressão da Ditadura Militar-Civil. Vanuchi (2020), em livro fundamental sobre a vala clandestina do Cemitério Dom Bosco em São Paulo-SP, no qual resgata o modus operandi do sistema de sequestro, tortura, assassinato e desaparecimento dos corpos em valas clandestinas, cita a fala do pai de uma jovem torturada e assassinada em 1973 pelos agentes da Ditadura. A fala foi pronunciada 18 anos após o assassinato da jovem mulher, em missa de corpo presente celebrada na Catedral de São Paulo, quando finalmente a família pode enterrar sua filha:

> Era Dia dos Pais, e coube a João Luiz de Moraes, pai de Sônia — assassinada aos 27 anos após ter sido estuprada com um cassetete e ter os seios decepados pelos torturadores — fazer um emocionante discurso sobre a violência dos anos de chumbo e o longo tempo de espera para sepultar sua filha. 'Essas pessoas foram chamadas de subversivas por quem feriu a lei a ordem constitucional' disse o pai, tenente-coronel do Exército Brasileiro, agora na Reserva. 'Por isso foram perseguidas, sequestradas e finalmente mortas. A sanha assassina dos militares que compuseram o sistema repressivo não encontra paralelo em nossa história' (Vannuchi, 2020, p. 147)

É importante refletirmos que o Desmentido (*Verleugnung*) é um mecanismo de defesa psíquica que possibilita ao indivíduo manter em seu psiquismo duas posições inconciliáveis na realidade. No exemplo clássico freudiano, por um lado o menino reconhece a diferença sexual e abdica da universalidade do falo; mas, por outro lado, ele ergue um substituto para o falo no corpo feminino negando a diferença sexual e sustentando o monismo fálico. Aparentemente, trata-se de uma manobra bem-sucedida, pois o sujeito não perde sua conexão com a realidade, mas encontra uma forma de conter sua angústia. O Eu, ameaçado pela fantasia da castração diante do corpo feminino, consegue restabelecer seu narcisismo fálico e centraliza suas correntes sexuais parciais no falo. O preço a ser pago, nos lembra Freud (1938) é uma cisão cada vez maior em seu Eu, entre uma metade que funciona sob o primado da castração e da diferença sexual, e uma metade que não suporta a realidade e a diversidade que ela apresenta. O sujeito vai sendo tomado por crises de angústia cada vez mais fortes quando não consegue desmentir a realidade da diferença sexual, e por extensão, de todas as diferenças insuportáveis, especialmente a da morte e seu silêncio incompreensível.

Pensando essa unificação do Eu e do corpo do indivíduo em torno da centralidade fálica, podemos exercitar imaginar o *corpo da pátria* como algo que precisa ser unificado também, de modo a que se possa constituir a imagem de um povo nacional. Ora, como unificar um povo e uma cultura tão diversas como a brasileira sob um modelo específico a não ser sob o jugo da força? Especialmente, quando um grupo social quantitativamente inferior detém o poder político e o poder econômico? Diferentemente de nações nas quais a segregação racial aconteceu de modo formal, com o Racismo expresso objetivamente na lei, inclusive com áreas oficialmente delimitadas para os diferentes grupos étnicos, no Brasil esse mecanismo de demarcação de espaços foi, simultaneamente, mais discreto porque formalmente inexistente, porém muito mais violento porque marcou um Recalque profundo (o Triplo Recalque Nacional), sucedido por desmentidos históricos sucessivos. A clivagem no "eu nacional" está, contudo, evidente diante dos desmentidos atualmente em curso na sociedade brasileira: temos a convivência contraditória de opostos na percepção da realidade atual do país: "Ustra é torturador/Ustra é herói nacional." — "O Brasil é o país da diversidade/O país tem entranhado um Racismo estrutural secular". — "O Brasil é uma democracia racial/O Brasil tem uma extrema desigualdade social e uma grande parte de sua população, especialmente negros e indígenas, vive de forma indigna". Por isso, é importante debater de forma profunda, e não com a superficialidade das redes sociais, os temas aqui evidenciados como historicamente recalcados.

Octave Mannoni (1979) consagrou a expressão *"je sais bien... mais, quand même..."* como explicativa do mecanismo do Desmentido (*Verleugnung*). "Eu sei disso, mas mesmo assim...". Ou seja, eu reconheço essa realidade, mas veja bem, não é exatamente assim, ela é como *sabemos* que é. O fetiche, na construção freudiana, é justamente o que sustenta o "mas mesmo assim", trata-se de algo que permite ao sujeito ou grupo acreditar naquilo que deseja continuar acreditando, mas que a realidade está demonstrando ser falso. Por isso, o Desmentido é um mecanismo vinculado às crenças, no sentido do fanatismo, do dogmatismo, de algo que eu necessito acreditar para sustentar a minha existência no mundo. As crenças têm muita força, e não por acaso, discursos em franca contradição com a realidade, com as análises documentais, com a construção da pesquisa histórica, muitas vezes surgem associados à crença religiosa, à temas lendários ou à ideologias políticas radicais, pois nesse tipo de construção dogmática não existe espaço para a diferença, e logo não existe espaço para o pensamento e o debate com quem não compartilha da crença. As redes digitais são instrumentos poderosos para a construção de fetiches coletivos, e uma vez capturado pelo *Desmentido virtual*, o sujeito ou grupo não consegue abrir mão dessa defesa psíquica, podendo ter efeitos dramáticos na sua vida e ambiente.

Diferentemente do Recalque que retira do discurso e da memória o que nos aflige, escondendo os arquivos sob outros arquivos, o mecanismo do Desmentido implica a construção de uma outra realidade, não uma realidade psicótica completamente desconectada da realidade social, mas uma realidade que apresenta imagens específicas para recobrir o que não se suporta enxergar: a própria violência, o próprio sadismo e a própria culpa que o sujeito não pode reconhecer como próprias, como suas. Os desmentidos podem se basear em *crenças históricas* para a formação das "histórias recobridoras", as quais distorcem os aspectos incômodos — para dizer o mínimo — da nossa História e da realidade no tempo presente. Por isso, conceitos e ideias mal formulados ou mal absorvidos como "democracia racial", "cordialidade" ou "país do futuro" e suas variações servem bem aos recobrimentos efetivados por meio do Desmentido. Aquilo que é excluído sob a barra do Recalque pode ser reconstruído pela análise (histórica), mas o que é do campo do fetiche, isto é, do Desmentido, se apresenta como uma outra versão histórica, ainda que geralmente simplória, sem embasamento científico, e associada a alguma crença fanática ou luta política por um ideal que estaria sob ataque. Neste ponto, a diferenciação entre o conhecimento científico, baseado em pesquisas com metodologia definida, submetidas à revisão por pares e ao próprio debate científico, e a crença leviana construída por meio de imagens distorcidas da realidade, torna-se muito mais difícil no seio da sociedade, especialmente num tempo em que a documentação e construção da *história* do tempo presente está pulverizada nas redes sociais, sujeita à atuação dos escritórios de produção de fake News, mas ao mesmo tempo controlada pelos grupos que tem o poder econômico e sabem manipular estes novos recursos de produção e de disseminação da informação[125].

3.2 — Sobre o Processo de Elaboração Psíquica (*Durcharbeitung*)

A elaboração psíquica é o processo psíquico decorrente da entrada de um sujeito em análise e do trabalho que se segue, trata-se do efeito do processo analítico sobre a nossa memória e sobre nossa posição subjetiva em face dos outros. A elaboração psíquica possibilita que o

125 Este problema é notório, e o mundo é atravessado atualmente por uma discussão sobre a regulação das redes sociais de modo a limitar a produção e disseminação de notícias-mentirosas, especialmente aquelas que visam desconstruir a ordem política democrática, laica e científica.

sujeito ligue os pontos da sua história, costure suas recordações e afetos, perceba as repetições cíclicas em seus comportamentos e em suas dúvidas sobre seu desejo, atravessando assim suas dores e fantasmas, ressignificando os acontecimentos de sua vida e diluindo as memórias e afetos traumáticos, de modo a poder buscar novos destinos pulsionais e formas mais *satisfatórias* na sua inserção social. No alemão de Freud, o termo mais empregado por ele para o trabalho de elaboração é o verbo *durcharbeiten*, que significa literalmente embrenhar-se arduamente numa tarefa, num trabalho[126]. Deste modo, conteúdos inconscientes, sob a ação do Recalque e da força das Resistências começam a emergir por meio da relação com o analista — a transferência — e da associação livre, o falar sem preocupações ou controles. É comum que durante uma análise, o sujeito sonhe com mais frequência, re-lembre *momentos apagados* de sua infância, e possa fazer conexões dos conteúdos de seus sonhos e memórias com temas importantes de sua vida atual, com suas "dores e delícias" no existir. Especialmente as memórias de acontecimentos traumáticos podem vir à superfície, com o rebaixamento do Recalque que o processo analítico, por meio da relação de confiança e suposição de saber com o analista, possibilita. Certamente, não se trata de recordações organizadas, mas muitas vezes de invasões de memórias e de afetos intensos e esquecidos. O processo pode transcorrer mais pela percepção da repetição do traumático, do estranho, do que pela rememoração direta, que é rara e sempre passível de suspeita. A análise pode ser um processo doloroso, que nos coloca frente a frente com os aspectos de nossa história e de nosso desejo que precisaram ficar "apagados", inacessíveis ao Eu consciente, recalcados sob lembranças encobridoras, mas causando conflitos e sintomas que durante a análise são interrogados pelo sujeito, isto é, transformados em enigmas. Reencontrar-se com questões tão profundas pode, todavia, acentuar os conflitos emocionais existentes, e por isso é frequente que indivíduos abandonem a análise justamente quando este processo de fato se inicia, recuando diante de suas *verdades esquecidas* e da percepção de suas *repetições históricas.* A fuga da análise marca a vitória das forças que resistem contra o processo de elaboração e colaboram com o *status quo*, com a permanência da estrutura e de seu modo funcional, condenando a sociedade nacional à repetição dos *gozos históricos*.

---

126 Para aprofundamento da etimologia do termo e seus usos por Freud, referenciamos o *Dicionário Comentado do Alemão de Freud* de Luiz Alberto Hanns.

Quando compreendemos o processo de elaboração psíquica a partir de memórias e de afetos recalcados, isto é, jogados para fora da dimensão consciente, isso implica resgatar conteúdos (ideias e afetos) referentes a acontecimentos que, mesmo que confusos, nebulosos e marcados pelo conflito, chegaram a ganhar representação simbólica no psiquismo. Contudo, nem todos os conteúdos inconscientes existentes decorrem do processo de Recalque (*Verdrängung*), assim é importante sublinhar que há uma parte do inconsciente que não é estruturada por meio de palavras, há conteúdos pré-verbais. Não estamos tratando aqui da Herança Arcaica, que chega das gerações anteriores e também compõe o inconsciente, sendo o elemento mais originário deste, mas sim de marcas de acontecimentos traumáticos muito precoces na vida das pessoas, acontecimentos fundantes, como a primeira mamada de um bebê, o primeiro contato com o calor do corpo materno, o primeiro contato com a voz do pai, os primeiros desconfortos alimentares, os quais deixam registros sensoriais que formam uma outra parte do inconsciente, a qual vai exigir representação e elaboração por toda a vida do sujeito. Também nesta fase do desenvolvimento podem ocorrer pequenos *traumas sexuais* durante as ações de higiene do bebê, aquilo que Jean Laplanche (2015) vai chamar de "acidentes de sedução" e que estão na base de sua Teoria da Sedução Generalizada, que em linhas gerais propõe que todos os bebês humanos, em menor ou maior grau, sofrem um trauma sexual a partir da mensagem inconsciente advinda do adulto, a qual está embrenhada de seu próprio inconsciente sexual e, portanto, contaminada por algo que a criança não compreende.[127] É essa "confusão de línguas" (Ferenczi, 1933) entre o adulto cuidador e a criança que lança as bases do inconsciente sexual na criança antes da maturação sexual biológica. A mensagem transmitida pelo adulto não pode, naquele momento, ser traduzida pelo infante, deixando marcas pré-verbais, deixando um enigma encravado no corpo-psiquismo da criança. Essas marcas pré-verbais, mais ou menos traumáticas, constituem o núcleo mais silencioso e difícil para o sujeito se apropriar, conformando-se como as partes mais estranhas e desconhecidas de nós mesmos.

---

127 A mensagem contaminada pelo inconsciente sexual do adulto e os acidentes de sedução nada tem a ver com a violência sexual direta impingida por pedófilos. Nestes casos, não se trata de uma invasão do inconsciente que o próprio adulto não se dá conta, mas de um ato sexual deliberado que toma por objeto a criança e é inevitavelmente atravessado pela violência.

Jean Laplanche (2015) e Christophe Dejours (2001; 2012) irão articular o que redundará na proposição de uma Terceira Tópica[128] da estrutura psíquica, especialmente a partir das reflexões finais de Freud (1938) sobre a cisão do eu (*Ich-Spaltung*). A proposta de uma Terceira Tópica, incluindo essa cisão do Eu e a divisão, por uma linha vertical, do Inconsciente em duas partes verticalmente paralelas, busca justamente dar conta desses conteúdos que, pela sua precocidade, pela contaminação pelo inconscientes sexual do adulto ou também pela sua violência deliberada, não puderam ser simbolicamente representados e, portanto, não circulam pela dimensão psíquica pré-consciente, nem encontram possibilidade de sublimação ou de formação de sintomas neuróticos clássicos, pelas condensações e deslizamentos da significação do desejo recalcado após ser minimamente representado, por palavra e/ou imagem. Laplanche (2015) vai nomear esta outra parte do inconsciente, fora de qualquer registro significante, de "inconsciente encravado" ou "inconsciente proscrito"; Dejours (2001; 2012), por sua vez, a nomeia de "inconsciente amencial", justamente pela incapacidade do sujeito de simbolizar os conteúdos, os traços que ali estão, fazendo referência ao quadro neurológico da Amência de Meynert, no qual o indivíduo não consegue perceber o mundo exterior. De forma simples, podemos dizer que o inconsciente amencial é formado por memórias afetivas intensas, as quais não foram simbolicamente traduzidas, e que formam uma outra porção do inconsciente, proscrita e radicalmente estrangeira, mas que tem efeitos no comportamento dos sujeitos. Trata-se, então, daquilo que nas relações iniciais entre o adulto e a criança não pode ser traduzido, não pode receber uma inscrição simbólica e que permanece como um corpo estranho — um *clandestino visceral* como nomeamos —, pois constitui a estrutura inconsciente do sujeito, e cuja manutenção sob uma certa *estabilidade* depende da ação do Desmentido (*Verleugnung*) das percepções, que pelas qualidades de seu conteúdo, afetarem e despertarem esse corpo estranho interno. Como o sujeito não consegue minimamente colocar em palavras esse conteúdo encravado de seu inconsciente, a sua emergência a partir da percepção detonadora leva ou a comportamentos destrutivos ou ao adoecimento psicossomático. O Desmentido é capaz de conter essa implosão ou explosão desde que a percepção da realidade permaneça distorcida.

128 Freud propôs duas tópicas, a primeira baseada na separação entre Inconsciente, Pré-Consciente e Consciente; e a segunda como modelo de "Eu, Isso e Supereu" apresentada em 1923.

Laplanche (2015) não parece considerar, em sua *Teoria da Sedução Generalizada* que, conforme a conceituação freudiana da "Herança Arcaica", já haveria um núcleo mais originário do inconsciente individual a partir da transmissão, ao longo das gerações, de um inconsciente cultural originário, que também portaria o elemento sexual e a fúria destrutiva. A "herança arcaica" seria o elemento (des)-organizador de um determinado grupamento sociocultural ou mesmo de toda humanidade se consideramos o modelo da horda primordial freudiana como núcleo originário das sociedades humanas politicamente organizadas. De todo modo, considerando-se a hipótese freudiana de uma "Herança Arcaica", o inconsciente de cada indivíduo teria, assim, três dimensões ou níveis: um inconsciente social e mais primordial decorrente da Herança Arcaica de seu povo; outro nível decorrente do encontro traumático entre o adulto cuidador e o bebê, que formaria o inconsciente fora do campo do Recalque (Inconsciente Proscrito ou Amencial), pois pré-verbal e enigmático, originando a cisão do Eu; e um terceiro nível ou dimensão do inconsciente se formaria a partir da ação do Recalque (*Verdrängung*) com o ingresso da criança na linguagem e a formação das instâncias de mediação simbólicas (Superego) por meio das identificações primordiais, da criação de um Ideal de Si, e do próprio processo educacional e de socialização. As instâncias regulatórias no inconsciente do sujeito se formariam, assim, tanto a partir da "Herança Arcaica", base do Isso (*Das Es*), como a partir das regulações amorosas e da inserção social daquele sujeito a partir de seu núcleo familiar e comunidade, com a transmissão relacional dos valores e ideais daquele grupo, tanto os que chegam secularmente na estrutura herdada como os mais atuais e conjunturais.

Quando Freud (1923) afirma "que onde era o Isso, que advenha o Eu", ele está propondo que o trabalho analítico, mas também a própria da tarefa de cada indivíduo em sua vida psíquica — e de cada grupo, por que não? — seria conquistar para o campo da palavra, da significação e do conhecimento de si, os momentos fundantes de sua História, os primeiros prazeres e dores, as primeiras perplexidades e traumas, as primeiras invasões pelo Outro e os sucessivos modos de repetição desses acontecimentos traumáticos em determinada Cultura e que foram transmitidos inconscientemente para o indivíduo. Ele não estaria falando apenas do que foi transmitido pelos pais no processo educacional, mas do que chega da Cultura através dos pais. Assim, em termos de um povo, pensamos que, apesar de uma complexidade maior, tratar-se-ia da mesma proposta: trazer para o discurso consciente, para o campo da Memória organizada, os horrores e violências da formação histórica da nação, de forma ampla, complexa, sem que um grupo específico (a minoria europeia e seus descendentes, no caso do Brasil) domine a construção da memória histórica e do sentido dos acontecimentos, bem como os projetos nacionais para a sociedade. Sem essa busca ampla e efetivamente reconhecedora dos traumas e violências, submissões e extermínios, ocorridos ao longo da História de um povo, toda e qualquer unidade nacional será falsa, forjada a partir de um *centro dominante* e reflexo de uma estrutura de poder arcaica.

Refletindo sobre o processo de formação da memória histórica, podemos pensar também em diferentes níveis e modos de registro da memória coletiva, elaborados por diferentes atores e com diferentes formas de registro e de tradução dos acontecimentos históricos, nem todas caracterizadas propriamente como historiográficas. Há desde os relatos das testemunhas do evento, aqueles que participaram diretamente e que relataram o ocorrido, ocorrendo a transmissão das memórias desde a oralidade popular ao registro burocrático, como um auto lavrado em Delegacia ou Cartório, ou documentos jornalísticos, artísticos, íntimos, ou ainda o material mais elaborado, construído pelo historiador que ao pesquisar essas diversas fontes mais originárias, sob a ordem de uma metodologia de pesquisa mais ou menos confundida com uma percepção política, mas também marcada por um desejo pessoal ou coletivo, vai conformando os capítulos de História. Este trabalho é inevitavelmente marcado pela perspectiva do tempo presente daquela escritura, pelas hipóteses analíticas da sociologia que influenciam o historiador, pelas fontes que valorizou em detrimento de outras que descartou, pelos recortes de escopo que tornam um trabalho desse tipo humanamente possível de realizar. Também variam conforme os grupos políticos no poder se interessam mais ou menos pela formação do imaginário nacional, estimulam e suportam financeiramente tal ou qual linha de interpretação da História, o que costuma acontecer com maior controle em momentos de transição sociopolíticas relevantes como, no caso do Brasil, foram a Independência, as Repúblicas, a Crise de 1930, o Estado Novo, a Ditadura Militar-Civil, as Redemocratizações.

Nesse sentido, a formação da Memória Nacional, como a estruturação de um Inconsciente Social Brasileiro, contém restos mnêmicos encravados, proscritos, não assimilados, ou como estamos sustentando, encobertos por "lembranças encobridoras" e recobertos por "histórias recobridoras" que podem assumir a forma de conceitos chaves na interpretação da formação nacional. Histórias recobridoras podem atuar como criptas, deixando enclausurados, certos capítulos ou acontecimentos da História nacional. Estes processos de encobrimento ou de recobrimento, ainda que inventivos e relevantes, nas idas e vindas do lento processo de conscientização histórica, cumprem um papel ambíguo, pois *re-velam*, isto é, jogam luz sobre a formação do Brasil, e ocultam simultaneamente aspectos desta formação, operando a favor do Recalque, ainda que possibilitando alguma ampliação do conhecimento racional e consciente. Um livro como *Casa Grande & Senzala*, com sua etnografia monumental e uma perspectiva de superação do Racismo Biológico, o qual ainda estava em voga no momento em que Gilberto Freyre a publicou, sob a influência da obra de Franz Boas, *revela e vela* muita coisa sobre a formação do Brasil, pois se a miscigenação é culturalmente valorizada pelo autor, como um aspecto positivo e próprio do povo brasileiro, e as dicotomias nacionais, especialmente a entre Senhores e Escravos é mostrada como estruturante da nação; por outro lado, a violência desse processo e suas consequências socioeconômicas ficam ao largo, dando margem a se pensar que de fato uma democracia racial estaria sendo construída sob a liderança de um patriarca afetuoso, identificado com o europeu (ou posteriormente com o norte-americano), mas sem preconceitos, habituado aos sincretismos étnicos devido ao seu passado histórico.

Retomando a hipótese freudiana, enunciada em *O Homem Moisés e o Monoteísmo*, seriam os traumas coletivos vivenciados, porém desconsiderados e/ou desmentidos pela História, que formariam a parte mais desconhecida da Herança Arcaica nacional. Esta Herança Arcaica, com sua repetição, sua constante reencenação, seria transmitida como um *Instinto* através das gerações; contudo, na medida em que ela seria a parte mais obscura e silenciosa desse Instinto Nacional, apenas se revelaria por meio da violência, da crise social, como Instinto de Matar, de destruir, como violência individual ou coletiva. Freud (1939) pensa a Herança Arcaica como algo que se incorporaria biologicamente ao comportamento de um povo, como um instinto num animal, sendo transmitido biologicamente ao longo das gerações, uma hereditariedade grupal. Não estaríamos, portanto, no campo da pulsão (*Trieb*) que ele tanto elaborou e discutiu teoricamente, mas de algo que, tendo origem social, tornar-se-ia orgânico (*Instinkt*) pela repetição histórica do traumático. Ele chega inclusive a lamentar que a Biologia de sua época não reconhecesse essa possibilidade. Podemos dizer que tal hipótese é muito controvertida até hoje, e a princípio descartada pela prevalência da Biologia Darwinista, que propõe um processo adaptativo aleatório, com a predominância das *escolhas e combinações* biológicas mais adaptáveis ao meio. Dessa maneira, a hipótese de uma transmissão genética da Herança Arcaica entre as gerações foi muito questionada, e consequentemente transformada, pelos continuadores da obra de Freud, em uma transmissão simbólica[129], pela sucessiva transmissão cultural. Enriquez (1990[1983]) sublinha que a ideia freudiana de que existiriam "traços mnemônicos inscritos em nossa hereditariedade arcaica" não convenceu ninguém. (Ibidem, p. 125-126), e afirma que:

> À medida que o acontecimento [traumático e fundador] deixa traços tanto no *real* (na sociedade tal qual ela funciona) como nos *discursos* (mitos, legendas, narrativas, contos), onde ele é, portanto, criador de um novo *espaço imaginário*, não é necessário recorrer a uma inscrição biológica. (Enriquez, 1990 [1983], p. 128, grifos do autor)

De todo modo, nossa hipótese é que no Inconsciente Social de um povo estariam definidas as regras de sua estrutura socioeconômica e cultural profunda, especialmente naquilo que ela precisa ser velada, pois se admitida conscientemente demonstraria a base violenta e racista de sua estrutura hierárquica, impensável nas sociedades democráticas ocidentais contemporâneas, com os lugares sociais dos indivíduos definidos a partir de traços fenotípicos e de uma hierarquia racial que se repete apesar das transformações no nível da consciência e da Lei. É como se no Inconsciente Social Brasileiro houvesse uma definição de quem tem *sangue azul*, quem pode e quem não pode ocupar certos lugares sociais, de quem pode agredir e quem pode ser agredido, e todos brasileirxs *saberiam* disso inconscientemente. A historiografia e seus conceitos interpretativos da Memória Nacional, com suas diversas camadas, seriam modos de re-velar essa estrutura do Inconsciente

129 Na verdade, pelo que compreendo das formulações de Betty Fuks (2014), ela considera que Freud (1939) já anunciava a possibilidade de que a Herança Arcaica fosse transmitida pela linguagem, a qual transmitiria o inconsciente social de um determinado povo de geração em geração.

Social Brasileiro, buscando criar condições para sua transformação, porém, atuariam ao mesmo tempo, e contraditoriamente, pela sua manutenção. Esse é o drama das tragédias psicanalíticas, o sujeito começa a perceber seu sintoma, enxerga suas violências e misérias, mas não quer reconhecê-los e, principalmente, transformar-se. Como Édipo, que vê seu destino funesto e tenta escapar dele, mas a estrutura inconsciente não permite e ele segue aprisionado à sua herança e ao seu destino. Mesmo quando o sujeito decide se tratar, fazer uma análise, rever sua História, parte muitas vezes de ideias que mais atrapalham do que ajudam, pois não consegue fazer os deslocamentos subjetivos necessários para modificar seu olhar para si e para o mundo, por isso precisa de um outro que aponte e sublinhe *isso*. Pensando o processo muito mais complexo da formação de uma nação, essa ressignificação social precisa ser trabalho e luta de muitos e durante muito tempo, para que se possa algum dia, se não superar, ao menos reduzir os efeitos do Triplo Recalque Nacional na sociedade brasileira.

Quando revisitamos memórias, mas principalmente quando somos tomados por afetos do passado, que chegam sem serem convidados, que invadem a consciência, como podemos lidar com eles, sem recorrer aos modos históricos recorrentes, às perspectivas recalcadoras ou desmentidoras, que trabalham pela manutenção da estrutura profunda? É nesse ponto que precisamos compreender que o processo de elaboração psíquica, efetuado pelo sujeito durante uma análise, depende de um trabalho intenso junto ao analista para derrubar as resistências, tanto as do analisando como as do próprio analista. No caso do povo nacional, a elaboração dos grandes traumas coletivos é um processo lento e doloroso, que depende de uma refundação da sociedade em novas bases — o que ocorreu com a Constituição de 1988 no processo de Redemocratização — e de um trabalho permanente de conscientização, de revelação memorial e de transformação sociopolítica. Certamente, as forças inconscientes, que resistem à transformação social habitam em todos nós. Esta resistência conservadora é a principal consequência de um Triplo Recalque Nacional e da Herança Arcaica no Inconsciente Social Brasileiro. Por isso, se o Bolsonarismo é a forma atual de manifestação dessa resistência coletiva contra a transformação da estrutura profunda da sociedade brasileira, transformação que ocorreria por meio dos processos de elaboração da memória nacional; se a existência do Bolsonarismo com tanta força social apresenta as forças do Inconsciente

Nacional pela manutenção da Herança Arcaica, precisamos olhar isso para além das tramas políticas conjunturais, e compreender que esse momento do Brasil se insere num trabalho maior pela transformação social da nação, que afeta diretamente as forças conservadoras e as forças da transformação socioeconômica. Vivemos atualmente (2016-2022) um retrocesso em termos de construção da memória nacional e de um país menos desigual, mas este processo sociopolítico atual faz parte de uma luta maior e mais antiga contra as forças que historicamente resistem à mudança da estrutura socioeconômica fundada principalmente sobre a dicotomia entre Senhores e Escravos, herdada do período colonial, e que foi se mantendo viva mesmo após a Abolição e a República, e que permanece como base do nosso Inconsciente Nacional.

Estamos cientes da dificuldade epistemológica de afirmar algo como *nacional* quando se trata de um país tão grande e complexo como o Brasil. Como sintetizar o brasileirx? Como encontrar sua *essência* quando sabemos que somos um povo plural e cuja memória nacional foi forjada por grupos sociais muito específicos? Por isso, nosso pensar interroga algumas tentativas de síntese da identidade nacional que a historiografia e a sociologia brasileiras empreenderam buscando dizer quem é o brasileirx, qual a cara do Brasil, como indagava o poeta Cazuza no final dos anos 1980, no momento da refundação da República após o período ditatorial, mas que também fora interrogado por Mário de Andrade ao escrever *Macunaíma* e apontar nossa ausência de *caráter*. Propomos que algumas dessas sínteses serviram como "lembranças encobridoras", evitando uma apropriação "verdadeira" das estruturas inconscientes da sociedade brasileira. Nesse sentido, vamos elencar — e nesse ponto não podemos fugir a um recorte que é metodológico, mas é também fruto das influências culturais do autor e também de suas limitações — algumas poucas interpretações clássicas sobre o Brasil e o/a/x brasileirx, as quais nos parecem ter funcionado como "lembrança encobridora", forjando uma espécie de *mitologia-histórica* brasileira que oculta, recalca ou eventualmente re-vela ou desmente aspectos da verdade histórica e da nossa formação. Entendemos que o momento atual é repleto de Desmentidos (*Verleugnung*), por meio de banalizações da realidade, como feito por exemplo em relação às milhares de mortes por Covid e por desconsiderações de fatos objetivos como o aumento da fome no país.

3.3 — O Desmentido e as Histórias Recobridoras

O conceito de "Histórias Recobridoras" foi recentemente formulado por Tatiana Inglez-Mazzarella (2021), e a autora, como nós, resgata primordialmente o uso freudiano dos conceitos do "Desmentido" (*Verleugnung*) e da "Herança Arcaica" (*archaischen Erbschaft*) na obra *O Homem Moisés e o Monoteísmo*. De saída, ela aponta que a Herança Arcaica é algo que nos chega de nossos antepassados sem que tenhamos vivenciado diretamente as experiências que a originaram:

> É ainda em *Moisés e o Monoteísmo* (1939) que Freud propõe a compreensão da herança arcaica como aquilo que opera em nosso psiquismo sem havermos tido uma experiência direta, ou seja, aquilo que preserva nas pessoas, em forma de marcas, o experimentado pelas gerações de seus antepassados" (Inglez-Mazzarella, 2021, p.19).

A partir do pensamento de Sandor Ferenczi e de Nicholas Abraham e Maria Torok, Inglez-Mazzarella discute as situações de impossibilidade de simbolização do evento traumático, e como o trauma não-simbolizado se transmite entre as gerações. A interdição de poder falar sobre o que foi desmentido re-força a transmissão do traumático na estrutura social, de forma inconsciente, sem que um trabalho de elaboração coletiva possa ser realizado pela comunidade. Para desmentir os eventos traumáticos bem como suas repetições históricas, determinados pela estrutura forjada pelos recalques e desmentidos originários, as "histórias recobridoras" cumprem um papel central, evitando o contato com o traumático, impedindo o trabalho do pensamento, o resgate da memória e as ressignificações simbólicas dos eventos e seus legados. Deste modo, as "histórias recobridoras" revalidariam no tempo presente os desmentidos arcaicos, originários e sucessivamente repetidos e reforçados:

> Podemos pensar, por exemplo, que diante de catástrofes sociais o trabalho da memória poderá contribuir para que ainda seja possível alguma nomeação, representação e simbolização, permitindo restituir, pelo menos em parte, o tecido simbólico 'esburacado' pela situação violenta, por meio de uma contraposição ao horror experimentado na realidade. Se a família e o meio social não reconhecem a dimensão da uma realidade violenta, a denegação [Desmentido/*Verleugnung*] opera de modo tão nefasto quanto a situação

traumática em si. O não falar impossibilita o pensamento. Presentifica-se a dimensão negativa da transmissão quando a vivência fica sem possibilidade de reconhecimento (Ibidem, p.20).

Inglez-Mazzarella distingue duas modalidades de transmissão geracional: "a que se dá pela repetição da cadeia significante e a que se dá pela radicalidade do negativo (...) a transmissão tanto na vertente do proibido de dizer quanto do inominável" (2021, p. 21). Pensamos que aquilo que é interditado, restando como segredo, seja decorrente da culpa, da vergonha ou do medo, se transmite e emerge em alguma produção sintomática, ainda passível de análise, de elaboração e de ressignificação. O que fica totalmente fora da cadeia significante, não sendo sequer "meio-representado" ou parcialmente camuflado por uma "lembrança encobridora", e que não pode minimamente ser simbolizado, ainda que de modo parcial, este vestígio de horror só pode emergir pela via da descarga, ou seja, de uma repetição da violência originária. Uma violência historicamente encoberta e recoberta no imaginário nacional, como vimos apresentando em relação ao Brasil. Recoberta inclusive com o suporte de noções e conceitos cruciais para a formação do pensamento histórico-social acerca da "Brasilidade". Nesse sentido, quando não conseguimos reconhecer o traumático e trazê-lo para o debate histórico-social, ele permanece chegando como repetição, como ato, como violência. Certamente, os brasileiros/as/xs têm muita informação disponível, e bem elaborada pelos pesquisadores dos respectivos temas nucleares do Triplo Recalque Nacional, isto é, acerca do Genocídio Indígena, da Escravidão, suas violências e efeitos, e sobre o uso da Tortura e do Desaparecimento de pessoas durante a Ditadura Militar-Civil de 1964-1988; porém, quando há contradições de memória e mesmo na História, a partir de desmentidos e encobrimentos sucessivos, o debate social é prejudicado, e a verdade de todas essas violências, ao não ser devidamente e coletivamente esclarecida e reconhecida, surge não por palavras de reconhecimento e ações coletivas de reparação, mas pela repetição da violência contra indígenas e negros, atravessada pela intolerância política e pelo uso da tortura pelos agentes de segurança do Estado.

Baseando-se em discussões sobre a obra de Walter Benjamin, Inglez-Mazzarella aponta a importância de que a Vivência (*Erlebnis*) possa ser simbolizada e transmitida para um outro, de modo que possa se transformar em Experiência (*Erhfarung*). A possibilidade de narrar um acontecimento vivenciado por si para outra pessoa, ou de uma geração para a geração seguinte, dependeria de um processo de elaboração das vivências pelo pensamento, de maneira que o trauma vivenciado no mundo possa ser simbolizado e transmitido. A Experiência seria, portanto, a construção de uma sabedoria e de um conhecimento a partir do vivenciado, o qual uma vez simbolizado, pode ser transmitido à geração seguinte. Uma das discussões centrais na obra de Walter Benjamin é a de que com a transição para a Modernidade, marcada por uma aceleração extraordinária no ritmo de vida e de produção, com a urbanização, a industrialização em grande escala e o uso cada vez maior de novas tecnologias, caracterizada ainda pela efemeridade dos sucessivos choques no cotidiano, não se teria um ambiente social propício à constituição da Experiência, como uma *sabedoria de vida* transmissível à geração seguinte. "É impossível ao psiquismo apropriar-se de algo se estiver submetido permanentemente ao novo. Sabemos que a tarefa de apropriação exige tempo, enfrentamento de perdas, construções, reposicionamentos, enfim, muito trabalho psíquico" (Inglez-Mazzarella, 2021, p.35). Nesse sentido, o trabalho clínico da psicanálise é apostar numa ressignificação que permita ao sujeito (e acrescentamos pensando o social, à comunidade que recebeu a herança arcaica catastrófica, traumática) se reposicionar diante de sua herança histórica, arcaica, fundadora. Esse trabalho decorreria de um remanejamento das relações entre passado e presente, relançando a origem por meio da perlaboração[130]:

> O psicanalista aposta que os imperativos categóricos do destino e do trauma podem ser elaborados com base em um reposicionamento diante da história; esta deve ser tomada, no sentido benjaminiano, como aquilo que une passado e presente em uma nova abertura para a subjetivação. Novas composições, por meio de um trabalho de análise, articulariam de uma forma inédita indícios míticos, lembrança e esquecimento. O historicizar aproxima-nos da origem, estabelecendo então novas ligações entre o passado e o presente. Afinal, não é justamente esse o trabalho da elaboração?" (Ibidem, p. 45)

A partir do conceito freudiano de "lembrança encobridora", Inglez-Mazzarella propõe as noções de "história encobridora" e de "história

130 Estamos utilizando o termo "elaboração psíquica" no mesmo sentido que a autora utiliza o termo "perlaboração", ambos remetendo ao termo em alemão empregado por Freud, a saber, *Durcharbeiten*.

recobridora". A primeira, tal qual uma lembrança encobridora seria erguida a partir da modalidade de negação estruturada pelo Recalque (*Verdrängung*), ou seja, pela exclusão da memória evocável de um conteúdo inaceitável pelo Eu, a partir da vigilância do Supereu, como instância reguladora dos ideais do Eu — os ideais sobre a Nação e seu povo no caso de um Estado Nacional e seu *povo unificado*. A história *encobridora*, portanto, ergue-se no campo daquilo que não deve ser dito, mas trata-se de acontecimentos que tiveram uma inscrição no campo simbólico, seus elementos foram representados no psiquismo e formaram pensamentos/memórias, ainda que, por serem eventos ou desejos vergonhosos para a narrativa egóica oficial, tenham sido recalcados e encobertos por memórias falsas, parciais, incompletas. Há registros e documentos destes acontecimentos, ainda que esses estejam escondidos ou tenham sido rasurados como um palimpsesto. Já a noção de história *recobridora* articular-se-ia com a modalidade de negação psíquica estruturada a partir do mecanismo de defesa psicanalítico do Desmentido (*Verleugnung*), que como vimos foi inicialmente pensado por Freud para tratar do fenômeno do fetichismo, mas que posteriormente teve sua abrangência ampliada para a compreensão de outros fenômenos, inclusive a análise da cultura judaica, empreendida por ele em *O Homem Moisés e o Monoteísmo*.

A História recobridora seria marcada pela transmissão de "um todo dito que nada mais é que o negativo do sem palavras para dizer" (Inglez-Mazzarella, 2021, p. 53). O vivido, nestes casos, é tão insuportável que se forma uma cisão radical no Eu, criando dois modos de funcionamento inconsciente. De um lado do Eu, o psiquismo continua a operar no campo do recalcamento dos desejos intoleráveis, com uma memória pré-consciente, evocável, e um inconsciente constituído por estes conteúdos recalcados (imagens e palavras), com um conflito no seio do Eu, que provoca sintomas neuróticos, os quais podem ter seus significados elaborados pelo caminho da análise e da elaboração psíquica. Esta metade do Eu é marcada pela inscrição simbólica, pela existência de um sistema pré-consciente e pela possibilidade de representação, de modo que o recalcado pode ser interpretado nas entrelinhas do discurso e nos brancos da memória. Do outro lado do Eu, diferentemente, opera-se no campo da criação do fetiche ou de um negativo da falta, ambas formas de não-lidar simbolicamente com o insuportável, com o traumático, com o não representado. Neste lado do

Eu, criado pela efetivação do Desmentido, não existe pensamento, pois ocorre uma montagem farsante e estática, que renega a falta do Outro ou a violência atroz do Outro. Essa montagem é justamente o fetiche que, como formação individual ou cultural, predominantemente imaginária, tampona a castração materna — como diferença insuportável e indesejável do outro —, formando um emplastro que se solidifica e fecha as possibilidades de reflexão sobre a diferença sexual, sobre a(s) *Outra(s)* forma de existir. Este fechamento à diferença apazígua a angústia, mas não possibilita a construção de uma experiência narrável e transmissível; assim, não possibilita uma compreensão histórica no caso dos eventos político-sociais submetidos ao Desmentido. Do lado silencioso do Eu cindido não há espaço para a ressignificação, uma vez que não houve uma primeira significação, mas a recusa da percepção de algo, que fica sob o fetiche, sob um emplastro, sob um recobrimento que a desmente. Nesse sentido, a transmissão desse "emplastro" será rígida e sem abertura às ressignificações típicas da História:

> Nas histórias recobridoras, a abertura às modificações imprescindíveis ao processo de historicização encontra-se impedida, pois se tampona o lidar com a dimensão do insuportável do que foi vivido, que, com isso, não pode ser transformado em experiência. Perde-se a articulação entre o dito e o não-dito, perde-se o molejo simbólico, motor das elaborações e reelaborações, numa tentativa fracassada de evitar a perda (Ibid., p. 53).

As histórias recobridoras, portanto, velam sem re-velar, pois não há caminho de simbolização desde a origem. Assim, a partir do encontro traumático e violento com a diferença o que se instaura é a recusa da realidade por meio do Desmentido (*Verleugnung*), instaurando um funcionamento duplo no psiquismo: uma parte do Eu reconhece o trauma e seus efeitos na realidade, e a outra parte constrói um fetiche para disfarçar o insuportável. A impossibilidade de refletir sobre o que foi vivenciado ou percebido está posta de saída pela cisão radical do Eu ou pela violência que não reconhece a Outra forma de existir. Ocorre, consequentemente, uma ruptura extrema na memória, cujos vestígios radicalmente excluídos estarão se re-apresentando na vida cotidiana, como passagens ao ato, mas não estarão acessíveis ao trabalho do pensamento e da Cultura. Nesse sentido, os grupos passam ao ato violento, mas não se dão conta da sua violência desmedida, justificando-a a partir das histórias recobridoras.

O fetiche, como a história recobridora, tampona qualquer possibilidade de pensamento, alivia a angústia do sujeito por meio de uma operação imaginária, muito útil em termos sociais para quem tem interesses político-econômicos na manutenção do *status quo*. O Desmentido histórico, que uma história recobridora opera no coletivo, vai sendo mantido por meio de discursos simplórios e maniqueístas os quais, ao invés de lançarem um olhar sobre essa dor que se re-apresenta na vida cotidiana da nação, mantêm a cisão histórica e limita a possibilidade de abertura de um povo às suas verdades, a um verdadeiro trabalho de análise e de revisão político-social. A transmissão desse horror é absolutamente silenciosa no sentido das possibilidades simbólicas, mas intensamente barulhenta nos seus efeitos cotidianos no funcionamento do indivíduo e/ou da sociedade.

As histórias recobridoras operam como *fetiches coletivos*, pois impedem uma aproximação do traumático pelo discurso e pela ação políticos, e da violência e suas consequências pela ação oficial reparadora e punitiva. Pelo contrário, o *político fetichista* é aquele que mais recusa a História, e que se aproveita de seus eventuais equívocos e formulações imprecisas para criar histórias recobridoras — "a Escravidão foi um problema dos africanos, nós brasileiros não tivemos nada a ver com isso" ou "Eu nunca escravizei ninguém" afirmam alguns como forma de recobrir não apenas os terríveis e visíveis impactos da Escravidão no Brasil contemporâneo, mas o fato de que não apenas portugueses, ingleses, franceses e africanos fizeram o Tráfico Atlântico de escravizados, mas brasileiros também, inclusive entre aqueles que ocupavam as mais altas posições políticas e econômicas no Brasil. Uma ideia como essa, de que a Escravidão não é uma questão dos brasileiros/as/xs, funciona como um fetiche, exclui da realidade todo trauma secular da Escravidão no Brasil, as responsabilidades dos brasileiros como povo, bem como os efeitos gritantes, terríveis, que nos chegam no tempo presente cotidianamente. A evidência diária dos efeitos do Racismo Estrutural na sociedade brasileira força uma cisão no "Eu Nacional", e a consequente afirmação, por parte significativa da população, de que no Brasil não existe Racismo, agarrando-se a ideias encobridoras como a de que somos uma "democracia racial" e um "povo alegre e cordial" ou mesmo a discursos que recusam as constantes violências contra a população negra, recobrindo a percepção diária com o uso de montagens fetichistas e simplórias do ponto de vista da documentação histórica e das imagens exibidas quase diariamente nos mais variados meios de comunicação. Geralmente, os que afirmam não existir Racismo no Brasil são os que não enxergam o próprio racismo e violência cotidianos diante de negros, pardos e indígenas, tratando-os como cidadãos de "segunda classe", mesmo que em *pequenos detalhes*, e revalidando uma estrutura social racista nas organizações, nas instituições e nas famílias, de modo que ela penetra nos indivíduos reforçando a Herança Arcaica e o Triplo Recalque Nacional.

No campo do Recalque, o sintoma neurótico expressa a busca por uma *conciliação* entre as forças conscientes e inconscientes operantes no sujeito. De um lado estão os desejos sexuais e agressivos interditados pela Lei, de outro lado o modelo ideal de pessoa e a exigência narcísica de ser conforme esse modelo e a Lei. Contudo, como a força do desejo inconsciente é permanente e incessante, o conflito está sempre presente no psiquismo, ainda que as expressões do conflito não evidenciem de forma aberta o que está na sua base, pois justamente esse é o papel do Recalque e do encobrimento que a memória ergue sobre os desejos proibidos e as cenas dramáticas da vida do sujeito, em torno dos quais erguem-se os conflitos psíquicos, as defesas, as formações do inconsciente e os sintomas. Nesse sentido, a lembrança encobridora se conecta, seja por deslizamento metonímico, seja por alguma outra associação simbólica, ao núcleo da vivência traumática, ao núcleo dos conflitos inconscientes. Ainda que de forma indireta, a lembrança encobridora é uma porta de acesso para se buscar a vivência traumática, o desejo proibido, o excesso pulsional-afetivo e poder trabalhar a elaboração dessas dores. Quando falamos de Recalque, estamos, portanto, no campo do debate e da possibilidade de construções narrativas que re-velem os desejos e traumas recalcados. Existe, portanto, uma diferença fundamental entre o *trauma recalcado* e o *traumático desmentido*. Pois, no primeiro caso é possível trabalhar as memórias, ressignificar os eventos, tecer a História e transformar a *pólis*; já no segundo caso, o que ocorre não é apenas uma sucessão de encobrimentos e desvelamentos, mas sim o recobrimento radical dos índices perceptíveis que denunciam o recalcado, sendo portanto bem mais difícil de ser submetido ao trabalho da ressignificação, pois a história recobridora é rígida e repetitiva como uma crença e, diante da percepção na realidade de acontecimentos que a confrontam, o mais provável é a reação furiosa, culminando eventualmente na violência fanática.

Pensando a historiografia a partir desse referencial psicanalítico, podemos identificar conceitos e teses clássicos que abrem a possibilidade de ir mais fundo na pesquisa sobre a "Brasilidade", como o de "homem cordial"[131] que *re-vela* o patriarca bestial, afetivo, capaz de defender sua família e agregados inclusive da Lei, mas também de violentá-los conforme seu desejo: "aos amigos tudo, aos inimigos a Lei". Cordial, nesse sentido, é quem coloca os afetos e interesses pessoais à frente da racionalidade impessoal da administração da coisa pública, é quem age guiado pelas emoções, pelo coração, pela sua visão pessoal dos acontecimentos, e não com base na impessoalidade, legalidade, moralidade e publicidade que se espera do agente da administração estatal e do cidadão na sua relação com a Lei e com os espaços públicos. Uma consequência direta da cordialidade é o patrimonialismo e o uso da posição na administração pública e/ou do poder econômico conforme os interesses e afetos pessoais, misturando-se a esfera pública e a privada, com a dimensão d*a casa englobando a da rua* (conforme análise de Da Matta, 1997). A cordialidade, porém, emerge confundida com uma afetividade carinhosa que seria parte da Identidade Nacional, parte da estrutura da "democracia racial", recobrindo-se a violência contida na lógica afetiva do "homem cordial". Contudo, se um conceito fundamental para o pensamento sobre a Brasilidade como o de homem-cordial se inscreve no campo do *encobrimento*, contribuindo simultaneamente para compreender, mas também para ocultar, será que podemos postular conceitos historiográficos no campo do *recobrimento*, como "emplastro histórico" que impede o debate sobre essa confusão entre a dimensão dos afetos pessoais e a relação com a coisa pública ou mesmo a emergência do sintoma social como passível de análise e elaboração? Que outros conceitos e interpretações da Brasilidade ao clarificarem também obscureceram?

Para além dos *conceitos encobridores* e de possíveis *conceitos recobridores*, está em curso no Brasil atual (2022) um grande recobrimento de traumas históricos, o qual se efetiva por meio de um discurso político-social que desmente justamente o que consideramos serem os sintomas decorrentes dos três núcleos do Triplo Recalque Nacional. Existem, deste modo, ideias recobridoras, que são aquelas que desmentem o acontecimento, e tentam barrar o trabalho do pensamento,

---

131 A expressão foi cunhada pelo escritor e diplomata Ribeiro Couto, mas quem a consagrou como conceito-chave para compreensão do Brasil foi o historiador Sérgio Buarque de Holanda, em sua obra clássica *Raízes do Brasil,* publicada em 1936.

como quando se desmente (no sentido da *Verleugnung*) a Escravidão, o Genocídio dos povos originários ou o crime hediondo de Tortura, como acontecimentos traumáticos e cruéis da História nacional que se repetem justamente pela falta de elaboração social do ocorrido e de seus sucessivos impactos na atualidade. A prevalência do discurso conservador-reacionário, organizado em torno do Bolsonarismo, nas eleições de 2018 — e sua força significativa na campanha de 2022[132]- amplia esse efeito recobridor dos traumas nacionais diante das elaborações político-sociais que vinham ocorrendo nas últimas décadas, especialmente após a promulgação da CF de 1988 e o reconhecimento jurídico de uma série de direitos aos povos originários, a implementação de políticas de inclusão social e a compensação histórica aos descendentes de escravos, quilombolas, etc, e, por fim, a instauração de uma Comissão Nacional da Verdade para que se pudesse, finalmente, tratar de forma ampla as violências e crimes cometidos pelo Estado durante o regime de exceção que vigorou no país entre 1964 e 1988[133].

Ainda que essa dinâmica historiográfica, na sua relação com os recalcamentos históricos na formação da identidade nacional, não seja tão estática como ocorre numa postulação teórica, podemos pensar que existem dois modos distintos de encobrimentos: aqueles que decorrem dos esforços de re-velação da História e da Cultura nacionais; e outros que caracterizariam recobrimentos, os quais visam apenas o velamento, deixando de lado a possibilidade de um pensamento vivo capaz de avançar no processo de elaboração histórica; ou seja, o processo por meio do qual um povo pode construir sentido para suas memórias

132 A rejeição alta ao Presidente da República, evidenciada nas pesquisas de opinião nas semanas anteriores às eleições de 2022 parece ter mais relação com a grave situação econômica do país do que com as questões estruturais da sociedade brasileira, que ficam recobertas sob o discurso bolsonarista. Nada mais patriarcal do que o grito de "imbrochável" dado pelo Presidente no Sete de Setembro em 2022, porém, tal revisão do *Grito do Ipiranga*, ainda que patética, opera um recobrimento radical do que estava em jogo, a própria negação da Democracia como sistema político que se abre ao diverso, ao altero, à diferença, e até mesmo um recobrimento da Independência Nacional.

133 Além da Comissão Nacional da Verdade, esforços de amplitude municipal ou estadual, esforços de familiares das vítimas e de pesquisadores, vêm sendo empreendidos desde o final da década de 1970. Contudo, a resistência aos movimentos pela verdade histórica, pelo resgate de ossadas, pelo julgamento dos torturadores, pelo acesso a documentos militares, é enorme. Importante lembrar que no gabinete do então Deputado Federal Jair Bolsonaro encontrava-se, num cartaz afixado, a seguinte expressão acerca das buscas pelas ossadas de desaparecidos na Guerrilha do Araguaia: "Desaparecidos no Araguaia: Quem procura osso é cachorro". A fonte jornalística para o cartaz pendurado no gabinete do então Deputado Federal é a matéria publicada pelo *Estadão* em 28/5/2009, sendo fato de conhecimento público: https://politica.estadao.com.br/noticias/geral,cartaz-contra-desaparecidos-do-araguaia-irrita-deputados,378349

coletivas, transformar as vivências históricas em experiência nacional e incorporá-las à sua memória e à sua identidade. Este complexo processo é conduzido por diferentes grupos políticos, acadêmicos, jurídicos, profissionais, de estudantes e seus respetivos subgrupos, de trabalhadores, de servidores públicos, de aposentados, entre outros, o que certamente influencia nas derivas e simbolizações possíveis. É fundamental, contudo, sustentar a diferença entre o que é uma perspectiva encobridora e uma perspectiva recobridora da História, pois a primeira ainda que parcial e limitada insere-se no campo do debate e da possibilidade de novas simbolizações, já a segunda visa travar o pensamento e deixa o afeto do traumático sem destino que não seja a repetição violenta ou à deriva. Este afeto arcaico e traumático, porém, é transmitido de geração em geração, e expressa-se como angústia e/ou violência, na medida em que não pode ser simbolizado. A alegria, afeto dito como típico da brasilidade, circularia no campo das "dores e delícias" em elaboração, como resposta possível a um sintoma, a uma herança conflituosa, porém possível de transformar em música, em poesia, em arte, em Carnaval, em História.

> A história encobridora funciona como lenda e mito para todos nós, humanos, que precisamos lidar com a questão da origem, da sexualidade e da morte. Para tanto, somos 'obrigados' a construir uma narrativa em termos pessoais, mas obviamente relacionada aos âmbitos familiar e social (este, numa dimensão mais abrangente), que venha a dar conta de nos inserir em uma linhagem e na História." (Inglez-Mazzarella, 2021, p. 63).

Muitos dos mitos sobre a nação brasileira e seu povo funcionam como histórias encobridoras, que re-velam, ou seja, são simultaneamente emergência de memórias e recalque de memórias. Assim vejamos: o mito da formação do povo brasileiro pela miscigenação das 3 *raças* formadoras como se fosse um processo de conciliação, fruto de um encontro pacífico e frutífero. O mito da *cordialidade* como base de uma nação pacífica e seu povo composto por indivíduos cordiais e especialmente afetuosos. O mito da *democracia racial* como corolário da harmonia entre as *raças* formadoras do povo brasileiro. O mito do país harmonicamente construído pela força e bravura de um povo miscigenado. O mito da redemocratização forjada a partir de uma Anistia ampla, pacificadora, sem a devida elaboração dos traumas do período de exceção. As ideias de que o Senhor português, patriarca cristão, fidalgo cordial, foi um Senhor menos violento do que o espanhol, ou que a Ditadura brasileira foi *branda* se comparada com a dos países vizinhos do Cone Sul. O Indianismo, movimento cultural de elite que, no século XIX, construiu a abstração chamada *índio*, com qualidades de fidalgo ibérico medievo, enquanto a violência contra os indígenas nunca cessou desde a chegada/invasão portuguesa até as grandes obras de infraestrutura realizadas na Amazônia da década de 1970 ou o atual movimento de garimpo ilegal e possível tráfico de animais e de drogas dentro de reservas indígenas. Deste modo, existem encobrimentos, memórias e histórias que não foram elaborados, mas que estão nas entrelinhas da História, e podem ser trazidas à tona, ao debate.

É importante sublinhar que quando ocorre o fechamento radical e autoritário do debate sobre as questões nacionais, estamos fora do campo do pensamento, e logo fora do campo das narrativas históricas. As chamadas *Fake-news* não são narrativas baseadas em opiniões legítimas ou estudos específicos, pois geralmente são mentiras construídas a partir de uma imagem ou traço da realidade com uma determinada finalidade pré-definida, elas são *encomendadas*, como os sucessivos e mentirosos ataques a políticos e pessoas públicas como no caso da política Manuela d'Ávila ou do youtuber Felipe Neto. Quem inventa, produz e dissemina essas notícias mentirosas não quer debater, mas destruir a possibilidade do debate, *lacrar* como se diz no linguajar das redes e atacar a reputação de indivíduos. Trata-se eminentemente de um caminho antidemocrático, que busca o silenciamento, e que recobre as possibilidades reflexivas sobre a História do Brasil e sobre a nossa sociedade. Não é por acaso que tantas pessoas seguem acreditando em absurdos compartilhados nas mídias digitais, os quais não têm a menor sustentação na realidade. Isso ocorre porque as *fake-news*, como os fetiches sexuais, não estão ali para serem discutidos, mas sim para evitar o debate e a reflexão, evitar a angústia e permitir o gozo. Não há dúvida que as pulsões sádicas encontram uma via de descarga pelos caminhos do ataque indecoroso a pessoas e grupos sociais, bem como pela apologia à violência empreendida por diversos políticos radicais. O mecanismo psíquico do Desmentido possibilita, portanto, a criação de histórias recobridoras, que não apenas recobrem os traumas históricos, mas retroalimentam os sintomas e as violência originárias, perpetuando a herança arcaica:

> As histórias recobridoras, contudo, são histórias que acabam por funcionar como tamponamento de questões traumáticas e, portanto, falham em sua função de propiciar elaboração. Se suas construções são uma tentativa de elaboração do trauma, a forma como circulam dificulta ou impede novas elaborações. É nesse sentido que as nomeio 're-cobridoras', pois perdem a mobilidade de abertura inconsciente, que tem a formação de compromisso, e passam a ser elas próprias, muitas vezes, retraumatizadoras por si (Inglez-Mazzarella, 2021, p. 72).
>
> Assim como as histórias encobridoras são narrativas que funcionam como formação de compromisso por meio do recalque, as recobridoras constroem-se como tentativa fracassada de articulação por meio da recusa [Verleugnung] e da consequente clivagem do eu. A recusa é, então, o que testemunha o fracasso do recalcamento, pois, como nos lembra Penot (1992), não ocorre o enlace entre o registro da sensação ou da representação formal e o representante da linguagem. Há uma importante falha no que se refere à capacidade simbólica, afetando, consequentemente, a perlaboração do traumático. (Ibidem, p.77).

Deste modo, as histórias recobridoras fecham o caminho do pensamento, e sem o trabalho do pensamento não existe narrativa, não existe construção de experiência e, portanto, não existe uma transmissão da memória histórica de geração em geração. O que se transmite é justamente a face do lacre, do selo, uma tampa que obstaculiza o processo de verdadeiramente narrar e transmitir uma memória, possibilitando as sucessivas elaborações e transformações da estrutura da organização sociopolítica e da Cultura. Certamente, as novas tecnologias de informação, vorazes e velozes, predominantemente imagéticas, favorecem no tempo presente a morte do debate, do pensamento dialético e a formação de histórias recobridoras. As *fake-news*, na sua pobreza de conteúdo, mas com seu apelo explosivo, de fácil deglutição, funcionam como peças-chave desses recobrimentos. Em termos de construção histórica brasileira, as *ideias bolsonaristas* exercem o Desmentido (*Verleugnung*) da realidade constantemente, não apenas em relação a um acontecimento atual e de dimensões globais como a Pandemia de Covid-19, mas especialmente quando são abordados temas históricos relacionados à Escravidão, à questão dos povos indígenas e à Ditadura Militar-Civil instaurada em 1964.

"A história recobridora protege da melancolia" afirma Inglez-Mazzarella (2021). Ao não fazermos o luto, ao não enfrentarmos as dores profundas de nossa sociedade, forja-se uma falsa cordialidade, uma suavidade superficial, uma alegria que torna suportável um fardo injusto e direcionado a grupos específicos, secularmente excluídos da cidadania e violentados. Quando, pela força de acontecimentos cotidianos, a *consciência* convoca esse olhar acerca da constituição dos enormes privilégios e das bárbaras injustiças sociais brasileiros, quando a História *cavuca* os vestígios e surge a necessidade de uma narrativa mais elaborada e cuidadosa, quando políticas públicas, ainda que incipientes, começam a modificar a estrutura socioeconômica herdada da sociedade colonial de senhores e escravos, o Desmentido violento emerge para garantir a alegria, a alegria de quem está na eterna festa à porta de um velório, a alegria de uma elite que insiste em concentrar renda e submeter indígenas e negros à sub-cidadania, a uma vida em zonas de exclusão da Lei e de direitos humanos básicos como uma moradia digna, com saneamento, água potável, eletricidade, acesso à educação, saúde e transporte de qualidade, e tratamento respeitoso das garantias individuais pelos agentes de segurança do Estado.

Nesse sentido, o mito da alegria brasileira, do povo feliz, cordial, de uma sociedade sem distinções de *raça*, pode ser pensado como uma grande história encobridora, mas que em alguns momentos é usada de forma recobridora, paralisando o movimento de elaboração histórica, que inevitavelmente levaria a uma reflexão melancólica, necessária em todo processo de elaboração das vivências traumáticas, em todo processo de luto. O problema é que essa festa alegre, com toda beleza que possa ter, se faz a um preço muito alto: o desconhecimento de quem somos. O Triplo Recalque Nacional segue evidenciando-se por seus sintomas, e o avanço da extrema direita, com discurso belicista e negacionista da História, apresenta a face do Brasil que prefere alienar-se de suas mazelas, e descarregar todo afeto derivado da culpa inconsciente nas camadas mais pobres e desprotegidas da sociedade, ou seja, os mesmos grupos sociais que jamais tiveram direito a um lugar digno na sociedade brasileira e cuja memória segue sendo ceifada: indígenas, afrodescendentes e aqueles que foram torturados e assassinados pela Ditadura Militar-Civil de 1964-1988 e em outros espaços de exceção. Deste modo, como o neurótico que sofre de reminiscências e conflitos afetivos inconscientes, os quais desconhece (ou como dizia Freud, "não quer conhecer"), um povo pode também ter sintomas sociais decorrentes da perpetuação de seus recalques e desmentidos históricos. Como cantou um dos poetas que mais indagou acerca da identidade nacional no período da redemocratização:

> Não me convidaram/pra esta festa pobre/que os homens armaram
> Pra me convencer/a pagar sem ver/toda essa droga/ que já vem malhada
> Antes de eu nascer
> Não me ofereceram/nem um cigarro/fiquei na porta estacionando os carros
> Não me elegeram chefe de nada/o meu cartão de crédito é uma navalha
> Brasil, mostra tua cara/quero ver quem paga/pra gente ficar assim
> Brasil, qual o teu negócio/o nome do teu sócio
> Confia em mim
> (Trecho da canção "Brasil" de Cazuza, lançada em 1988)

3.4 — Herança Arcaica, Verdade Histórica e Memória Coletiva

Em seu livro sobre a obra freudiana *O Homem Moisés e o Monoteísmo*, a psicanalista Betty Fuks (2014) analisa em profundidade os conceitos utilizados por Freud para reescrever a história do povo judeu, na tentativa de compreender sua posição de povo sucessivamente perseguido e violentamente atacado ao longo da diáspora. Freud escreve às vésperas da Segunda Guerra Mundial, em um contexto no qual o antissemitismo nazista estava em franca expansão, com a perseguição e a segregação dos judeus tornando-se a cada dia mais intensa e violenta, o que como sabemos culminou na estruturação dos campos científicos de extermínio, com a montagem de uma estrutura racional e burocrática de assassinato em massa, de genocídio. A Solução Final foi implementada conforme os sonhos arianos de Hitler e seus seguidores desmoronavam — o ódio crescia conforme a derrota se aproximava, e a máquina estatal de matar seguia funcionando, demonstrando a absurda banalidade burocrática do mal nos diferentes níveis hierárquicos, civis e militares.

Um dos conceitos psicanalíticos, caros ao nosso trabalho, que Betty disseca em sua obra é o de "verdade histórica", utilizado por Freud (1910), pela primeira vez, em seu estudo sobre Leonardo da Vinci. Ela nos lembra que "... para que uma verdade seja alçada à categoria de verdade histórica é necessário o retorno compulsivo de um acontecimento passado, remoto no tempo, cindido no espaço". Ora, há quantos séculos o assassinato de indígenas e de negros ocorre sistematicamente no Brasil? Repetindo-se em diferentes contextos político-sociais? Desde as chamadas "Guerras Justas" no período colonial aos atuais ataques aos Ianomamis por garimpeiros; desde as punições no tronco e perseguições pelo capitão do mato durante a Escravidão às operações policiais nas comunidades carentes e favelas, que geralmente ceifam a vida de jovens negros, muitos sem nenhuma conexão com o crime[134]. Como não admitir que o genocídio de indígenas e de negros é uma verdade histórica brasileira, que compulsivamente retorna? Como afirmar, contrariamente a toda evidência histórica e da vida cotidiana no presente, que no Brasil não há Racismo? Que não há perseguição e destruição das culturas indígenas? E ainda, as perseguições ao ex-Presidente Lula, com toda espetacularização midiática, não evidenciam um retorno das perseguições políticas e do abuso de poder pelo Estado contra políticos e pensadores indesejados?

Citando Belinsky (1991), Betty Fuks (2014, p. 62) enfatiza que o evento traumático precisa ter ocorrido a partir da alteridade, do Outro, e não como um evento da intimidade do sujeito para que tenha essa força histórica compulsiva, que lança sucessivas repetições ao longo dos séculos. É um Outro que instaura a estrutura inconsciente das verdades históricas, a partir de uma invasão, de uma colonização estrangeira dos *corpos e mentes*, imposta pela violência, seja ela mais brutal ou mais sofisticada e sutil — alguns evocariam a diferença entre *real power* e *soft power*. A origem do Triplo Recalque Brasileiro, proposto como definidor do Inconsciente Nacional Brasileiro, é a invasão portuguesa das terras que viriam a formar o Brasil. Essa invasão teve uma intenção exploratória mercantilista que se concretizou num sistema colonial violento e escravagista, comandado por uma elite muito restrita e foi estruturado e suportado pela força das armas (militares e milicianas desde essa época) e pela ideia de superioridade racial dos europeus, dos brancos. A autorização do Papa Alexandre VI, por meio da *Bula Inter Caetera* (1493), teve um papel importante ao legislar e definir as linhas divisórias do Novo Mundo entre Portugal e Espanha. Vale sublinhar que

134 E mesmo que tivessem conexão com o crime, esse fato não autoriza o assassinato indiscriminado, salvo em situações verdadeiramente de confronto. As incursões das polícias estaduais (militares e civis) aparentemente cruzam em diversas ocasiões a fronteira entre a legalidade e a barbárie. Não se trata de defender indivíduos criminosos, mas de compreender que se a sociedade alimentar a barbárie, é barbárie que ela vai ter. O caminho pela violência não vai construir um país melhor — pois este caminho está em curso há 522 anos e pouca coisa mudou!

além de conquistar divisas para seus reinos, os conquistadores vinham acompanhados de missionários que buscavam expandir a fé católica pelo Novo Mundo. De um modo geral, os agentes católicos também atuaram de forma violenta e etnocêntrica, fazendo valer seu Deus sobre as religiosidades indígenas. Até hoje, a Igreja Católica Romana tem posições muito distintas entre seus agentes e subgrupos, desde padres que verdadeiramente lutam pelos pobres e oprimidos, fazendo valer a doutrina cristã, até padres que se aliam aos poderes mundanos e fazem o jogo do Mercado. Certamente, no Brasil contemporâneo, os diferentes ramos protestantes exercem uma influência muito grande, havendo também divisões entre grupos da *prosperidade*, por vezes ligados à exploração financeira dos fiéis e associados ao capital lícito (e ilícito?), e grupos verdadeiramente religiosos, cujo objetivo principal é espiritual[135].

Certamente e como era de se esperar, diante dos ataques sofridos ao longo dos séculos, indígenas e africanos não aceitaram passivamente o que lhes foi imposto pela violência no extenso período colonial, mas nesse choque desigual, nessa colisão entre os Senhores e os povos atacados e escravizados, foram lançadas as bases da estrutura socioeconômica e cultural do Brasil, com sua estrutura Inconsciente, que se repete como *verdade histórica* ainda não elaborada, transmitida como Herança Arcaica profunda, como *Instinto*, diria Freud (1923; 1937). Frantz Fanon (2020 [1952]) nos fornece profundas reflexões, do ponto de vista psicológico, ao posicionar a subjetividade do "colonizado" diante do "colonizador", como uma estrutura subjetiva-objetiva, erguida como resultante da opressão e da submissão baseadas no descrédito racista do colonizador, movido pelo interesse financeiro, mesmo que eventualmente acoplado a uma "missão civilizatória", que seria como no famoso poema de Kipling, "o fardo do homem branco". Se inicialmente esse desvalor atribuído aos outros, atacados e escravizados, ancorava-se em justificativas religiosas, nos séculos XVIII, XIX e XX, o desvalor racista vai ter a seu dispor todo um arcabouço *científico*, que monta um contexto moderno de continuidade da relação colonizador-colonizado em termos de exploração, contribuindo racionalmente para a manutenção da estrutura social profunda, ou seja, contribuindo para o Recalque em relação aos Genocídios e exclusões de indígenas e de afrodescendentes.

135 Essa é uma análise geral e genérica, devendo-se por certo empreender pesquisas de campo para poder definir com mais clareza esses diferentes grupos religiosos, especialmente no campo protestante-evangélico, cuja expansão no século XXI no Brasil é muito siginificativa.

No caso do Brasil, a proposição sustentada pelos cafeicultores, pelo Estado, e mesmo por pensadores e cientistas no final do século XIX e primeiras décadas do século XX, de um "embranquecimento do povo brasileiro", de forma simultânea ao fim da Escravidão, na transição do Império para a República, é a prova da não aceitação, pela elite dirigente do país, de nossa "cor de pele" predominantemente preta/parda, ainda que pela complexidade da formação do povo nacional, haja pessoas fenotipicamente brancas do Brasil, especialmente nos estratos socioeconômicos mais elevados e na porção Sul do território. O projeto de embranquecimento do povo brasileiro era tema de debate público, político e acadêmico, entre os intelectuais daquela época, especialmente entre médicos e antropólogos como Nina Rodrigues e Roquette-Pinto, e sociólogos como Sílvio Romero e Oliveira Vianna, mas tinha repercussões socioeconômicas e governamentais nítidas. Nesse sentido, estudiosos como Roquette-Pinto, ainda que não tivessem no Racismo uma justificativa científica para a estrutura social profunda do país (colonial e excludente), pensavam em termos racistas, pois o Racismo era um campo científico extenso e os estudiosos se formavam no seio desse debate, mesmo aqueles que exerciam um pensamento crítico. Havia, naquela época, Congressos Mundiais de Eugenia, e mesmo Congressos Brasileiros[136] sobre o tema. Grandes obras da nossa literatura como *Os Sertões*, de Euclides da Cunha, são atravessadas pelo debate racista e pelo problema do indivíduo híbrido — *o mulato, o misturado, o negroide* — que era, para a maioria dos estudiosos e políticos dessa época, inevitavelmente um tipo degenerado e inferior ao *branco puro*. O sertanejo era um bravo, mas um bravo degenerado pela miscigenação. Roquette-Pinto foi um dos primeiros estudiosos a questionar esse fatalismo racial, mas pensava dentro de uma comunidade científica impregnada pelo Racismo:

> À obra de Euclides da Cunha e a *Os Sertões*, em particular, podem ser vinculadas ao menos duas vertentes médico-antropológicas que geraram explicações distintas no que tange à questão racial no Brasil. A primeira, que teve em Nina Rodrigues uma importante referência, alinhou-se mais a uma visão negativa quanto à composição racial e quanto às consequências da mestiçagem. Já a segunda, notadamente através de Roquette-Pinto, distanciou-se das noções de fatalismo racial, tendo se tornado uma eloquente porta-voz de que a inferioridade dos mestiços brasileiros não seria estrutural (orgânica/racial), mas sim conjuntural, relacionada a fatores ambientais e socioculturais. (Santos, 2008, p. 124. In: Lima & Miranda de Sá, 2008).

136 O Primeiro Congresso Brasileiro de Eugenia ocorreu em 1929.

Os estudiosos do tema faziam cálculos acerca de quando a população brasileira tornar-se-ia predominantemente branca e celebravam essa perspectiva de concluir o embranquecimento do povo brasileiro. No *Congresso Universal das Raças*, realizado em Londres (1911), representaram o governo brasileiro João B. de Lacerda e Roquette-Pinto. Eles apresentaram uma previsão sobre como seria a composição racial da população brasileira em 2012, considerando-se a continuidade do ritmo da imigração europeia para o país e o projeto de embranquecimento do povo brasileiro que estava em curso:

> Lacerda categorizou o mestiço como um tipo transitório e variável, destinado ao desaparecimento por causa da 'lei da seleção sexual das raças' enquanto fator de reversão do mestiço negroide ao branco; chamou os negros de 'raça inferior', cujos vícios e defeitos retardaram o desenvolvimento do país; e, tendo em vista a imigração de gente da 'raça branca', a seleção sexual e o desaparecimento dos prejuízos (preconceitos) raciais, imaginou que, em cem anos, a população brasileira seria majoritariamente branca, latina. Nessa projeção os negros desaparecem. As deduções sobre os mestiços, porém, são contraditórias: não formam uma 'raça verdadeira'; vão desaparecer por causa dos mecanismos seletivos presentes na sociedade, podem rivalizar com os brancos em inteligência, aptidão artística e na atividade política, mas não tem perseverança, sua moral é duvidosa; são pouco práticos, e assim por diante.
>
> (...)
>
> Havendo divergências sobre o tempo necessário ao branqueamento, Lacerda reforçou seus argumentos com um diagrama estatístico organizado por Roquette-Pinto, baseado em dados dos recenseamentos de 1872 e 1890, e numa 'aproximação' para 1912, que projetou para 2012 um país com 80% de brancos, 17% de indígenas, 3% de mestiços negroides e nenhum negro. Estimativas como essa estavam baseadas principalmente na continuação da imigração europeia, com índices ainda bastante significativos em 1912, embora declinantes em relação ao período de 1888 a 1910. (Seyferth, 2008, p. 152-153. In: Lima & Miranda de Sá, 2008).

De diferentes modos, o ataque e o extermínio de negros e indígenas foi planejado e executado ao longo dos séculos de colonização e exploração dos recursos encontrados nas terras brasileiras. Primeiro os indígenas foram escravizados ou mortos quando se recusavam a serem objeto do colonizador; em seguida, estruturou-se a máquina política e econômica do tráfico transatlântico de escravizados africanos: eram explorados até morrerem em suas curtas vidas sob a chibata, no exílio, rebatizados pelo senhor, separados de sua família, submetidos a ritmos e condições de trabalho extremos; ou quando fugiam, eram caçados como animais selvagens, torturados e mortos. Após o Despotismo Esclarecido de Dom Pedro II, que apenas no anos finais de seu governo começou a fazer críticas sutis à Escravidão, e a Proclamação da República, influenciada pela modernidade, positivista e científica, o genocídio de índios e negros assumiu outra forma: o embranquecimento do povo nacional por meio da vinda de mais brancos e a completa exclusão social da enorme massa de libertos, despejados ao mato ou à sarjeta, sem nenhum tipo de preocupação social das elites republicanas, tão iluminadas, tão modernas e liberais. Vale sublinhar que o embranquecimento do povo brasileiro não ocorreu, mas a violência contra indígenas e negros seguiu seu curso histórico: assassinar indígenas e negros no Brasil, no meio das florestas ou nas áreas carentes dos grandes centros, segue como verdade histórica cotidiana, basta ler os jornais ou olhar ao redor.

É fundamental compreendermos que na perspectiva freudiana, "Verdade Histórica" e "Herança Arcaica" são conceitos que se articulam, pois é a transmissão sucessiva e inconsciente da Herança Arcaica que possibilita a estruturação no correr do tempo de uma Verdade Histórica, que se caracteriza pela repetição constante do evento traumático (e seus derivados diretos) ao longo da formação daquele povo. Desta maneira, articulam-se os elementos histórico e psicológico na formação de uma Cultura, de uma Nação. Como nos lembra Betty Fuks, ao erigir o Mito da Horda Primordial, Freud "rompeu com a avaliação negativa da Razão sobre o Mito ao designá-lo como uma narrativa de alto valor social e individual" (Fuks, 2014, p.63). Nessa construção freudiana, o papel do Mito seria "expressar uma verdade sobre as origens e a arquitetura do espírito humano" (Ibidem, p.63). No caso de um povo, seus mitos fundantes procurariam construir e expressar as bases de uma cultura nacional, de um povo. Tais mitos, pela sua força misturam-se com a narrativa histórica, influenciando-a; contudo, o trabalho do historiador, e a própria vida cotidiana, denunciam os furos, as falácias e os limites desses mitos. São estes furos e limites que sucessivamente desmascaram os mitos nacionais. Nesse sentido, como distinguir na História, o que é Mito e o que é Verdade Histórica? E mais, os conceitos analíticos, as grandes interpretações nacionais, erguidos pela História e pela Sociologia brasileiras, inevitavelmente se misturam com elementos inconscientes transmitidos na Herança Arcaica, fazendo da Verdade Histórica algo que se revela mais pelas repetições históricas e pelas suas contradições em face dos mitos nacionais fundantes. Essa mistura de tipos discursivos, o mito, a lenda, a história oficial, a história oral, tem relação direta com a força da estrutura inconsciente. Recalque e Desmentido são operadores teóricos freudianos que nos ajudam a compreender os ciclos históricos, as idas e vindas viconianas da historiografia, as repetições das violências e dos erros, os momentos de conscientização acerca da formação nacional e os momentos de fechamento e de desmentido da realidade.

No período atual, que coincide com os 200 anos da Independência, o discurso político conservador efetiva um Desmentido (*Verleugnung*) que incide justamente contra os documentos e elaborações históricas que tornam impossível manter recalcada a violência fundante do Brasil, a qual nos estrutura de forma profunda como um país Racista, Elitista, marcado por uma enorme desigualdade social associada ao *colorismo sócio racial*, com uma hierarquização social racista e sexista, sob uma valorização do modelo patriarcal, sob as vestes do chamado "cidadão de bem", o homem branco de classe média alta (ou não tão alta...), que se considera acima do bem e do mal, sem pecado, soberano nos espaços privado e público, podendo misturar tais espaços e transgredir a lei quando do seu interesse, bem como colocar o interesse de seus dependentes e apadrinhados — quanto mais os tiver, mais poderoso é — a frente das regras coletivas abstratas e do funcionamento social baseado na Lei impessoal. A impessoalidade na relação com a coisa pública emerge no julgamento dos outros, mas para si encontra sempre uma justificativa.

Assim, sob o mito da harmonia das três raças formadoras do povo brasileiro, erguido como "lembrança encobridora", está uma estrutura inconsciente, carregada de afetividade, erguida sobre a dicotomia *Senhor versus Escravo*, que orienta as ações dos brasileiros. Essa estrutura se define pela submissão de indígenas e de africanos ao "homem branco", com a ressalva extremamente importante de que como a lógica de submissão do outro atinge a todos, mesmo os subjugados, quando estes eventualmente rompem a barreira estrutural, ascendem socialmente e se "tornam brancos", passam, muitas vezes, a subjugar como "homem branco". É dado histórico que ex-escravos, após libertos, quando tinham condições financeiras, adquiriam a propriedade de um escravo para fazer o trabalho pesado e para poderem mandar em alguém, nesses casos então um negro ex-escravizado submetendo outro negro escravizado. Nos dias atuais, enquanto representantes do alto escalão do governo federal dizem não haver Racismo no Brasil, sucedem-se reportagens e dados do Ministério Público do Trabalho mostrando que centenas de indivíduos são libertados anualmente de "cativeiros" no Brasil! Sucessivamente, vemos reportagens sobre senhoras negras idosas que viveram servindo, como escravas, sem salário e sem liberdade, patrões de classe média, os quais se enxergam como generosos por terem abrigado uma pessoa negra no *quartinho-senzala* de suas casas. Assim, seja em fazendas e fábricas clandestinas, seja nos grandes centros urbanos, vemos indivíduos, majoritariamente negros, submetidos a trabalhar em condições análogas à escravidão. Citamos dois pequenos trechos de uma reportagem da Agência Brasil:

> Um levantamento do Ministério Público do Trabalho (MPT) mostra que ao menos 1.671 trabalhadores foram resgatados de situações de escravidão em 2021. Todos esses resgates foram feitos em operações conjuntas que contaram com a participação do MPT. Segundo o próprio órgão, o número de total de resgates em 2021 pode ser ainda maior, se forem considerados dados estatísticos a serem divulgados pelos demais órgãos públicos.
>
> Em apenas uma das operações, realizada em outubro de 2021, 116 pessoas foram resgatadas pelo grupo móvel nacional. Elas trabalhavam na colheita de palha para cigarros da empresa Souza Paiol. O resgate aconteceu em uma fazenda em Água Fria de Goiás (GO), a 140 quilômetros de Brasília. Uma das modalidades de trabalho escravo mais identificadas pelo MPT em áreas urbanas foi o trabalho escravo doméstico, tendo as mulheres negras como principais vítimas. O órgão ainda aponta um estudo do Instituto de Pesquisa Econômica Aplicada (Ipea) de 2019, que mostra que mais de 6 milhões de brasileiros e brasileiras dedicam-se a serviços domésticos. Desse total, 92% são mulheres — em sua maioria negras, de baixa escolaridade e oriundas de famílias de baixa renda.
>
> (Fonte: https://agenciabrasil.ebc.com.br/direitos-humanos/noticia/2022-01/ministerio-publico-resgatou-16-mil-pessoas-em-situacao-de-escravidao)

É importante destacar que nos movimentos da Cultura, conforme avança a compreensão sobre o processo histórico nacional, ocorrem momentos de elaboração e de tentativa de reparação histórica[137], de

137 O último grande momento de elaboração e refundação da Nação ocorreu após o fim da Ditadura Militar-Civil de 1964-1988, culminando na promulgação da CF de 1988 e nos governos sociais-democráticos de Itamar Franco, de FHC, de Lula e de Dilma Rousseff, com diferenças

modo não apenas a suturar feridas, mas principalmente para construir uma nova estrutura social profunda, que possibilite a formação de um novo mito fundante da nação e seu povo. Tanto em *Totem e Tabu* (1913) como em *Moisés e o Monoteísmo* (1937), está em questão o assassinato do Pai como ato traumático que instaura a arquitetura social da Cultura. No caso do Brasil, haveria um deslocamento na aplicação do conceito, pois as violências fundantes, contra os indígenas e contra os africanos, não se inscrevem inicialmente como ataques ao Outro Autoritário, mas como ataques do Outro Autoritário e Violento a um outro subjugado e considerado inferior — em que pesem as discussões, desde o início da Colonização, se os indígenas teriam ou não "alma" e que lugar ocupariam para no *ranking social*. Discussão que nunca ocorreu em relação aos negros. Nesse sentido, os *pais da pátria* brasileira foram tirânicos e há uma certa adoração pelo perfil "patriarca poderoso e violento", visto como *indivíduo capaz de colocar as coisas e pessoas no seu devido lugar.*

Importante sublinhar que José Murilo Carvalho (2006) em *A Construção da Ordem* considera que a unidade do Brasil foi feita, no século XIX, por uma elite que, devido a uma formação acadêmica semelhante, feita em poucas universidades em Portugal e no Brasil, inicialmente e especialmente na Universidade de Coimbra, tinha uma visão similar de mundo e de Brasil. Ao argumento ideológico de Murilo de Carvalho, podemos unir o argumento de Felipe Alencastro (2000) acerca do interesse econômico *nacional* como ponto de unificação da elite nacional, cujo principal objetivo, ao longo do século XIX, teria sido a manutenção da Escravidão e do Tráfico de Escravos como base da organização produtiva nacional, na contramão das Revoluções Liberais que ocorriam no mundo. O eixo político-comercial que se formou no Atlântico Sul era tão ou mais importante que o eixo comercial do Brasil com a Europa devido ao enorme peso do Tráfico de Escravos na economia nacional: Escravidão como base da produção nacional e Tráfico de Escravos se retroalimentavam. Como a elite escravocrata era composta pelo pequeno grupo que frequentava a Universidade e ocupava os altos cargos políticos e administrativos, há um encontro entre as ideias e os interesses econômicos, formando-se uma visão similar de Brasil: os

importantes entre esses governos, mas também continuidades importantes. Avanços na construção do SUS e na redistribuição da renda foram fundamentais para o início de uma reestruturação socioeconômica da sociedade brasileira. Este processo, contudo, sofreu um grande revés com a corrosão das estruturas políticas e o ressentimento de uma parcela da população, culminando na eleição de um político de extrema direita para presidente da República em 2018.

argumentos ideológicos encontram-se com os interesses econômicos, forjando um acoplamento entre superestrutura e infraestrutura no pequeno grupo que construiu a unidade nacional após a Independência e lançou a primeira interpretação sobre a formação do povo brasileiro. Até hoje, parte significativa da elite financeira e política nacional apresenta-se majoritariamente como conservadora nos costumes e exploradora do trabalho dos grupos historicamente escravizados e depois excluídos, num país com uma das maiores concentrações de renda no mundo ocidental[138]. A democracia racial é nitidamente uma falácia, uma quimera, uma ideia que serve ao encobrimento e ao recobrimento dos traumas e das verdades históricas sobre o Brasil, contribuindo para manter a estrutura social profunda extremamente desigual do país. A Herança Arcaica e o Triplo Recalque Nacional são a base inconsciente dessa estrutura socioeconômica cultural que nos habita.

---

138 A Síntese de Indicadores Sociais divulgada pelo IBGE em 2020 trouxe estimativas do Banco Mundial com base no Índice de Gini, que mede o grau de concentração de renda nos países. Em 2018, o índice de Gini no Brasil era de 0,539, o que o coloca entre os 10 países com maior desigualdade social do mundo. (Fonte: Agência Senado, publicado em 12/03/2021 e acessado em 25/9/2022).

4. HISTÓRIA DO TEMPO PRESENTE E O EFEITO À POSTERIORI: O que 2022 revela da nossa História?

4.1 — Um olhar para a atualidade — o trauma em diferentes tempos históricos.

Muller & Iegelski (2018) situam o campo de pesquisa denominado *História do Tempo Presente* a partir de uma relação atual com um momento de ruptura no fluxo histórico. Tal ruptura seria marcada por uma catástrofe, uma guerra, um evento traumático coletivo, a "última catástrofe em data" conforme expressão do historiador alemão Heimpel. É importante, considerando a caracterização da *História do Tempo Presente* como relacionada a uma ruptura em um determinado momento do fluxo histórico, afirmar que o Impedimento/Golpe Parlamentar na Presidenta Dilma Rousseff em 2016 e a eleição de Jair Bolsonaro como Presidente da República em 2018 são indícios de uma ruptura, ou pelo menos de uma drástica mudança de direção, em relação ao caminho político-social trilhado no Brasil a partir da Redemocratização e especialmente da promulgação da Constituição Federal de 1988, apelidada de "cidadã" pela ampla gama de direitos e garantias individuais e coletivas que enseja e protege. Compreender este presente a partir de uma visada psicanalítica acerca das sínteses histórico-sociais sobre o Brasil e o Brasileiro/a/x, no momento dos 200 anos da Independência, e 100 anos após a Semana de Arte Moderna de 1922, que tanto contribuiu para a re-velação do Brasil, coloca-se para nós como tarefa premente e relevante, de modo que evitemos, como povo nacional, uma nova ocultação da *nossa verdade histórica*.

A História do Tempo Presente, escrita como História no presente imediatamente posterior aos acontecimentos, se abre ao diálogo com diferentes campos das ciências sociais e humanas, bem como com o próprio jornalismo de boa qualidade.[139] Os construtos teóricos da psicanálise, decorrentes da prática clínica, articulam-se, porém, em um desejo de historicidade, ainda que com uma importante crítica freudiana à linearidade causal. O trauma infantil e originário retorna e retoma o sujeito, e pode ser ressignificado conforme novos eventos ocorrem ao longo do tempo cronológico, ao longo do desenvolvimento progressivo, de modo que as camadas de memória que articulam o presente, o passado e o futuro são modificadas no mesmo intervalo de tempo, ou seja, na dilatação analítica do tempo presente, aquela na qual o analista e o pesquisador conseguem atuar. A ruptura traumática no tempo presente articula-se, na estrutura, com rupturas traumáticas anteriores, numa tendência a repetir aquilo que *corre* inconscientemente nas entrelinhas do discurso, como resíduo mal resolvido dos traumas históricos, daquilo que caiu sob os efeitos do Triplo Recalque Nacional. Podemos exemplificar essa repetição, mais circular e menos retilínea, com os traumas atuais da violência estatal e paraestatal contra os afrodescendentes nas periferias dos grandes centros urbanos, bem como com o assassinato e estupro de indígenas por garimpeiros e traficantes nos confins da Floresta Amazônica. Estes traumas atuais têm um sentido profundo quando analisamos sua ligação com toda uma história brasileira de violência e dor relacionada à Escravidão, na qual milhões de homens e mulheres que eram livres, tinham sua liberdade em seus países de origem, foram escravizados, violentados, explorados, seviciados em nome de uma ordem econômica que foi implementada na Colônia Brasil; e ao Genocídio dos povos indígenas originários, que continuam tendo suas terras invadidas, seus homens mortos e suas mulheres estupradas como há 500 anos no início da Invasão europeia original. Para além dessa repetição da violência histórica, tais traumas ligam-se também com toda uma hierarquia social estrutural da nação, que impõe, seguimos no exemplo relacionado aos negros e aos indíge-

139 Ainda que as chamadas notícias falsas (*fake News*) não possam ser classificadas como jornalismo, é importante frisar que o jornalismo de qualidade é aquele que não cria notícias falsas. Editorias e artigos de opinião envolvem sempre um viés teórico, político, interpretativo em suas análises; porém, a produção de notícias falsas é outra coisa bem distinta de diferenças de interpretação do fato. **Trata-se, na invenção de notícias falsas, de intencionalmente acrescentar à realidade mentiras especificamente produzidas para criar a *fake News* com uma determinada finalidade de atacar uma reputação ou criar um fato político sem base efetiva na realidade, mas relacionado a algum traço imaginário cativante.** Isso nada tem a ver com a possibilidade de se narrar ou interpretar de formas distintas um acontecimento. Na notícia falsa existe a intenção consciente de falsificar a realidade para obtenção de algum ganho e/ou o apagamento de um indivíduo.

nas, um lugar social de menos valia a esses grupos, e ao branco, especialmente ao homem branco, um lugar de mais valia social, pelo mero traço fenotípico, numa espécie de gradação valorativa que caminha do tom da cor da pele mais escuro, o grau hierárquico mais baixo na escala social, ao tom de pele mais claro, o mais elevado. Certamente, quando o preto ou o pardo excepcionalmente destacam-se de seu espaço social originário, eles se tornam "brancos", ainda que mesmo negros famosos e/ou ricos passem por situações vexatórias de preconceito.[140]

No caso da História coletiva, a História de um povo ou de um país, esse tempo presente da ressignificação depende da capacidade dos *analistas* (pesquisadores, jornalistas, professores, intelectuais, artistas e demais formadores de opinião e coletivos organizados) e dos líderes políticos e comunitários de sustentarem o debate, geralmente efêmero e superficial nas redes sociais, de modo a que se possa realizar "construções em análise" (Freud, 1937). Tais construções, ainda que atuais, articular-se-ão com o que retorna do passado e com o que se anseia para o futuro, não como verdade absolutas, mas como verdade possíveis, lógicas, sociais, *verdades históricas* no sentido freudiano de sua conexão com a Herança Arcaica. Os efeitos *a posteriori*, no sentido psicanalítico, possibilitam que os impactos do trauma passado sejam sentidos no presente a partir de uma ressignificação das vivências passadas. Deste modo, a compreensão do passado é ampliada a partir de um efeito atual desse passado, o qual só pode ser sentido em determinado momento do tempo presente. Essas "chegadas a posteriori", repetições históricas diferidas, continuam renovando as possibilidades interpretativas, e o tempo passado tem seu sentido renovado a partir dos acontecimentos no presente. Como esse processo é contínuo, formam-se camadas de memória, mais ou menos traumáticas, as quais com o devir histórico misturam-se, colocando, portanto, um enigma em camadas para o pesquisador. As análises históricas e sociológicas, contudo, também vão se sucedendo e um Inconsciente Historiográfico vai sendo criado conforme as próprias construções, hipóteses e formulações conceituais se sucedem, recortando também o campo próprio da elucidação, na medida em que ocorre uma superação de conceitos, que se tornam obsoletos ou têm seu uso inicial deturpado como no caso da lógica da "cordialidade".

140 Em texto curto e muito bem estruturado, Djamila Ribeiro (2019) nos apresenta conceitos explicativos e exemplos cotidianos do Racismo, bem como formas de atuação antirracista.

Segundo Lohn & Campos (2017), o Tempo Presente não seria "mais um período", como se estivéssemos superando a História Contemporânea, e iniciando uma quinta Idade ou Era histórica. Pelo contrário, uma História do Tempo Presente compreende uma nova atitude metodológica diante dos problemas enfrentados pela historiografia e pela necessidade de formular reflexões que procurem abarcar sociedade e interações humanas que não mais cabem num mapa histórico desenhado pelo século XIX (2017, p. 100). Por não se tratar de um conceito que se antecipe à investigação, a História do Tempo Presente abre-se a atitudes metodológicas diversas e, ainda que muitas vezes inadvertidamente, possibilita estratégias que colocam em causa a necessária discussão sobre o tempo como experiência social e o quanto os fenômenos culturais abarcados pelas investigações historiográficas dependem do reconhecimento das interações entre o que François Hartog (2013, p. 37-41 apud Lohn & Campos, 2017, p. 101-102) chama de "regimes de historicidade". Iniciada como operação histórica, a discussão sobre o Tempo Presente passa a envolver então um conjunto de problemáticas que suscita aquilo que talvez seja a mais notória e sólida dificuldade da narrativa sobre o passado: as diferentes percepções de tempo histórico que se cruzam nos objetos estudados, particularmente aquelas que envolvem o próprio pesquisador. Justamente, temos aqui a conexão entre a História do Tempo Presente e o Triplo Recalque Nacional, pois os historiadores e demais pesquisadores da Cultura Nacional, são atravessados no presente pela mesma estrutura social inconsciente herdada ao longo das gerações, ainda que talvez estejam mais atentos aos efeitos dessa estrutura e as diferentes camadas de Recalques e de Desmentidos efetivados do que o *cidadão médio.* Todavia, como o mapa de conceitos forjado pelas camadas historiográficas sofreu os efeitos do Triplo Recalque Nacional, nas figuras individuais e coletivas de pesquisadores, a História também tem seu Inconsciente Historiográfico atravessando os conceitos, seus equívocos e suas exclusões. Nesse ponto da argumentação, o problema se complexifica, porque os agentes que trabalharam pela elaboração dos conteúdos traumáticos podem formular conceitos e interpretações que abrem clareiras, mas também velam possibilidades. A atenção a este ponto deve conduzir a um olhar atento e crítico acerca dos grandes nortes interpretativos da Cultura Nacional e seu valor como possibilidade de maior conhecimento acerca do Brasil, da Brasilidades e dos Brasileiros/as/xs.

Para Paul Ricoeur (2007, p. 456 apud Lohn & Campos, 2017 p.103), a História do Tempo Presente é "aquela onde esbarram uma na outra a palavra dos testemunhos ainda viva e a escrita em que já se recolhem os rastros documentários dos acontecimentos considerados". O testemunho atual de importantes figuras do país — as diversas falas de membros do alto escalão político-administrativo do Brasil sobre o Racismo, sobre a questão dos povos indígenas e sobre a Ditadura Militar-Civil instalada em 1964 — caracteriza uma *proposta* de revisão histórica, baseada no Desmentido (*Verleugnung*) de acontecimentos notórios e bem documentados da nossa História. O historiador do tempo presente precisa coletar as inúmeras evidências, cotidianas e incessantemente noticiadas, de discursos falaciosos de que não há Racismo no Brasil, de que a Amazônia e os indígenas estão protegidos, e de que a Ditadura de 1964-1988 foi um movimento que salvou o país do Comunismo e que para isso a tortura foi um recurso necessário e justificável. Tal discurso caracteriza-se como um Desmentido por meio da construção de histórias que tentam recobrir toda Herança Arcaica de violência, tortura e assassinato, que se atualiza todos os dias no cotidiano dos brasileiros. Se vivemos uma crise do sistema político-social instalado em 1988, é preciso analisar e compreender rapidamente este momento histórico. Parece-nos evidente que o discurso conservador-reacionário, aglutinado pelo Bolsonarismo, e o ressentimento generalizado que marcou as eleições gerais de 2018, fizeram emergir afetos e pensamentos que estavam recalcados socialmente. Como aponta Emília Viotti da Costa (1998, p. 13-14):

> (...) crises são momentos de verdade. Elas trazem à luz os conflitos que na vida diária permanecem ocultos sob regras e rotinas do protocolo social, por trás de gestos que as pessoas fazem automaticamente, sem pensar em seus significados e finalidades. Nesses momentos expõe-se as contradições existentes por trás da retórica da hegemonia, consenso e harmonia social. (apud Lohn & Campos, 2017, p.104).

A pesquisa sobre a História do Tempo Presente força uma relação diferente da Historiografia com o tempo. É como possibilidade e suporte a esta escrita histórica do presente que a Psicanálise pode emprestar não apenas conceitos, mas um modo diferente e inovador de pensar a temporalidade, uma vez que com a noção de efeito *a posteriori* entende-se que o sentido dos acontecimentos chega sempre depois, conectando de forma não linear, ou seja, numa causalidade complexamente cíclica os eventos do passado distante, do passado recente, do presente e do instante atual. Nesse sentido, pensar os eventos traumáticos da História do Brasil e seus retornos, suas repetições, não tem como prescindir de uma análise atual, a partir dos pontos de repetição mais recentes dos traumas estruturantes da nação: a violência contra os indígenas, a Escravidão e suas consequências, e a violência de Estado com autorização para torturar e matar certos grupos, em certos espaços. Passado e presente se ressignificam simultaneamente a partir do que vivemos no tempo presente; assim, a repetição histórica *faz sentido* em relação ao passado, mas também modifica o sentido deste, alterando o próprio tempo presente e as análises historiográficas clássicas. Esse é o efeito do *a posteriori*, no qual as séries traumáticas vão se influenciando de forma circular, deixando de ser uma série absolutamente linear e os efeitos do passado sobre o presente chegam mais uma vez a partir de velhos afetos sob novas imagens.

São duas derivações a partir do aparato conceitual da Psicanálise que estamos articulando: o modo de relação do tempo presente com os outros tempos, passados e futuros; e as formas de negação dos eventos traumáticos, seja pelo Recalque (*Verdrängung*) que retira do campo simbólico o que não atende aos interesses do poder instituído. O Recalque é, assim, capaz de reordenar a construção histórica inserindo sobre as representações simbólicas uma negação, uma impossibilidade de representação, uma supressão dos afetos envolvidos. Seja ainda, em tempos sucessivos aos tempos dos Recalques originários, pela ação do Desmentido (*Verleugnung*) daquilo que, emergindo como acontecimento perceptível na realidade, encontrou pelos esforços de análise, realizados pelas ciências sociais e humanas e pelas próprias forças populares, uma inscrição histórica. É contra essa construção simbólica, a qual insere no discurso consciente os traços históricos que foram excluídos do discurso oficial pelo Recalque, que uma outra fabricação é realizada, como uma espécie de "história recobridora". Esse recobrimento tem como finalidade manter os efeitos dos recalques originários, impedindo o avanço da consciência nacional e uma transformação da estrutura socioeconômica e cultural. No tempo atual, porém, não é mais possível recalcar o que foi reconstruído e simbolizado pela análise histórica, antropológica e das demais Ciências Sociais e Humanas. Uma vez que o Recalque, como processo que retira algo do campo simbólico não é mais possível, pois os documentos e os testemunhos existentes foram descobertos, organizados e assimilados simbolicamente, então é necessário desmentir o que o processo historiográfico construiu, é preciso desmentir o que não pode mais ser radicalmente excluído da trama simbólica pelo processo de Recalque.[141]

É por isso que há falas, no seio do Bolsonarismo, no sentido de desmentir a gravidade da Escravidão e de suas consequências profundas na estrutura socioeconômica do Brasil; de desmentir a usurpação e o assassinato dos povos originários; e de desmentir a gravidade dos crimes cometidos pela Ditadura Militar-Civil de 1964-1988. Diferentemente do Recalque (*Verdrängung*), cujo efeito é deixar fora do texto histórico os eventos traumáticos, o discurso que efetiva o Desmentido (*Verleugnung*) da História no tempo presente encontra uma forma de dizer que tais eventos existiram, mas não foram bem assim que aconteceram, não foram tão graves, ocorreram de forma distinta do que os historiadores dizem ou não estão conectados com a estrutura atual da sociedade. Trata-se, portanto, de uma desconsideração da gravidade do que ocorreu e segue ocorrendo — evocando Hanna Arendt (1999[1964]), poderíamos dizer que isso leva a uma *banalização do mal*. Poder-se-ia afirmar que se trata, no movimento político reacionário presente na sociedade brasileira, de uma *revisão histórica*, mas a questão é que a (im) postura dessa *releitura* não se caracteriza como construção científica ou sob algum modo racional de pensamento, mas sim como crença, como dogma, como fetiche, em oposição ao discurso científico, racional, analítico, baseado em documentos e hipóteses bem estruturadas e testadas em pesquisas e debates científicos. Os argumentos geralmente são inexistentes ou sem base na pesquisa histórica e social, repletos de *doxa* e desconectados do conhecimento científico, apresentando-se mais como *bravatas de botequim*, mas com a força das paixões violentas e passíveis de usos políticos

A crença dogmática na palavra do líder existe e é real, mas não porque o líder detém um conhecimento científico, fruto de um trabalho de análise, de pesquisa ou de estudo histórico-social. O líder fanático (eventualmente paranoico) sustenta um saber imaginário, que como um fetiche, exerce sua força de refutação da realidade para manutenção de um status quo com menos angústia para os indivíduos que creem. Isso

141 Uma exclusão radical seria possível pela queima dos livros, dos arquivos e das pessoas. Regimes tirânicos fazem isso para impor uma realidade radicalmente distópica. Vemos isso nas obras clássicas de George Orwell, *1984*, e de Ray Bradbury, *Fahrenheit 451*. Claro, também vimos isso no Regime Nazista alemão.

ocorre ao custo, obviamente, da manutenção das violências históricas contra os grupos excluídos e dominados, e no caso da pandemia do adoecimento e morte de muitos indivíduos guiados pela desinformação e pelo negacionismo. Reconhecendo-se ainda com a Psicanálise que uma das principais fontes da angústia para o ser humano é a relação com o diferente de si, diferença que se torna insuportável no caso dos povos colonizados por europeus, por afetar o "narcisismo branco" de uma parcela da população, que não aceita a sua própria miscigenação e o fato um tanto óbvio de que não somos europeus, caucasianos, ibéricos, germânicos, arianos, ou qualquer coisa assim. Esse grupo *especial* de brasileiros resta insatisfeito com a pluralização democrática do país, com a ascensão socioeconômica de pardos e pretos, bem como com o reconhecimento da necessidade de reparação pelos traumas históricos impingidos a determinados grupos sociais, com impactos enormes em sua vida e de seus descendentes até hoje.

A História do Tempo Presente em articulação com a Psicanálise possibilita uma compreensão do presente inovadora, buscando ao mesmo tempo refletir sobre a estrutura profunda, ou seja, o Inconsciente Social Brasileiro, em suas relações com os acontecimentos e discursos atuais. Numa sociedade na qual proliferam imagens, com câmeras espalhadas pelas cidades e nas mãos dos indivíduos, além de imagens de satélite monitorando as regiões mais ermas e distantes dos grandes centros, é impossível desmentir ou falsificar todas as evidências da violência diária contra negros e indígenas, e como essa violência emana por vezes do próprio Estado, que deveria zelar por todos os cidadãos, e não apenas pelos grupos historicamente privilegiados. A dimensão imaginária, contudo, prevalece nas montagens fetichistas: não importa a busca da verdade histórica, pelo contrário, o que está em jogo é o recobrimento da verdade. Um esforço pela História do Tempo Presente é um trabalho fundamental para evitar que sucumbamos sob a força do Desmentido e da consequente adulteração dos arquivos e das memórias. Para isso é preciso abrir o pensamento à diferença, e não se fechar em dogmas e doutrinas marcados pela violência e pela rigidez. Vínhamos nesse caminho da redescoberta do Brasil desde a Redemocratização em 1985-1988 até 2014; contudo, a partir do que inicialmente parecia ser uma abertura a novos horizontes, as manifestações plurais de 2013 e a luta contra a corrupção em 2014, o que se efetivou foi um fechamento reacionário baseado em valores conservadores e eventualmente ultraconservadores. A História do Tempo Presente, munida de uma compreensão psicanalítica acerca dos modos de Recalque e de Desmentido da História, tem muito a contribuir para que o fio de transmissão da experiência permaneça sendo costurado:

> Trata-se de uma postura metodológica que, ao pretender abordar os processos sociais em movimento, conduz ao abandono de formas fixas de descrição do tempo histórico e abre-se para compreender as experiências do passado em suas condições de possibilidade e de imprevisibilidade, privilegiando a ação. É preciso, mais que compreender o presente pelo passado, dotar o passado das características de um presente, em particular a indeterminação, o acaso, as pluralidades e as agências. (Lohn & Campos, 2017, p. 106).

5. O PAPEL DA HISTÓRIA NA FORMAÇÃO DA IDENTIDADE BRASILEIRA:
Um brevíssima reflexão sobre a Matriz Historiográfica Brasileira sob a ótica do Triplo Recalque Nacional

Segundo Nicodemo et Alli (2018), a partir do momento em que a História se estabelece como campo de conhecimento no Brasil, após a Independência de Portugal, mais especificamente no seio do Segundo Império, e durante a chamada *modernização* do Brasil, a disciplina se torna um conhecimento necessário para que se possa fazer a transição do passado colonial para uma pretensa modernidade. Tal transição para a modernidade, que se iniciava na Europa e nos Estados Unidos com as Revoluções Burguesas, revelou-se, em muitos aspectos, indesejada pela elite político-econômica nacional que não apenas patrocinava, mas estava no centro do desenvolvimento das disciplinas sobre o Brasil e a nacionalidade brasileira e especialmente da História:

> A história foi provavelmente o meio mais importante para o debate sobre a modernização já que a principal condição para a modernidade era lidar com o passado colonial como sinônimo de arcaísmo/atraso. Nesse ponto, o conceito moderno de história atinge sua forma sistemática e madura, ancorado na opinião pública. A herança arcaica do passado colonial tinha de ser identificada, estudada e derrotada de modo a abrir espaço para uma nova era. É, pois, possível falar de nacionalização do passado, de um uso programático do passado, de um certo espaço de experiências, todavia marcado por um horizonte de expectativas altamente projetável no Brasil (Nicodemo et Alli, 2018, p.17).

A preocupação com a Historiografia, isto é, com a forma de elaborar e escrever a História, marcaria então uma tentativa de ruptura com as formas anteriores de produção do relato ou análise históricos, consideradas como não-científicas, e que eram, em um certo sentido, amadoras, memorialísticas ou intuitivas. De forma esquemática e bastante resumida, podemos apontar uma distinção entre dois modelos de fazer História no e do Brasil a partir da Independência: um primeiro nascido com a fundação do Instituto Histórico e Geográfico do Brasil (IHGB) em 1838, que era constituído por membros oriundos da elite imperial e tinha como principal foco de estudos e reflexão a questão sobre a constituição da identidade nacional, tema central para a formação dos Estados Nacionais Modernos: o que caracteriza o Brasil e seu povo nacional? Foi esta temática da definição do nacional que estruturou a forma de escrever a História do Brasil naquele momento, com um programa geral cujo objetivo era moldar essa identidade nacional e definir as origens e virtudes do povo brasileiro. Obviamente, este projeto ocorreu sob uma perspectiva específica e bastante restrita da elite imperial (branca, escravocrata, detentora do capital e dos indivíduos escravizados e que se vinculava ao conhecimento cultural oriundo da Europa), influenciada pelos critérios e padrões da História tal qual se desenvolvia na Europa[142] e os respectivos movimentos culturais nacionais naquele continente. A segunda forma para se fazer e escrever a História do Brasil teria surgido, a partir de 1930, com a constituição dos cursos universitários de História. Esta forma se completaria apenas na década de 1970 com a organização de programas de Pós-Graduação em História e a estruturação de pesquisas de mestrado e de doutorado no país (Nicodemo et Alli, 2018, p.40). Teria sido apenas a partir desta década que a figura do historiador do Brasil e a do acadêmico e professor de História se unificariam sob a égide da ciência História. Até os anos 1970, as figuras do professor de História e do Historiador eram figuras distantes, na medida em que a formação universitária em História não era a formação dos historiadores, mas dos professores de História. Quem escrevia a História do Brasil eram intelectuais, e não necessariamente historiadores. Tal situação começa a se transformar justamente com a montagem dos programas de Pós-Graduação e o avanço de projetos de pesquisa bem estruturados e equipes de pesquisadores dedicados.

A questão que nos colocamos é: ao produzir um cânone sobre como se deve escrever a História do Brasil, durante o processo de formação da Nação recém independente, e sobre a configuração de seu

142 E secundariamente a partir do processo norte-americano.

povo nacional, constituiu-se no século XIX, especialmente no Segundo Reinado, uma matriz não apenas para estruturar a escritura da História, mas para explicar a formação do povo nacional brasileiro e definir as suas características próprias, esta matriz historiográfica tornou-se, deste modo, uma espécie de molde não apenas da História, mas da própria nacionalidade brasileira, com repercussões socioeconômicas e culturais estruturantes. Por isso, ainda que não retratasse a realidade e a complexidade do povo em formação, como decorrência de uma série de exclusões e rasuras — **Recalques** —, que só puderam começar a ser analisadas posteriormente, tal historicização *pseudocientífica e elitista* forjada no século XIX e nas primeiras décadas do século XX teve e tem seus efeitos sobre a estrutura político-social-econômica do país até hoje.

Se os estudos históricos mais recentes e a própria preocupação com a história da historiografia brasileira trazem ao debate críticas importantes ao próprio caminhar historiográfico da História do Brasil, o cenário político-social atual, marcado pela apresentação de teses históricas ultrapassadas e muitas vezes equivocadas, pois não se sustentam historicamente diante das pesquisas científicas mais recentes, evidencia que na memória nacional e no imaginário coletivo tais teses, outrora veiculadas como científicas e verdadeiras, ainda têm lugar. Deste modo, podemos afirmar que a História, como ciência e profissão estabelecida no século XX, está distante da História como memória popular e como conhecimento de fato definidor do pensamento dos atores políticos, tanto daqueles mais relevantes em termos das posições na administração pública como dos cidadãos comuns que mantêm a nação viva no dia-a-dia. Certamente, a ampliação da magnitude das pesquisas históricas, em programas de mestrado e de doutorado, vem reaproximando essas dimensões tão importantes: a memória histórica formal e a memória cultural e popular. O contexto atual, contudo, é de uma nova separação entre a História e a produção de memória e a verdade histórica, considerando-se o entrecruzamento entre a produção acadêmico-científica, a produção cultural e a realidade cotidiana, em um país de dimensões continentais, com enorme diversidade regional e uma desigualdade socioeconômica brutal em todas as partes do país, ainda que mais acentuada em algumas áreas específicas.

Deste modo, questões como o continuado extermínio indígena, a violência e descaso com a população negra, que segue seu curso praticamente inalterado após a Abolição (as mudanças são conjunturais e não estruturais) e a tortura e violência de Estado durante a Ditadura Militar-Civil instaurada em 1964 podem ser desmentidos na atualidade, tanto por movimentos políticos importantes como pelo cidadão comum, nas discussões de bar ou nas redes sociais. A produção acadêmica atual no campo da História, ainda muito restrita às universidades e aos círculos intelectualizados, não afeta de forma sincrônica a memória popular nem as estruturas sociais profundas, herdeiras de camadas de memória anteriores, de camadas historiográficas tecnicamente superadas, mas vivas no Inconsciente Nacional e inclusive com a presença de construtos intelectuais importantes na nossa historiografia, os quais portam ambiguidades relacionadas à própria Herança Arcaica. Nesse sentido, muitas vezes camadas anteriores da produção historiográfica são utilizadas para forjar "histórias recobridoras", que são falsas ou pelo menos parcialmente falsas, porém ganham ares de verdade dogmática, de crença, e possibilitam o Desmentido da realidade. Por isso, não se trata no Bolsonarismo das chamadas revisões historiográficas, que decorrem de descobertas documentais ou de propostas interpretativas alternativas baseadas em trabalho científico e projeto político, mas sim de um uso fetichista e bastante simplório de ideias ultrapassadas para construir os recobrimentos de fatos cotidianos no presente. Estes por sua vez possibilitam o movimento reacionário e a manutenção do Triplo Recalque Nacional, contra o qual as forças progressistas, não sem contradições e dificuldades, vinham se articulando a partir da Redemocratização.

Partindo do "Necrológio de Francisco Adolfo Varnhagen" escrito por Capistrano de Abreu, Nicodemo et alli (2018) apontam que, mesmo que Varnhagen tenha escrito com amplitude e buscando unificar a História do Brasil, seu trabalho ficara incompleto nesse sentido — o que era naturalmente de se esperar. O Visconde de Porto Seguro almejava uma História do Brasil escrita por brasileiros, contrapondo-se ou diferenciando-se das histórias do Brasil escritas por estrangeiros, as quais predominavam até então, colocando-se ele como o historiador brasileiro. Continuando e simultaneamente rompendo com a obra de Varnhagen, Capistrano de Abreu aponta as tensões entre a empiria e a interpretação na construção histórica, e também como a História Geral depende de uma teoria que "amarre" os fatos. Nesse sentido, ao se *amarrar os fatos*, ao se construir uma historicidade com uma direção, com uma visão interpretativa, ocorre uma contenção dos significados e uma exclusão de outras análises e significados possíveis. Obviamente, a construção de qualquer ciência é feita com a validação de algumas hipóteses e a exclusão de outras de modo que se produz um recorte do campo científico. No campo da memória, e logo da História e de todas as Ciências que lidam com a Cultura e a Sociedade, contudo, esse processo é científico, mas é também político, econômico e social.

É justamente essa exclusão (Recalque) de conteúdos e significações na estruturação da memória coletiva que nos interessa seguir indagando sob uma visada psicanalítica, pois acreditamos que no seio da matriz historiográfica brasileira estejam formulações conceituais que foram apropriadas e reapropriadas, de formas algumas vezes equivocadas, para definir a estrutura social brasileira e direcionar as políticas públicas no sentido da manutenção de uma sociedade *escravocrata*, muito desigual em termos socioeconômicos, ainda que sob uma pele de modernização e de espelhamento dos avanços legais, em termos de direitos individuais e sociais, ocorridos na Europa ocidental a partir das Revoluções Burguesas, em especial a Revolução Francesa e seus desdobramentos históricos. Camadas de memória se constituíram e reconstituíram com base em Recalques históricos, muitas vezes fortalecidos pelo próprio trabalho dos intérpretes da nacionalidade brasileira. Trata-se, portanto, de uma forma de compreender a *recusa* aos temas centrais da violência brasileira, ainda e após muitas pesquisas recentes evidenciarem tais violências com dados e análises inequívocos (Gomes, 2019, 2021, 2022; Florentino, 2017; Alencastro, 2000; Schwarcz, 2019). Nossa análise possibilita, ao menos em parte, compreender também a força do movimento conservador na sociedade brasileira e a violência contra os indígenas, a negação dos efeitos nefandos e atuais da Escravidão, a negação do Racismo Estrutural, a defesa do uso massivo da violência pelo Estado e do armamento da população civil como forma de solução para os problemas do país e a retomada do Patriarcalismo cristão sob a roupagem neopentecostal. A repetição é farsesca e algumas vezes burlesca, mas ela ocorre no seio de um movimento de massas extremamente relevante, cuja retórica toca em pontos chave da Brasilidade e apresenta-se como reação conservadora diante das transformações socioeconômicas e culturais do país.

Em artigo de 1926, o historiador Alcides Bezerra aponta quem seriam os *founding fathers* da História do Brasil (cf. Nicodemo et al, 2018, p.54 e ss), e de forma que nos chama atenção, ele inclui apenas autores estrangeiros como os *pais* do Brasil: o ilustre poeta inglês Robert Southey; Karl Friedrich von Martius que ganhou o concurso do IHGB sobre como se deve escrever a História do Brasil; e Heinrich Handelmann que, ainda segundo Bezerra (apud Nicodemo et al, p.55), teria escrito a melhor História do Brasil que se conhece. Sublinhamos que são todos homens europeus brancos iluministas — seriam iluminados também? —, e que lançaram as bases, a arquitetura que conforma os modos de contar a História do Brasil e a formação do povo brasileiro. Que seja sempre um Outro a nos fundar, a psicanálise nos ensina, mas isso certamente deixa traços profundos na estrutura de uma sociedade em formação, assim como nos indivíduos tomados singularmente. Vale sublinhar que o artigo de Karl Friedrich von Martius sobre como se deve escrever a História do Brasil — possivelmente por ser este autor um austríaco e situar-se, portanto, dentro do debate de língua alemã sobre a História — é um dos primeiros a trazer o termo historiografia para as produções intelectuais sobre o Brasil. Lembramos que esse artigo venceu o concurso lançado pelo IHGB em 1840, cujo tema era a definição da forma como deve ser escrita a História do Brasil. É a partir das reflexões e estudos sobre a historiografia que começam a surgir relançamentos acerca da História do Brasil. Esse movimento se torna mais forte com o surgimento dos cursos universitários de História, já no século XX:

> Escolher pensar em termos de uma 'historiografia' e não de uma 'história' implicava justamente o reconhecimento desse conjunto de mediações complexas entre passado e presente, que deveria se erigir como pressuposto para um conhecimento histórico viável no século XX. Assim, na primeira metade do século XX, pelo menos na linguagem dos historiadores que se entendiam como profissionais (ou que assim desejavam), certas características da tradição histórica do século XIX deveriam ser profundamente revistas, tais como o nacionalismo, que acabava por condicionar a formação da nação como *telos* da escrita da história, bem como uma visão monolítica do objetivismo metodológico (Nicodemo et al, 2018, p. 67).

Deste modo, com a profissionalização da pesquisa histórica, a partir de 1930 e especialmente com sua consolidação nos anos de 1970, se iniciaria um afastamento mais contundente dessa matriz historiográfica inicial, estruturada a partir do objetivo de se compreender e explicitar a formação do elemento nacional: o Brasil e o povo brasileiro. Nicodemo et al. indicam ainda que o movimento modernista brasileiro, tendo como marco histórico a *Semana de Arte de 1922*, inspira essa ruptura com o elitismo e o patrimonialismo presentes na intelectualidade brasileira, e que influenciou diretamente a escritura originária da História nacional. Neste campo, o exemplo explorado pelos autores é o de Sérgio Buarque de Holanda, especialmente o artigo dele intitulado "O Pensamento histórico no Brasil nos últimos 50 anos" que toma a obra de Capistrano de Abreu "como o ponto inaugural de boa parte dos estudos que viriam a ser feitos naqueles 50 anos — a primeira metade do séc. XX." (Nicodemo et al. 2018, p. 77). Que Sérgio Buarque percebesse em Capistrano uma inspiração para uma escritura da História do Brasil atenta às complexidades e paradoxos nacionais parece-nos legítimo, contudo, essa longa travessia memorial não terá efeitos sobre a práxis social e política sem um enfrentamento dos núcleos do Triplo Recalque Nacional.

A busca por análises mais complexas, com um crescente número de estudos específicos, monográficos, possibilita uma grande ampliação de perspectivas e de detalhamento histórico nas análises. A ideia de uma síntese nacional, fruto de uma elaboração complexa e ampla pela sociedade, continua, contudo, necessária, sob pena que um discurso simples e maniqueísta como o do Bolsonarismo, mas que teve a capacidade de trabalhar com algumas ideias e afetos centrais da Memória popular, lance o Brasil numa cisão não apenas entre grupos políticos opostos, mas com memórias nacionais muito distintas acerca da nação brasileira, com impactos diretos nas propostas de administração do Brasil, bem como na compreensão da diversidade nacional. Nesse sentido, é preciso que o esforço pela elaboração simbólica social continue, e que se evitem os novos Desmentidos da memória e da realidade socioeconômica por meio de ações no presente. Mais do que nunca, **o trabalho pela memória nacional é um trabalho pela justiça social**, e o enfrentamento dos Recalques Nacionais essencial para que possamos encontrar caminhos que conectem a História do Brasil e a Identidade Nacional.

5.1 — O Bloqueio à Modernização no Século XIX: Algumas Causas e Efeitos

Resgatando a obra de Florestan Fernandes (2020) sobre a Revolução Burguesa no Brasil, vemos que, após a Independência, os interesses dos senhores de engenho, barões do café e demais *donos* do Brasil prevaleceram sobre a possibilidade de uma modernização de cunho burguês no país no século XIX. As dificuldades enfrentadas pelo Barão de Mauá em suas iniciativas de modernização e a continuidade da Escravidão até 1888 são alguns dos marcos emblemáticos dessa obstaculização ao processo de modernização burguesa no país. Apontar a existência de democracia racial na primeira metade do século XX, indicar como fez Gilberto Freyre a miscigenação como grande dom do país, ter na *cordialidade* um diferencial nacional como fruto dessa miscigenação sob o mando do patriarca ibérico, a qual lançaria o país e seu povo a um futuro de sucesso e glórias, são grandes encobrimentos da nossa História, formas de matizar os traumas originários de um país estruturado sobre a violência contra as populações autóctones, contra os africanos escravizados, contra as mulheres índias e negras estupradas pelo colonizador europeu, pintando sobre esse horror fundante uma imagem plural positiva e promissora, uma tela multicolor que encobre a dominação e a violência do Senhor de Engenho, do Barão do Café, do patriarca branco de raiz europeia e do próprio Estado e seus braços armados, tanto no Império como na República, enquanto estruturas dominadas pelas elites e seus interesses, atuando de forma desatenta, para dizer o mínimo, à realidade nacional e voltadas apenas para seu umbigo e a manutenção de privilégios e poderes.

A historiografia que se ergue associada à construção política da identidade brasileira, realizada por grandes ensaístas na primeira metade do século XX, forjou-se ao menos em parte como uma "lembrança encobridora", como as que o neurótico ergueu sobre as memórias inassimiláveis e violentas de seus traumas infantis. Se no caso do indivíduo essa lembrança encobridora se forja a partir de traços de realidade, não é diferente em relação ao coletivo de um povo. A etnografia realizada por Freyre (2008), por exemplo, é riquíssima, de uma qualidade talvez inigualável entre autores brasileiros, porém, as suas conclusões são, ao menos em parte, direcionadas por uma estrutura inconsciente profunda, que tem por bases os grandes recalques originários, que nos atravessam a todos como brasileiras/os/xs . A principal implicação social disso é que os afetos associados às lembranças recalcadas continuam clamando por alívio, por um caminho de elaboração e conjuração. Por isso, os conflitos continuam presentes na sociedade e as forças reacionárias, que sustentam o Triplo Recalque Nacional, agem com base na culpa histórica e no ódio dela decorrente. **Quanto maior a cisão psíquica do agressor, maior a violência manifesta atual: é esse o paradoxo do Recalque, acentuado pelo Desmentido.**

Nossas culpas estruturais precisam ser trazidas à tona e transformadas em responsabilidade histórica. Para que a violência social diminua é necessário ter consciência de seus motivos estruturais, é preciso analisar o processo histórico e suas consequências, e não o negar, desmenti-lo ou desconsiderá-lo como vemos importantes agentes políticos da atualidade fazendo. A insistência na negação das questões socioeconômicas estruturais, bem como de seus impactos culturais, e a proposta da solução estritamente individualista (a cada um o seu mérito) e policial — e eventualmente miliciana — para a gravíssima crise social do país é a repetição do que sempre foi realizado no Brasil, desde o período colonial, ou seja, a submissão pela força daqueles que compõem a *classe trabalhadora* mais simples e mais explorada. Os indivíduos que são dragados para o *crime visível*[143] geralmente são oriundos dessa cena miserável, e a violência político-social é consequência do descaso e da quase total falta de amparo social, em áreas específicas de um país que permanece em boa medida *escravocrata* e hierarquizado conforme a cor da pele dos indivíduos.

Em nossa breve observação do percurso da historiografia nacional, podemos ver que com a profissionalização da pesquisa em História, os grandes ensaios de síntese sobre a Brasilidade, que buscavam demonstrar a formação do povo brasileiro e de sua identidade, predominantes até a década de 1930, começam, especialmente a partir dos anos de 1950 a ceder espaço às monografias especializadas. Com isso, nuances e matizes complexificam as tentativas de síntese, bem como os grandes "tipos" e "estruturas" que sustentavam aqueles trabalhos de síntese nacional. Ideias como a da democracia racial, do homem cordial, do país do futuro que unificaria as virtudes do Velho e do Novo Mundos, tornam-se miragens difíceis de serem sustentadas quando submetidas a uma análise criteriosa, não apenas do processo de formação histórico da nação, mas também diante das evidências e análises mais específicas, que apontam para uma complexidade maior, que não apenas não cabe nessas ideias sintetizadoras, mas as coloca em questão. Ao analisarem a produção da grandiosa e importante *História Geral da Civilização Brasileira*, editada pela Editora Difusão Europeia do Livro (Difel) entre 1961 e 1972 e com participação de diversos historiadores profissionais, formados no período de constituição dos cursos universitários de História, Nicodemo et al. (2018) mostram que o maior volume da obra

143 O crime invisível, cometido em escritórios de luxo e gabinetes, é visto de forma diferente pela sociedade.

direcionado ao período do Império e não ao período Colonial, muito mais longo em termos cronológicos, deve-se ao papel da História do Brasil no século XIX como parte de um projeto de construção da ordem nacional, com a definição da unidade e da identidade brasileiras a partir da Independência:

> Assim, o desejo de independência e a aspiração de unidade não podem ser igualados, pois 'não nascem juntas [Independência e unidade] e, por longo tempo ainda, não caminham de mãos dadas'. Esse exercício abre as portas para se compreender que a unificação nacional foi o resultado de uma luta travada durante todo o período monárquico e o principal condicionante de sua dinâmica política, tema que será objeto de várias reflexões ao longo do desenvolvimento da coleção (...) O conceito mobilizado é o de nação, que tende a ser articulado historicamente, de modo que a nação brasileira não é um dado pronto desde o descobrimento do Brasil, mas se constrói historicamente — em diversos níveis a ideia de nação vai sendo socialmente produzida ao longo do século XIX. Por isso, o plano da obra dedica tantos capítulos e volumes ao período. (Nicodemos et al., 2018, p. 135).

Deste modo, com a fundação do IHGB no século XIX, tivemos aquele primeiro grande concurso intelectual, com a finalidade de definir o modo e as bases para se escrever a História do Brasil, e vimos um estrangeiro, Karl Friedrich von Martius, vencer este concurso e definir a estrutura dessa escritura da História, no seio de um projeto político de unificação do novo país, que se erguia sobre uma estrutura arcaica e colonial. Temos então como produto paralelo a esse modelo de História do Brasil que é lançado, e a manutenção pelas elites da estrutura político-econômica do período colonial, a obstaculização de uma possível Revolução Burguesa, que modernizaria a estrutura produtiva e social do país. As elites políticas, que são as mesmas que naquele momento escrevem a História e conduzem a economia e a política, forçando uma centralização artificial ao redor do Imperador no Rio de Janeiro, trabalham pela conservação do modelo de produção colonial baseado no tráfico de escravizados e na plantation, e impedem a implantação de um modelo capitalista burguês no país, com os devidos avanços no campo social, da produção e do trabalho. Deste modo, *nós* seguimos escravagistas e coloniais ao longo de todo o período imperial. O fato de o Brasil ter sido o último país americano a abolir a Escravidão, e a forma como esta foi feita[144], são provas desse atraso, que nos custa muito

144 A discussão principal entre a elite nacional no contexto da Abolição era sobre pagar ou não

caro até hoje. O destino de homens que buscaram a modernização da estrutura econômica e da infraestrutura do Brasil, como o Barão de Mauá (que depois tornou-se Visconde) também evidencia como a elite dirigente nacional trabalhou fortemente pela manutenção do modelo colonial escravagista, que lhe garantia poder, lucros e privilégios, sem qualquer consideração pela enorme massa populacional, especialmente os escravizados, que não eram vistos como seres-humanos, mas como capital e força de tração.

Inequívoco é que o projeto fundador do Brasil no século XIX, baseado na manutenção da estrutura colonial, não foi superado até hoje, apesar dos esforços pela transformação de historiadores, sociólogos, juristas, e eventualmente de alguns políticos, empresários e outros atores sociais na segunda metade do século XX, e especialmente após a Redemocratização. Ao longo do século XX, o Brasil não superou a herança nefasta do século XIX e anteriores, tampouco um novo projeto de país foi efetivado, apesar da Redemocratização, da promulgação da CF de 1988 e dos anos de democracia e da lenta melhoria da qualidade de vida da população nos governos de FHC, de Lula e de Dilma Rousseff, com a estabilização econômica e monetária e a implementação de políticas sociais, além da construção e fortalecimento do Sistema Único de Saúde (SUS) e da ampliação do número de Escolas Técnicas e de Universidades Federais. A vitória do conservadorismo de matiz neofascista nas eleições de 2018, recolocou em cena o *mito* de um Brasil exclusivamente formado e unido ao redor da família tradicional cristã, principalmente nas novas modalidades evangélicas neopentecostais, mas também do católico conservador patriarcal. Neste Brasil reacionário e conservador, a miséria, o racismo estrutural, a homofobia, o feminicídio, o massacre dos indígenas, a exploração sem limites dos trabalhadores informais ou precarizados e dos recursos naturais, entre outros, são questões menores ou mesmo inexistentes. O que importa é a potência patriarcal e a manutenção da dicotomia *Casa Grande & Senzala*, como dimensões sociais definidoras da separação entre cidadãos e sub-cidadãos, entre brancos e negros, entre os "homens de bem" e os outros. A imagética fálica com a constante apresentação de armas, metralhadores, facas e espadas, próteses penianas, motocicletas barulhentas, além da agressividade contra as mulheres evidente no ataque a jornalistas, e na

uma indenização aos Senhores, e não sobre como seria a inserção dos ex-escravizados na sociedade. Tema que até hoje é problemático, vide a resistência e a incompreensão acerca do sentido das cotas para vagas nas universidades ou em concursos públicos.

mais estranha dessas manifestações de potência fálica, um Presidente que puxa um coro de *imbrochável, imbrochável, imbrochável,* em pleno dia da celebração dos 200 anos da Independência Nacional, são as formas de exibição dessa mitologia fálico-colonial, o retorno pós-histórico do Patriarca senhor de escravos cujo *apetite sexual sem preconceitos de raça levou à miscigenação do povo nacional* — nada mais torpe e recobridor das grandes questões sociais e econômicas do Brasil.

A crítica ao modelo colonial e sua herança, e o surgimento de propostas desenvolvimentistas nacionais, especialmente a partir do Pós-Guerra, não foram suficientes para lançar as bases de uma transformação da estrutura profunda da nação, tanto do ponto de vista material como das ideias, ainda que o país tenha erguido um parque industrial importante no período de tentativa de implementação do Nacional-Desenvolvimentismo, grosso modo entre 1937 e 1989. As forças conservadoras conseguiram limitar as reformas socioeconômicas, principalmente no que diz respeito à distribuição de renda e de capital cultural, de modo que a estrutura herdada do período colonial e o Triplo Recalque Nacional se mantiveram fortes, bem como seus efeitos, ainda que alguns grupos de trabalhadores da indústria tenham conseguido ocupar espaços de classe média[145]. Mesmo que no período Vargas os trabalhadores formais tenham sido reconhecidos como detentores de direitos trabalhistas e parte da população tenha sido enxergada pelo Estado, a verdade é que os descendentes de escravizados, os indígenas e aqueles que não se curvaram à tirania do regime de exceção continuaram desassistidos e eventualmente perseguidos pela polícia e pelos jagunços. A informalidade seguiu como tônica na estrutura do mercado de trabalho brasileiro, e o Estado Previdenciário e do Bem-Estar Social existiu de forma muito restrita. Após o interstício democrático de 1946-1964, no qual os militares seguiram empunhando a *Espada de Dâmocles* e mantendo os presidentes sob sua vigilância, com a ascensão de João Goulart, inicialmente eleito como vice-presidente, após a estranha renúncia de Jânio Quadros. Naquele momento, o contexto político-social do país tornou-se mais tenso, tendo como pano de fundo a Guerra Fria, a Revolução Cubana e o alardeado *perigo vermelho*, mas principalmente com as rebeliões no campo organizadas pelas Ligas

145 Por exemplo, os metalúrgicos do ABC e depois D paulista, com a implantação da indústria automobilística, apoiada pelos governos nos anos 1950, 1960 e 1970, que cursou com o desmonte da rede ferroviária e a definição do modal rodoviário como principal modal de circulação de mercadorias e pessoas no país.

Camponesas e com as Reformas de Base propostas por Jango, o fio que sustentava a *Espada de Dâmocles* foi cortado.

O Golpe Militar-Civil de 1964, com a deposição pelas armas do Presidente legitimamente eleito — ainda que como candidato a Vice-Presidente — João Goulart, é um dos momentos centrais da manutenção da estrutura socioeconômica e política do Brasil, contribuindo para a manutenção da pobreza, da desigualdade social e da estratificação do país herdada desde a formação no período colonial. É verdade que durante a Ditadura Militar-Civil, o parque industrial nacional continuou seu desenvolvimento, especialmente em alguns setores como o químico e o aeronáutico, mas a riqueza da nação permaneceu concentrada, e o *bolo* não foi dividido mesmo depois de crescer, predominando a tecnocracia Além disso, com a marcha forçada do II PND durante o governo do Ditador Ernesto Geisel, o legado econômico da Ditadura Militar-Civil de 1964-1988 foi um endividamento externo gigantesco, uma inflação fora de controle e muitas obras inacabadas. Pior do que tudo isso, foi a construção de uma estrutura violenta de repressão política, que atualizou os modos históricos da elite brasileira de prender e torturar aqueles que a ela se opõem, sejam indígenas e negros lutando por liberdade e dignidade ou simplesmente para sobreviver, seja a parte da elite intelectual e dos trabalhadores que não se curvou diante de um Estado de exceção implementado pela força das armas e foi à luta, inclusive e eventualmente armada.

A democracia racial, a miscigenação como aspecto de enriquecimento qualitativo do povo brasileiro, a cordialidade como traço identitário típico, a alegria popular, apresentam-se, portanto, como *memórias encobridoras* no sentido psicanalítico, pois ocultam a inexistência de uma democracia de fato, bem como a violência contra indígenas e negros e o preconceito relacionado à miscigenação, além da presença de projeto ideal de povo baseado na branquitude e na hierarquia social colorista. Quanto à alegria do povo, não se pode dizer que seja falsa, mas usá-la no discurso como forma de encobrir a miséria e a dor deveria ter limites! Se a alegria se torna defesa coletiva diante de condições precárias de vida e de trabalho, essa alegria torna-se um modo de alienação social. Associado a isso, temos o egoísmo das elites nacionais, tanto econômicas como nas castas do serviço público, que quase sempre priorizam a manutenção de seus privilégios de classe em detrimento da modernização e do desenvolvimento social do país. É notória nas tentativas de reformas estruturais no Congresso Nacional, a força dos lobbies, tanto de setores privados como de setores da administração pública, impedindo as mudanças estruturais no país, e geralmente culminando em um aumento do fosso social. Nessa perspectiva, também fica visível que aquelas características nacionais, de um suposto Brasil miscigenado, plural, democrático, que foram herdadas da matriz historiográfica do século XIX, e reforçadas na primeira metade do século XX, mesmo que às avessas, forjaram portanto um mito nacional, que ainda e apesar das revisões e reconhecimentos importantes após a Redemocratização, retorna como força social profunda 30 anos após a promulgação da Constituição Federal em 1988, a qual representa, do ponto de vista político, o ápice na tentativa de transformar a estrutura socioeconômica do país.

***

Apesar da especialização que se forjou com o desenvolvimento da pesquisa acadêmica em História do Brasil, a busca pela síntese, pelo singular coletivo do Brasil e dos brasileirxs continuou e continua presente, especialmente em um momento no qual mudanças importantes na sociedade e no governo federal colocaram, no centro do teatro de operações simbólicas sobre a História e pela escritura da História, um debate intenso sobre as relações entre passado, presente e futuro. Uma arqueologia da escritura da História do Brasil — que pode receber do arcabouço conceitual psicanalítico uma importante contribuição, como propomos, e talvez ir além nessa análise como propõem os autores — é um dos horizontes expressos por Nicodemos et al.:

> Até a velha síntese de uma história nacional retorna como objeto privilegiado. Os tempos são de disputas intensas pelo passado e a dimensão ético-política da escrita da história volta a ser central. Também é hora de pensar nas práticas dos historiadores do passado, incluindo nossos mestres, como práticas arqueologicamente investigáveis. Mas, é hora também de pensar se não é o momento da história da historiografia e da teoria da história irem além. (2018, p. 186)

Seguindo essa proposta, mas de forma breve e articulada à nossa hipótese, lembramos que Capistrano de Abreu referiu-se inicialmente ao seu livro, "Capítulos de História Colonial" como "Breves Traços da História do Brasil" (cf. Prefácio intitulado "Explicação", de José Honório Rodrigues (2000), escrito em 1963). Essa ideia de *traços,* que se entrecruzam e articulam-se formando camadas de memória histórica, conjuga-se bem à nossa perspectiva psicanalítica da memória, com os encobrimentos e recobrimentos sendo também articulados pelos historiadores, sujeitos como todos nós brasileiros ao Triplo Recalque Nacional, à Herança Arcaica Colonial e às disputas de poder em cada temporalidade na arena político-econômica nacional bem como na Universidade. Pensando sobre as lacunas históricas que Capistrano de Abreu aponta no conhecimento e escritura da História do Brasil em sua época, e de como vamos preenchendo essas lacunas conforme nosso conhecimento histórico avança, considerando que a cada momento há uma orientação epistemológica e uma visão político-ideológica determinando a escritura desses novos capítulos da história, mas para além dessas lacunas e de seus recobrimentos documentais, factuais e interpretativos, conforme a pesquisa e a escritura histórica avança, podemos indagar o que resta fora da dimensão simbólica ou como carga afetiva silenciosa dos eventos históricos traumáticos e que é transmitido inconscientemente? Como esses afetos suprimidos vão sendo transmitidos geracionalmente? Na medida em que a memória não é feita apenas de fatos, compostos por imagens, sons e palavras em diferentes modos de registro, mas de afetos, de sentimentos que circulam entre as pessoas que vivenciaram os eventos e legam para seus descendentes, os quais recebem, além das histórias e informações, uma carga afetiva, de dor e/ou de alegria, de medo e/ou de coragem, de amor e/ou de ódio, de culpa e ressentimento, que vai entretecendo essa transmissão histórica da memória!?

Sabendo que a História do Brasil é atravessada pela violência de modo constante e especificamente direcionada a certos grupos populacionais bem caracterizados, desde o extermínio dos povos originários a partir da chegada do invasor português até a atuação contemporânea dos esquadrões da morte e forças especiais das polícias militar e civil nas periferias das grandes cidades brasileiras, desde a escravização e a violência contra os africanos forçados a saírem da África para sustentar a economia colonial até o Racismo Estrutural que se formou nesse processo e se instalou na estrutura da língua portuguesa no Brasil e das instituições sociais brasileiras, pois diante dessa Herança Arcaica, tendo uma história tão violenta, que afetos nos são secularmente transmitidos? Como se dá a transmissão geracional desses afetos, da culpa e da submissão por um lado, e da coragem e desejo de uma vida mais digna por outro!? E as elites socioeconômicas, privada e estatal, geralmente associadas entre si, e que seguem em boa medida atuando (inconscientemente?) pela manutenção de privilégios e do atraso nacional!? E a recente ascensão da extrema direita, ocupando posições relevantes no cenário político nacional, apresentando seu desprezo pelas populações mais vulneráveis, pelos direitos humanos e pelo meio-ambiente? Como reinstalar o debate político democrático e laico no Brasil de modo a resgatarmos nossa História e podermos elaborar nossos traumas coletivos?

Em artigo intitulado "Varnhagen, mestre da História Geral do Brasil", José Honório Rodrigues (2015) considera Varnhagen uma leitura obrigatória para todo historiador do Brasil, sublinhando a relevância de sua obra seminal. "Ninguém pode graduar-se em História do Brasil sem ter lido Varnhagen" (2015, p. 152). Seguindo os textos de Capistrano de Abreu sobre Varnhagen, Rodrigues aponta que houve no trabalho deste historiador um esforço na busca pelo "verdadeiro ponto de vista nacional" (Ibidem, p. 155). A crítica às mazelas do Colonialismo, contudo, acontece apenas marginalmente na obra de Varnhagen, que era um conservador e defensor fiel da Casa Bragança. Importante lembrar que Varnhagen era protegido de Dom Pedro II: "Não é necessário comentar aqui que a parcialidade dos historiadores, mesmo quando não alimentada pelas diferenças de classe, de situação social, de concepção filosófica, de crenças religiosas, pode nascer apenas de um simples motivo pessoal" (Ibidem, p. 161). Rodrigues aponta ainda como, ao longo das reescrituras de sua obra, Varnhagen modificou sua visão sobre Tiradentes, saindo de uma perspectiva depreciativa para outra mais positiva acerca do inconfidente. Nesse sentido, podemos sempre indagar: o que motivou essas mudanças na análise do personagem? Novos documentos? Novas interpretações? Objetivos políticos do tempo presente? Deste modo, "é sempre difícil, em todos os tempos, e não somente na história contemporânea, desengajar-se e olhar o passado desapaixonadamente e com visão crítica" (Ibidem, p. 162).

A ideologia conservadora e colonialista de Varnhagen, associada ao seu repúdio pelo "nacionalismo caboclo" ou "patriotismo caboclo", são consideradas claras e notórias. Deste modo, sublinhamos que o principal historiador brasileiro do sec. XIX, na esteira de Karl Friedrich von Martius e do ponto de fundação da moderna Historiografia Nacional — Iluminista e elitista podemos caracterizá-la —, tem uma perspectiva de análise que hoje podemos classificar como preconceituosa e pouquíssimo atenta as dores e usurpações sobre os indígenas dizimados e muito menos sobre os africanos escravizados. Essa trajetória de análise, que se reforça no discurso geral sucessivamente até as primeiras décadas do século XX, deixa uma marca profunda na busca pela "verdade nacional". Ainda hoje, muitos brasileiros negam a existência do Racismo Estrutural no país, e encobrem a existência desse lançando mão de velhos *mitos científicos* como a democracia racial, a cordialidade, a alegria carnavalesca do povo, ou ainda de preconceitos secularmente infundidos (verdadeiras mentiras!) no nosso imaginário como a "preguiça dos indígenas", a "ignorância dos negros" e a degenerescência dos *tipos híbridos*. Os exemplos singulares que atestariam a ascensão social de negros e de indígenas geralmente são apontados, por outro lado, como provas desse ambiente democrático e plural, de modo que as raras exceções são transformadas em regra servindo também à manutenção da estrutura social profunda baseada na desigualdade como condição da própria economia nacional. Além disso, sob a ideia contemporânea e globalizada de empreendedorismo, atribui-se à luta pelo reconhecimento dos crimes históricos e pelas políticas de reparação a pecha de vitimismo: "não querem trabalhar", "ficam de mi-mi-mi". Este discurso é muitas vezes encampado inclusive por grupos sociais explorados e cada dia mais expropriados, seja pela negação do Racismo Estrutural e seus impactos, seja pela defesa dos novos arranjos cada vez mais flexíveis e socialmente inseguros de relação de trabalho, os quais atendem às intenções dos capitalistas de lucrar cada dia mais, expropriando ao máximo o trabalhador que, quanto mais simples e menos qualificado for, mais explorado é.

A forma inicial como se "ilumina" e é escrita a História do Brasil a partir da Independência é, portanto, colonialista não apenas no sentido de ter sido escrita por indivíduos educados no cânone *iluminista-racista* europeu, mas porque oculta ou ameniza a crueldade do processo colonial. Assim, *essa* História do Brasil atende a interesses conservadores, no sentido da manutenção de privilégios econômico-políticos e de forjar uma unidade nacional desconectada da realidade muito mais complexa, com um propósito mais imaginário do que real, ainda que o Império tenha sido bastante funcional no sentido de manter a unidade territorial do novo país, fortemente ameaçada nas três primeiras décadas após a Independência. O projeto de nação erguido no século XIX, ainda que sob novas roupagens, conforme o vocabulário em voga de cada época e os ajustes conjunturais necessários diante das pressões internacionais, retorna associado a determinados processos autoritários, geralmente relacionado a alguma forma de ruptura institucional no século XX, notadamente nos movimentos de 1937 e de 1964, mas também em 1989 na eleição de Collor de Mello[146], e em 2018 no movimento sociopolítico que culmina na ascensão do Bolsonarismo após o Golpe Parlamentar-Midiático em Dilma Rousseff em 2016. O conservadorismo nacional esteve sempre associado à manutenção de uma estrutura socioeconômica extremamente desigual, que foi estruturada no período colonial, mantida no Império, e que somente se torna objeto de algum debate após o fim da República Velha, estando sempre sujeita à força do Inconsciente Social Brasileiro, cujos núcleos principais forjam-se a partir do Triplo Recalque Nacional. Na sua análise sobre a obra seminal de Varnhagen, Rodrigues mostra como este historiador enalteceu o colonizador português, com raríssimas e pontuais críticas, e rejeitou radicalmente o que chamava de "nacionalismo caboclo":

> Esta ideologia de Varnhagen, que sempre o guiará na própria seleção dos fatos, e na sua apreciação crítica. Seu horror a todo inconformismo, fosse mais rebelde ou não, a facilidade com que denomina todo movimento mais exaltado de anarquista, sua condenação aos princípios democráticos republicanos — são várias suas censuras às macaqueações dos princípios dos Estados Unidos —, sua decidida reprovação a todos os movimentos revolucionários, de gente qualificada ou não, sua ojeriza ao outro lado, à oposição radical, sua inata repulsa às ideias de Frei Caneca, antes de condená-lo, haviam de guia-lo, como o guiaram, a sustentar certos princípios fundamentais que estão sempre presentes em sua obra histórica: o colonialismo, o oficialismo e a rejeição do nacionalismo caboclo. O contexto social de sua ideologia é, como o da sua obra, extremamente limitado (Rodrigues, 2015, p. 168).

146 É interessante que em 1988 o Brasil foi refundado sob uma Constituição Federal de caráter social-democrata, com pilares de bem-estar social bem definidos, e em 1989 foi eleito um presidente cujo discurso era totalmente liberal, bem distante dos ideais da Carta Magna. Aliás, esta falta de acordo sobre as bases do sistema socioeconômico brasileiro é um dos graves problemas da Nova República. Em um momento, o país se movimenta na direção do Estado de Bem-Estar Social de inspiração europeia, com um Estado robusto, pujante e caro; ora se movimenta na direção oposta, com o esvaziamento do papel do Estado e uma tentativa sempre problemática de instaurar um modelo neoliberal no país a partir do modelo norte-americano. Na verdade, o Estado de Bem-Estar chegou ao Brasil num momento que o mundo o questionava, não chegando a ser totalmente implementado, ainda que o SUS seja um marco inegável de atuação positiva do Estado; por outro lado, o modelo privatista-empreendedor nunca se forjou plenamente no país, talvez mais pelas características socioculturais do que pelas questões usualmente colocadas pelos empresários: alta carga tributária e baixa especialização da mão de obra.

Vemos assim que o historiador que traz a História do Brasil para a aurora do século XX é conservador, colonialista, monarquista e contrário ao nacionalismo denominado então de *caboclo*. É verdade que houve todo um revisionismo histórico ao longo do século XX, mas o primeiro arcabouço de Nação foi escrito com base na visão europeia de um germânico, von Martius que venceu o concurso no IHGB, e de um luso-alemão, Varnhagen[147]. Não há dúvida que essa estrutura inicial segue influenciando o que se transmite de geração a geração, não apenas entre os historiadores. A Historiografia, em seus primeiros passos, está a serviço da manutenção dos Recalques Nacionais e do Sistema de Produção Colonial, contribuindo assim para o Racismo Estrutural, a construção artificial da figura do *Índio* e do próprio povo nacional a partir da visão da elite branca, e por fim contrária e crítica dos movimentos libertadores nacionais de qualquer matiz. Até hoje, os que lutaram contra a opressão no Brasil são questionados: Zumbi é questionado! Os jovens que se engajaram contra a Ditadura de 1964 são questionados! E em tempos recentes assassinatos como os de Chico Mendes, Marielle Franco e Bruno Pereira — apenas para citar alguns casos muito conhecidos —, brasileirxs que colocaram a luta pela justiça social acima de seus interesses pessoais e de suas próprias vidas. Sua coragem teve como consequência a morte violenta, em atentados ou emboscadas que tiveram como resposta o silêncio ou até mesmo a simpatia de parte significativa da elite político-econômica nacional.

Sobre Capistrano de Abreu, Rodrigues ("Explicação", 1953) vai apontar que este historiador buscou preencher as lacunas deixadas por Varnhagen e que além dos fatos, Capistrano buscava o "espírito dos fatos". Era leitor de Wilhelm Wundt, um dos pais da Psicologia Social moderna, como uma fonte de conhecimento psicológico, buscando justamente uma compreensão desse "espírito dos fatos" que incluísse a dimensão psicológica. A pesquisa e produção de Capistrano, a partir da obra de Varnhagen, visa, portanto, não apenas preencher lacunas factuais, mas também construir uma compreensão mais ampla dos acontecimentos, incluindo aí o diálogo com a Psicologia. Se Varnhagen retira a escrita da História do Brasil do campo dos sermões e dos relatos de viagens, e produz uma primeira História do Brasil *científica* e articulada dentro de uma proposta intelectual estruturada, Capistrano

147 Francisco Adolfo Varnhagen era filho de um engenheiro alemão e de uma portuguesa. Nasceu em Sorocaba em 1816. Viveu entre o Brasil e a Europa, e ainda que exultasse seu amor pelo Brasil, sua formação intelectual era europeia como era a da elite brasileira de seu tempo.

vai revisar essa História buscando preencher as lacunas e acrescentar o *espírito dos fatos*. Lembramos com a psicanálise que quando o indivíduo ou grupo encontra-se diante de uma lacuna de memória, constrói-se um sobrescrito, um taxado, um palimpsesto. A construção dessas camadas de memória, todavia, não apaga todo o conteúdo que ficou sob a barra do Recalque, soterrado sob as sucessivas camadas mnemônicas e, principalmente, que esses afetos e memórias *perdidos* podem retornar de forma surpreendente no futuro, na geração seguinte. O que o movimento conservador, em curso ascendente no Brasil desde 2014, demonstra é a rearticulação e reativação desse traço estrutural do passado, que estava sob a barra do Recalque, ou seja, estava atuante nas forças sociais, mas sem ser explicitado, fazendo parte das estruturas como se fosse natural. O Racismo Estrutural e o assassinato de indígenas, de negros e de lideranças na luta por justiça social, estavam presentes no Brasil, mas os algozes atuavam, autorizados pelo Inconsciente Nacional, seja nas trilhas estruturais encravadas na estrutura sociopolítica e econômica, seja em espaços de crueldade específicos. No contexto atual, com a produção de Desmentidos da Realidade (*Verleugnung*) em massa nas redes sociais, a perversidade foi sendo autorizada no discurso corrente e afetos e ideias coloniais vieram à tona travestidos de liberdade de expressão e de defesa da pátria.

A historiografia, por sua vez, trabalhou contra e a favor da manutenção dos Recalques nucleares, *re-velando*. Nesse sentido, indicamos que Rodrigues (2015) nos lembra que o revisionismo histórico pode ser factual ou ideológico — será possível efetivamente reconhecer essa diferença? Será possível evidenciar uma revisão que seja meramente fatual? E como entra nesse interjogo mnemônico o ressentimento como afeto predominante nas eleições de 2018? O processo de transformação sociopolítica, em curso a partir da Redemocratização e fundado com a promulgação da Constituição Federal de 1988, significou para os grupos reacionários não apenas um declínio da tirania patriarcal e de sua potência fálica, mas também uma confrontação com os aspectos do passado histórico, e logo da identidade nacional, que ficaram sucessivamente sob a barra do Recalque (*Verdrängung*). O Bolsonarismo se efetiva então como discurso que desmente, no sentido da *Verleugnung* freudiana, as verdades históricas acerca do Brasil que vieram à tona nesse novo período democrático, e vinham sendo coletivamente elaboradas no caminhar da Nova República, com repercussões práticas na ordem socioeconômica e cultural. Por isso, esse movimento reacionário-conservador é também um movimento contrário às bases da Nova República e da Constituição Federal de 1988, e na sua vertente mais radical contrário à própria democracia, em um contexto global de ascensão de totalitarismos e questionamento das formas contemporâneas de representação política. Sob as imagens da moralidade, da tradição cristã e da liberdade falocêntrica, efetivou-se uma recusa da realidade socioeconômica e cultural do país, inclusive acerca de questões do tempo presente como as questões epidemiológicas relacionadas ao combate da Pandemia de Covid-19, com movimentos anticiência ganhando força na sociedade.

Um dos principais estudiosos da historiografia brasileira, Manoel Luiz Salgado Guimarães, aponta que "no plano político cultural a mais importante discussão do Brasil na primeira metade do século XIX [era] o debate sobre a questão da Nação e o caminho para uma integração nacional, tão ampla quanto possível, de todos os habitantes do Estado surgido no ano de 1822" (Guimarães, 2011, p. 26). Ele sinaliza como a definição da "especificidade brasileira" se torna o cerne dos estudos em ciências sociais no país na primeira metade do século XX, especialmente na esteira da Revolução de 1930, quando se iniciava um projeto político de "Brasil Novo", para o qual se impunha um "trabalho sobre o passado". Gilberto Freyre, Caio Prado Júnior e Sérgio Buarque de Holanda são os grandes autores nesse período que, tendo uma perspectiva histórica em suas pesquisas, buscaram "redescobrir o Brasil", conforme o conceito de Carlos Guilherme Mota:

> Esses autores [Freyre, Prado Júnior e Sérgio Buarque] desempenharam um papel fundamental no 'Redescobrimento do Brasil', para utilizar o conceito de Carlos Guilherme Mota, na medida em que suas obras serviram para estabelecer um ponto de partida para estudos acerca do passado de nosso país. Ponto de partida, porque propunham um novo questionamento, o qual estabelecia uma ruptura radical com a tradição da historiografia praticada pelos 'Institutos Históricos'. (Guimarães, 2011, p.27)

No governo de Juscelino Kubitschek, a via de desenvolvimento implementada a partir de 1930, e que tinha como finalidade "promover a independência do Brasil" permaneceu em curso. Segundo Guimarães (2011), neste período prevalecia uma visão de que com a industrialização, um novo Brasil, moderno, urbano e burguês, prevaleceria sobre um Brasil agrário, rural e atrasado. Neste sentido, a luta política no país, na década de 1950, era compreendida como uma disputa entre os poderes do setor agropecuário, representante do atraso e do conservadorismo, e os poderes da burguesia industrial, associados à industrialização e ao progresso. Os grandes líderes populistas do período, nominalmente Getúlio Vargas e Juscelino Kubitschek, conduziriam os brasileiros na direção do Progresso e do Desenvolvimento Nacional. Deste modo, podemos apontar que ao longo do século XX surgiu um projeto desenvolvimentista, que confrontou ou pelo menos contrastou o modelo colonial, de país agrário e fornecedor de produtos primários, baseado no latifúndio, na concentração de renda e no uso de uma mão de obra sem qualificação, escravizada nos primeiros séculos e depois mal remunerada, bastante marginalizada e com pouco suporte social do Estado. O projeto Desenvolvimentista, contudo, teve uma vertente mais preocupada com a industrialização nacional e o crescimento econômico e outra vertente mais voltada para a inclusão social e o desenvolvimento da sociedade. A primeira vertente do projeto de industrialização nacional apenas transportava para as áreas urbanas e para a produção industrial o modelo socioeconômico oriundo da plantation colonial, isto é, a máxima exploração dos estratos sociais mais baixos da população, com a continuada dizimação dos indígenas e a cada vez maior violência contra os negros e pardos, sem a construção de um Estado de Bem-Estar Social Isso ficou evidente, por exemplo, durante a Ditadura Militar-Civil de 1964-1988 quando houve um grande crescimento econômico e a modernização do parque industrial nacional, mas manteve-se a concentração de renda e de capital cultural.

Sustentamos que, mesmo esse projeto desenvolvimentista e de independência nacional, em termos da divisão internacional do trabalho, não tocava de forma efetiva na estrutura socioeconômica profunda do país. Se as classes médias altas conseguiram uma estabilidade maior e um acesso cada vez mais amplo a produtos e tecnologias — mesmo com a economia fechada, os ricos conseguiam importar pagando altas taxas de impostos. Por sua vez, os mais pobres seguiam com pouco suporte do Estado, sem acesso a direitos humanos individuais e sociais básicos e, portanto, sem condições de ascender socialmente. O lema do poderoso ministro da Ditadura Militar-Civil de 1964, Sr. Delfim Neto, que dizia que se devia "primeiro crescer o bolo para depois dividi-lo" revelou-se uma grande falácia, pois nunca houve divisão do bolo — como dizia John Maynard Keynes (1923): "no longo prazo, todos estaremos mortos". Apenas após a estabilização econômica no governo de Fernando Henrique Cardoso e a implementação de políticas de redistribuição de renda e de capital cultural nos governos de Lula e de Dilma Rousseff é que o bolo começou a ser gradualmente redistribuído. Foi principalmente esse processo inicial de distribuição da renda e de reconhecimento da dignidade de indígenas e de negros o que explica, ao menos em parte, a reação conservadora encampada e unificada pelo movimento bolsonarista. Essa reação conservadora e reacionária de parte da sociedade brasileira é, no nosso entendimento, justamente uma reação contra o desenvolvimento social do país e a ascensão socioeconômica de grupos populacionais historicamente relegados a uma posição subalterna ou marginal. Ela é no seu motor inconsciente uma reação pela manutenção da estrutura escravocrata que nos habita de forma transversal-estrutural, e passa pela defesa da força do patriarcado branco associado na atualidade ao neoliberalismo e às falácias do empreendedorismo e da meritocracia. Associado a isso, o conservadorismo torna-se também uma reação contra o progresso no campo dos Costumes, o que acaba atraindo a adesão de segmentos da população manipulados por lideranças religiosas mal-intencionadas, que fundaram igrejas com o propósito de enriquecer e conquistar a mente de indivíduos, num país que infelizmente ainda tem 11 milhões de analfabetos (6,6%), sendo a taxa entre pretos e pardos (8,9%) mais do que o dobro da taxa entre pessoas brancas (3,6%).[148]

Ainda segundo Guimarães (2011), com o Golpe Militar-Civil de 1964 e a sucessiva implementação de Ditaduras Militares em outros países da América do Sul, surge como questão, novamente, o tema da formação dos Estados Nacionais na América Latina. Como compreender o fracasso das Democracias na América do Sul nos anos 1960 e 1970? E, atualmente, como compreender a polarização entre movimentos de Extrema Direita e a Esquerda democrática[149] neste continente? Naquele contexto dos anos 1970, a *Teoria da Dependência* passara a ser o modelo explicativo para a situação da América Latina, tanto "no sentido econômico, bem como cultural e espiritual" (Ibidem, p. 31). Sendo assim, as questões sobre a especificidade do Brasil e de seu povo retornavam

148 Dados da ***PNAD Contínua*** de 2019 conforme site educa.ibge.gov.br acessado em 12/09/2022.

149 É muito esquisita a associação do governo bolivarianista da Venezuela com a Esquerda Democrática, tratando-se de um governo marcado pelo autoritarismo.

sob um novo prisma, e novos sentidos eram extraídos do processo de Independência do Brasil, que deixava de ser visto como um processo decorrente de uma luta autóctone e de um desejo ou necessidade de transformação da estrutura socioeconômica do novo país:

> Para a elite dominante brasileira, cuja base econômica continuou sendo a escravidão até o fim do século XIX, nunca se colocou a necessidade de impor seus interesses por meio de uma transformação socioeconômica da sociedade. A Independência não foi o resultado de uma Revolução, mas, sim, produto de uma negociação com Portugal. Os representantes dessa teoria [da dependência] colocaram em xeque a ligação automática entre Independência e nacionalismo e se encarregaram de observar que, mesmo com a fundação do Estado Nacional, era possível antever certo processo de continuidade. (Guimarães, 2011, p. 32-33)

Deste modo, não teria ocorrido um verdadeiro movimento *nacional* de Independência do Brasil, pois não havia uma unidade de ideias de fato nacionais ou de projeto nacional modernizador burguês para o novo país. Na realidade, o projeto das elites agrárias era manter a estrutura de produção constituída no período colonial, com base na Escravidão e no latifúndio, excluindo-se a intermediação da Metrópole portuguesa nos negócios com os países europeus, especialmente a Inglaterra. Na prática, isso significou, em termos das relações econômicas com o mundo, uma subordinação direta aos interesses capitalistas ingleses e a manutenção do Brasil numa posição servil na divisão internacional do trabalho. Essa subordinação, contudo, não impactava os interesses das elites escravagistas que continuaram a dominar a cena política no Brasil, agora sem a interferência portuguesa. Organizadas ao redor da figura de um Imperador, elas conseguiram não apenas manter a unidade territorial do país, mas estabelecer redes de poder voltadas para o centro do Império de modo a controlar a administração pública e a construção imaginária do Brasil independente e de seu povo nacional.

A Independência com a instauração de um Regime Monárquico, centralizado na figura do Imperador, foi o modelo político mais eficaz para a manutenção da estrutura socioeconômica baseada na Escravidão e na plantation, ainda que tenha sido uma possibilidade circunstancial e muito específica em virtude das guerras napoleônicas e da inusitada fuga da família real portuguesa para o Brasil, em 1808. As sucessivas crises políticas e tentativas de secessão no período Regencial, após a abdicação de Dom Pedro I, atestam que o projeto nacional articulado pelas elites do *agronegócio* não era um projeto organicamente constituído, de modo que a manutenção do território nacional se fez pelas armas. Provavelmente, na ausência de um Império centralizado, a colônia teria se fragmentado em algumas Repúblicas, com uma valorização maior em termos políticos dos projetos, poderes e complexidades locais, num processo mais próximo do ocorrido na América Espanhola. A construção da nação e das características do povo brasileiro, articulada pela primeira vez no período imperial, especialmente no Segundo Reinado, realizou-se de forma bastante desconectada das realidades regionais e locais, e capitaneada por uma elite que se sentia vinculada à Europa e estava voltada para a corte no Rio de Janeiro. Assim, no imaginário nacional construído, os povos indígenas foram transformados nos *índios*, alguns *bons* como Peri, outros tidos como inimigos quando não se submeteram aos desejos do colonizador; e os negros sequer faziam parte dessa imagem de povo nacional, a não ser como elemento a ser apagado, sendo o projeto de embranquecimento do povo nacional uma das principais políticas brasileiras nas últimas décadas do século XIX e nas primeiras do século XX.

Lília Schwarcz (2019) aponta que com a Independência, era preciso inventar a História do Brasil, este novo país que surge como um Império nos trópicos. A historiadora destaca o papel do IHGB nessa invenção do Brasil, e sublinha o concurso proposto por este Instituto com o intuito de que os autores respondessem à indagação sobre "como se deveria escrever a História do Brasil". Como já mencionamos, este concurso foi vencido pelo cientista austríaco Karl Friedrich von Martius. É no artigo vencedor de von Martius que surge o mito da união das três raças sob a liderança do colonizador português, a qual conformaria o povo brasileiro e suas especificidades. A visão de uma monarquia tropical e mestiça culminaria posteriormente na ideia de "democracia racial" cunhada por Artur Ramos, e reforçada indiretamente por Gilberto Freyre, na medida em que este não utilizou a expressão, mas apontou a miscigenação como algo positivo e um tanto idílico. Esta perspectiva destoava profundamente da realidade sociopolítica, num contexto em que havia um projeto estatal de embranquecimento do povo brasileiro e um fosso socioeconômico entre a população branca e os negros ex-escravizados e seus descendentes. Assim, a miscigenação deve ser percebida como positiva, mas isso ocorreu sem que se empreendesse uma crítica efetiva ao modo violento como essa miscigenação se deu, muito menos às consequências nefandas para a parcela preta, parda e indígena desse novo povo miscigenado e historicamente violado e violentado.

Situamos neste primeiro esforço pós-independência de construção da História Nacional e do povo brasileiro um Recalque (*Verdrängung*) estrutural da constituição simbólica do país, pois nesse momento se estabelece um mito coletivo fundamental sobre o brasileiro: o de que somos fruto da união harmoniosa de três raças, cuja miscigenação estaria na base de uma Monarquia Tropical e mestiça, na qual se viveria numa sociedade marcada pela influência do Iluminismo[150] e do Progresso. A montagem simbólica dessa mágica união de três raças marca o Recalque de toda memória que aponta na direção oposta; ou seja, expulsa de nossa memória histórica toda violência empenhada pelos colonizadores para dominar e escravizar os indígenas (que eram muitos, diversos, e bastante diferentes do que se denominou e compactou sob a fictícia imagem do *índio*) e toda violência contra os africanos (que também vieram de diferentes regiões e sociedades da África), desde sua vinda da África nos navios negreiros, sendo tratados como objetos, propriedades, destituídos de seus nomes, de suas famílias, suas histórias, sua Cultura e submetidos à política da chibata. A miscigenação foi fruto muito mais da ausência de mulheres europeias na colônia e da violência sexual do que de uma maior facilidade do português para as relações com mulheres de etnias diversas[151]. Sabemos ainda que muitas vezes tais relações sexuais eram forçadas ou de consentimento duvidoso, uma vez que o Senhor era proprietário do corpo de suas escravas e escravos. O mito da união harmoniosa das três raças para conformar um novo povo é, na nossa perspectiva, uma das memórias encobridoras centrais da história nacional, sendo peça chave na estrutura do Triplo Recalque Nacional. Sob esta narrativa ficam encobertos os séculos de violência e de dominação do conquistador europeu, fazendo parecer que essa miscigenação foi pacífica, cordial, sem dominação e exploração, e que se os negros vivem em condições socioeconômicas degradantes no presente, isso é responsabilidade deles e de mais ninguém.

150 O apagamento das centenas de povos indígenas com a criação de figura imaginária do Índio e a permanência da Escravidão até 1888, com a Abolição realizada em boa medida como resposta àpressão internacional, sem nenhum tipo de política de integração dos ex-escravizados, que foram lançados à marginalidade, mostra que o Esclarecimento da elite brasileira era, como em boa medida continua sendo, apenas "para inglês ver".

151 Existe uma ideia de que os portugueses seriam mais propensos a se relacionar com outros povos devido ao histórico de ocupação da Península Ibérica pelos árabes, que já teria deixado uma marca de miscigenação; ainda que tal assertiva possa não ser errada, a relação com indígenas e africanas era muito mais a opção existente para os homens do que um refinamento estético do desejo. A questão é que sendo as mulheres indígenas e africanas tratadas como objeto, o estupro não era exceção, mas muito provavelmente a regra.

É importante apontar que sobre as ações afirmativas, colocadas em prática a partir dos governos petistas, Lília Schwarcz (2019, p. 37) sublinha que elas decorrem de um esforço de análise e de resgate histórico, os quais evidenciam os grupos que ficaram de fora do processo de formação da moderna cidadania no Brasil. Tais grupos são formados pelos descendentes de indígenas e de africanos, sendo a cor da pele fator decisivo nessa dinâmica social. Até hoje estes grupos, em grande parte, não tiveram acesso ao mínimo de dignidade e de cidadania previstos em nossas leis e em nossa suposta moralidade cristã. Para que uma democracia seja inclusiva é preciso o reconhecimento não apenas do direito cidadão do diferente de mim, mas que a partir da análise histórico-social, se possa elaborar as violências passadas e realizar ações de reconhecimento e de reparação, ao invés de tentar desmentir a evidente herança colonial e seus efeitos no presente. A exclusão social de alguns grupos (indígenas, negros, LGBTQIA+, mulheres) se faz em nome da manutenção da desigualdade e de privilégios historicamente constituídos pela força fálica das armas e do poder econômico, mas que obviamente não foi apresentado ou narrado dessa forma. Pelo contrário, a narrativa encobridora apresenta-se como defendendo valores e características da brasilidade como a união das raças formadoras da nação, a liberdade de expressão e a democracia racial em meio a um país cuja população é alegre, cordial e criativa. Obviamente, esta história encobridora recalca não apenas as violências históricas, mas seus efeitos no presente: negros e indígenas são bem-vindos *se* aceitarem o lugar subalterno que lhes foi definido pelo colonizador e mantido ao longo dos séculos; e se não exibirem excessivamente as marcas culturais africanas ou originárias em termos de religiosidade, estética, e artes em geral, aceitando também a prevalência da Cultura *brasileira de matriz europeia*. Nesse sentido, o domínio da branquitude não é apenas político, econômico e policial, ele é também estético e religioso.

5.2 — A Cordialidade Distorcida como Véu

De forma consoante ao que propomos, Lília Schwarcz (2019, p. 66) critica a interpretação equivocada e generalizada da expressão "homem cordial", a partir da análise de Sérgio Buarque de Holanda em *Raízes do Brasil*. O mal uso da expressão teria derivado de seu sentido inicial, bastante crítico, na direção de algo elogioso: a nossa "cordialidade" brasileira, entendida como uma contribuição do povo brasileiro ao mundo, espécie de novo modo de fazer negócios e de administrar a pólis com afetividade nas relações. A cordialidade se descolou, desta forma, do sentido original como uma mistura dos afetos pessoais na governança da coisa pública, algo que gera privilégios indevidos e abusos de autoridade a partir do "coração" do agente público e do grande empresário, enfim do *Senhor*, para uma visão amistosa do indivíduo brasileiro, que teria na sua cordialidade um diferencial para as relações humanas em geral, aparentando uma capacidade de fazer uma gestão mais humana da cidade e dos negócios.. Cordialidade tornou-se assim um nome técnico para o "jeitinho", para o "você sabe com quem está falando", para o "cunhadismo" e todas as formas de confusão entre os espaços público e privado, da rua e da casa; contudo, é importante lembrar que quanto mais branco e poderoso o homem, mais "jeitinhos" e "autoridade" ele consegue para si e seus compadres sem enfrentar problemas com a lei ao desrespeitar a legítima gestão da coisa pública em nome dos afetos e interesses pessoais.

Na realidade, a cordialidade é a perda da referência à Lei como algo impessoal e que deve ser aplicada de forma pública, impessoal, geral e equânime, em nome de uma outra *Lei* cuja aplicação vai ser diferenciada conforme os laços afetivos e de poder de cada cidadão com as instâncias públicas, políticas e econômicas, e principalmente com as pessoas ocupantes das posições de poder no Estado (do mais alto ao mais baixo escalão), mas também nas relações no mundo privado. Quando Roberto da Matta (1997) aponta a confusão dos espaços público e privado na sociedade brasileira, tendo como resultado mais notório o patrimonialismo, que se expressa como nepotismo, corrupção e outras formas de beneficiar familiares, amigos e aliados, e o transbordamento dessa mistura para todos os espaços sociais e não apenas as instâncias administrativas da pólis, temos um exemplo muito pertinente na sua famosa análise da expressão "você sabe com quem está falando?" e no englobamento do espaço público pela Casa Grande, numa ampliação do alpendre O corolário desse processo de *cordialização* das relações é a hierarquização da cidadania a partir do status social (diretamente relacionado ao fenótipo) e a caracterização da relação com a Lei a partir dos laços afetivos e relações com o poder que cada indivíduo detém. Assim, alguns podem ser multados e outros não; alguns podem ser presos e outros não; alguns podem ser violados em direitos básicos e até mortos, enquanto outros vivem em suas castas de privilégios, muitas vezes alterando a interpretação da lei em benefício próprio ou alterando as próprias leis e regimentos no caso dos "donos do poder". Certamente, a propina e o pagamento de vantagens indevidas fazem parte dessa circulação paralela do poder baseada na afetividade, no elemento cordial, no "jeitinho". O fato notório é que quanto mais poderoso um indivíduo e relevantes as suas conexões sociais, políticas e econômicas, mais *cidadão* e mais conforme as possibilidades de driblar a Lei ele está, bem como na obtenção de *favores estatais* No sentido oposto, quanto mais ordinário o cidadão, mais marginal será sua posição perante os representantes da Lei, e no limite a polícia poderá matá-lo sem maiores consequências como vemos ocorrer sucessivamente nas periferias das grandes cidades, principalmente com a morte violenta, por agentes do Estado, de indivíduos negros descendentes dos escravizados até 1888. A cor da pele entra nessa equação como um dos principais elementos de desvalia de um indivíduo na sociedade brasileira. Deste modo, vemos quase cotidianamente jovens negros sendo assassinados em operações policiais cujas razões e ações inúmeras vezes não são esclarecidas. O que não impediu a construção da imagem de um Senhor afetuoso, mais doce que o espanhol ou o inglês, a partir da sua mobilização *cordial*. Essa visão é extremamente equivocada, pois é justamente a cordialidade que possibilita uma violência ainda mais vil e agressiva, a partir dos afetos de raiva, ódio ou ainda desejo sexual.

Sérgio Buarque de Holanda (2006[1947]) inicia o capítulo de *Raízes do Brasil* sobre o *Homem Cordial* indicando a separação e mesmo a oposição entre família e Estado: "O Estado não é uma ampliação do círculo familiar", mas sim "uma descontinuidade e até uma oposição" (p. 153). A existência do Estado depende, portanto, dessa superação de uma ordem estritamente familiar, pois é preciso que surja uma ordem em que haja um "triunfo do geral sobre o particular, do intelectual sobre o material, do abstrato sobre o corpóreo (...) a ordem familiar, em sua forma pura, é abolida por uma transcendência" (p. 153). Deste modo, a formação do Estado de Direito depende da conformação de uma ordem abstrata e geral, no sentido de sua validade indistinta, de modo que sua aplicabilidade prática não diferencia o parente do não parente, o afetivamente próximo daquele sem conexão afetiva. O funcionamento de uma ordem deste tipo exige do indivíduo uma capacidade de abstração e *neutralidade* na forma de manejar a realidade e os poderes que venha a ter. Holanda invoca Sófocles, na peça em que o dramaturgo grego coloca com maestria o dilema entre a ordem familiar e a ordem estatal,

Antígona, e cita Creonte: "E todo aquele que acima da Pátria/Coloca seu amigo, eu o terei por nulo" (apud Holanda, 2006, p. 154). Deste modo, parente, amigo, concorrente ou adversário estão submetidos à mesma ordem jurídica, ao mesmo arcabouço de normas que rege e organiza o Estado. A efetivação disso depende justamente de uma superação das afetividades por uma abstração intelectual, que se caracteriza pela aceitação de um conjunto de princípios acordados e definidos como regras para o funcionamento público de determinada sociedade: a lei.

Adentrando o terreno da Psicologia e da Antropologia, Holanda menciona como *mães más* seriam melhores do que *mães boas* quando se trata de educar os filhos para a vida em sociedade. O historiador avalia que o excesso de proteção e o favorecimento por parte dos pais poderia levar a formação de psicopatas, enquanto órfãos tenderiam a sair-se melhor na vida em sociedade no sentido da aceitação da ordem legal. A iniciativa individual e a justa concorrência entre cidadãos dependeriam, assim, da inexistência desse lugar de filho favorecido na sociedade — ou seja, o filho do senador, do desembargador, do general ou do banqueiro deveriam ser tratados como o filho de um cidadão comum, o qual não faça parte dos poderes estatais ou econômicos, ou ainda que estivesse a eles conectados pelas relações de compadrio, independentemente ainda de sua cor de pele e etnia. É neste ponto do texto, que o historiador começa a discutir como, no caso brasileiro, a criação de um espaço público separado do espaço privado mostrou-se muito difícil, e como o patrimonialismo é preponderante na organização do Estado brasileiro tornando inexistente ou fraco o princípio da impessoalidade que deveria orientar a ação dos agentes públicos:

> Não era fácil aos detentores das posições públicas de responsabilidade, formados por tal ambiente [patriarcal], compreenderem a distinção fundamental entre os domínios do privado e do público. (...) Para o funcionário 'patrimonial', a própria gestão política apresenta-se como assunto de seu interesse particular. (Holanda, 2006, p. 159)
>
> (...)
>
> No Brasil, pode dizer-se que só excepcionalmente tivemos um sistema administrativo e um corpo de funcionários puramente dedicados a interesses objetivos (...) Ao contrário, é possível acompanhar, ao longo de nossa história, o predomínio constante das vontades particulares que encontram seu ambiente próprio em círculos fechados e pouco acessíveis a uma ordenação impessoal. (Ibidem, p. 159-60)

Invocando a expressão cunhada por Ribeiro Couto, Sergio Buarque começa a discutir, com esse pano de fundo do Estado patrimonialista, a noção de "homem cordial", apresentada como uma "contribuição brasileira para a civilização" (Ibidem, p.160). O autor nos esclarece a origem do termo e de como não se trata para ele, em sua análise, de um a avaliação moral do "homem cordial", de uma questão da cordialidade como bondade ou generosidade, **porém do predomínio dos sentimentos sobre as leis e regras nas relações públicas, gerando ou "benevolência" ou "hostilidade"**, o que nos lembra o dito popular "aos amigos tudo, aos inimigos a lei". Na verdade, trata-se com o *agir cordial* de beneficiar os afetivamente próximos, aqueles com quem se tem amizade ou interesses comuns, por laços de sangue ou de compadrio, e de hostilizar aqueles que são externos ao círculo de relações pessoais, remetendo os diferentes e/ou distantes de si, tomados muitas vezes como inimigos pessoais, à aplicação mais severa da lei. Ora, se a formação da esfera pública de um Estado que deve realizar a justiça com base em princípios lógico-abstratos, depende de um funcionamento ritualístico e apartado do mundo do "coração", por que o "homem cordial" seria a contribuição do Brasil para a civilização? Especialmente quando Holanda nos lembra que "cordialidade" nada tem a ver com "civilidade" — muito pelo contrário —, estamos, quando no campo da cordialidade, na esfera de uma "ética de fundo emotivo" (Ibidem, p. 162), o que certamente nos afastaria de uma ética pública impessoal, baseada em princípios abstratos e definidos para o bem coletivo e social. Segundo o autor, até mesmo o culto religioso no Brasil seria dominado pelos sentimentos e pelos sentidos, sem a presença dos aspectos de solenidade fria e estritamente ritualística. Nesse sentido, indagamos se a cordialidade nos libertaria de um excesso burocrático ou de uma solenidade esvaziada pela ritualística, trazendo ao ambiente público um mundo de mais expressão, menos frio e mais afetivo, menos desencantado? Ora, e por que isso seria positivo para a sociedade brasileira? De que forma? E mais além, por que o brasileiro precisou acreditar nisso, independentemente de contribuições efetivas ao mundo civilizado? Por que transformamos uma crítica ao nosso excesso de afetividade na condução da coisa pública e dos negócios em um elogio à Brasilidade, em parte essencial de nossa identidade nacional? Como formar uma administração da coisa pública e dos negócios, que seja mais racional e justa, sem esvaziar de afetividade as relações sociais que se travam no escopo institucional e político?

A partir da mistura do espaço familiar com o espaço público, dos afetos pessoais com a aplicação impessoal da lei, constituiu-se, de um ponto de vista mais amplo, uma sociedade clivada entre aqueles para os quais existe uma lei cruel, que é aplicada de forma severa e muitas vezes excessiva e fora-da-lei, e aqueles (os donos do poder, os mandões, os homens de bem, os ricos, seus familiares e apadrinhados) que estão acima da lei ou indiferentes a ela devido ao seu lugar na estrutura de poder e às suas relações com pessoas ocupantes de posições na hierarquia estatal ou detentores de grande capital[152] (temos diversas camadas dessas relações pessoalizadas com a lei, marcadas pelo patrimonialismo, pelo personalismo e pela cordialidade no seu sentido originário: o coronelismo, o clientelismo, o cunhadismo, entre outras). A cordialidade, portanto, ao se transformar numa virtude nacional, falsificada como espécie de humor nacional gentil e pacífico, torna-se *história encobridora* para uma sociedade em que a lei é aplicada de forma diferente para cidadãos que são hierarquizados em sua cidadania conforme a cor da pele, o gênero e o patrimônio. Isso ocorre na direção de que a lei seja mais severa e violentamente aplicada quanto mais escura a cor da pele e mais pobre e desamparado for o indivíduo, o que costuma caminhar junto como herança nítida da Escravidão e da ação do Patriarcado Senhorial. A lei é aplicada severamente quando contrária a eles (negros, indígenas e dissidentes morais ou políticos), e inexistente ou desconsiderada quando deveria protegê-los. Vemos um exemplo de acentuação disso quando autoproclamados *cidadãos de bem* escrevem, em suas postagens nas redes sociais, lemas como "direitos humanos para humanos direitos"; fica implícito aí que os tais cidadãos de bem (*humanos direitos*) são homens brancos das classes médias e altas da sociedade, que se reconhecem como Senhores, e "humanos não direitos" são todo o *resto* que se diferencie pelos traços fenotípicos, mas também pela visão política, pela posição na escala econômica, pela religiosidade e pela orientação sexual.

Negros e indígenas não têm, de saída e desde a origem, o mesmo tratamento e/ou posição social e político que brancos, constituindo-se como excluídos da cidadania, mesmo quando mais recentemente a Lei expressamente os inclui de forma específica ou busca reparar dívidas his-

152 É verdade que se pensamos em termos da microfísica do poder foucaultiana, reconhecemos que esse modelo da cordialidade se aplica em qualquer contexto no qual alguém exerça poder conforme os laços afetivos, do Presidente da República ao guarda de trânsito. Assim, tanto o primeiro como o segundo, dentro dos limites de sua atuação, podem proteger seus *filhos e afilhados* da aplicação impessoal da Lei.

tóricas como no caso dos negros, indígenas e quilombolas. Quando, nas últimas décadas, os avanços na pesquisa histórica e na análise sociológica começam a apontar esses *recalques históricos* e *desmentidos da realidade* de forma veemente e inquestionável, e as políticas públicas começam a se efetivar no sentido do reconhecimento das violências e degradações históricas e da promoção da devida reparação histórica, emerge com muita força na sociedade o movimento social conservador, reacionário, e algumas vezes violento, que culmina na vitória do Bolsonarismo em 2018. As ideias centrais desse movimento político-social incluem: a recusa dos efeitos do Racismo Estrutural na sociedade brasileira e da consequente necessidade de reconhecimento e reparação históricos; a recusa da existência e dos efeitos do Genocídio Indígena, com impactos atuais gravíssimos; e a tolerância, ou até mesmo a validação, da tortura como modo de ação policial-militar. Elogios, em mais de uma ocasião, ao Coronel Brilhante Ustra, denunciado por suas vítimas como torturador do DOI-CODI durante a Ditadura Militar-Civil de 1964-1988[153], são um exemplo desse Desmentido (*Verleugnung*) da realidade histórica efetivado pelas lideranças bolsonaristas e seus seguidores. Não há dúvida que os casos de corrupção revelados pela Operação Lava-Jato, uma operação que inicialmente aparentemente cumpria seu papel de combate à corrupção, mas que se revelou contaminada por ilegalidades e por abusos de poder, tiveram um peso nesse processo político-social que culminou na ascensão de um político autoritário e reacionário como liderança nacional, pois a corrupção é um dos temas que mais mobiliza os arautos da moralidade nacional (muitas vezes, eles mesmos corruptos). O combate à corrupção não foi, contudo, a causa principal do movimento conservador que veio à tona na sociedade brasileira, servindo mais como *ideia-boia* que atraiu para a superfície e congregou as forças inconscientes nacionais, soldadas pelo ódio e pelo ressentimento, afetos que também cabem no campo do "homem cordial", no sentido original da expressão. Trata-se, assim, neste processo político, da ascensão do conservadorismo mais reacionário a partir da movimentação e emergência de *forças socioafetivas profundas*, articuladas ao redor da Herança Arcaica Brasileira e do Triplo Recalque Nacional.

Em relação à ideia de *cordialidade*, nossa hipótese é que para o brasileiro essa visão de si como cordial, como gentil, como humanizado

153 Como amplamente divulgado pela imprensa, e referenciado por nós por reportagens de diferentes veículos da mídia nacional e internacional ao longo desse escrito. Ver nota de rodapé 22.

pela prevalência dos sentimentos, por uma espécie de "nobreza afetiva" serviria — junto com outros encobrimentos — para recalcar (*Verdrängung*) a memória história, e para desmentir (*Verleugnung*) a percepção de nossa sociedade extremamente violenta e desigual. Não cuidamos dos ex-escravizados após a Abolição, largando-os a própria sorte e os explorando como mão de obra barata de 13 de maio de 1888 em diante. Exploramos ou matamos os povos originários desde 1500, muitas vezes por meio de epidemias ou pela destruição do meio-ambiente, da floresta. O sentido da "cordialidade" é o de um Estado que é historicamente gerido como "coisa de famílias", marcado pelo clientelismo, pelas trocas de favores entre amigos e compadres, estruturado em redes políticas que vão de Brasília aos municípios mais distantes da capital, estabelecendo um uso predominantemente pessoal e familiar da coisa pública como vemos, para ficar no período republicano, desde a Política dos Governadores, no início da República Velha, ao Orçamento Secreto estabelecido na Câmara dos Deputados a partir de 2020. Onde está a cordialidade no sentido de cuidado com o próximo, de gentileza, de empatia? Esta versão da cordialidade é apenas um véu. A cordialidade existente é aquela que é exercida no sentido do patrimonialismo e do uso da função pública e do poder econômico para o benefício particular, e definitivamente não se trata de uma contribuição positiva da cultura brasileira para o mundo.

A cordialidade, portanto, integra-se ao mito de uma brasilidade muito positiva, marcada pelo adjetivo "cordial" no sentido mais imediato e simples da palavra, ou seja, que remete à gentileza, à simpatia, aos afetos do coração humano. Em realidade, na escrita da formação da nação brasileira e do indivíduo brasileiro/a/x, tal ideia serve como uma "lembrança encobridora" no sentido freudiano, como uma memória falsa construída pela criança para recobrir lacunas históricas que se formaram nos pontos de Recalque (*Verdrängung*). A memória falsa certamente ancora-se em algum traço da realidade, mas justamente para distorcer ou apagar o aspecto insuportável dessa realidade. O *Homem cordial* brasileiro encobre o Senhor de escravos, o Patriarca que se assenhora do Estado e da Lei, o político corrupto, o rentista especulador e o empresário ganancioso e explorador, de modo que não haja a separação fundamental entre a vida privada e a vida pública, e que a dominação decorrente de séculos de violência e de escravidão siga seu curso, com a marca estrutural desse encobrimento. Sobre essa estrutura histórica de violência e de hierarquização social implanta-se como camuflagem uma falsa ideia de cordialidade, não apenas para que o Senhor siga oprimindo, mas para que o oprimido se apegue a algo que o deixa menos à mercê da violência, desde que aceite a afetividade do senhor: tudo isso erguido com um ganho narcísico em relação à identidade nacional, somos um *povo alegre e cordial*! Estaríamos, assim, entregando ao mundo um novo modo de pluralidade social, de empatia nos negócios, a possibilidade de uma modernidade menos desencantada e mais tolerante — ora, nada mais falso, infelizmente. Talvez, quando pudermos elaborar a nossa Herança Arcaica e atravessar os efeitos estruturais do Triplo Recalque Nacional possamos realmente forjar uma nação plural de fato, ou seja, com cidadania para *todes*[154].

***

Não há sintoma social que se mantenha sem modos de encobrimento e contenção das forças sociais, e a memória tem um papel central nessa dinâmica dos afetos-históricos. Refletir sobre as relações entre a forma de escrita da História e seus efeitos de encobrimento e manutenção da estrutura social, bem como a possibilidade oposta, da escrita da História contribuir com a elaboração das memórias profundas e a conquista de si (como povo nacional) é o que intentamos apontar com este trabalho. Em relação ao indivíduo, Freud (1923) dizia que era necessário que o Eu (*Ich*), a parte consciente de si, a instância responsável por organizar as memórias acessíveis e narrar a própria história, conquistasse o Isso (*Das Es*), ou seja, aquilo que dentro de si, seja como caldeirão afetivo, seja como memória arcaica ou recalcada, permanecia obscuro, estranho, inconsciente, distante e incontrolável para a consciência. O Isso nos chega pelo Outro, transportado pela linguagem, pelas estruturas político-sociais e econômicas e talvez pela genética, associado ao conteúdo da herança arcaica, que propomos no caso brasileiro ter sua estrutura central formada pelo Triplo Recalque Nacional, transmitido de geração a geração, com encobrimentos e recobrimentos na memória nacional. Nesse sentido, a historiografia *age* como o Eu, buscando articular os acontecimentos, elaborar os afetos, alcançar construções de memória mais claras e amplas, favorecendo o autoconhecimento, mas também recalcando (*Verdrängung*) e desmentindo (*Verleugnung*) o que não consegue elaborar. Isso nos leva ao problema ético-epistemológico do que se entende como verdade e como verdade histórica possível. Somente por meio desse debate podemos, contudo,

154 As discussões sobre a linguagem neutra ainda não nos permitem saber se a Língua a incorporará à Gramática, mas como manifestação política, ela existe e tem sua razão de ser numa sociedade onde o homem branco ocupa a maior parte das posições de poder e concentra a maior parte do capital.

adentrar a estrutura profunda da sociedade brasileira e contribuir para sua transformação na direção de uma sociedade mais lúcida acerca de sua formação, de seus traumas históricos e os efeitos destes no tempo presente. Sem recorrer ao conceitual psicanalítico, porém escrevendo de uma forma em relação à qual os psicanalistas poderiam algo dizer, Lília Moritz Schwarcz aborda a capacidade de esquecimento da História, de uma forma que dialoga bem com nossa reflexão:

> A história costuma ser definida como uma disciplina com grande capacidade de 'lembrar'. Poucos se 'lembram', porém, do quanto ela é capaz de 'esquecer'. Há ainda quem caracterize a história como uma ciência da mudança no tempo. Quase ninguém destaca, no entanto, sua genuína potencialidade para reiterar e repetir. E a história brasileira não tem como escapar a essas ambiguidades fundamentais: se ela é feita do encadeamento de eventos que se acumulam e evocam alterações substanciais, também anda repleta de seleções e lacunas, realces e invisibilidades, persistências e esquecimentos. Além do mais, enquanto na sucessão cronológica do tempo destacam-se as alterações cumulativas, marcadas por fatos e eventos isolados — alterações de regimes, golpes, mudanças econômicas, sociais e culturais —, não é difícil notar a presença de problemas e contradições estruturais que continuam basicamente inalterados, e assim se repetem, vergonhosamente: a concentração de renda e a desigualdade, o racismo estrutural, a violência das relações, o patrimonialismo. (Schwarcz, 2019, p.223-224).

5.3 — Sobre a relação entre o Romantismo e a formação da Identidade Nacional do Brasil

Em relação aos povos indígenas, que já ocupavam as terras que vieram a conformar o Brasil antes da chegada dos portugueses, vale sublinhar que a figura abstrata do *índio* só aparece com alguma potência heroica, na reflexão sobre formação do povo brasileiro, com o movimento cultural chamado Indianismo, no século XIX. Esse movimento foi apoiado e produzido pela elite imperial branca e caracterizada por uma visão de mundo europeia. Essa elite buscou construir um imaginário nacional para o país recém independente, e precisava literalmente colocar os povos indígenas na *fotografia* do povo nacional. O *índio* — diferentemente dos indígenas reais — foi, portanto, uma invenção dos brancos no momento histórico em que foi necessário construir uma identidade nacional para a nação. Assim, no campo da produção artística-cultural, a figura do *índio* foi construída, no bojo desse projeto de construção da Identidade Nacional, fomentado no Segundo Império e apoiado pessoalmente pelo Imperador Dom Pedro II.

A construção imaginária do *Índio* apagou a existência e o massacre de centenas de grupos indígenas que habitavam as terras conquistadas pelos portugueses e demais europeus. Viveiros de Castro (2017) sublinha que o termo *Índio* foi como os portugueses nomearam os diferentes indígenas com os quais foram tendo contato ao longo da conquista do território brasileiro. Esta nomeação teve como base um equívoco geográfico, a ideia inicial dos portugueses de que se havia chegado às Índias. A invenção do índio no século XIX fazia parte de um projeto intelectual de submissão e aculturação dos indígenas, que já vinham sendo atacados e mortos ou convertidos desde 1500. Ao resistirem à aculturação, ao manterem uma relação outra com a terra e com o território, ao recusarem o lugar de escravizado ou de proletariado explorado, os indígenas, como primeiros "involuntários da pátria", mantêm sua especificidade e luta, apesar das forças socioeconômicas, políticas, históricas e culturais ***brasileiras*** que sucessivamente submetem todos que não aceitam simplesmente o domínio ***estrangeiro***, a servidão e a morte. Em termos psicanalíticos, sustentamos que a criação da memória acerca do *índio* caracteriza o Recalque não apenas da existência de diferentes povos indígenas, mas da violência com que foram atacados, expulsos de suas terras, submetidos a outros costumes e religião, escravizados e mortos num dos maiores genocídios da História da Humanidade, que eventualmente segue em curso.

Após a Independência, ocorreu no final do período regencial, mas especialmente no governo de D. Pedro II, o Indianismo, movimento cultural patrocinado pelo Império, cujo objetivo era apresentar o *elemento indígena* como parte formadora e integrante do Brasil e de seu povo, incluindo-o na fotografia nacional. Nesse movimento, a complexidade das centenas de povos e culturas indígenas existentes no território brasileiro foi reduzida ao imaginário achatado acerca do *Índio*. Desta forma, é forjado um heroísmo indígena a partir da visão do conquistador português: trata-se de enaltecer o *índio* que se torna aliado do português, na conquista e no desbravamento das terras nacionais, em oposição aos *índios maus e preguiçosos* que não se submeteram à espada e ao altar. Surpreendentemente, este *índio* imaginado pela elite imperial para compor o povo brasileiro é portador das características do fidalgo medieval europeu, como fica evidente numa das principais obras desse período, *O Guarani*, do escritor e político conservador José de Alencar. Peri, o índio-herói surpreende os portugueses por possuir virtudes que eles não esperavam encontrar num silvícola como a hombridade, a lealdade e a devoção. O amor de Peri pela filha do patriarca português, Ceci, representa essa submissão apaixonada que ao final do romance, após guerras e dilúvios, deixa entrever a miscigenação. Na realidade, o processo de colonização não foi tão heroico e idílico assim, como sabemos.

O momento da criação do IHGB (1838), que teve como função principal fundar as bases historiográficas do Brasil independente, coincide com a época das primeiras publicações do Romantismo brasileiro, cuja missão literária central, mas também política, era expressar o elemento nacional de forma autêntica. Assim, se o IHGB e seus membros buscavam debater e escrever de modo profissional a História do Brasil, os autores românticos ansiavam por criar uma literatura verdadeiramente brasileira, que apresentasse os heróis nacionais e a gloriosa formação da nação. Havia de saída, porém, uma contradição: o estilo não poderia estar fora do mundo civilizado, ou seja, não poderia ser forjado fora dos padrões estéticos europeus; por isso, uma série de aberrações como as caracterizações medievais dos índios brasileiros, numa heroicização que, observada com o devido cuidado, surge mais como uma concessão do patriarca ibérico-brasileiro do que como um reconhecimento de fato de uma brasilidade indígena. As culturas indígenas, que na sua *originariedade* não seriam brasileiras, posto que mais antigas do que o Brasil, foram e continuam sendo atacadas e destruídas. Mesmo os missionários jesuítas, que buscaram se relacionar de forma menos violenta com os indígenas, almejavam catequizá-los e dominar as suas mentes. De todo modo, o Indianismo é uma *expressão nacional* no momento mesmo da fundação da nação brasileira. Valentim Facioli (2011) nos lembra ainda que as primeiras publicações românticas ocorreram no período Regencial, momento em que a unidade nacional do Brasil estava em jogo, poucos anos após a Independência:

> O marco inicial desse período [Romântico] foi o lançamento dos *Suspiros Poéticos e Saudade*, de Gonçalves de Magalhães, em 1836. O início desse movimento [Romantismo brasileiro] coincide com o período que se segue à Independência, as Regências — fase de cerca de dez anos que vai da abdicação de dom Pedro I à proclamação da maioridade de dom Pedro II. (Faciolli, 2011, p.9)

Deste modo, o Romantismo surge no Brasil diretamente associado ao projeto de constituição do Brasil como país independente, de manutenção do território continental e de afirmação das características próprias do novo país refletidas por seu *povo único*. A nova nação precisava de uma literatura (de uma produção cultural)[155] própria que expressasse sua essência, que manifestasse as características nacionais, o próprio do indivíduo brasileiro e do povo brasileiro. Se o IHGB procurava estabelecer as bases para a escritura da História do Brasil, e por isso em 1840 lança um concurso sobre como se deve escrever a História do Brasil, o Romantismo buscava o elemento típico nacional; porém, da mesma forma que os escritores da História, nossos escritores românticos encontraram sua forma, estilo e conteúdo artísticos no modelo europeu. Assim apagaram os indígenas e criaram o *índio fidalgo*, bem como o *índio indolente*. Tanto a História do Brasil como o Romantismo Brasileiro são tributários, na origem, de um olhar europeu ou sob influência europeia, o que terá impactos profundos sobre a maneira como a consciência e o imaginário nacionais foram forjados:

> Esse projeto romântico consistiu em dotar o país de uma literatura que expressasse aquilo que tínhamos de típico, de nacional, de nosso, que fosse diferente de qualquer outro país. Ao mesmo tempo, pretendia-se fundar uma literatura que pudesse ser comparada, sem desvantagens, a qualquer outra dos países europeus. Assim, nossos escritores românticos sentiam-se vivendo uma importante missão: demonstrar, também pela literatura, que o Brasil era um país civilizado e evoluído, à altura de ser comparado aos da Europa. (Facioli, 2011, p.9)

É preciso notar como sublinham Facioli (2011) e Bosi (2006) que havia, porém, uma grande diferença entre as sociedades europeias do século XIX, com as Revoluções Liberais em curso, e a sociedade brasileira, ainda agrária e escravagista, organizada ao redor dos Senhores de engenho e dos Barões do café, que tinham um poder senhorial praticamente autônomo em seus latifúndios. A elite letrada era pequena se comparada ao total da população, que era composta por apenas de 15 a 20% de alfabetizados (Facioli, 2011) e em grande parte — aproximadamente um terço — por pessoas escravizadas. Nesse sentido, tanto o projeto de História do IHGB como o Romantismo foram erguidos por um grupo de indivíduos que não conhecia e não queria conhecer de fato

155 Incluindo aí a música, a pintura e o teatro, além da poesia e da literatura.

o Brasil (com raras exceções), mas que detinha o capital financeiro e o capital do conhecimento civilizado, ou seja, europeu. Até hoje as *elites nacionais* parecem conhecer muito pouco o Brasil, mergulhadas nesse imaginário do heroísmo, da miscigenação idílica e dos preconceitos e da violência. Sublinhamos com José Murilo de Carvalho (2006) em *A Construção da Ordem* que havia uma homogeneidade de formação intelectual entre estes homens que formavam a elite política do Brasil recém independente e, simultaneamente, um interesse pela manutenção da estrutura socioeconômica existente. Analisando a partir do campo dos estudos sobre a Literatura Brasileira, Alfredo Bosi reforça essa influência europeia, para além do modelo coimbrão indicado por Murilo de Carvalho, o fato é que os pensadores da nação usavam lentes europeias:

> Assim, apesar das diferenças da situação material, pode-se dizer que se formaram em nossos homens de letras configurações mentais paralelas às que a inteligência europeia dava a seus conflitos ideológicos.
>
> Os exemplos mais persuasivos vêm dos melhores escritores. O romance colonial de Alencar e a poesia indianista de Gonçalves Dias nascem da aspiração de fundar em um passado mítico a nobreza recente do país, assim como — mutatis mutandis — as ficções de W. Scott e de Chateaubriand rastreavam na Idade Média feudal e cavaleiresca os brasões contrastados por uma burguesa em ascensão. (Bosi, 2006, p. 92).
>
> (...) A América já livre, e repisando o tema da liberdade, continuava a pensar como uma invenção da Europa (Ibidem, p. 101)

Antônio Candido (2006) sublinha que o movimento romântico no Brasil possuía um "senso de dever patriótico". Este autor nos lembra o quanto o Romantismo era a busca pela expressão do "próprio contra o imposto", mesmo na Europa. Porém, como expressar o "nacional autêntico" quando é preciso seguir o estilo, a forma e o espírito europeu? Nesse sentido, o Romantismo nacional foi também índice do quanto o *progresso* do Brasil, após a Independência, não rompeu efetivamente com a estrutura colonial e com a posição de dependência econômica e cultural do *país-colônia*. Se o Indianismo, como uma das vertentes principais do Romantismo nacional, buscava expressar as qualidades do *indígena* — criando a figura abstrata do *índio* —, como elemento central na formação do povo brasileiro, fica nítido, por exemplo, em *O Guarani* de José de Alencar, que o *índio* (e não o *indígena*) só é exaltado na medida em que, *mesmo selvagem*, expressa virtudes típicas de um cavalheiro europeu:

> O Indianismo dos românticos, porém, preocupou-se sobremaneira em equipará-lo [o índio] qualitativamente ao conquistador, realçando ou inventando aspectos do seu comportamento que pudessem fazê-lo ombrear com este — no cavalheirismo, na generosidade, na poesia (Candido, 2006, p.337).

São inúmeras as passagens de José de Alencar (2019 [1857]) em *O Guarani*, nas quais é feita uma exaltação das virtudes do índio Peri, quase sempre em comparação às virtudes do fidalgo europeu e geralmente acompanhada da ressalva de que possuía tais virtudes de cavalheiro europeu, *apesar de ser um índio, apesar de ser um bugre, apesar de ser um selvagem*, este último, o termo mais comumente utilizado na obra para se referir aos habitantes originários do Brasil. Na passagem abaixo, o personagem do fidalgo português reconhece no *índio* Peri tais virtudes e conclui que se trata de "um cavalheiro português no corpo de um selvagem":

> É para mim uma das coisas mais admiráveis que tenho visto nesta terra, o caráter deste índio [Peri]. Desde o primeiro dia que aqui entrou salvando minha filha [Ceci], a sua vida tem sido um só ato de abnegação e heroísmo. Crede-me Álvaro, é um cavalheiro português no corpo de um selvagem (Alencar, p. 37)
>
> (...)
>
> o fidalgo com a sua lealdade e cavalheirismo apreciava o caráter de Peri, e via nele embora selvagem, um homem de sentimentos nobres e de grande alma (Alencar, p.57)

Ao final do livro de José de Alencar, fica aberta a possibilidade de que Ceci, a filha alva e pura do fidalgo português escolha enlaçar-se amorosamente com Peri, o índio submisso à sua senhora, realizador de todas as suas vontades; porém, tal possibilidade abre-se diante de uma tromba d'água de proporções bíblicas, que também remete, conforme sublinha o autor, a mito semelhante dos índios Goitacazes (em paralelismo com a história de Noé e sua arca). Será possível tal enlace amoroso entre a *senhorita branca civilizada* e o *índio selvagem, mas com virtudes de cavalheiro português*? Olhando retrospectivamente, parece-nos que não, ainda que a miscigenação tenha ocorrido, geralmente pela força física ou da necessidade. Os povos originários seguem excluídos e numa espécie de limbo, perdendo cada vez mais suas referências culturais, jamais verdadeiramente compreendidas pelo *homem branco*, e por outro lado, sem conseguirem se inserir na urbanidade brasileira contemporânea sem perderem sua identidade. Lendo as obras de Ailton Krenak (2019;2020) e de Davi Kapenawa (2015), podemos compreender o tamanho gigantesco da destruição cultural empreendida pelos conquistadores europeus contra os povos originários. Diante disso, podemos afirmar que o europeu, e depois o *brasileiro branco*, tão civilizado, foi incapaz de reconhecer a riqueza cultural dos outros que ocupavam esta terra antes dele chegar. Arrogante e colocando-se sempre como superior intelectualmente, destruiu e assassinou em nome da obtenção de riqueza e da satisfação de suas pulsões mais *selvagens*, usando a difusão da fé cristã como justificativa ideológica para seu assalto. É inevitável pensar que, nesse encontro entre o invasor/conquistador europeu e os povos originários americanos, **os selvagens e primitivos eram os europeus que usaram seu desenvolvimento tecnológico para pilhar, escravizar e assassinar**. Nos últimos anos, vimos recrudescer a violência contra os povos indígenas nas florestas, com o fortalecimento do modelo exploratório mais selvagem e indiferente aos indígenas, às florestas e à vida em sentido amplo.

Conforme nossa hipótese do Triplo Recalque Nacional, a lógica da miscigenação como virtude do povo brasileiro — imaginado como cordial, criativo, sem preconceitos, pacífico — é um encobrimento da verdade histórica. Na realidade, os indígenas e os africanos foram *assimilados e apagados* sob uma dominação epistemológica, física, social e econômica do europeu — sendo que naquele momento de fundação nacional nada se falava dos escravizados, que eram unicamente propriedades de seus Senhores, objetos comprados e vendidos em mercados, trazidos à força da África, e traficados ilegalmente a partir de 1850 quando a Lei Eusébio de Queirós foi promulgada, respondendo a pressões internacionais contrárias ao Tráfico Negreiro. O Tráfico de Escravizados era tão importante para a economia nacional quanto o cultivo do café, e sua existência forjava um circuito intenso de relações socioeconômicas com a África, continente mais próximo do Brasil que a Europa, não apenas geograficamente. Não houve de fato, em tempo algum até o momento atual, um reconhecimento público e inequívoco da sociedade brasileira acerca das virtudes, das especificidades culturais das centenas de povos indígenas e dos diversos povos africanos, que já estavam ou chegaram trazidos à força ao território que veio a ser batizado pelo português de Brasil.

Aliás, vale sempre sublinhar que o nome da nova nação — como de outras ex-colônias — é mais um elemento da nossa formação que aponta para a nossa submissão ao interesse colonialista. Conforme o Dicionário Houaiss, brasil é referente à brasa, e secundariamente à cor de brasa, avermelhada, que era a cor da madeira do pau-brasil, que então tornou-se fonte de uma substância corante avermelhada que foi chamada de brasilina. O nome do nosso país é, assim, derivado direto do primeiro produto de exploração que o invasor-colonizador aqui encontrou. Não se trata de uma referência à flora brasileira por sua beleza ou especificidade. O país se chama Brasil, na origem, porque os portugueses vinham aqui extrair, de uma árvore que eles nomearam pau-brasil, um corante avermelhado, cor de brasa. Nesse sentido, ainda que palavras de origem tupi-guarani e de outras línguas indígenas ou das diferentes línguas faladas pelos africanos que aqui desembarcaram para serem escravizados, explorados e mortos, tenham sido incorporadas ao idioma português, nós somos de saída um país marcado por uma linguagem da exploração, desde o nosso batismo: Brasil, terra onde se explorou, para atender a interesses estrangeiros, o pau-brasil, depois o açúcar, depois o ouro, depois o café, o algodão, a borracha, a soja, a pecuária, usando mão de obra escrava e depois mão de obra barata, muitas vezes em condições análogas à escravidão. Até hoje não conseguimos mudar nossa posição na divisão internacional do trabalho, apesar de algumas tentativas em períodos específicos de fomentar a industrialização do país e de formar blocos específicos de comércio como o Mercosul e de intercâmbio geral como o BRICS, os quais foram esvaziados a partir de 2016[156]. Ser brasileiro/a/x é portar no próprio nome o signo da exploração colonialista, é ser referenciado pelos centros do mundo, por um Outro que acima de tudo queria nos explorar. Após 5 décadas de tentativa de um Nacional-Desenvolvimentismo a partir do Pós-Guerra, que nos tiraria desse lugar de "a ser espoliado", vimos na última década e especialmente de 2016 para cá um retorno à posição de colônia de exploração, de país fornecedor de matérias-primas (soja, carne bovina e de frango, ferro, café, etc) e consumidor de

156 Com a eleição de Lula em 2022, a expectativa é que esses blocos de cooperação sul-americana, latino-americana e sul-sul voltem a ter um papel relevante na Política Externa Brasileira.

produtos manufaturados importados ou apenas montados aqui, com uma perda de competitividade da indústria nacional e um processo claro de desindustrialização.[157]

Concluímos nosso olhar sobre o Indianismo afirmando que as virtudes que foram reconhecidas no *índio* brasileiro, pela elite político-cultural do século XIX, retratadas especialmente no romance *O Guarani* de José de Alencar por meio do índio Peri, que apoia o branco colonizador e se apaixona fanaticamente pela jovem branca Ceci, são apresentadas, portanto, como virtudes típicas do nobre europeu, do fidalgo ibérico, do cavalheiro branco cristão. O *indígena* não seria exterminado ou escravizado no Brasil independente, desde que aceitasse a destruição de seu modo de vida, e se submetesse aos arbítrios e costumes do homem branco, transformando-se no *índio* do imaginário nacional, construído no período de formação da nação após a Independência. É o *índio* tal qual construído pela elite branca europeia ou brasileira, definido por ideias europeias, que ingressa no imaginário da Brasilidade, e não os *indígenas* reais e seu profundo conhecimento na relação com a floresta, com a flora e a fauna, bem como outros modos de relação com o trabalho e organização sociopolítica. Assim, o *índio* que foi reconhecido como tendo parte na formação do povo brasileiro é uma abstração imaginária nacional, belamente composta por grandes artistas, sob a perspectiva de uma elite nacional cujo olhar era mais europeu do que *brasileiro* e, com raras exceções, não se interessou por conhecer as inúmeras culturas que floresciam no território brasileiro desde muito antes da chegada/invasão dos portugueses. Esse processo caracteriza a formação de uma memória encobridora gigantesca sobre a verdade histórica dos indígenas, que ocupavam as terras hoje brasileiras desde muito antes da chegada do português e da formação do Brasil.

157 As análises sobre desindustrialização no Brasil são complexas. De forma grosseira, podemos dizer que entre 1946 e 1985, o projeto Nacional-Desenvolvimentista, com forte indução estatal, ampliou a participação da indústria no PIB nacional, atingindo seu apogeu em meados da década de 1980, alcançando índice em torno de 28%. Uma série de fatores internos e externos leva esta participação a se reduzir desde então (ampliação do setor de serviços nas economias, realocação de plantas produtivas no processo de Globalização, desmantelamento do modelo Nacional-Desenvolvimentista brasileiro, entre outros). De 2016 para cá, com a perda de poder aquisitivo do cidadão brasileiro médio, as sucessivas crises político-administrativas, o fortalecimento do agronegócio, as medidas econômicas neoliberais, entre outros, esse processo de acentua, e o setor industrial representa atualmente em torno de 11% do PIB do Brasil. Destacamos especificamente a saída do país da automobilística Ford, em janeiro de 2021. A Ford teve um papel considerável no período de grande industrialização nacional, ainda que seja uma empresa estrangeira.

5.4 — O Silêncio sobre os Africanos Escravizados e o Sonho de um Povo Branco

No caso do negro escravizado, este não aparece na representação nacional oficial do brasileiro no período imperial, o que é *compreensível*[158] em perspectiva, pois o negro era uma propriedade dos senhores brancos, não existindo juridicamente como pessoa e vivendo como objeto, coisa, força de tração, sendo, portanto, totalmente desumanizado. Era, contudo, a máquina motriz da produção nacional. Sem o trabalho escravo de milhões de homens e de mulheres africanos/as escravizados/as e de seus descendentes, não haveria açúcar, ouro, algodão ou café no Brasil! Contudo, um esforço social para incorporar o negro ao panteão nacional só veio a ocorrer de fato muito recentemente, com o reconhecimento desse valor e da luta dos escravizados por dignidade, como por exemplo com a criação do feriado da Consciência Negra, em homenagem a luta simbolizada por Zumbi dos Palmares[159]. Tal movimento é fruto de um enorme esforço de análise e de elaboração do gigantesco papel dos escravizados e de seus descendentes na construção do Brasil e na formação do povo brasileiro, tanto em termos econômicos como culturais, apesar de toda violência sofrida, a qual pensadores da envergadura de Abdias Nascimento (2016 [1977]) e Laurentino Gomes (2022) consideram como sendo da ordem do Genocídio. Sublinhe-se que o Dia de Zumbi, feriado da Consciência Negra, não é um feriado nacional, e tampouco é reconhecido como relevante por parcela significativa da população brasileira. Quanto ao Dia da Abolição, parece ser repelido tanto por brancos como por negros, pois ainda que a Princesa Isabel seja a libertadora (a *Princesa Redentora*), e possa ser vista com alguma candura, sabemos que o *13 de Maio* foi mal recebido pela elite

158 Compreender não quer dizer concordar, tampouco desculpar, mas apenas entender a perspectiva existente na época, mesmo assim, a elite brasileira ainda lutava pela manutenção da Escravidão quando o movimento abolicionista já tinha atravessado o planeta, e a Abolição já tinha ocorrido na maior parte das colônias e ex-colônias europeias.

159 No primeiro período varguista, existe uma renovação do imaginário sobre o povo brasileiro no qual evidenciam-se os tipos nacionais no sentido de valorizar a população miscigenada; contudo, neste período, as teorias racistas estão no seu apogeu científico e existe desde o final do Império e por toda República Velha um debate intelectual, com repercussões políticas e legislativas sobre a necessidade de se embranquecer a população brasileira, libertando-a do gene negro e do gene indígena, pois os tipos híbridos seriam, conforme as teorias racistas da época, degenerados e prejudiciais ao desenvolvimento da nação, inferiores ao homem branco. Deste modo, ainda que nas belíssimas obras de Cândido Portinari possamos ver a força e a beleza dos brasileiros de todas as cores e tipos físicos, na prática não houve de fato uma inclusão do negro e do pardo no povo nacional, a não ser como subalternos, nas regiões de sub-cidadania.

escravagista, que pretendia postergar ainda mais a Abolição, e além disso, almejava receber indenizações pela *libertação-perda* de suas *peças*, de sua propriedade. A Abolição é majoritariamente reconhecida pelos analistas como a causa principal para a queda do Império, e a Proclamação da República aconteceu pouco mais de um ano após a Lei Áurea. Por outro lado, considerar a Abolição como um gesto redentor da família real apaga da memória a luta empreendida pelos próprios negros, no que se constituiu, conforme a pesquisa e análise da historiadora Angela Alonso (2015) no primeiro grande movimento social popular de amplitude nacional da História do Brasil.

O heroísmo dos *índios* foi construído considerando-se a estes como heróis apenas quando se aliaram e se submeteram aos brancos e suas ideias e, ao serem submissos e leais, se comportaram *como* um fidalgo português. Em relação aos negros, a verdade é que a elite econômica e política do país não queria o fim da Escravidão e, até hoje, não quer o fim da submissão socioeconômica dos negros. Por isso, a forma como foi feita a Abolição, sem nenhum tipo de esforço oficial pela inclusão social dos ex-escravizados, cujos impactos para seus descendentes são notórios atualmente. O que foi instituído naquele período, pelo contrário, foi uma política de importação de italianos (e em menor número de alemães e japoneses) com o objetivo explícito de embranquecer a "raça brasileira", sob os auspícios pseudocientíficos de um eugenismo vigoroso na época, que em realidade, travestia com nuance científica um Racismo[160] que já se fazia estrutural não apenas no Brasil, mas em todas as colônias e ex-colônias europeias nas quais foi implementada a Escravidão de africanos. Aos negros, portanto, não foi concedido um lugar heroico ou digno de nota na formação nacional até muito pouco tempo, mas a realidade é que a base trabalhadora brasileira, que sustentou todos os negócios implementados pelo colonizador português e pela elite imperial brasileira, era majoritariamente negra e escrava até 1888. Posteriormente, pessoas pretas e pardas seguiram como sustentáculo nacional, realizando os trabalhos mais simples e braçais, porém essenciais ao *modus vivendi* de uma elite acostumada a privilégios, e cuja riqueza sempre teve como um de seus índices a quantidade de *serviçais* que uma família tem. Não foi por acaso que, após a Abolição, se tornar

---

160 O Racismo é peça central na ideologia Colonialista-Imperialista. Caberia ao branco, sob essa perspectiva racial, o fardo de civilizar as regiões do mundo habitadas por povos primitivos ou selvagens. Por trás dessa missão moral, o que existia era a ganância econômica e a disputa por produtos e regiões estratégicos.

empregada doméstica, muitas vezes em regime de trabalho análogo à Escravidão, se tornou a única possibilidade de trabalho para a mulher negra, especialmente nas primeiras décadas da República, mas em boa medida até o presente. Essa situação decorreu da absoluta negligência da sociedade brasileira com os ex-escravizados, que após serem submetidos a um regime social crudelíssimo, foram jogados *ao Deus-dará.*

O Racismo e a Escravidão são estruturantes da sociedade brasileira, especialmente na divisão do trabalho, da riqueza, dos espaços tanto na cidade como no campo e dos direitos e deveres, e essa hierarquização colorista da sociedade permanece contemporaneamente, apesar dos avanços no campo legislativo a partir de 1988. A divisão social em castas conforme a cor de pele, com a construção de um colorismo nacional, que enaltece a pele e os traços fenotípicos brancos e desvaloriza a pele e os traços fenotípicos negros, com diversos graus e matizes entre uma e outra em seus extremos, é evidente nas cidades brasileiras. Basta observar quem habita as áreas nobres, quem utiliza o serviço dos hospitais privados, quem frequenta as universidades, quem manda e quem obedece, quem paga e quem serve, quem define o que é belo e valioso esteticamente e culturalmente[161]. Essa divisão social, econômica, cultural e estética permanece até os dias atuais, e é reforçada atualmente pelo discurso Bolsonarista, que com seus sucessivos desmentidos (*Verleugnung*), forjados a partir de um discurso que recusa a existência do Racismo Estrutural, não aceita os direitos indígenas e defende a violência excessiva por parte do Estado como modo primordial de tratar a questão social, reforça a estrutura do Triplo Recalque Nacional.

Em oposição a essa desvalorização histórica dos negros, sublinhamos que são inúmeras as indicações e registros documentais de comentários de administradores coloniais, missionários jesuítas, senhores de escravo e intelectuais nacionais e estrangeiros, indicando que sem a mão-de-obra escravizada não haveria sistema produtivo no Brasil colonial e imperial. Laurentino Gomes não apenas indica isso em sua monumental obra sobre a Escravidão, mas mostra que, para além da força braçal, foram os escravizados africanos que ensinaram as técnicas para lavrar o ouro em Minas Gerais: "coube aos africanos

---

161 Ainda que após a Redemocratização o valor da cultura das favelas e periferias, o funk, o samba, os esportes, a capoeira, tenha sido parcialmente reconhecido pela sociedade nacional. Por outro lado, vemos nos últimos anos um recrudescimento da violência contra os negros e contra suas representações culturais como as religiões de matriz africana, o maracatu, a capoeira etc.

escravizados transferir essa experiência [na mineração e metalurgia] para a América Portuguesa" (Gomes, 2021, p. 84). Nesse sentido, a contribuição dos escravizados foi desde sempre técnica e cultural, e não apenas braçal, ainda que até hoje exista uma resistência forte na sociedade contra as religiões de matriz africana, contra a capoeira, contra o samba, entre outras manifestações da diversidade cultural de origem africana, e um preconceito diretamente relacionado à cor da pele, uma percepção de menos valia intelectual, cultural e moral, de forma a submeter as expressões de matriz africana ao império da estética europeia e norte-americana, esvaziando a presença dos elementos africanos nas representações da Brasilidade ou associando-os ao mais carnal e lascivo ou exótico.

Relegados à marginalidade após a Abolição, sem acesso à educação e com possibilidades extremamente limitadas de inserção social, coube aos negros alforriados e seus descendentes, sem cidadania, sem acesso à educação, comporem o estrato social mais baixo na hierarquia socioeconômica nacional, e até hoje, em geral, realizar as atividades menos valorizadas em termos de reconhecimento financeiro e social, vivendo em bolsões de sub-cidadania, num país em que a desigualdade na distribuição de renda é gritante, com os privilégios e subsídios públicos cada vez maiores conforme a renda do indivíduo sobe e, paralelamente, a cor da pele se torna mais clara. Até hoje, a sociedade brasileira é estratificada conforme a cor de pele, reproduzindo a lógica colonial e mantendo essa estrutura recoberta por memórias encobridoras, que mantém os Recalques estruturantes do Inconsciente Nacional. O colorismo nacional hierarquiza as posições sociais dos indivíduos, de modo que quanto mais clara a cor da pele, melhor é a posição socioeconômica do indivíduo em média, e isso não é percebido devido a ação dos Recalques Nacionais, algumas vezes construídos e reconstruídos com conceitos e interpretações formulados por intelectuais, líderes políticos e até historiadores e sociólogos, como vimos propondo neste ensaio. Os negros que, eventualmente e de forma rara, ocupam posições mais altas nesta hierarquia social, são reconhecidos como mais próximos dos brancos, seja pelo destaque de um tom de pele "moreno claro" ou de alguma virtude que o eleva ao "traço branco, mais fino, mais elegante", ou à "alma branca", expressões que denunciam a estrutura inconsciente racista, pois tais usos da linguagem são feitos sem que se perceba sua carga pejorativa: a "mulata de traços finos" ou o "negro de alma branca" são exemplos dos modos de afirmar que *apesar do fenótipo, apesar de ser negro*, aquele indivíduo se aproxima das virtudes e características da branquitude, seguindo lógica semelhante a do *índio* com qualidades de fidalgo *apesar de selvagem*, que vimos nas obras do Romantismo nacional do século XIX. De todo modo, ainda constituem exceção os indivíduos que rompem as inúmeras barreiras sociais à ascensão socioeconômica do negro e do indígena. Associado a isso, cabe indagar sobre a valorização dos modos de vida, costumes, religiões, vestimentas etc, de indígenas e de negros, em sua enorme diversidade sucessivamente apagada, desvalorizada, criminalizada.

Nos bairros mais caros das cidades brasileiras percebe-se uma população branca ou *morena clara* como dizemos, e conforme a renda cai, mais a cor de pele escurece, sendo predominante nas áreas mais pobres, comunidades, favelas e periferias das grandes e médias cidades na maior parte do país. Assim, nas comunidades carentes e favelas a maior parte da população é preta e parda, descendente direta dos escravizados que, após mais de três séculos de exploração, foram libertados e jogados à sarjeta. Nos bairros nobres, por outro lado, está a concentração de pessoas mais claras, muitas vezes de olhos claros, que é algo menos comum no Brasil como efeito da própria miscigenação[162]. Obviamente, pode haver variações nessa distribuição populacional em áreas que foram ocupadas após o término da Escravidão, especialmente mais ao Sul e ao Oeste do país. Vale sublinhar ainda que importantes abolicionistas brancos como Joaquim Nabuco não fazem parte do panteão nacional, e que obviamente os abolicionistas pretos ou pardos como Castro Alves, André Rebouças e Luís Gama têm uma visibilidade muito menor nos livros de História do Brasil, aparecendo às vezes como indivíduos excepcionais que conseguiram superar sua origem, sua *raça* e se tornaram homens de relevo na sociedade. Ou ainda, temos o caso de Machado de Assis, um dos maiores escritores mundiais de todos os tempos, fundador da Academia Brasileira de Letras, um negro descendente de escravos, que ascendeu socialmente de forma impressionante, e que é retratado em muitas pinturas quase como um indivíduo branco, quando era um homem negro com traços físicos típicos do fenótipo africano. Para o negro participar do panteão nacional, não basta ter uma *alma branca* é preciso ser retratado como

162 Certamente, na Região Sul do país, na qual houve menor presença de africanos e maior presença de alemães e italianos proporcionalmente, o fenótipo de tipo europeu tende a ser mais presente.

moreno, ter os traços do rosto *atenuados* no sentido da *finura* branca. Todas essas transformações das imagens fazem parte das operações de Recalque que formam a memória nacional e a identidade brasileira, encobrindo por exemplo que Machado de Assis, talvez o maior escritor brasileiro de todos os tempos, era um homem negro. **Afinal, como explicar, diante das teorias racistas e da alardeada superioridade do homem branco, que um negro descendente de escravizados fosse o maior escritor brasileiro na aurora da República eugenista?**

O verdadeiro heroísmo indígena de ter lutado, resistido e sobrevivido ao massacre e aos abusos do invasor, e o heroísmo dos africanos escravizados, os quais sobreviveram às maiores violências desde a sua captura na África, a travessia atlântica nos navios tumbeiros em porões lotados e com péssimas condições de higiene e alimentação, e a vida em cativeiro destituídos de sua identidade, maltratados e torturados, exilados de tudo, mas sustentando a produção nacional de açúcar, de ouro e depois de café (para citar os famosos ciclos econômicos do período colonial, mas não apenas), jamais foi devidamente reconhecido pela História Brasileira e menos ainda pelo Estado e pela sociedade brasileira, principalmente pelas elites e classes médias. Indígenas foram e continuam sendo sucessivamente dizimados, e seus algozes foram protegidos pela noção de "Guerra Justa", e pela visão ainda presente de que os conquistadores tinham e têm mais direitos sobre as terras e suas riquezas do que os povos originários — por quê? Por uma Bula papal? Pela força das armas? Pela lógica da propriedade individual? Pela possibilidade de lucro? Na realidade, a justificativa real, ainda hoje, é a ganância e o desejo insaciável de fortuna, custem as vidas indígenas e negras que custarem, destrua-se o meio-ambiente também. Em relação aos negros, a historiografia não conseguiu fazer da verdade histórica uma memória nacional efetivamente compartilhada, permanecendo soterrada ou deturpada em boa medida: quem gerou a maior parte da riqueza do Brasil no período colonial e no Império foram homens e mulheres escravizados, traficados violentamente da África para o Brasil. Seres humanos que perdiam seu nome, sua liberdade, suas raízes, famílias e referências simbólicas e tornavam-se propriedade e máquina produtiva do Senhor de escravos, submetidos à chibata e à violência de todos os tipos. A riqueza gerada, por sua vez, ficava nas mãos de poucos portugueses, europeus de outras nacionalidades e brasileiros, brancos ou *pseudobrancos* — aliás, nada muito diferente do que ocorre hoje, resguardadas as poucas conquistas trabalhistas e sociais especialmente a partir de 1988[163], mas que vem sendo desmanteladas de 2016 para cá.

O colossal trabalho de Laurentino Gomes (2019; 2021; 2022) sobre a Escravidão, publicado em 3 densos volumes, vem contribuindo muito para que esse passado possa nos chegar de forma mais clara, atingindo um número maior de brasileiros/as/xs. Ainda há, contudo, muito trabalho a fazer, vide o avanço da extrema direita e do Bolsonarismo na sociedade brasileira, com um discurso político-social que abertamente despreza quilombolas e recusa a responsabilidade histórica nacional pela Escravidão, bem como a chegada de seus nefandos efeitos na atualidade. O heroísmo da luta pela liberdade, por igualdade social, por cidadania, nunca foi reconhecido e realmente encampado pela nação brasileira como uma pauta central e consensuada porquê de fato há um desejo — inconsciente na estrutura e consciente em alguns grupos — pela manutenção de uma estrutura social de castas, com uma classe que, como no tempo da Colônia e do Império, concentra a riqueza e o poder, e outra cuja mobilidade social é inviabilizada pela exclusão histórica.[164] É verdade que um dos signos da ascensão social numa sociedade escravagista é a propriedade de escravos, ou na atualidade o número de empregadas domésticas e prestadores de serviço que uma família *tem*, de modo que o senhor não precise fazer os trabalhos de produção cotidianos (limpar a casa, arrumar a própria cama, cozinhar, passar sua roupa, etc), pois ainda hoje no Brasil, não fazer trabalho doméstico é índice de status social, quando deveria ser atestado de exploração social e falta de conhecimento sobre o existir no mundo.

163 Sem dúvida, no período do Estado Novo, houve a Consolidação das Leis do Trabalho (CLT), mas em grande medida essas leis não se aplicavam aos indivíduos negros, que seguiram majoritariamente trabalhando na informalidade, vivendo de bicos ou no trabalho doméstico, e este só veio a ser formalmente reconhecido em 2015, no governo de Dilma Rousseff, sob protestos de muitas madames da classe média alta do Leblon e dos Jardins.

164 Muitas vezes, utiliza-se o exemplo raro de um indivíduo preto ou pardo que, nascido na miséria, consegue adentrar a universidade pública ou ascender socioeconomicamente para defender o perverso modelo da meritocracia. Ora, tais exceções comprovam a regra da exclusão histórica desses grupos. Basta adentrar as universidades brasileiras para se verificar o enorme predomínio de brancos. Além disso, cargos de direção, profissionais como médicos, juízes, oficiais de alta patente etc, são majoritariamente ocupados por brancos, evidenciando a concentração de privilégios pela elite em face dos ex-escravizados que seguem à margem da sociedade desde a Abolição. Isso não quer dizer que não existam forças e movimentos pela mudança. O trabalho magnífico da Central Única das Favelas (CUFA) é um exemplo formidável desse esforço, bem como todo trabalho cultural e político que visa transformar a estrutura socioeconômica e psicológica do país com representação marcante nas Artes. As resistências a essas transformações, porém, são enormes.

Diante de todo esse cenário, podemos considerar que o Racismo ocupa um lugar central no projeto nacional de Brasil. Conforme a tese do professor Sílvio de Almeida (2020), o Racismo "é sempre estrutural", de forma que compõe a estrutura econômica, social e cultural das sociedades onde está presente. Almeida vai além, apontando que o Racismo está na base da formação das sociedades modernas, sendo o principal alicerce do modo como foi estruturada a divisão social do trabalho nas eras moderna e contemporânea. As classes sociais, os acessos à educação, cultura, trabalho, bem como a subordinação mais ou menos violenta aos controles sociais são estruturalmente montados tendo no Racismo um elemento central. "O racismo fornece o sentido, a lógica e a tecnologia para a reprodução das formas de desigualdade e violência que moldam a vida social contemporânea" (Almeida, 2020, p. 21). Conclui o eminente pesquisador acerca da lógica racial brasileira, diferenciando-a da norte-americana e mostrando como no Brasil a pessoa *se torna branca* se ascende socioeconomicamente:

> Assim, as classificações raciais tiveram papel importante para definir as hierarquias sociais, a legitimidade na condução do poder estatal e as estratégias econômicas de desenvolvimento. Demonstra isso a existência de distintos modos de classificação racial: no Brasil, além da aparência física de ascendência africana, o pertencimento de classe explicitado na capacidade de consumo e na circulação social. Assim, a possibilidade de 'transitar' em direção a uma estética relacionada à 'branquitude', e manter hábitos de consumo característicos da classe média, pode tornar alguém racialmente 'branco'. O mesmo não acontece nos EUA, com outra lógica identitária (Sílvio de Almeida, 2020, p. 56).

O historiador Jeffrey Lesser (2015) demonstra, em sua obra sobre a invenção da Brasilidade, que em meados do século XIX, paralelamente a estrutura ainda escravagista da produção nacional, especialmente a cafeeira, que era a principal fonte de receita da economia do Império brasileiro juntamente com o tráfico de escravos, *já* estava instalado o debate sobre a Abolição da escravidão, e a consequente introdução do trabalho livre e assalariado nas grandes propriedades e demais atividades nas quais a mão de obra escrava era utilizada. Há fortes elementos indicativos que no plano pessoal, homens como José Bonifácio e os próprios imperadores do Brasil já eram favoráveis a Abolição, antes mesmo do movimento social ganhar forma política na sociedade brasileira imperial. Nesse contexto, os grandes produtores brasileiros,

Senhores de Engenho e especialmente os Barões do Café, começaram a debater qual seria a alternativa ao trabalho escravo, e o que fica evidente é que em suas ideias não existia a possibilidade de pagar qualquer tipo de remuneração ao futuro ex-escravizado, ao negro liberto, como um trabalhador livre. É lançado então o debate sobre a imigração europeia como forma de substituir os cativos e de *melhorar* a *raça* brasileira por meio do embranquecimento do povo nacional. O pensamento subjacente é: africanos e seus descendentes não são dignos de um salário, pois são *seres inferiores*, e se é para remunerar, que nós possamos importar força de trabalho branca europeia, de modo a purgar o Brasil da degeneração decorrente da miscigenação com negros e indígenas. Assim, não apenas o racismo era evidente como sua consequência principal foi que, uma vez alforriado, o ex-escravo dificilmente conseguiria um emprego assalariado na fazenda onde trabalhara como cativo. Após a Abolição, o ex-escravizado deixaria de ser propriedade e se tornaria dejeto social do ponto de vista dos *senhores e barões*.

Nesse sentido, Lesser (2015) relembra as primeiras experiências de substituição da mão-de-obra escrava, realizadas por meio da imigração de cidadãos suíços e austríacos no século XIX. Tais experiências não foram bem-sucedidas, em boa medida pelas condições de *servidão* que os senhores brasileiros queriam impor a indivíduos que possuíam uma noção de direitos básicos e de relações de trabalho, ainda que nos termos e parâmetros de meados do século XIX, quando obviamente as lutas trabalhistas na Europa estavam em seus primórdios. Alguns países chegaram a proibir a imigração de seus nacionais para o Brasil nesse período devido aos maus tratos e formas de relação entre patrão (não mais senhor) e trabalhador (não mais escravizado). É importante sublinhar que o Racismo e o desejo de embranquecer a população eram tão abertamente tomados como política de Estado que em 1890, logo após a Abolição e a República, foi editado o Decreto Lei 528 de 1890 que proibia a entrada no Brasil de imigrantes provenientes da África e da Ásia. (Cf. Lesser, 2015, p. 101). Assim, as levas de europeus, especialmente italianos foram enormes no período final do Império e no início do período republicano, como parte de um projeto nacional de substituição da mão-de-obra negra escravizada por europeus e de embranquecimento do povo brasileiro.

No período da grande imigração italiana, no último quartel do século XIX, quando o Brasil, tanto por meio de agentes estatais como de agentes privados, apresentava-se no exterior como uma boa terra para se emigrar, as relações entre os imigrantes e seus patrões não foi sem conflitos, aliás, como é estrutural no sistema capitalista. Evidente é que, em muito pior situação do que os imigrantes, ficaram os ex-escravizados. Lesser (2015) aponta ainda que, mesmo os imigrantes europeus recém-chegados buscavam se diferenciar de pretos e de pardos, quando percebiam que a cor de sua pele branca os valorizava na sociedade brasileira. Assim, evitavam relações sociais com os negros, principalmente relações que pudessem redundar em prole, ao menos em prole decorrente de matrimônio. Não por acaso restou ao ex-escravizado viver de biscates, jogar capoeira e muitas vezes mergulhar no alcoolismo; quanto às ex-escravizadas, essas conseguiam trabalho como *empregadas domésticas*. Um elemento arquitetônico importante relacionado a isso, são os "quartinhos de empregada" existentes em praticamente todos os apartamentos construídos na Zona Sul do Rio de Janeiro[165], que foi largamente ocupada entre os anos 1900 até os anos 1970, quando os espaços já se tornavam mais raros e a cidade do Rio de Janeiro começou a expandir-se para a zona oeste, chegando à Barra da Tijuca e mais recentemente ao Recreio dos Bandeirantes, seguindo a orla litorânea, mas com as respectivas periferias em áreas situadas na região noroeste da cidade, mais distantes do mar. Naquele período, as empregadas costumavam viver na casa de seus patrões, não tendo horário de trabalho definido, servindo o café-da-manhã, o almoço e o jantar, ajudando a cuidar das crianças e sem uma definição clara de dias de trabalho, folgas, horários de trabalho, etc. Chama muita atenção que apenas no governo de Dilma Rousseff, em junho de 2015, 127 anos após a Abolição da Escravidão, a profissão de empregada doméstica tenha sido reconhecida e dignificada em lei, e mesmo assim gerando muitas reclamações das *madames e senhores*. Anteriormente, a empregada doméstica dependia da *benesse e cordialidade* de seus patrões para conseguir contribuir para a Previdência Social e algum dia poder, quem sabe, se aposentar com alguma dignidade.

---

165 O quartinho de empregada bem como o elevador de serviço são marcos arquitetônicos presentes nos edifícios de classe média alta e rica nas cidades brasileiras. Me referi ao Rio de Janeiro por ser a cidade na qual vivo e vejo ainda a presença e significado de tal cômodo. Citamos: "Entende-se que o quarto de empregada é, portanto, o arquétipo arquitetônico do processo de exploração das trabalhadoras domésticas. Ele especializa e sintetiza os mecanismos de reprodução da força de trabalho e o discurso ideológico que permeiam a relação empregador/empregada doméstica no Brasil" (Brandão, 2019, p. 113).

Quando olhamos essa cena de perto, vemos que muitas dessas empregadas domésticas são gratas às suas patroas, que por sua vez, costumavam doar utensílios domésticos e outros objetos usados para suas empregadas, quando compravam novos. Essa relação não legislada, bastante precária do ponto de vista jurídico, mas ainda assim marcada por um certo espírito de *generosidade (cordialidade?)* dos patrões apresenta-se como uma situação que somente não qualificamos como bizarra, em termos de direitos trabalhistas e humanos, quando vemos a origem dessa relação que não é outra senão a relação da Senhora, mulher do Senhor de Escravos, com as mucamas, escravizadas que faziam o trabalho doméstico na Casa Grande. A própria relação do Senhor e de seus filhos varões com as mucamas, atravessada pela violência sexual, foi transferida para a relação com as empregadas domésticas, e ao longo do século XX não era incomum que os filhos varões das classes altas perdessem sua virgindade com a empregada doméstica da família, muitas vezes sob a anuência do patriarca. Sabemos também, como demonstram Florentino & Góes (2017), que no período escravagista não eram apenas os grandes Senhores que possuíam cativos, pequenos comerciantes, profissionais liberais, servidores da administração reinol e mesmo ex-escravizados também possuíam escravos. Nesse sentido, a estrutura estava posta não apenas para os grandes senhores de escravos (topo da elite socioeconômica), mas para todos, de modo que uma vez tendo dinheiro para comprar uma *peça*, de maneira geral todos o faziam. Esse elemento também é indicativo de uma estrutura social ampla que se manteve sob nova roupagem após a Abolição e a República.

O projeto eugenista de embranquecimento da *raça* brasileira ocorreu, portanto, em paralelo ao avanço do pensamento e do movimento abolicionista e da impossibilidade cada vez mais nítida de resistir às pressões internacionais e internas pelo fim do trabalho escravo. Quando a Abolição aconteceu em 1888, as levas de italianos para as lavouras brasileiras cresciam vertiginosamente, tendo sido a última década do século XIX, primeira década republicana e logo após o 1888, aquela em que mais italianos vieram para o Brasil. Lesser (2015) citando dados de Levy (1974) aponta que entre 1890 e 1899 vieram para o Brasil 690.365 italianos, sendo esta década aquela na qual mais imigrantes europeus vieram para o Brasil totalizando mais de 1 milhão de indivíduos. É evidente que esse afluxo foi necessário porque havia um desejo da elite nacional pela substituição da mão-de-obra negra por mão-de-obra branca. O Racismo dito *científico* direcionou esse processo abertamente durante algumas décadas, em que permaneceu proibida a imigração de indivíduos oriundos da África.

Em relação a essa proibição, Lesser (2015, p. 196 e ss) narra uma situação muito significativa acerca da extensão da política de Estado racista que se instalou no país por toda Velha República, e que perpetuou a estrutura escravagista colonial-imperial, solidificando uma sociedade de castas baseada na cor da pele. Não apenas se incentivou nesse período a vinda de europeus brancos, e por meio de um forte trabalho sobre o imaginário da elite brasileira a vinda também de japoneses, os quais a princípio não eram bem-vistos, mas permaneceu proibida a entrada de imigrantes negros, independentemente do país de origem. É justamente uma situação que se enquadra nesse tipo que Lesser apresenta, quando o Estado brasileiro, por meio de sua diplomacia profissional, impediu a vinda de imigrantes negros norte-americanos ao longo da década de 1920. Ou seja, não se tratava de proibir a vinda de *africanos* como afirmava o Decreto de 1890, mas de pessoas negras em geral. Nesse sentido, ainda que tenha havido esforços diplomáticos dos norte-americanos para mostrar que se tratava de *negros norte-americanos bem-educados e com boa formação profissional*, não era disso que se tratava, mas simplesmente de um Racismo baseado na ideia de que uma raça era superior, a branca, e a demais inferiores, especialmente os negros, mesmo que se tratando de *negros norte-americanos bem-educados*. A sistemática recusa na concessão de vistos à norte-americanos negros chegou a criar um imbróglio diplomático entres os dois países e abalou a visão, então disseminada nos EUA, de que no Brasil existiria uma *democracia racial* e o país seria um refúgio para negros norte-americanos submetidos a uma segregação formal em seu país. Conforme Lesser (2015, p. 196-201), o Itamaraty fez malabarismos diplomáticos para justificar a não concessão do visto aos negros norte-americanos, afirmando que os Estados Unidos, por exemplo, haviam proibido o ingresso de chineses ou que os grupos ligados ao Sindicato Brasileiro-Americano de Colonização eram compostos por radicais subversivos, o que seria o real motivo para a não concessão do visto aos indivíduos negros. Em alguns casos concedia-se o visto de turista para garantir que o cidadão norte americano de ascendência africana permaneceria em solo brasileiro por pouco tempo. Lesser (Ibidem., p.203) aponta ainda que como as restrições da política brasileira de imigração não eram abertas, ocorrendo de modo evasivo, por meio de desculpas da chancelaria, sem assumir o racismo que embasa as não concessões de visto, as polícias secretas também atuavam nos casos. O Racismo era evidentemente a causa do bloqueio à vinda de cidadãos negros de qualquer nacionalidade, mas era necessário disfarçar e evitar embaraços diplomáticos e à nossa imagem de país cordial e da democracia racial: o Recalque (*Verdrängung*) seguia presente, e o Desmentido (*Verleugnung*) o reforçava e reforça a cada vez que a realidade apresenta claramente a estrutura social racista da sociedade brasileira.

Não houve, truísmo dizer, nenhum projeto ou trabalho, conduzido pelo Estado — ou mesmo pela sociedade civil, mais ativa na caridade do que na transformação social —, na direção da inclusão social do negro e do indígena ao longo de séculos até a Redemocratização. Apenas com a promulgação da Constituição Federal de 1988 e legislações posteriores é que ocorreu o início das políticas de reparação por meio das cotas em vestibulares e concursos públicos, o reconhecimento das terras indígenas, a consolidação da Defensoria Pública, entre outros aspectos de reconhecimento da cidadania e de direitos históricos. Ainda que acerca do chamado *índio* se tenha buscado construir um imaginário positivo no século XIX, tratou-se muito mais de uma composição do imaginário nacional do que de políticas de fato de reconhecimento das especificidades culturais dos povos originários, que ocupavam há séculos as terras depois batizadas como Brasil pelo conquistador. No caso do negro, a inclusão de qualidades raciais no imaginário nacional ainda é mais frágil, passando por uma vaga ideia de que a raça miscigenada, do macho branco superior com as belas negras e *mulatas* geraria um *tipo inteligente e capaz* de ocupar lugares sociais elevados. Quando alguns anos depois, Stefan Zweig (1941) formula a ideia de que o Brasil era o "país do futuro" justamente porque aqui as raças conviveriam sem dificuldades, respeitando-se e de forma integrada, alinhando-se assim à ideia de *democracia racial*, trata-se de mais um importante elemento recalcador. Um proeminente intelectual austríaco (assim como o era Karl von Martius) e judeu, vivendo no exílio devido ao Nazismo e a perseguição aos judeus em curso na Europa, apenas enxergou a superfície, a tela protetora erguida pelo Recalque (*Verdrängung*), a imagem encobridora desse país que se imagina — e trata-se de Imaginário e não de realidade — um país que acolhe sua pluralidade, sua diversidade, de maneira justa, cordial e humana. Nada mais distante da realidade socioeconômica do Brasil, marcada pela violência de brancos contra índios e negros desde a colonização. Como nos lembra Silvio Almeida:

> A partir de 1930, a necessidade de unificação nacional e a formação de um mercado interno, em virtude do processo de industrialização, dão origem a toda uma dinâmica institucional para a produção do discurso da democracia racial, em que a *desigualdade racial* — que se reflete no plano econômico — é transformada em *diversidade cultural* e, portanto, tornada parte da paisagem nacional. (Almeida, 2020, p. 107, grifos do autor).

A imagem egoica do povo brasileiro, construída e/ou financiada pelas elites econômicas e políticas do Brasil, nos diferentes momentos em que o debate sobre a Identidade Nacional se colocou de forma relevante, manteve na estrutura inconsciente uma perspectiva racista, ainda que recalcada e recoberta por ideias encobridoras. Mesmo quando houve movimentos de reconhecimento do papel do *índio* e do africano na formação do povo brasileiro, tais movimentos foram simultaneamente excludentes e racistas. Ainda que ideias como a da "democracia racial" assimilada a partir de Freyre e a do "país do futuro" de Zweig aparentemente tenham sinalizado uma inclusão, uma harmonização entre as contribuições dos diferentes povos formadores da nação e os respectivos sincretismos culturais, na realidade tais ideias operaram um recalcamento, um apagamento das violências e segregações, e contribuíram para a manutenção da estrutura social hierárquica e colorista do Brasil. O *texto* social legível e consciente afirma que o povo brasileiro se engrandece com a miscigenação e que "as raças convivem em harmonia", porém, o subtexto, o que está no nosso inconsciente, aponta que essa harmonia social existirá desde que cada um, conforme sua cor de pele e origem, fique no seu *lugar estrutural* produzido pela *História do Brasil*, tal qual guiada pela palavra e pela chibata do conquistador português, e sucessivamente transmitida como Herança Arcaica pelas elites políticas, econômicas e, em grande medida, pelas elites intelectuais A "democracia racial" bem como a "cordialidade" e a visão de "país do futuro" contribuem para o encobrimento da realidade racista e violenta que nos atravessa desde 1500, com poucas alterações estruturais profundas a partir de 1822 ou de 1888/1889. Nestes 200 anos como país independente, o Brasil e os brasileiros/as/xs seguem como Macunaíma, *sem caráter*, no sentido de não se reconhecerem, de não poderem assumir sua verdade histórica, mantendo a força dos Recalques históricos e os efeitos socioeconômicos dessa estrutura erguida com o Triplo Recalque Nacional, e no que nos chega desde o período colonial como Herança Arcaica.

5.5 — Colonialismo Ilustrado Interno

É possível identificar, após a proclamação da Independência em 1822, um certo movimento de *esclarecimento despótico* na elite imperial brasileira. Tal movimento organizou-se ao redor dos imperadores Pedro I e Pedro II, e seu sentido era a manutenção da estrutura de produção montada durante o período colonial, porém sob um discurso de modernização e de patrocínio da ciência e das artes nacionais, especialmente no Segundo Reinado. Como bem demonstrou Florestan Fernandes (2020 [1975]) em *A Revolução Burguesa no Brasil*, a opção das elites administrativas e econômicas do novo país foi não avançar com possíveis reformas burguesas e manter a estrutura arcaica de produção, baseada na Escravidão, no latifúndio rural e voltada para a agroexportação, sem o desenvolvimento de manufaturas, de indústrias, de tecnologias e de um sistema financeiro robusto no Brasil. O *fracasso* do Barão de Mauá, como exemplo de empreendedor visionário, é emblemático dessa opção conservadora das elites dirigentes.

Propomos que se nas cortes europeias ocorria um movimento de *esclarecimento* ou *iluminismo* no campo político, econômico e cultural, no recém fundado Império do Brasil, como forma de conter mais do que organizar o incipiente e fraco processo burguês no país, e visando estabilizar as estruturas sociopolíticas, o *esclarecimento* das elites serviu para manter a estrutura profunda da sociedade brasileira intacta, sem remanejamentos sociais, sem transformações no modelo produtivo nacional, absolutamente dependente da Escravidão. Não houve, portanto, a formação de uma burguesia nacional a não ser como efeito secundário e complementar à manutenção do modelo colonial de produção e de sociabilidade. Que o Imperador Pedro I fosse contrário à Escravidão, e que Pedro II tenha sido considerado um patrono das artes e da cultura, um *verdadeiro iluminista*, que a elite brasileira discutisse temas filosóficos e políticos modernos, e tivesse acesso à produção cultural europeia, nada disso foi suficiente para que ocorresse um movimento de modernização na estrutura produtiva e socioeconômica do país, tampouco para que se desenvolvesse um autêntico processo de *descoberta do Brasil*. Não existia naquele momento uma burguesia nacional orgânica, mas sim uma elite agrária, formada no período colonial, dependente da Escravidão e do Tráfico de Escravizados, habituada ao poder patriarcal *semelhante* ao de um Senhor Feudal, e que resistiu com todas as suas forças às poucas iniciativas modernizadoras da jovem sociedade brasileira. Nesse sentido, o elemento principal para a elite nacional após a Independência era a prorrogação da Escravidão, que perdurou até o limite do intolerável, do vergonhoso. A Abolição foi proclamada quando o Brasil já se tornava um país malvisto internacionalmente por ainda manter um regime de produção escravocrata, e a elite socioeconômica do país não teve interesse no desenvolvimento industrial do país, mantendo-o como um país agroexportador, escravocrata, patriarcal e atrasado durante todo o século XIX.

Ainda que em 1889 a República tenha sido proclamada e o imperador exilado, em 1822, a unidade nacional foi forjada a ferro e fogo em torno da figura central do imperador português do Brasil. Pedro I, um representante de linhagens europeias de *sangue azul*, foi coroado numa ex-colônia tropical, cuja mão-de-obra era composta majoritariamente por escravizados africanos e seus descendentes. Desta forma, no momento em que os estados absolutistas na Europa viviam uma crise diante da ascensão burguesa, da Revolução Industrial e principalmente por causa da Revolução Gloriosa no Reino Unido e da Revolução Francesa e seus desdobramentos militares, políticos, sociais e econômicos, no Brasil instalava-se um regime monárquico completamente artificial e anacrônico, se tomamos como referência a Europa, e cujos propósitos eram: manter a estrutura socioeconômica do país baseada na Escravidão e no privilégio das castas e poderes feudais de senhores que haviam *herdado* as terras desde o regime de Capitanias Hereditárias. Além disso, era necessário evitar a divisão do território brasileiro em vários novos países como ocorrera recentemente na América Espanhola. Nesse sentido, a nova identidade nacional, que vai ser um projeto de Estado no século XIX, isto é, a organização de um discurso para dizer aos brasileiros, o povo dessa nova nação independente, quem eles eram, estrutura-se em movimento dialético com as forças que ansiavam manter a Escravidão, como base do sistema produtivo, e um sistema de privilégios e poderes baseado na força do patriarca local, os grandes proprietários de terras e de escravos. Por sua vez, os patriarcas locais se articulavam ao patriarca maior, o Imperador, garantidor da ordem e da integridade territorial do novo país. Nesse processo, o futuro Duque de Caxias, o militar Luís Alves de Lima e Silva representou a força do braço armado do Estado como elemento central, desde a origem, não apenas na manutenção da ordem e na pacificação da nação, mas na manutenção de uma sociedade que de forma velada se constituiu como uma sociedade de castas bem definidas, indo dos patriarcas poderosos até os escravizados desprovidos de tudo.

Estabelece-se, nesse contexto, uma espécie de *Colonialismo Ilustrado Interno*, que forja um recorte do Brasil para a memória nacional, incluindo a figura do *índio* na formação da nacionalidade, sob ação do recalcamento não apenas do genocídio de milhões de indígenas durante o período colonial, mas principalmente pela continuidade desse recalcamento de forma sucessiva na República. A incorporação do *índio* à imagem do povo brasileiro ocorre às expensas dos verdadeiros indígenas que até hoje não têm lugar seguro na nação brasileira, tendo que optar entre submeterem-se aos valores e costumes do homem branco ou viverem sob o risco de ataques de todo tipo em suas terras originárias, mesmo quando formalmente demarcadas pelo Estado após 1988 A saga pessoal de Davi Kopenawa (2015), um xamã Yanomami e escritor, no último terço do século XX, é exemplo disso: como indígena que se aculturou, adentrou a estrutura administrativa governamental branca, mas que diante dos ataques à sua cultura e ao seu povo, optou por retornar às suas origens quando percebeu que não teria, entre os brancos, espaço para ser indígena e que os yanomamis continuavam ameaçados. Para os escravizados africanos, o destino construído por essa elite ilustrada é tão ou mais funesto que o dos indígenas, pois primeiro eles foram objetos de tráfico, exilados a força de sua África natal, explorados impiedosamente como propriedades, no mesmo patamar de um cavalo ou de uma carroça, totalmente apagados em sua humanidade. Posteriormente, após a Abolição e a República, contudo, por meio de um reforço do Recalque (*Verdrängung*) é realizado o apagamento memorial de toda essa violência secular, sob uma memória encobridora e falsa de uma nação racialmente plural onde todos viviam em harmonia. Tal Recalcamento contou com o suporte contraditório de análises e conceitos oriundos das ciências sociais e relacionados à matriz historiográfica brasileira. O esforço das pesquisas históricas mais recentes tem contribuído para superar essas falsas memórias e conceitos encobridores, refutando aspectos da própria historiografia nacional, de modo a lentamente trazer à consciência nacional essa parte vergonhosa e triste de nossa História do Brasil bem como seus impactos no tempo presente.

Fernandes aponta que o senhor de engenho pioneiro fora uma espécie de "flibusteiro" (Sombart, apud Fernandes, 2020 [1975], p.37) cujo esforço empreendedor, caracterizado por uma mistura de aventura, fidalguia, espírito militar e pirataria, exigia altas recompensas. Estas dependiam de gastar a menor soma possível para implantar o sistema produtivo colonial, fazendo com que não houvesse estruturas produtivas e comerciais internas, a não ser o mínimo necessário para a instalação do engenho de açúcar e as sucessivas monoculturas de exploração ou a mineração no período do ouro e diamantes. A relação deste Senhor Colonial com o circuito comercial internacional era de submissão, aceitando o papel definido externamente, e Portugal atuava apenas como um intermediário entre o produto *bruto* originado na colônia e as redes de comércio internacionais, que se integravam à formação da burguesia europeia. Esse modelo de produção e inserção nas redes de comércio internacional não se alterou com a mudança dos produtos (os principais sendo o pau-brasil, a cana de açúcar, o ouro e depois café, além do algodão e da borracha em períodos mais curtos, e atualmente a soja, as carnes bovina e de aves, e o ferro). Por isso, Florestan Fernandes considera que do ponto de vista material não houve nenhum tipo de pressão produtiva ou política para alterar a estrutura econômica do país, não só após a Independência, mas mesmo após a Abolição da escravatura e a Proclamação da República.

> ... a formação da mentalidade econômica do principal agente econômico interno estava sujeita a uma 'distorção inevitável'. Sob muitos aspectos ele era compelido a definir-se mais como parte e delegado das agências que operavam, política e comercialmente, a partir de fora (pois era através delas que se definiam e se manifestavam os centros de decisão) que em termos de situações internas de interesses econômicos, sociais e políticos. Isso era perfeitamente normal, na condição heteronômica em que se achava a Colônia, mas anulava o único fator humano que poderia empenhar-se, a longo termo, na realização de processos socioeconômicos que poderiam redundar em maior margem de autonomia e, mesmo, conduzir à Independência. (...) Em outras palavras, aceitava uma especialização no nível da economia internacional da época que o convertia no principal elemento humano da preservação, fortalecimento e expansão do próprio sistema colonial como e enquanto sistema colonial. (Fernandes, 2020 [1975], p. 38-39)

A Independência apresentava-se potencialmente como revolução social por dois aspectos: ela foi o marco histórico do fim da "era colonial" e o ponto inaugural para a "época da sociedade nacional". No processo de Independência, contudo, as elites locais não se ergueram contra o sistema colonial, pelo contrário. Seu desejo era se libertar da subordinação a um centro de controle externo, a metrópole (Portugal). A Independência sob uma monarquia dos Bragança evidencia-se assim como "Revolução Encapuçada" (Fernandes, 2020 [1975], p.46), na qual fica evidente a fragilidade da metrópole por um lado, e por outro a falta de interesse das elites brasileiras em modernizarem a estrutura socioeconômica do Brasil. O objetivo não era, portanto, criar uma sociedade nacional, mas libertar-se da subordinação à metrópole mantendo a estrutura produtiva colonial e seu modo de inserção na distribuição internacional do trabalho. Desta forma, evidencia-se que a sociedade civil durante o Império era extremamente limitada em suas possibilidades de transformação. Ainda assim, Fernandes aponta contradições dentro da própria elite imperial devido a influência das ideias liberais. Ele parece acreditar que existiam "luzes" no interior dessa elite conservadora, em virtude do período da administração real portuguesa instalada no Brasil entre 1808 e 1822, o que teria provocado um *refinamento* na educação das elites. Haveria, na visão do autor, espaço para "a assimilação de novas adaptações econômicas, políticas e sociais" (Ibidem., p.65) desde que não se colocasse em discussão os interesses sacros da nação (os interesses dos senhores da lavoura). Assim, se era necessário manter a Escravidão e o modo de produção colonial, por outro lado era preciso construir uma ordem político-social que, conservando esse modelo produtivo, instituísse o Brasil independente. Esse processo teria exigido das lideranças a configuração de redes políticas e de comunicação entre o centro, articulado ao redor da figura do Imperador, e as pontas do sistema de poder, onde cada grande Senhor exercia uma autoridade enorme. Assim, uma burocracia nacional foi sendo formada e compondo mais e mais estratos de poder dentro da administração pública. Ainda que os cargos mais altos da estrutura fossem quase sempre ocupados por indivíduos oriundos das classes senhoriais, começaria a ser formada uma estrutura que comportava os quadros médios, provindos dos núcleos originários de classes médias (afilhados, cunhados, profissionais liberais e eventualmente até indivíduos negros muitas vezes filhos de padres ou de senhores com suas escravas).

Sob essa perspectiva, fica nítida a contradição que marca o surgimento da nação independente: por um lado, para manter a estrutura produtiva e os poderes dos senhores da lavoura, a Monarquia se tornou instrumento do patrimonialismo; por outro lado, ela era uma Monarquia *representativa* que atendia às demandas liberais de modernização (desde que estas não afetassem as bases produtivas e o patrimonialismo). Esta contradição originária deve ser bem analisada, porque de algum modo ela continua, mesmo após a promulgação da Constituição Federal de 1988 e os avanços na estrutura jurídico-política do Brasil — a cidadania e os direitos individuais e sociais são reconhecidos como universais, porém a estrutura de classes hierarquizada em castas segue presente e a desigualdade social permanece enorme. A estrutura de mandonismo analisada por Roberto da Matta, que se apresenta de forma condensada na frase "você sabe com quem está falando", é a continuação na vida cotidiana dessa organização social, na qual o *senhor colonial* e seus protegidos têm um tratamento diferenciado pelos agentes da lei, imperando a cordialidade e o patrimonialismo. Na estrutura político-administrativa, os poderes mais altos na estrutura seguem majoritariamente capturados por grupos restritos, que não buscam o desenvolvimento nacional como projeto amplo, mas majoritariamente a manutenção de relações de poder e de privilégios econômicos. Eventualmente ocorreram disputas internas entre setores da elite nacional como a que resultou na Revolução de 1930. De um modo geral, contudo, as crises nacionais se relacionaram com a emergência de novos grupos senhoriais com poder financeiro e político local, forçando uma redistribuição do produto nacional e almejando maior influência nas estruturas político-administrativas. É verdade também que, após a Redemocratização e a promulgação da Constituição Federal de 1988, bem como a eleição de governos social-democratas e trabalhistas, existe um maior ingresso de grupos interessados na modernização socioeconômica do país nas carreiras de Estado. Tal fato, contudo, não foi capaz de abalar o corporativismo nas carreiras públicas, ainda marcadas pela estrutura patrimonialista e de mandonismo oriunda da nossa herança arcaica.

De todo modo, após dois séculos da Independência, contudo, o espírito flibusteiro, visando explorar ao máximo os recursos produtivos e sem um verdadeiro vínculo com a nação e seu povo, permanece fortemente presente na elite nacional, sustentado pela estrutura do Inconsciente Social Nacional. Esse espírito espoliador foi historicamente contraposto pelo surgimento das ideias e projetos do Nacional-Desenvolvimentismo e a defesa da distribuição de renda e de capital cultural para a grande parte de brasileiros/as/xs excluídos. Os projetos transformadores, contudo, não se sustentaram sem associar-se às elites patrimonialistas, alternando momentos de busca de uma construção nacional mais ampla com momentos de uma mera e interesseira servidão internacional, mais ou menos inclusiva em termos sociais conforme o matiz político do governo. A partir do Golpe Parlamentar de 2016, o movimento de transformação da estrutura socioeconômica brasileira é paralisado e ocorre piora importante na concentração de renda no país.[166] A reação conservadora, apesar de seu imaginário de liberdade e força, marca uma subordinação ao poder econômico interno e externo, e um abandono das políticas estruturais que vinham lentamente transformando a realidade socioeconômica do país, com aumento da distribuição da renda e do capital cultural. As elites tradicionais, sob o manto contemporâneo do dogmatismo econômico neoliberal e apelando para o velho lema fascista "Deus, Pátria e Família", capturaram uma grande parte das classes médias, ressentidas pela ascensão dos historicamente mais pobres, e a consequente perda imaginária de uma posição de senhor ou de estarem mais próximos do senhor do que os mais pobres, majoritariamente negros. Sentir-se mais próximo do senhor no Brasil é, em boa medida, sentir-se *mais branco ou menos negro.*

Florestan (2020 [1975]) usa a expressão "capitalismo dependente" para designar o modelo de Capitalismo que se implementou no Brasil desde o século XIX. O eixo principal da economia brasileira, o setor agrário-exportador, dependia do comércio internacional, e seus articuladores internos desejaram, após a Independência, manter a estrutura produtiva baseada na mão de obra escrava e no latifúndio monocultor. Com o 7 de Setembro, se viram livres do "esbulho colonial" realizado pelos portugueses, conquistando assim um excedente maior, que era seu grande interesse naquele momento. A formação de uma burocracia nacional e o desenvolvimento incipiente de áreas urbanas ensejou, contudo, um mercado interno. Esse mercado interno era, porém, completamente dependente da estrutura montada pelo setor agroexportador. Nesse sentido, o setor autônomo da economia nacional era dependente da estrutura escravagista, que sustentava a produção para o mercado externo. Assim o setor interno da economia nacional não teve força para estabelecer um movimento burguês orgânico, voltado para a renovação e desenvolvimento das estruturas produtivas do novo país. Fernandes

166 Ver nota de rodapé 27.

conclui que: "O paradoxo está no fato de que a 'revolução nacional' não resultou de uma 'revolução econômica' nem concorreu para forjar ideais de autonomia econômica que implicassem ruptura imediata, irreversível e total com o passado recente" (Fernandes, 2020 [1975], p.84). Ainda que tenha surgido uma estrutura administrativa e econômica nacional, a estrutura arcaica da plantation continuava como principal motor da economia nacional, direcionando não apenas a produção, mas a sociedade em sua estrutura social profunda. Quando, algumas décadas depois, ocorre a Abolição em 1888, o país não tinha empreendido uma modernização liberal-burguesa de fato, e justamente por isso a Abolição foi tão tardia e a estrutura socioeconômica seguiu a mesma na República Velha. O movimento social que culmina na Abolição, verdadeira campanha nacional, como sublinha Angela Alonso (2015), foi esvaziado, em seus possíveis e necessários desdobramentos, no ano seguinte com a Proclamação da República, que se revelou uma revolução conservadora, apesar dos ares de modernização. A proclamação da República, portanto, conteve os movimentos sociais que poderiam ter algum potencial de transformação, e os governos da República Velha trabalharam pela manutenção da estrutura socioeconômica colonial, com a alternância dos poderes entre o "Café e o Leite" como a tradição consagrou e o tratamento da questão social como questão de polícia, instaurando uma lógica que segue presente até os dias atuais, ainda que especialmente com a CF de 1988 as bases de um Estado de Bem-Estar Social universal tenham sido lançadas.

6. A REPETIÇÃO COMO FARSA
A Lei da Anistia como terceiro grande núcleo do Recalque Nacional

A historiadora francesa Nicole Loraux (2017) apresenta uma reflexão fundamental sobre o conceito de Anistia, tomando como referência de análise o processo de constituição da democracia na Grécia antiga. Ela inicia sua análise colocando duas questões importantes acerca do mecanismo político-jurídico da Anistia:

- uma memória expurgada é equivalente ao esquecimento?
- esquecer por meio de um decreto é possível?

Tendo em mente essas duas indagações, questionamos juntamente com a historiadora: qual o sentido de uma Anistia? O que significa para uma determinada sociedade e seus grupos sociopolíticos a realização e imposição político-jurídica de uma Anistia, por meio de um acordo entre os grupos que disputavam o poder? Loraux afirma que anistiar é "projetar a sombra do campo político sobre a memória" (2017, p. 29). Para exemplificar sua tese, a autora apresenta duas intervenções políticas sobre a memória, ambas na Atenas antiga, por meio das quais memórias negativas foram expurgadas do debate oficial, em nome de um compromisso político que (supostamente) garantiria uma estabilidade social para o futuro da *polis*. O que estava em jogo, nesses movimentos políticos pela anistia, era o receio dos grupos dirigentes de que infortúnios e dores passados pudessem atrapalhar a conciliação e o movimento do Estado, da *polis,* na direção de uma nova organização político-social estável. A visão era que a anistia possibilitaria, portanto, um futuro melhor para a sociedade ateniense, com paz e prosperidade. Decretar o esquecimento seria uma forma de reorganizar o pacto político, retirando a Pólis de um passado de dores, de modo que: "a política consiste em fazer parecer que nada tenha sido feito. Como se nada tivesse ocorrido. Nem o conflito, nem o assassinato, nem o rancor (ou o ressentimento)" (Loraux, 2017).

Transportando a reflexão da autora para a transição da Ditadura Militar-Civil de 1964-1988 para a Democracia no Brasil contemporâneo, vemos que houve, supostamente em nome da paz, da estabilidade política e do futuro nacional, uma Anistia que *apagou* de forma radical atos criminosos cometidos pelos agentes estatais militares e civis naquele período de exceção, notoriamente a tortura como método de interrogatório e o assassinato político de indivíduos sob custódia pelo Estado. Para nós, o Recalque (*Verdrängung*) efetivado no processo brasileiro de redemocratização, por meio especialmente da Lei da Anistia, impediu e segue impedindo a incorporação à memória nacional dos terríveis fatos ocorridos durante a Ditadura Militar-Civil de 1964-1988, ainda que hoje já tenhamos bastante documentação sobre esses fatos. A Anistia, "ampla, geral e irrestrita" como nos acostumamos a escutar e repetir, foi o mecanismo central, porém parcial, nesse encobrimento histórico da verdade traumática. Como vimos debatendo nesse trabalho, a ação do Recalque (*Verdrängung*) impede que um conteúdo indesejado chegue à consciência; contudo, uma vez efetivado o recalcamento, as memórias excluídas não perdem sua força afetiva, as dores e os vazios insistem na tentativa de retornar ao nível consciente da memória, do recordar lúcido, do registro acessível, da elaboração psíquica e social. A manutenção de uma representação fora da consciência (fora da Memória Histórica acessível) exige do Eu (da sociedade) um trabalho constante de defesa contra as emergências desses afetos, contra os retornos dos conteúdos recalcados. Nesse sentido, no campo histórico-social, as forças que lutam pelo resgate da memória digladiam com as forças que atuam pelo apagamento radical dos fatos e pelo seu velamento por "lembranças encobridoras" e "histórias recobridoras", de modo a sustentar o esquecimento e a anistia, que garantiriam a ordem e a paz, mas na realidade impedem a travessia, pela sociedade, dos traumas históricos e o movimento rumo a elaboração transformadora.

Poder inscrever os acontecimentos traumáticos na memória seria o primeiro passo para uma compreensão mais ampla, pela sociedade, dos traumas e violências ocorridos, possibilitando a criação de espaço público para um debate amplo, e a respectiva elaboração das dores desse período, sob o qual incidiu a Anistia, o apagamento por decreto político-jurídico. Da forma como as coisas ainda estão hoje — obscuras, rasuradas, recalcadas —, mesmo após a instalação, com muito atraso, de uma Comissão Nacional da Verdade e de algumas Comissões Estaduais, do esforço de familiares para conseguir localizar seus parentes desaparecidos, além das diversas pesquisas históricas sobre o tema da tortura e do aparelho militar de repressão erguido na Ditadura, a sociedade brasileira ainda não pode compreender e elaborar os acontecimentos desse período nefando de nossa História. A própria ação dos grupos que pegaram em armas nesse período, *terroristas comunistas* na visão dos defensores da Ditadura, *libertadores e heroicos* na visão de muitos outros, nunca pode ser bem apreendida também pela sociedade nacional. Nesse sentido, a clivagem social entre os que não querem saber sobre as violências desse período, especialmente a tortura e o assassinato cometidos pelos agentes da Ditadura e, por outro lado, os que anseiam saber a verdade, se evidencia pela existência de brasileiros que insistem em dizer que a época da Ditadura Militar-Civil foi muito boa, pois, alegam estes grupos, havia ordem, não havia corrupção, e sustentam ainda que os presos políticos eram *terroristas comunistas*; e de outro lado, há brasileiros que buscam a *verdade histórica*, enxergando as ações violentas perpetradas pelos agentes estatais no período, especialmente a prisão ilegal, a tortura sistemática, o assassinato e o desaparecimento de presos políticos, além do exílio forçado de milhares de cidadãos brasileiros[167] como evidências de um estado de exceção autoritário, violento e até cruel.

Pierre Vidal Naquet, em livro intitulado *Os Assassinos da Memória*, recorda o momento em que o político de extrema-direita francês Jean-Marie Le Pen, que chegou ao segundo turno das eleições presidenciais francesas em 2002, afirmou em programa de televisão que: "'eu não digo que as câmaras de gás não existiram. Eu não as pude ver. Nunca estudei detalhadamente a questão. Mas, acredito que seja *um detalhe* na história da Segunda Guerra Mundial'" (p.II, grifos nossos). A relativização da existência da máquina de extermínio nazista (reduzida a "um detalhe") é um exemplo bizarro e notório do Desmentido (*Verleugnung*) da realidade violenta, assassina e traumática. Trata-se, assim, de um exemplo da banalização do mal na sua faceta mais burocrática e cínica. Como vimos ao longo desse trabalho, sob uma perspectiva psicanalítica, os

167 A estimativa é que entre cinco mil e dez mil brasileiros deixaram o país para o exílio em diversos países. (Cruz, 2012, p. 115).

processos de negação fazem parte da formação da memória humana por meio de Recalques (*Verdrängung*) e de Desmentidos da realidade (*Verleugnung*). Tais mecanismos e processos defensivos negacionistas ocorrem também nas Anistias Políticas, bem como nos Recalques individuais e coletivos ou ainda em *pseudo-revisionismos* que erguem "histórias recobridoras" para desmentir os fatos que na realidade atual indicam o acesso à verdade rasurada, como uma ponta de iceberg que possibilitaria o conhecimento da parte submersa. O objetivo desses mecanismos, em termos psicossociais, é suavizar as memórias, varrer o traumático para fora das consciências individuais e coletivas, *libertando* os indivíduos e sociedades de suas culpas e responsabilidades, porém, tais mecanismos de defesa não obtêm um êxito completo, pois não apagam totalmente nem os traumas passados nem seus efeitos subsequentes, que chegam nas repetições históricas. Em muitos casos, tais mecanismos de conformação da memória coletiva participam da manutenção de uma estrutura social caracterizada por privilégios e exclusões específicos, como ocorre no Brasil, que tem uma sociedade estruturalmente e historicamente marcada pela enorme desigualdade socioeconômica associada ao Racismo Estrutural

Ora, esse modo de ação sobre a memória, que acontece na própria formação da memória ou nas sucessivas evocações das recordações, tem duas causas possíveis: a primeira é não ter que lidar com o insuportável sobre si mesmo, sobre a própria história, sobre a própria identidade; e a segunda causa, é a vontade ou a necessidade quase instintiva (se levarmos a sério a hipótese freudiana da transmissão biológica da Herança Arcaica) de repetir as violências traumáticas. **Muitas vezes, a repetição da violência é a única resposta possível para o sujeito ou para o grupo social na relação com a memória traumática não assimilada e não elaborada.** Toda violência implica num gozo psicológico e físico, numa economia afetiva intensa, e numa circulação e transmissão social desses afetos, horizontal e verticalmente. A explosão de ressentimento e de ódio nas campanhas eleitorais de 2018, bem como as encenações de passagens ao ato utilizadas por candidatos da direta conservadora radical, ("vamos fuzilar a petralhada aqui do Acre"[168] acompanhado do gesto de metralhar, por exemplo), abrindo o campo da passagem ao ato

168 A frase e o gesto ocorreram em discurso de campanha eleitoral de Jair Bolsonaro realizado em Rio Branco-AC em 01/09/2018 conforme amplamente noticiado pela imprensa nacional, por exemplo em reportagem no site da da Revista Exame em 03/09/2018: https://exame.com/brasil/vamos-fuzilar-a-petralhada-diz-bolsonaro-em-campanha-no-acre/

por diferenças políticas nas esquinas do país, figuram como repetições decorrentes de uma afetividade não elaborada que se recolocou em cena, talvez após ter sido abafada pela Lei da Anistia e a forma como os acordos políticos para a Redemocratização ocorreram no Brasil, sem um verdadeiro debate nacional formal e amplo sobre a Ditadura Militar-Civil, as violências e abusos ocorridos e a devida punição dos agentes públicos que cometeram excessos inadmissíveis e imperdoáveis sob quaisquer circunstâncias.

Por outro lado, especificamente no tocante a Ditadura Militar-Civil, a partir de 1988, mas especialmente no governo de Dilma Rousseff — ela mesma uma vítima da tortura e dos abusos de poder e violência do regime militar —, com a instalação da Comissão Nacional da Verdade, em 2012, aconteceu pela primeira vez, no nível do governo federal, uma confrontação oficial do esquecimento e um movimento pelo debate sobre o uso da tortura e o desaparecimento de presos políticos no período ditatorial, e portanto a busca da verdade histórica sobre esse período, e talvez a construção de um cenário político-jurídico para a limitação da Anistia, deixando de abarcar crimes como a tortura. Parece-nos que, em grande medida, o fortalecimento do movimento bolsonarista, especialmente no seio das Forças Armadas do Brasil, foi e ainda é uma resposta a esse trabalho de desrecalcamento e de elaboração das feridas do período de 1964-1988[169]. Justamente por se tratar de uma fúria que emerge como reação ao desmascaramento dos abusos cometidos pelos militares e seus agentes, a resposta apresenta-se com essa força de lacre, de negação contundente: *eram terroristas, comunistas, estávamos em guerra, e ponto final*, e isso se atualiza com agressividade e até violência no tempo presente. Como mostra Elio Gaspari (2014), citando algumas falas de lideranças militares da Ditadura Militar-Civil, era como se o fato de haver uma suposta guerra contra a revolução comunista ou o combate a terroristas justificasse o uso do sequestro, da prisão sem flagrante ou sem julgamento, da tortura como método de interrogatório sistemático e do assassinato de presos políticos pelo Estado. A tortura surgiria, na perspectiva dos defensores da Ditadura Militar-Civil, como um recurso extremo, mas *justificado* pelo que supostamente estava em jogo na visão desses militares e civis, a própria soberania nacional ameaçada pelo Comunismo[170] — obviamente, trata-se de uma raciona-

169 Ainda que o período abrangido pela Comissão Nacional da Verdade fosse de 1946 a 1988.

170 Lemos em Gaspari (2014, vol. 2, p. 39): "O que torna a tortura atraente é que ela funciona.

lização cínica, pois nunca houve um movimento comunista no Brasil com uma dimensão que justificasse derrubar um presidente eleito, fechar o Congresso Nacional e transformá-lo numa pantomina, acabar com a independência do Poder Judiciário, exilar milhares de cidadãos, restringir direitos e liberdades fundamentais, implementar a censura e sequestrar, torturar e assassinar indivíduos, enfim, instaurar pela força dos tanques um regime de exceção autoritário, ditatorial e violento.

Ao novamente se impor um silêncio sobre o assunto ou ao erguer novos recobrimentos, reforça-se o Recalque e mergulha-se novamente na alienação, no estranhamento e na ignorância acerca de si mesmo, acerca de nós mesmos.[171] Nesse sentido, retorna com força na sociedade brasileira, especialmente em seus estratos mais conservadores e reacionários, uma ideia ainda mais exótica do que em 1964, e mesmo absurda na contemporaneidade, da existência de uma ameaça comunista encarnada pela Esquerda política nacional na atualidade. Consideramos que diante do silêncio e da ignorância acerca de si mesmo como cidadão, acerca de quem somos como povo e do que atravessamos na nossa História, a afetividade emergente, marcadamente a fúria, o ódio e o ressentimento de quem se sentiu enganado (por Lula, pelo PT, pelo sistema político, pelas urnas), e principalmente se sentiu perdendo status socioeconômico com as sucessivas crises econômicas globais, mas também devido a ascensão socioeconômica e cultural de grupos historicamente excluídos, encontrou no discurso bolsonarista um caminho de ligação afetiva com a *realidade* e de reencenação histórica da *limpeza moral* do Brasil, tradicionalmente associada ao autoritarismo e ao militarismo. Esse fenômeno político-social ocorreu em nova conjuntura global, com novas possibilidades tecnológicas de propaganda e de influência ideológica por meio das redes sociais e com o uso de

---

O preso não quer falar, apanha e fala. É sobre essa simples constatação que se edifica a complexa justificativa da tortura pela funcionalidade. O que há de terrível nela é sua verdade. O que há de perverso nessa verdade é o sistema lógico que nela se apoia valendo-se da compreensão, num juízo aparentemente neutro, do conflito entre dois mundos: o do torturador e o de sua vítima. Tudo se reduz à problemática da confissão. Quem melhor explicitou esse reducionismo, na visão da hierarquia, foi Ernesto Geisel: 'Acho que a tortura, em certos casos, torna-se necessária, para obter confissões' (apud Maria Celina d'Araujo & Celso Castro, *Ernesto Geisel*, p. 225)."

171 As contradições em manifestações de grupos bolsonaristas evidenciam essa alienação: como podem defender a liberdade de pensamento e a volta do AI-5, que foi o maior golpe já imposto sobre a liberdade no Brasil? Como podem defender a liberdade e negar e agredir as religiões de matriz africana? Ou as sexualidades diferentes do modelo hetero cis? Ou mais simples, como alguém que defende a liberdade pode opor-se à democracia e defender o retorno da Ditadura e do autoritarismo?

notícias-falsas. Vivemos também em outro contexto econômico, após décadas de Globalização e de maior abertura econômica do país, mas ainda sobre uma estrutura socioeconômica nacional arcaica, herdada do período colonial, fruto de nossa história de colônia de exploração baseada na Escravidão e na extrema concentração do capital.

Entendemos, portanto, que há no discurso bolsonarista, e no discurso reacionário conservador brasileiro de um modo geral, um reforço dos três principais núcleos de Recalque nacionais: o Racismo e os efeitos da Escravidão são desmentidos, pois se desconsidera os efeitos passados e presentes da Escravidão e a necessidade de reconhecimento das violências e seus impactos, bem como de ações de reparação histórica; a questão do genocídio indígena é negada e há um ataque frontal aos povos originários brasileiros, de suas terras e culturas, em nome do agronegócio, da mineração e do garimpo ilegal; e, terceiro núcleo de Recalque, as ações criminosas e hediondas dos agentes da Ditadura Militar-Civil são transformadas em atos heroicos em defesa da pátria e na luta contra o Comunismo, solidificando a cultura de violência como modo de lidar com a desigualdade socioeconômica e a questão social no Brasil.

A essa força de repetição violenta do que não se compreende nem se assimila, do que resta silenciado, sufocado, sem espaço na consciência, mas que nos traumatizou profundamente e segue se reapresentando como ato violento ou sintoma, Freud (1920) nomeou pulsão de morte (*Todestrieb*). **A pulsão de morte tem como um de seus objetivos a morte da memória**, pois a repetição incessante da violência, sem uma consciência acerca do significado dos atos, sem a construção de um sentido, caracteriza um gozo mortífero e não registrável, algo que persiste dentro das pessoas sem ter uma inscrição memorial organizada, e que, em certo sentido, recusa a simbolização que aplacaria a sua força destrutiva. Essa repetição mortífera é decorrente da incapacidade de simbolizar e de armazenar de forma organizada na memória, como registro histórico-social, o traumático, mantendo-o recalcado, seja sob construções analíticas como as ideias de "democracia racial", de "cordialidade" e de "país do futuro", seja por meio de apagamentos forçados e mais diretos como a Lei da Anistia, ou ainda com "histórias recobridoras" como as do discurso bolsonarista, o neoconservadorismo radical, que encontra meios imaginários para banalizar as dores históricas da nação.

Trabalhar para transformar o trauma em memória assimilável significa buscar compreender os acontecimentos, reviver e sofrer as dores pendentes e torná-las suportáveis, memorizáveis e compreensíveis, bem como transmissíveis às gerações seguintes por meio da palavra, da narração, da História. O Bolsonarismo caracteriza-se na nossa avaliação como um movimento oposto ao conhecimento histórico e a narratividade dos acontecimentos, pois se trata em sua estrutura lógica de desmentir (no sentido da *Verleugnung* freudiana) os acontecimentos históricos traumáticos e seus efeitos, trata-se efetivamente de ocultar ou transformar a verdade[172], de desmentir ou banalizar os fatos que na atualidade comprovam os impactos profundos: da invasão portuguesa de terras habitadas por centenas de povos indígenas; do Tráfico e Escravidão de milhões de africanos durante séculos; e da violência de Estado durante a Ditadura Militar-Civil de 1964-1988. Nesse sentido, a relação entre História e Memória é complexa como reconhece Vidal-Naquet (2005):

> Sendo historiador, eu sei que a memória não é a história, não porque a segunda siga a primeira devido a um automatismo, mas porque o modo de seleção da história é diferente do modo de seleção da memória e do esquecimento. Entre a memória e a história, pode existir tensão, por vezes oposição (2005, p.8).

O nome do Coronel Brilhante Ustra bem como seus livros foram algumas vezes enaltecidos por Jair Bolsonaro.[173] A mais conhecida dessas ocasiões ocorreu no voto que o então Deputado Federal proferiu, na votação na Câmara dos Deputados da abertura do processo de Impedimento da Presidenta Dilma Rousseff. O livro do Coronel Brilhante Ustra (2018), sobre o período da Ditadura Militar-Civil instaurada em 1964, é uma peça importante para a compreensão do período sob a ótica dos militares (ao menos de uma parte deles), contudo, é pouco relevante no sentido das acusações de tortura e assassinato que lhe foram impingidas como comandante do DOI-CODI em São Paulo-SP. Ao longo do livro, o coronel cita seu tio Lupes Ustra, que esteve na Coluna Prestes, como sua inspiração. Relata como conheceu sua esposa no "trem das professoras" indo de Ipanema para Deodoro. Narra de forma resumida sua carreira militar, trazendo suas lembranças do *movimento* de 1964, e depois fala sobre o período em que assumiu a chefia do DOI-CODI do

---

172 Um ponto interessante para reflexão é: como a produção enorme de fake News afetará a produção da memória sobre o atual período histórico do Brasil?

173 Vide nota de rodapé 22.

II Exército em São Paulo — SP (1970-1974). Não é nosso objetivo fazer uma exegese do livro do coronel, tampouco dissecar as suas afirmativas e análises, mas apenas apontar aquilo que se apresenta para nós como vieses e omissões de seu texto, o qual é um documento valioso para se compreender a perspectiva dos militares sobre o *movimento* de 1964 e o que se seguiu.

Sublinhamos que quando o coronel começa a falar do movimento estudantil na década de 1960, o tempo inteiro ele se refere aos estudantes engajados no movimento estudantil como *comunistas mal-intencionados* que queriam mudar a estrutura social, contrários aos valores tradicionais da família brasileira, e que começaram a cooptar *outros estudantes ingênuos*. O coronel não consegue compreender ou aceitar que havia entre os jovens brasileiros outras perspectivas legítimas para o funcionamento político-social da sociedade brasileira, algo que deveria ser natural em um ambiente supostamente democrático, assim como é importante que atualmente haja espaço para as diferentes visões de Brasil, desde que não se atente contra a própria democracia e seus princípios básicos. Havia, naquele período, um anseio, entre uma parcela dos estudantes brasileiros, pela construção de uma sociedade menos desigual, socialmente mais justa, menos tradicional no campo dos costumes e mais voltada para a grave questão social do país. Desta forma, de saída, ele fecha a possibilidade da pluralidade política e do debate aberto, retira a legitimidade de ideias e ideais socialistas e comunistas, ou simplesmente progressistas, e raciocina em nome de uma verdade única, *a sua* e de seu grupo sociopolítico.

A base principal do argumento de Ustra é, como depreendemos na nossa leitura de seu livro, a de que existiria um pujante movimento comunista no Brasil dos anos de 1960, e que este movimento lançaria uma luta armada revolucionária para tomar o poder e implantar uma ditadura comunista no país. Deste modo, os militares não teriam tido outra escolha que não fosse tomar o poder político para impedir uma revolução comunista, que estaria em vias de ser lançada, na medida em que o Presidente João Goulart seria fraco e até simpático ao Comunismo. Ora, ainda que ideias comunistas circulassem entre os brasileiros/as/xs — afinal, era o período da Guerra Fria e Cuba tivera sua Revolução em 1959 —, e que eventualmente houvesse pequenos focos radicais dispostos a lutar com armas pela transformação da estrutura socioeconômica do Brasil, o país tinha um sistema de governo democrático e plural instalado: um Presidente da República eleito, um Congresso Nacional eleito, um Supremo Tribunal Federal independente e Forças Armadas e policiais regulares. Deste modo, mesmo que se vivesse num período intenso da Guerra Fria, e que houvesse tensões entre as diferentes ideias políticas, a situação descrita não justificaria jamais o Golpe de Estado perpetrado em 1964, encabeçado pelos oficiais-generais das Forças Armadas, mas que sem dúvida contou com apoio direto de parcela significativa da elite econômica e da imprensa nacionais. Muito menos justificável, foi a longa continuação da Ditadura Militar-Civil e a acentuação do autoritarismo que se seguiu com os sucessivos Atos Institucionais. Vale sublinhar, como contraponto, que o Comunismo e o Socialismo tiveram forte influência nos rumos político-sociais da Europa Ocidental no Pós-Segunda-Guerra, e nem por isso a Itália, a Alemanha ou a França se tornaram países comunistas, mas sim democracias plurais com partidos políticos representando diferentes visões socioeconômicas e culturais, no que resultou a construção de Estados Previdenciários, com amplas políticas de bem-estar social, mas sem nunca ter havido ameaça concreta à propriedade privada ou à liberdade econômica, de pensamento e de expressão, mesmo que eventualmente tenham existido focos guerrilheiros ou revolucionários da extrema esquerda nesses países.

O livro do coronel traz farta documentação jornalística acerca do apoio da grande imprensa ao Golpe Militar de 1964, e ele apresenta trechos de editoriais de diversos jornais do país celebrando a deposição de João Goulart, que seria um presidente fraco e que estaria estimulando a quebra de hierarquia nas forças armadas, além de flertar com os ideais comunistas. Ustra cita editoriais de jornais que apresentavam Jango efetivamente como parte de uma ameaça comunista, o que retrospectivamente não encontra bases documentais, evidenciando na realidade uma grande campanha midiática para criar o contexto de uma ameaça comunista real e assim justificar o *putsch*. João Goulart era um político trabalhista, populista e herdeiro ideológico de Getúlio Vargas. Ele defendia as chamadas *reformas de base*, que ameaçavam a estrutura socioeconômica e de poder existente, fruto da herança arcaica decorrente dos séculos de Escravidão e de concentração de terras, de renda e de privilégios, mas ele não era um comunista. Nesse sentido, suas propostas de reformas sociais (jamais comunistas) buscavam transformar sim, pelo menos retoricamente, a estrutura socioeconômica do país, historicamente baseada na exploração de negros, de sertanejos, de indígenas e de todos que não se encaixassem no retrato da família branca conservadora cristã de classe média, mas não havia proposta de estatização total da economia e de extinção da propriedade privada ou da liberdade econômica ou de imprensa. De todo modo, o coronel mostra de forma categórica como a imprensa nacional apoiou maciçamente a deposição pela força das armas do Presidente João Goulart. Isso resta inequívoco e bem documentado no livro (Ustra, 2018, p. 118-120)

Por outro lado, tentar justificar mais de 20 anos de fechamento democrático do país, com milhares de brasileiros exilados políticos, outras milhares de prisões ilegais (sequestros), uso da tortura de forma institucionalizada e sistemática, além de centenas de cidadãos desaparecidos e mortos[174], com a criação de todo um aparato policial-militar para efetivar o sequestro, prisão, tortura e eventual assassinato dos dissidentes políticos ou simplesmente de poetas, artistas e livres-pensadores, além de um sistema político partidário artificial, com apenas 2 partidos políticos e com um Congresso controlado, além de um STF acuado e amordaçado, tudo isso justificado pela "ameaça comunista" e pelo "terrorismo revolucionário" não se sustenta como algo legítimo, muito menos republicano ou democrático. Houve de fato a partir de 1964 um projeto militar-civil de tomada ditatorial do poder, com intenção reacionária, conservadora e autoritária, ainda que alguns generais e políticos civis possam ter embarcado no *movimento* com a ideia de afastar o temido "perigo comunista", e em seguida devolver o país rapidamente para o sistema político republicano democrático, com a realização de eleições diretas para Presidente da República em 1965. Sabemos que políticos de grande relevo nacional como Juscelino Kubitschek e Carlos Lacerda acreditaram nisso, fizeram acordos de apoio aos militares, no caso de Lacerda aparentemente com participação no Golpe de 1964, e que ambos tinham a expectativa de disputar a eleição presidencial prevista para ocorrer em 1965 como fortes candidatos. Na sequência do Golpe, contudo, tiveram seus direitos políticos cassados e suas carreiras políticas encerradas. No caso de Juscelino, ele ainda viveu alguns anos no exílio.

A radicalização do Regime Militar, especialmente a partir de dezembro de 1968 com a decretação do Ato Institucional Nº5, demonstra

174 A Comissão Nacional da Verdade em seu relatório final reconheceu 434 mortes e desaparecimentos políticos entre 1964 e 1988.

que o projeto de poder era ou tornou-se bem mais amplo do que o afastamento de um Presidente, que tinha como parte de seu programa fazer a tão necessária Reforma Agrária, em um país marcado pela existência de latifúndios inexplorados e pela concentração da terra e do capital. No final de 1968, ocorreu então o fechamento político radical do país, com a perda de liberdades fundamentais, o controle definitivos do Congresso Nacional, do Poder Judiciário e do governo dos estados pelos militares, com o cerceamento à liberdade de pensamento e de debate, a instalação da censura no aparelho de Estado e na Imprensa e um projeto de país baseado na Doutrina de Segurança Nacional e no modelo nacional-desenvolvimentista militarizado, além da perseguição sistemática aos grupos opositores não tutelados pelo regime, fossem eles grupos armados ou não. O modelo econômico que culminou no chamado "Milagre", com taxas altíssimas de crescimento econômico anual entre 1969 e 1973, foi implementado sem preocupações sociais, pois se houve a realização de grandes obras de infraestrutura no período e o desenvolvimento da indústria nacional, não existiram projetos de transferência de renda efetivos ou o estabelecimento de políticas de bem-estar social — primeiro, *iriam crescer o bolo, para depois dividi-lo*, nada mais falacioso e cínico. De todo modo, os generais eram muito populares entre a população brasileira, e usavam como propaganda uma imagem de honestidade, de integridade e de defesa da pátria e do interesse nacional: "Brasil: ame-o ou deixe-o" tornou-se um slogan eventualmente repetido pelos grupos mais reacionários e saudosistas da Ditadura Militar-Civil após a Redemocratização. O General-Ditador Médici era ovacionado nos jogos de futebol no Maracanã enquanto a tortura era praticada de modo aviltante nos porões do DOI-CODI, do DOPS[175] e de outros órgãos da estrutura militar-policial. Definitivamente, o Brasil estava longe de ser uma democracia liberal capitalista, pois as liberdades estavam restringidas pelos tanques e a *tigrada* torturava nos *porões*.

O coronel Ustra (2018, p. 345 e seguintes) dedica um capítulo de seu livro aos interrogatórios que comandava no DOI-CODI de São Paulo. É amplamente reconhecido, com base nos testemunhos de sobreviventes, que a tortura foi utilizada de forma aviltante e hedionda sob sua gestão[176], mas o coronel é lacônico nessa parte de seu livro,

175 Destacamento de Operações de Informação — Centro de Operações de Defesa Interna (DOI-CODI). Departamento de Ordem Política e Social (DOPS).

176 Os processos judiciais movidos contra o Coronel Ustra por suas vítimas ou familiares, nos quais ele foi reconhecido como torturador de Maria Amélia de Almeida Teles, César Augusto

informando apenas que havia os interrogatórios planejados, quando se sabia de antemão que um determinado prisioneiro chegaria, e os interrogatórios que eram realizados sem essa preparação quando a prisão e o interrogatório ocorriam sem planejamento. Aponta que havia uma urgência para obtenção das informações de modo a localizar os *aparelhos* utilizados pelos *guerrilheiros*, e que naquele contexto foram necessárias "medidas de exceção como o AI-5, a suspensão do habeas-corpus, a incomunicabilidade por 30 dias, a Lei de Segurança Nacional, e outras tão criticadas" (Ustra, 2018, p. 353) para se combater o *terrorismo da guerra revolucionária*. Ele nada menciona acerca dos métodos utilizados nos interrogatórios, ou seja, as torturas, que foram amplamente descritas, por exemplo, no trabalho organizado pelo Arcebispo de São Paulo, Dom Paulo Evaristo Arns, intitulado *Brasil: Nunca Mais*, de 1985. Este trabalho foi escrito a partir de cópias, realizadas de forma escondida, dos processos existentes no STF, os quais continham relatos de diversos presos políticos do regime que sobreviveram à tortura. Posteriormente, o trabalho da Comissão da Verdade do Estado de São Paulo e da Comissão Nacional da Verdade, bem como as recentes pesquisas do professor Carlos Fico com áudios do Superior Tribunal Militar, amplamente divulgadas pela mídia, trouxeram mais evidências sobre o uso da tortura e o desaparecimento de presos políticos.

Infelizmente, uma grande parcela da sociedade brasileira insiste em negar ou desmentir que crimes hediondos tenham sido cometidos nos *porões* da Ditadura Militar-Civil, ou aceita o argumento insustentável de que o sequestro, incomunicabilidade, tortura, assassinato e ocultação de cadáveres se justificavam pela guerra ao *terrorismo revolucionário comunista*, pela necessidade de se obter informações no menor tempo possível[177], e que os indivíduos sequestrados, torturados e eventualmente

Teles e Crimeia de Almeida, e pela morte de Luiz Eduardo da Rocha Merlino, resultaram em condenações em primeira e segunda instâncias, mas foram extintos nas instâncias superiores da Justiça em função da Lei da Anistia. Nesse sentido, ainda que existam testemunhos do crime de tortura, o coronel Ustra não pode ser efetivamente julgado em todas as instâncias e eventualmente condenado com trânsito em julgado, restando a História e a Justiça sob o manto do Recalque que a Lei da Anistia efetivou. Como fonte de um bom resumo sobre os aspectos principais da biografia do Coronel Brilhante Ustra, bem como referências de artigos e de depoimentos sobre a tortura no DOI-CODI de São Paulo-SP durante a Ditadura Militar-Civil, pode-se recorrer ao verbete da wikipedia: Carlos Brilhante Ustra — Wikipédia, a enciclopédia livre (wikipedia.org)

177 Gaspari (2014, vol. 2) cita a parábola do avião cheio de crianças no qual um terrorista supostamente colocou uma bomba que deverá explodir em duas horas. Não se sabe, porém, onde está a bomba, assim talvez nem exista bomba. Na dúvida, porém, é preciso obter respostas em menos de 2 horas, e quando se prende o suposto terrorista, qualquer método de interrogatório seria justificável para salvar as crianças caso exista uma bomba. Esse é o silogismo retórico

assassinados eram guerrilheiros comunistas que mereceram tal tratamento. É muito importante ter claro que reconhecer os crimes cometidos pelos agentes da Ditadura Militar-Civil e organizar a memória nacional não tem nenhuma relação com a defesa do comunismo, de comunistas ou de atos terroristas que tenham ocorrido. Muito pelo contrário, o processo de elaboração das violências perpetradas pelo Estado brasileiro naquele período é um esforço pelo Estado Democrático de Direito e pela verdade histórica. Encobrir o que ocorreu no período ditatorial e enaltecer ditadores e torturadores é uma forma de atacar a democracia, o direito e a busca pela elaboração histórico-social das violências efetivadas, e por corolário uma defesa da violência e do apagamento da memória como método para solucionar as questões nacionais. É nesse sentido, que entendemos que a Lei da Anistia é o marco principal do terceiro grande núcleo do Recalcado Nacional, pois teve como objetivo primordial impedir o acesso à verdade e o debate mais amplo sobre o ocorrido.

O coronel Ustra (2018) traz detalhes ao longo do livro, por outro lado, para mostrar a existência de ações violentas perpetradas pelos grupos chamados por ele de terroristas. Tais grupos de fato cometeram ações violentas (assaltos, sequestros) que resultaram em mortes, o que é sem dúvida gravíssimo, e deve ser analisado com cautela, bem como com o devido respeito às vítimas e às suas famílias. É preciso sublinhar, contudo, que enquanto tais grupos da luta armada tiveram seus membros perseguidos, presos sem o devido processo legal ou sob um *processo legal de exceção* e eventualmente torturados e mortos, os agentes da Ditadura Militar-Civil tiveram seus crimes anistiados e varridos para debaixo do tapete. A Lei da Anistia (1979), fruto de um acordo político para a Redemocratização do país, teve um efeito não apenas de impedir o julgamento de tais crimes (especialmente a tortura, o assassinato e a ocultação de cadáveres), mas de recalcar (no sentido da *Verdrängung* freudiana) as terríveis ações do Estado Ditatorial e de seus agentes, restando a sociedade sem o devido conhecimento e reflexão sobre os acontecimentos.

A lógica do combate à (suposta) ameaça comunista serviu, desta forma, para justificar ideologicamente um regime autoritário, violento e que privilegiou grupos sociais e econômicos específicos: os que sempre

---

usado para justificar a tortura, de modo que no final se conclui que a tortura é o último recurso para se salvar as inocentes crianças. Cabe como refutação que em 1964 e nos anos seguintes, o Brasil definitivamente não era um avião com crianças inocentes a bordo e uma suposta bomba em algum compartimento.

comandaram o Brasil. O fato notório numa perspectiva atual é que, mesmo se concordássemos com a ideia de que seria necessário afastar o Presidente Goulart por estar incentivando a quebra de hierarquia entre os militares, e para combater uma vaga ameaça comunista, que poderia ser localizada especialmente nas Ligas Camponesas, não nos parece restar dúvida de que a Ditadura Militar-Civil instaurada a partir de 1964, e especialmente a partir de 1968, foi um regime violento, de exceção, claramente autoritário, que se caracterizou como uma Ditadura e que, principalmente, nada disso era necessário na medida em que o Brasil tinha em 1964 um governo democrático devidamente eleito e instituições republicanas em pleno funcionamento, bem como uma sociedade que poderia caminhar democraticamente em suas decisões para os rumos da nação. Foram as Forças Armadas, com apoio de grande parte das elites econômicas e políticas e da imprensa, que tomaram a força o poder político no Brasil e implementaram por 24 anos um governo de exceção[178]. Some-se a isso a guarida concedida pelo governo norte-americano, fato já amplamente revelado e marcado pela existência da Operação Brother Sam.

A existência de diferentes ideias sobre o modelo socioeconômico e político que um país deve adotar é justamente a essência de um regime democrático e plural. Atualmente, há no Brasil grupos que defendem a privatização da empresa pública e outros que defendem a existência de empresas estatais; há grupos que defendem a existência da educação universitária e da saúde públicas e outros que defendem a privatização dessas áreas e serviços; há grupos que defendem a taxação de grandes fortunas e outros que são terminantemente contrários a esta proposta. Pode-se também defender o parlamentarismo ou o presidencialismo. No campo dos costumes há grupos mais tradicionalistas e grupos mais progressistas. Tais diferenças de ideias e propostas para a sociedade, entre muitas outras, são absolutamente normais num ambiente democrático e plural: trata-se de diferentes perspectivas sobre o papel do Estado e da sociedade na construção do Brasil, e que são legítimas desde que seus defensores não recorram à violência ou a outros crimes em nome de suas ideias e propostas, nem que elas tenham como objetivo o retorno do autoritarismo. Nesse sentido, torna-se evidente que o Golpe Militar-Civil de 1964 veio defender interesses específicos da elite nacional, preocupada com as reformas socioeconômicas em debate no

178 Considero que a Ditadura Militar-Civil somente se encerra com a promulgação da Constituição Federal de 1988.

governo de João Goulart. Travestida pelo lema de defesa dos valores tradicionais "Deus, Pátria e Família" e da luta contra o comunismo, a Ditadura Militar-Civil foi implementada de forma feroz, e tornou-se ainda mais radical e violenta com o AI-5, não existindo nenhuma justificativa para sua instalação, a não ser o desejo dos militares e das elites civis de governarem o país sem espaço para o debate plural e livre de ideias, impedindo a participação no debate dos grupos sociais historicamente excluídos e daqueles que apresentavam propostas para a transformação da estrutura socioeconômica do país, justamente para manter os privilégios e a estrutura socioeconômica herdados do período colonial e do período imperial, ainda que com o fomento da indústria brasileira conforme a conjuntura do Nacional-Desenvolvimentismo. Além disso, a submissão violenta dos Poderes Legislativo e Judiciário ao Poder Executivo fere as bases das democracias modernas e do equilíbrio entre os poderes da República. Sublinhamos ainda que a memória nacional foi usurpada de forma radical pelo projeto político mistificado na Doutrina de Segurança Nacional.

A Ditadura Militar-Civil de 1964-1988 foi, portanto, um governo fora da lei ou, se colocado de outra forma, um regime que instaurou pela força da baioneta um *sistema legal de exceção*, que simulava um ambiente democrático com partidos políticos artificiais, e contra o qual era legítima a luta política e, no limite do direito à autodeterminação dos povos e à defesa da liberdade, a luta armada se justificava: não para se instalar um regime comunista no Brasil, mas para se retornar à democracia e à liberdade republicanas.[179] O coronel Ustra apresentou-se à Comissão Nacional da Verdade como um cumpridor de ordens e um defensor da pátria. Em seu depoimento a esta Comissão, Ustra afirmou que: "quem deveria estar sentado aqui é o Exército Brasileiro, e não eu" (Apud Gaspari, 2014, p. 26). Assim, se a Lei da Anistia tentou passar uma borracha sobre os horrores do período ditatorial, o retorno dos traumas e a persistência da luta por verdade pelos familiares das vítimas, pelos pesquisadores e por parte importante da sociedade, confrontam esse apagamento forçado da memória. Por outro lado, o Desmentido (*Verleugnung)* efetivado pelo Deputado Federal e depois Presidente da República Jair Bolsonaro, ao posicionar o coronel Ustra como herói

---

179 Esse é outro ponto de polêmica: os grupos armados que lutaram nesse período pretendiam realizar uma Revolução Comunista e a tomada do poder pelas armas? Ou lutavam contra um regime ilegal e brutal em nome de valores democráticos? Talvez, ambas as possibilidades tenham existido.

nacional[180], repetindo o gesto da Ditadura — Ustra fora condecorado em 1972 com a Medalha do Pacificador —, mostra que a Lei da Anistia não foi capaz de extirpar da memória nacional, por decreto, as dores e mazelas desse período, e por isso retorna no presente a necessidade de se desmentir (no sentido da *Verleugnung*) a verdade histórica e reerguer o recobrimento da verdade. A Comissão Nacional da Verdade buscava justamente recolocar a discussão sobre o período da Ditadura Militar-Civil, e possibilitar a elaboração dos violentos acontecimentos pela sociedade, porém, talvez tenha sido um dos estopins da forte reação conservadora, justamente por trazer à tona e recolocar para a sociedade o debate sobre os crimes cometidos pelo Estado brasileiro e as dores desse período. Talvez, estejamos justamente diante de uma bifurcação, essencial para a construção da memória e da identidade nacionais, entre seguir o caminho de enfrentamento e de elaboração da nossa verdade histórica, parcialmente iniciado com a Redemocratização e a CF de 1988, ou o caminho para um novo recobrimento da memória nacional pelo autoritarismo, e um consequente reforço do Triplo Recalque Nacional.

Acreditamos que a única via para que a sociedade brasileira possa, efetivamente, alcançar a paz em relação aos acontecimentos desse período trágico da História do Brasil, é por meio do debate sério sobre o tema, com a abertura à sociedade das provas, dos documentos, dos testemunhos e das análises, e principalmente a revisão jurídica de uma Lei da Anistia que tentou silenciar o que não se pode calar e seguirá retornando. Precisamos que as Forças Armadas aceitem isso e participem desse processo. Apesar da maior parte dos agentes da Ditadura já ter morrido, assim como os milhões de escravizados e de indígenas

180 Vide fontes na nota de rodapé número 22. É interessante, do ponto de vista da análise sociopolítica, a tentativa de comparar o Coronel Brilhante Ustra a um dos líderes da oposição armada ao regime, o político e escritor Carlos Marighella, como se ambos ocupassem posições espelhadas e historicamente semelhantes para a Direita e para a Esquerda respectivamente. Ora, não parece haver dúvidas que estes dois homens recorreram à violência na luta por suas ideias, contudo, um deles lutava contra um regime ditatorial que tomou o poder de assalto e implementou um regime autoritário, com restrição das liberdades individuais e uso sistemático de métodos como a tortura, o assassinato e o desaparecimento de prisioneiros políticos. Já o outro era um agente desse regime ditatorial. Não se trata de ser favorável ou contrário ao Comunismo, mas de efetivamente demonstrar que a Ditadura Militar-Civil implementada no Brasil entre 1964 e 1988 foi um governo ilegítimo por se constituir no modo da exceção e de modo autoritário, ainda que tenha conseguido obter grande apoio popular, especialmente no período do Milagre Econômico, e que tenha conseguido justificar-se alimentando o fantasma do perigo comunista, que retornou fortemente ao debate político nacional, especialmente com referências ao regime autoritário existente na Venezuela.

que foram exterminados ao longo de 5 séculos de História do Brasil, a herança transgeracional desses acontecimentos continua nos impactando, tanto na estrutura socioeconômica e política do país como na forma de compreender a Brasilidade. O Inconsciente Nacional Brasileiro está tomado por essas violências e dores, que seguirão retornando e se repetindo, por meio de atos e de desmentidos, enquanto o país não fizer uma elaboração psicossocial mais ampla e profunda desses grandes recalcados nacionais.

O desenvolvimento de pesquisas especializadas no campo da História e da Sociologia, com a produção de monografias, dissertações e teses com recortes bem específicos, modificou o escopo dos trabalhos de historiadores e cientistas sociais a partir dos anos de 1970, de modo que as grandes análises interpretativas amplas, que tinham o objetivo de sintetizar o Brasil e seu povo, perderam espaço diante da produção de conhecimento com recortes específicos e maior cientificidade, que vem sendo erguida nas últimas décadas. Os temas dessas pesquisas, ainda que mais específicos, recolocaram no centro do debate a Escravidão e o Racismo nacionais, o Genocídio indígena e a exploração selvagem dos recursos naturais do país, e por fim, mas não menos, a violência estatal e a tortura como forma de controlar e conter as tentativas de mudança da estrutura socioeconômica e política do Brasil. Assim, a História do Brasil feita de forma profissional e científica, que se instalou fortemente a partir do último quartil do século XX, conseguiu em boa medida romper com a moldura da historiografia tradicional, e vem fornecendo insumos e material científico para se repensar a identidade nacional e a complexidade da formação do povo brasileiro nesse momento dos 200 anos da Independência Nacional. Nesse sentido, temáticas relacionadas aos efeitos de séculos de Escravidão e às marcas estruturais do Racismo presentes na sociedade contemporânea brasileira; ao genocídio indígena e à expropriação de suas terras; ao lugar da mulher e especialmente da mulher negra na sociedade brasileira; à violência estatal; e ao regime de exceção durante a Ditadura Militar-Civil, demonstram as falácias estruturantes (*histórias encobridoras e recobridoras*) da nossa identidade nacional como as ideias de *democracia racial*, de *cordialidade e alegria nacionais* e de *país do futuro*, que recalcam uma verdade histórica muito diferente desse belo mito nacional. Some-se a isso a força reacionária e conservadora reagrupada pelo Bolsonarismo sob o lema integralista *Deus, Pátria, Família,* parte do ideário patriarcal e autoritário do país.

A Memória é construída em camadas, com esquecimentos, alterações, obscuridades, lembranças encobridoras, idas e vindas, repetições, recobrimentos, esclarecimentos, debates e ressignificações. Tudo isso ocorre de forma complexa, coletiva, e sempre embebida em afetos e desejos conscientes e inconscientes. A corrente de transmissão da Memória, sempre sujeita às forças afetivas e culturais, às resistências e aos desejos, coletivos e muitas vezes inconscientes, entra constantemente em choque com a produção do conhecimento histórico formal e científico, bem como com os discursos político-ideológicos que se imiscuem nos órgãos estatais e na sociedade civil. Essa tensão, em alguns momentos, fica clara na sociedade e se caracteriza não apenas por uma diferença de superfície, uma diferença de interpretação ou de narrativa, mas principalmente uma diferença no matiz afetivo que possibilita a vivência do tempo presente. Aventurar-se a historicizar o tempo presente, com suas repetições farsescas ou até burlescas, mas também traumáticas, é mergulhar em afetos cuja (não) simbolização ainda não viabilizou uma nova escritura da História, se for este o caminho. Os afetos, contudo, podem seguir uma cadeia de transmissão profunda, encontrando boias para vir à superfície, diante do acontecimento atual, com diferentes tonalidades, de forma mais ou menos destrutiva.

Esta dinâmica complexa é o cerne da hipótese que propusemos neste trabalho. No tempo presente, portanto, articular-se-iam três temporalidades: uma que é construída pelo esforço consciente de pesquisa, compreensão e escritura da História, sujeita como sabemos ao Espírito que orienta tal pesquisa histórica em cada momento; outra temporalidade é a do calor dos novos acontecimentos, aos quais buscamos inserir um sentido lógico, diante da construção histórica que vem sendo realizada, não sem revisionismos e novas descobertas documentais e interpretações; contudo, subjazendo a estas duas temporalidades, existe uma transmissão afetiva inconsciente e estruturante, forjada pelos grandes recalques nacionais, e que apenas se deixa entrever nos efeitos e repetições cruéis e violentos ou por vezes amorosos e abnegados, e que não se esgotam ou são plenamente organizados pelas explicações históricas até então produzidas. Esta terceira temporalidade constitui outra dimensão histórica, estruturante das forças sociais profundas, e propomos nomeá-la no caso brasileiro de **Triplo Recalque Nacional**, base subjetiva decorrente da nossa Herança Arcaica, fruto direto do sistema colonial e transmitida inconscientemente ao longo das gerações de brasileiros, para a sociedade nacional no Império e nas Repúblicas, e acrescida do terceiro núcleo de Recalque (*Verdrängung*), justamente na transição da Ditadura Militar-Civil de 1964-1988, e realizado principalmente com a efetivação da Lei da Anistia em 1979.

Retomando o pensamento de Freud (1920;1930), podemos dizer que é a Pulsão (*Trieb*) que impulsiona essas volições inconscientes, nas suas duas faces mais originárias, morte e vida, Thanatos e Eros, demandando incessantemente trabalho à Cultura. Sabemos, enfim, que quando a Cultura não consegue estruturar caminhos para o simbolizar, de modo a direcionar e conter essas exigências pulsionais, transbordamentos sociais acontecem; ou ainda, podem surgir movimentos políticos desorganizadores das frágeis barreiras ordenadoras do *socius*, seja com uma direção de retorno a um passado idealizado, seja na direção da miragem de um futuro promissor. Seguir recalcando os traumas nacionais, sob o véu encobridor ou recobridor de uma Brasilidade *para inglês ver,* serve apenas à manutenção do Brasil e da maior parte de sua população sob uma estrutura socioeconômica predominantemente colonial, repleta de efeitos e resquícios da Escravidão, e com uma elite com seu olhar voltado para o exterior e que, *acima de tudo*, desconhece a si mesma e a formação histórico-social de seu país. Se posso pedir algo aos *senhores/as/xs* que chegaram até aqui nesta leitura, é que reflitam sobre o exposto, não como verdade absoluta obviamente, algo difícil de encontrar nas questões complexas, mas como uma possibilidade de ampliar o conhecimento sobre o Brasil e seu povo, ainda que pela busca de argumentos discordantes.

O campo do debate científico e político está aberto, desde que efetivamente superados os fechamentos e clausuras típicos do pensamento autoritário, e apresentados argumentos com lastro na realidade dos diferentes grupos sociais e étnicos e na racionalidade teórico-científica. Os mecanismos psíquicos acerca da memória propostos por Freud na construção teórica da psicanálise a partir de sua experiência clínica, em especial o Recalque (*Verdrängung*) e o Desmentido (*Verleugnung),* apontam para as formas humanas de evitar, seja pela exclusão da memória e encobrimento, seja pela exclusão da percepção e recobrimento da realidade, o contato com a verdade histórica, com a realidade em sua multiplicidade, enfim, com aquilo que podemos chamar, consideradas as complexidades e ambiguidades, de *caráter* ou *essência* de um indivíduo, de um grupo ou classe, ou ainda numa perspectiva da nação, de um povo.

7. CONSIDERAÇÕES FINAIS
Antecipando algumas críticas, mas não o futuro que virá

Este livro começou a ser pensando e escrito em novembro de 2020, logo após a publicação de *Os Portões do Cemitério* (2020), livro no qual procurei discutir nossa relação com a herança que recebemos de nossos ancestrais, de nossos mortos, bem como a dificuldade de as sociedades contemporâneas lidarem com a morte, e realizarem o trabalho de luto em virtude das exigências de desempenho e de consumo incessantes.[181] Pelo menos desde 2016, porém, eu vinha estranhando o movimento das forças sociais e políticas no Brasil, o que aparece de forma marginal em comentários inseridos em notas de rodapé do livro anterior. Já começava então a se desenhar, dentro de mim, uma tentativa de reflexão sobre o Brasil. O movimento reacionário, que emergiu vitorioso nas eleições nacionais de 2018, ocultava sob o velho lema integralista *Deus, Pátria, Família* um ataque às conquistas sociopolíticas decorrentes da Redemocratização e das bases lançadas em 1988 para a Nova República, e me parecia apontar para algo mais profundo e enraizado na estrutura da sociedade brasileira. Buscar compreender essa estrutura social inconsciente, para além da cena política na superfície, mas a partir dela, foi a principal motivação para a escrita deste livro. Acrescente-se a isso que esse período de reflexão e escrita coincide com a chegada dos 200 anos da Independência do Brasil e dos 100 anos da Semana de Arte Moderna, efemérides propícias a uma reflexão sobre a Identidade Nacional, sobre o processo histórico-social brasileiro. Infelizmente, estas datas históricas foram borradas pela falta de interesse do governo federal então no poder pela História do Brasil, pelo debate científico em geral,

181 Certamente, com a Pandemia de Covid-19, os rituais de despedida dos mortos, que marcam o início do processo de luto, foram radicalmente afetados, de modo a dificultar ainda mais nossa relação com a morte na contemporaneidade. Ainda estamos vivendo os efeitos desse período pandêmico, e é cedo para avaliar os impactos em termos da nossa relação com a morte e com os processos de luto na contemporaneidade.

pelas artes e pelas formas de pensamento mais complexo, albergando-se de forma dogmática em iconoclastias, uma vez que o autoritarismo é por definição limitado a um pensamento único, que não reconhece a legitimidade da diferença, e logo é simultaneamente simbolicamente pobre e ativamente dogmático.

Muller & Iegelski (2022), pesquisadoras da História do Brasil no campo da História do Tempo Presente, apontam que a partir de 2016 um "*sentimento de desorientação* diante da contínua e acelerada degradação da situação do país, de um cenário político convulsionado" (2022, p. 236, grifos meus) emergiu e dificultou as análises sobre o que se passava no Brasil. Apesar de não ser historiador, me senti desde aquele período tocado e convocado por esse "sentimento de desorientação", e pelo medo do que poderia chegar ao Brasil e a seu povo num futuro próximo. Foi ao longo do período compreendido entre 2020 e 2022 que este livro foi pensado e escrito, com um pano de fundo político, social e econômico desolador e preocupante, com sucessivos ataques de parcelas significativas da população, e de seus representantes eleitos, ao sistema político nacional, às suas instituições e à Constituição Federal que o fundou e o sustenta, e esse período deve ser considerado pelo leitor na sua interpretação ao final deste texto.

Sustento, contudo, que minha proposta do **Triplo Recalque Nacional** ambiciona ser uma hipótese estrutural, devendo e podendo ser testada para além desse contexto específico que inegavelmente causou a sua proposição. À minha perplexidade e desorientação diante do cenário político-social do Brasil do tempo presente acrescentou-se, portanto, o desejo de contribuir com as reflexões, que eu esperava fossem ocorrer em grande escala, acerca da identidade nacional nos 200 anos da Independência do Brasil e nos 100 anos da Semana de Arte Moderna. Infelizmente, o ano que poderia ser marcado por uma grande reflexão sobre o país e seu povo e por verdadeiras celebrações da nossa História, foi engolido pelos sofrimentos decorrentes da Pandemia de Covid-19 e pelo discurso negacionista de importantes lideranças ao longo da crise sanitária, o que dificultou não apenas o enfrentamento da Pandemia, mas também a união dos brasileiros para fazermos os lutos coletivos necessários diante de tantas perdas e dor.

A celebração do 7 de Setembro de 2022 foi marcada por atos de campanha eleitoral do então Presidente da República, os quais culminaram, como ápice do evento público de celebração dos 200 anos da Independência Nacional, no coro puxado por ele, aparentemente referindo-se a si mesmo: "Imbrochável! Imbrochável! Imbrochável!". Por um lado, tal renovação do grito do Ipiranga surge como algo patético e um tanto sórdido; por outro lado, espelha bem o momento nacional, inclusive em termos estéticos. **O que significa para a identidade nacional brasileira que o Presidente da República tenha marcado a data da Independência Nacional, no aniversário de 200 anos do Brasil independente, com esse grito? E que milhares ou até milhões de brasileiros tenham vibrado diante de cena tão estranha?** No meu entender, e conforme a hipótese central desse livro, trata-se de mais um elemento recobridor, no sentido da *Verleugnung* freudiana, que reforça o Triplo Recalque Nacional. O poderoso homem branco enaltece a sua força física, a sua virilidade naquilo que ela tem de mais básico e instintivo, a potência sexual e a pretensa infalibilidade. Essa potência física supostamente atesta sua força, sua masculinidade e sua superioridade para liderar a nação, e para oprimir ou desconsiderar todos que não estejam com ele, todos que tenham ideias diferentes e principalmente todos que sejam *outro* ou demonstrem afetos de acolhimento e ternura (ditos *afetos femininos)* ou sejam capazes de se identificar com a dor do *outro,* especialmente o diferente de si mesmo: o negro, o indígena, a mulher, o gay, o transexual, entre outros. Nada mais patrimonialista e cordial, além de patético, do que colocar o próprio *corpo viril* como símbolo pátrio e ainda evocar Deus e a Família em meio a isso, mas muitos o aplaudiram e enalteceram, o que é índice do momento nacional.

Para concluir o livro, não retomarei nesses parágrafos finais nenhum ponto específico do que desenvolvi, mas tentarei responder a alguns questionamentos e críticas que recebi, direta ou indiretamente, durante a construção das ideias aqui expostas. A primeira delas me foi apresentada diante da perspectiva de que os portugueses, ao chegarem às terras brasileiras *em 1500*, invadiram e conquistaram-nas, matando milhões de indígenas e efetivando um genocídio dos povos originários do Brasil. Sobre isso, escutei em algumas ocasiões que "povos sempre invadiram a terra de outros povos, sempre mataram ou escravizaram os derrotados, e que assim caminha a humanidade". Certamente, qualquer pessoa que tenha estudado, mesmo que superficialmente, a *História das Civilizações,* sabe que Impérios foram forjados por meio da conquista, geralmente violenta, de territórios, povos, riquezas etc. Contudo, após o Iluminismo e as Revoluções Liberais a partir do século XVII, e especialmente a partir da Revolução Francesa, iniciou-se uma transformação da nossa percepção histórica desses processos de formação das sociedades. No século XIX, se fortaleceu a luta contra a Escravidão, as colônias na América foram se tornando independentes, e Repúblicas Democráticas começaram a se formar — com exceção do Brasil que se tornou independente como Império, ainda que tenham existido no país movimentos republicanos naquele período histórico. Depois, no século XX, tivemos a descolonização da África, a luta pelo desenvolvimento das antigas colônias, e após os horrores da Segunda Guerra Mundial, tivemos a fundação da ONU e suas agências, e a constituição do Direito Internacional Público de forma mais robusta, ainda que com pouca capacidade de *enforcement*. Recentemente tivemos a invasão criminosa do Iraque pelos Estados Unidos e seus aliados, e atualmente está em curso a invasão também criminosa da Ucrânia[182]; em ambos os casos mencionados, trata-se de um ou mais povos invadindo e matando outro povo por questões político-econômicas, e vemos a enorme destruição que isso acarreta para as populações civis.

Desta forma, podemos dizer que: sim, é verdade que povos sempre invadiram o território de outros povos, inclusive na contemporaneidade. Contudo, com o avanço da democracia, do pensamento político, do direito internacional público, com o conhecimento histórico-social que acumulamos, não se pode simplesmente dizer que povos sempre invadiram e assassinaram outros povos e que *isso é normal, pois assim caminha a humanidade*! Ora, podemos e devemos reconhecer como crimes o genocídio de indígenas e de negros na História do Brasil! Devemos reconhecer a herança colonial e seus nefandos impactos na estrutura da sociedade brasileira atual, impactos decorrentes de uma sociedade cuja base socioeconômica foram a Escravidão, o Patriarcalismo autoritário e o latifúndio. E devemos, acima de tudo, buscar reparar tais impactos no tempo presente com políticas públicas e ações afirmativas da sociedade que desconstruam a estrutura socioeconômica colonial que posiciona brancos, negros e indígenas, bem como homens e mulheres, na divisão do trabalho e do capital cultural de forma extremamente desigual e injusta.

---

182 Ainda que exista todo um complexo debate sobre o papel da OTAN no processo que culmina na Guerra da Rússia contra a Ucrânia, bem como alegações de perseguição aos russos residentes na Ucrânia por um governo nacionalista de direita, não posso me juntar àqueles que defendem a postura bélica adotada pela Rússia sob a liderança de Vladimir Putin. Uma nação soberana teve seu território invadido.

Lentamente, como é o processo de construção nas democracias, vínhamos enfrentando esse passado sombrio e sofrido, bem como seus efeitos, a partir da refundação do país com a Redemocratização e a promulgação da Constituição Federal de 1988 e seus desdobramentos nos governos da Nova República. Indago, com base no que sustentamos nesse livro, se uma das causas da reação furiosa que se evidenciou na sociedade brasileira, organizada ao redor de um ultra conservadorismo cristão, e especialmente evangélico neopentecostal, não é decorrente do desejo profundo, inconsciente em muitos casos, de manter a estrutura socioeconômica herdada do período colonial, de não suportar a ascensão social dos descendentes dos escravizados africanos, de não suportar que se tenha reconhecido aos indígenas o direito às suas terras originárias, de não se compreender que durante uma Ditadura os maiores criminosos são os ditadores e não aqueles que combateram o regime de exceção. Além disso, existe nessa força social furiosa uma ideia de patriotismo difusa e imaginária, amparada em ideias fora de época como a de que o Bolsonarismo representa uma luta contra o *comunismo* ou uma defesa inquestionável da *liberdade*. Assim, afirmar que povos sempre invadiram, mataram e escravizaram outros povos como algo *que faz parte* é simplesmente banalizar o mal e a injustiça social (Arendt, 1999 [1964]; Dejours, 2007 [1998]) e esse tipo de racionalização cínica e simplória precisa ser combatido.

Outro argumento contrário à lógica que subjaz esse livro, ou seja, de que devemos enfrentar o passado para construir um futuro melhor, diz respeito a questão indígena. Certa ocasião escutei a seguinte colocação: "por que o Brasil e os brasileiros deveriam gastar enormes quantias de dinheiro público para proteger culturas *primitivas* que têm modelos socioeconômicos ultrapassados e insustentáveis no mundo contemporâneo?" Parece-me que esse argumento é fruto do Triplo Recalque Nacional e do desejo de não ter que lidar com a História do Brasil, com quem somos de fato e como nos formamos como povo. O argumento parte da ideia de que os indígenas, por serem supostamente *primitivos* e economicamente insustentáveis no mundo capitalista atual, deveriam se render ao modelo capitalista neoliberal e abandonar seus estilos milenares de vida. Ora, trata-se de um argumento etnocêntrico, que evidencia um sentimento de superioridade do homem branco capitalista liberal, suavizado pela lógica *civilizatória*, o velho fardo do homem branco, tão iluminado, tão superior, tão produtivo... Existem dois contra-argumentos básicos: o primeiro é que os povos indígenas viviam e vivem muito bem nos seus estilos de vida, desde antes dos portugueses e europeus chegarem ao Brasil. O modo de existir dos povos originários apresenta um grau de harmonia e de integração com a floresta e com a Terra que o homem branco geralmente não alcança e sequer compreende, pois este sempre tomou a Terra, sua fauna, flora e demais seres como recurso a explorar (destruir). Invertendo a perspectiva, não seriam os indígenas os povos e culturas *evoluídos*, e nós brancos capitalistas os *primitivos*, já que estamos destruindo o planeta com nosso consumismo incessante? Com nossos meios de produção altamente destrutivos? Por que nossa tecnologia vale mais que a sabedoria do xamã? Ou por que nossos modos de produção são superiores ao de comunidades que vivem em harmonia com seu meio-ambiente há milênios? Ou ainda, por que nossas sociedades tão socialmente desiguais seriam superiores a sociedades onde o interesse da coletividade prevalece sobre o acúmulo de riqueza individual?

O segundo contra-argumento é que os povos originários já estavam aqui muito antes do europeu chegar. Trata-se de algo juridicamente simples: as bulas papais do século XV, que dividiram o mundo entre Portugal e Espanha, valiam mais do que a presença efetiva dos indígenas nas terras? Os papeis, documentos e linhas divisórias do homem branco, ratificados pelo Deus da Igreja Romana, deram ao português e ao espanhol o direito de expulsar e matar os povos indígenas? A força das armas para expulsá-los e matá-los garante o direito legítimo de acabar com seus modos de vida? Ficam estas perguntas para que quem acha que não deve haver reservas indígenas reflita. O dinheiro que o Estado gasta (**ou na verdade investe**) para proteger os indígenas é necessário porque os próprios homens brancos não respeitam os direitos seculares dos povos originários, reconhecidos pelo nosso direito constitucional inclusive[183]. Então, gasta-se por causa das infrações do homem branco, que é movido por sua ganância — seja ele garimpeiro, madeireiro, traficante, pecuarista etc[184] —, e não porque os povos indígenas são *primitivos* e precisam de ajuda financeira para sobreviver.

---

183 Na Constituição Federal de 1988 lê-se: "São reconhecidos aos índios [povos indígenas] sua organização social, costumes, línguas, crenças e tradições, e os direitos originários sobre as terras que tradicionalmente ocupam, competindo à União demarca-las, proteger e fazer respeitar todos os seus bens" (Art. 231).

184 Obviamente, a atividade de pecuaristas, garimpeiros e madeireiros é legítima e importante, desde que realizada de acordo com a lei.

Obviamente, tais racionalizações econômicas em relação aos povos originários também banalizam o mal e se caracterizam pelo cinismo e pelo encobrimento da verdade histórica nacional. A lógica neoliberal, que transforma todo movimento social num jogo de microeconomia e de ganhos marginais, apresenta-se eticamente como *akrasia*, isto é, como preguiça do pensamento e submissão automática ao capital e sua lógica como verdades únicas e absolutas.

O terceiro contra-argumento à hipótese central deste livro já foi abordado por mim. Trata-se da ideia bastante disseminada de que "a tortura durante a Ditadura Militar-Civil foi necessária para combater a revolução comunista no Brasil". Evidencia-se aqui outra banalização do mal, que se baseia na definição autoritária e etnocêntrica do que seja o bem. "Eu cidadão de bem sei o que é o certo e posso fazer *qualquer coisa* para defendê-lo". Assim, temos visto pessoas que se definem como cristãs defendendo a tortura, a violência e até o assassinato das pessoas mais vulneráveis, acusando os defensores dos direitos humanos de defensores de bandidos e de pactuados com o demônio — sim, são *argumentos* que por vezes nos remetem à Santa Inquisição, tal a sua falta de racionalidade. Também fica evidente a falta de empatia com os membros mais vulneráveis de nossa sociedade. Defender a liberdade de pensamento, a pluralidade de ideias, a igualdade jurídica, econômica e social e a dignidade humana, não é defender bandidos, mas sim defender a vida, o direito e o sistema democrático, com toda a sua complexidade e dificuldades inerentes. A herança colonial brasileira e a violência que ela porta para o tempo presente de nossa sociedade, por meio da estrutura do nosso Inconsciente Social Nacional e da estrutura socioeconômica herdada, redundam e mantêm um modelo social pautado pela violência, o qual nunca trouxe paz para a sociedade brasileira. Talvez, quem vive *protegido* pelos muros e grades de condomínios de luxo, rodeado de câmeras de segurança, dirige carros blindados e jet-skis em ilhas privadas, é tratado com reverência e até simpatia pelos agentes de segurança, ou em seus deslocamentos sobrevoa as cidades brasileiras em helicópteros e jatinhos sem ver a miséria, esteja tão alienado da realidade socioeconômica do Brasil, que prefere banalizar a situação de penúria e injustiça que afeta milhões de brasileiros. Desta maneira, tais indivíduos colocam-se de forma indiferente ou acima do debate político-social sobre o Brasil, recusam a herança histórica colonial, e admitem a violência contra o outro como mal necessário à manutenção da *sua* paz e dos *seus* privilégios secularmente construídos sobre a exploração e a violência de e contra pessoas. A *ratio* que sustenta essa posição é forjada de modo semelhante à dos ditadores, que diziam que a tortura era um mal necessário para limpar a pátria dos *terríveis comunistas e do comunismo.* Os Recalques organizadores da memória nacional possibilitam que esse manto cínico se erga, e os Desmentidos fortalecem uma percepção equivocada da realidade na atualidade, de modo que alguém possa acreditar que a fome é um *detalhe* no Brasil ou que não existe uma herança nefanda da Escravidão, a qual se materializa num modo muito específico de Racismo Estrutural brasileiro.

A última crítica que pretendo abordar é: "bom, então as elites e classes médias brasileiras são perversas, pois *trabalham* pela manutenção de recalques que sustentam uma sociedade falsamente democrática e feliz — você está dizendo ainda que o povo brasileiro não é alegre e cordial, muito pelo contrário". Em parte, sim, pois existe um exagero dessa imagem de povo alegre e cordial, o que funciona como um mecanismo de defesa psíquico coletivo, verdadeira ***ideologia da alegria e da igualdade racial*** num país atravessado pela miséria, pela hierarquização social baseada no fenótipo e pela violência estatal. Esse excesso de *alegria* possibilita um encobrimento dessas violências e misérias cotidianas, aplacando a indignação e a revolta tão necessárias à luta por uma transformação das sociedades. Esse mecanismo defensivo social certamente beneficia quem está nos estratos socioeconômicos e culturais privilegiados da sociedade brasileira, e que no presente adere ao bolsonarismo como forma, consciente ou inconsciente, de manter esses encobrimentos históricos e até reforçá-los, ainda que sob os *fetiches recobridores* proporcionados pelas ideias do conservadorismo cristão[185] e do patriotismo radical. Por outro lado, esse mal uso social da alegria não desabona ou nega a riqueza cultural do povo brasileiro, sua enorme diversidade de representações culturais e de manifestações festivas, as quais são marcadas autenticamente pela alegria, pelo sorriso aberto, pela música e dança potentes, pela força de vida dos brasileiros/as/xs. É preciso, porém, que essa alegria não se torne um analgésico que alivia a dor, mas acabe impedindo que se investigue mais a fundo as

185 Tanto a Igreja Católica Romana como as Igrejas Protestantes e Evangélicas apresentam diferentes vertentes. É preciso notar que há padres frontalmente opostos à reação conservadora. Sabemos, nesse sentido, da histórica presença da Teologia da Libertação na América do Sul, e da luta dos padres adeptos a esta corrente por direitos sociais e econômicos para as comunidades mais desamparadas.

causas dessas dores e mazelas nacionais, contribuindo para alimentar a existência de uma suposta "democracia racial". O enorme desamparo socioeconômico e simbólico, que atingiu transversalmente a sociedade brasileira nos últimos 4 anos, especialmente no período da Pandemia de Covid-19, e também como consequência da violência subjetiva e eventualmente objetiva perpetrada pela reação conservadora autoritária, talvez nos levem a um novo momento reflexivo acerca do Brasil, da Brasilidade e dos brasileiros/as/xs.

Acerca das *elites* podemos dizer que quanto mais alienadas estiverem, menos se sentirão responsáveis pelo cenário socioeconômico do país. Isentar-se é uma forma de defesa psíquica, o velho "não querer saber" do neurótico, que alienado de si mesmo sorve o benefício secundário de sua *doença*. Eventualmente, a alienação político-social pode ser um modo de desistência decorrente do cansaço e até da depressão. O Triplo Recalque Nacional protege as *elites* de suas culpas e responsabilidades históricas, ainda que todos tenhamos que lidar com os efeitos da enorme desigualdade socioeconômica do país. O discurso conservador autoritário faz com que seus adeptos se sintam ao lado de Deus, da Pátria e da Família, de modo que acabam endossando e fortalecendo a desigualdade social, o racismo estrutural, o ataque secular aos indígenas e a violência policial direcionada ou mesmo a agressão civil aos grupos historicamente submetidos, perseguidos e excluídos. Ou seja, muitos falam e agem em nome de Deus, mas operam pela manutenção da nossa infame herança arcaica colonial. Em tempos de tanto individualismo, e de falácias ideológicas como a do empreendedorismo e a da meritocracia, quem está de fato preocupado em compreender e endereçar, de forma profunda, a História do Brasil e as mazelas sociais dela decorrentes? *Vence* o discurso neoliberal, alicerçado pela estrutura profunda da sociedade nacional, que privilegia o mais forte e que reforça o Triplo Recalque Nacional — *vence*, portanto, o desconhecimento acerca de nós mesmos.

Escrevo estas considerações finais nas primeiras horas do dia 02 de outubro de 2022, dia do primeiro turno das eleições nacionais. Pretendia terminar a redação desse livro em setembro, mês em que o Brasil completou os 200 anos da Independência considerando-se a data histórica oficial, porém adentrei o mês de outubro. Neste domingo ou num eventual Segundo Turno, teremos a oportunidade de conceder, como povo nacional, como cidadãos e eleitores, um novo fôlego à Nova

República e à Constituição Federal de 1988. Por outro lado, uma vitória das forças reacionárias, reunidas em torno do Bolsonarismo, nos afastará ainda mais de nossa verdade histórica, dos séculos de Escravidão e seus efeitos, do Genocídio de indígenas e de negros e do uso da violência de forma abusiva pelo Estado, fazendo com que esses traumas se perpetuem por meio de sua repetição ainda mais intensa. O processo histórico, em sua enorme complexidade, não pode ser antecipado, muito menos elucidado *a priori*. As repetições históricas, decorrentes da estrutura social inconsciente e das forças sociais profundas, no seu encontro com o que chega, podem hospedar diferenças, porém, para superar o Triplo Recalque Nacional precisamos, e muito, do trabalho da História e das demais Ciências Sociais, que nos ajudam a pensar e compreender o Brasil e os brasileiros/as/xs, bem como da produção cultural em toda sua pluralidade de expressões. O autoritarismo que instaura o pensamento único e o fechamento do debate, por meio da submissão da diversidade pela ação do grupo mais *forte e agressivo* (não necessariamente majoritário), certamente apenas conduz a mais alienação e desconhecimento de nós mesmos, afastando-nos de uma reflexão sobre quem somos nós brasileiros/as/xs, alimentando a ausência de caráter macunaímica e o falso self nacional, marcado pelo conservadorismo patriarcal supostamente cristão, cordial, tolerante e sem preconceitos de qualquer tipo. Porém, **por trás da máscara do autoproclamado cidadão de bem, está o senhor de escravos, com toda as suas contradições e violência, cordialmente empunhando a chibata e beneficiando seus compadres.**

O conservadorismo autoritário nos habita de forma estrutural-transversal e suas representações sociais, econômicas e políticas trabalham pela manutenção da Herança Colonial, nossa *herança arcaica*. A Lei da Anistia foi um grande ato recalcador, uma renovação da tradição histórica dos acordos conciliatórios que não permitiram colocar em questão as verdades históricas nacionais. A dialética histórica entre as forças do *regresso* e as forças do *progresso* não vem alcançando sínteses efetivas, que possam ser verdadeiramente transformadoras e autênticas, no sentido de um encontro do Brasil com seus conteúdos e grupos étnicos historicamente excluídos ou relegados a lugares marginais, ou seja, com sua "cara", com sua identidade. Como favorecer novas sínteses, que realmente considerem e incorporem as memórias e afetos silenciados? A resposta não é trivial, tampouco o caminho nítido, todavia, não há caminho para elaborações sócio-históricas fora da Democracia.

Superar os grandes recalques nacionais, resgatar as memórias apagadas, elaborar os afetos silenciados e as culpas e responsabilidades históricas só é possível pela via democrática, pelo árduo e trabalhoso campo do debate plural, com base também na pesquisa e análise científicas, e com respeito às diferenças e às minorias, que devem ser sempre escutadas. Nesse sentido, estamos neste outubro de 2022 diante de uma decisão entre a vereda do obscurantismo anticientífico e antidemocrático e da violência do pensamento único, machista, autoritário e elitizado, que *trabalha*, com maior ou menos consciência, pela perpetuação da estrutura arcaica e colonialista nacional, ou seja, pela manutenção dos grandes recalques históricos. Ou, o outro caminho que é o da pluralidade e do debate democrático, estrada mais difícil porque exige um olhar crítico sobre si mesmo, exige que o Brasil e os brasileiros reconheçam nossos grandes traumas históricos, nossas dificuldades estruturais na organização sociopolítica, muito além da corrupção — que é de fato um problema sério e que deve ser enfrentado, pois ela é um dos sintomas da nossa estrutura socioeconômica e política —, para que possamos finalmente construir uma identidade nacional mais autêntica, com a inclusão verdadeira da África e das culturas indígenas na Brasilidade, de forma justa e legítima no nosso autorreconhecimento como brasileiros/as/xs e com as devidas reparações históricas, sociais e jurídicas. Para seguir neste caminho, precisamos exercer a difícil arte do verdadeiro debate político, o debate que busca integrar a pluralidade brasileira no espírito e na memória nacional, caminho que foi lançado em 1988 com a refundação do país — após o longo fechamento de uma Ditadura Militar-Civil —, e a estruturação de instituições basilares do Estado Democrático de Direito na Nova República, bem como uma proposta clara de construção de uma sociedade mais justa, fraterna e solidária, apesar de todos os obstáculos e resistências, conscientes e inconscientes, ao processo de refundação e reestruturação nacional e à busca por uma verdadeira independência do Brasil e de seu povo

Rio de Janeiro, 02/10/2022

P.S.

Este livro sofreu pequenos ajustes entre outubro de 2022 e março de 2023, a partir de alguns comentários emanados por amigos que tiveram a generosidade de lê-lo em parte ou no todo. Agradeço especialmente a Ana Monteiro Caldas e Tomaz Adour pelas contribuições e incentivo à publicação deste livro. A maior parte desses ajustes consistiu na inclusão de notas de rodapé apontando para reportagens e notícias que sustentassem algumas de minhas colocações, especialmente em relação a falas e/ou ações de agentes políticos entre 2019 e 2022. Obviamente, tais falas e atos muito recentes são objeto de interpretação e de análise por mim, a partir de uma proposta de reflexão sobre o Brasil — a qual nomeio Triplo Recalque Nacional —, e são passíveis de outras interpretações conforme a perspectiva do leitor, a divulgação de novos documentos, o próprio contraditório natural ao debate sociopolítico, além do avançar da construção histórica se tornar possível. A hipótese do Triplo Recalque Nacional, em sua articulação com o tempo presente, não exclui ou se sobrepõe, de forma alguma, à principal intenção e pretensão deste livro que é propor uma reflexão sobre a Identidade Nacional Brasileira na sua formação histórico-social, não estando restrita ao tempo presente.

BIBLIOGRAFIA

ALENCAR, J. *O Guarani*. São Paulo: Principis, 2019 [1857].

ALENCASTRO, L.F. *O Trato dos Viventes: Formação do Brasil no Atlântico Sul*. São Paulo: Cia. das Letras, 2000.

ALMEIDA, S. *Racismo Estrutural*. São Paulo: Ed. Jandaira, 2020.

ALONSO. A. *Flores, Votos e Balas: o Movimento Abolicionista Brasileiro (1868-88)*. São Paulo: Cia das Letras, 2015.

ALVES, J.C.S. *Dos Barões ao Extermínio: uma História da Violência na Baixada Fluminense*. Rio de Janeiro: Consequência, 2020.

AMADO, J. *O País do Carnaval*. São Paulo: Cia das Letras, 2011 [1931].

ANDRADE, M. *Macunaíma: o Herói sem Nenhum Caráter*. Belo Horizonte: Villa Rica Editoras, 1992.

ARENDT, H. *Eichmann em Jerusalém*. São Paulo: Cia. Das Letras, 1999 [1963/1964].

ARISTÓTELES. *Constituição de Atenas*. São Paulo: Edipro, 2012.

ARQUIDIOCESE DE SÃO PAULO. *Brasil: Nunca Mais*. Petrópolis: Vozes, 2011 [1985].

ASSOUN, P. L. *Marx e a Repetição Histórica*. Rio de Janeiro: Civilização Brasileira, 1979 [1978].

_______. *Freud e as Ciências Sociais. Psicanálise e Teoria da Cultura*. São Paulo: Edições Loyola, 2012 [2008].

BOSI, A. *História Concisa da Literatura Brasileira*. São Paulo: Cultrix, 2006.

BRANDÃO, L.S.R. *As Trabalhadoras Domésticas no Processo de Urbanização: O Quarto De Empregadas Como Expressão Das Idiossincrasias Das Cidades Brasileiras*. IN: *PIXO*, n.9, vol. 3, 2019.

CANDIDO, A. *Formação da Literatura Brasileira: momentos decisivos, 1750-1880*. Rio de Janeiro: Ouro sobre Azul, 2006.

CARVALHO, J.M. *A Construção da Ordem: a elite política imperial*. Rio de Janeiro: Civilização Brasileira, 2006.

_________. *O Pecado Original da República*. Rio de Janeiro: Bazar da República, 2017.

CASTRO, E.V. "Os Involuntários da Pátria." IN: *Aracê — Direitos Humanos em Revista*, Ano 4, n.5, fev. 2017.

CERVO, A.L. & BUENO, C. *História da Política Exterior do Brasil*. Brasília: Editora Universidade de Brasília, 2008.

CHEMAMA, R. *Dicionário de Psicanálise*. Porto Alegre: Artes Médicas, 1995.

COSTA, A.A. *'Que Dívida? Eu Nunca Escravizei Ninguém': escravidão, trauma cultural e consciência histórica.* IN: *Revista História Hoje*, vol. 10, n.19, 2021.

DaMATTA, R. *A Casa & a Rua*. Rio de Janeiro: Rocco, 1997.

DANNER, F. & DANNER, L.F. *'Alguém tem de dizer aos negros a verdade': Olavo de Carvalho sobre a contribuição negro-africana à cultura ocidental.* IN: *Griot: Revista de Filosofia*, vol 21, n.3, 2021.

De CERTEAU, M. *História e Psicanálise: Entre Ciência e Ficção.* Belo Horizonte: Autêntica, 2011.

DEJOURS, C. *A Banalização da Injustiça Social.* Rio de Janeiro: Editora FGV, 2007 [1998].

______. *Le Corps, D'abord.* Paris: Payot & Rivages, 2001.

______. *Trabalho vivo: sexualidade e trabalho.* Tomo I. Brasília: Paralelo 15, 2012.

______. *Trabalho vivo: trabalho e emancipação.* Tomo II. Brasília: Paralelo 15, 2012.

DERRIDA, J. *A Escritura e a Diferença*. São Paulo: Perspectiva, 2002 [1967].

______. *Gramatologia*. São Paulo: Perspectiva, 2004 [1967].

______. *Mal de Arquivo: uma Impressão Freudiana.* Rio de Janeiro: Relume Dumará, 2001.

ENRIQUEZ, E. *Da Horda ao Estado: Psicanálise do Vínculo Social.* Rio de Janeiro: Jorge Zahar, 1990 [1983].

FANON, F. *Pele Negra, Máscaras Brancas*. São Paulo: Ubu, 2020 [1952].

FERENCZI, S. *Confusão de Língua entre os Adultos e a Criança.* IN: *Psicanálise IV*. São Paulo: Martins Fontes, 1992 [1933].

FERNANDES, F. *A Revolução Burguesa no Brasil: Ensaio de Interpretação Sociológica.* Curitiba: Kotter Editorial; São Paulo: Contracorrente, 2020.

FERREIRA, F.L. *Democracia Racial Brasileira: uma Piada sem Graça.* IN: *Mediações*, Londrina, v. 23, n.1, jan-abril 2018.

FERRETTI, M.G. *Da Ontogênese à Filogênese: uma velha diretriz metodológica de Freud em 'Além do Princípio do Prazer'*. IN: *Voluntas: Revista Internacional de Filosofia*, 11 (2), 195-211.

FLORENTINO, M. & GÓES, J.R. *A Paz nas Senzalas: Famílias Escravas e Tráfico Atlântico.* São Paulo: Editora Unesp, 2017.

FREUD, S. *Projeto para uma Psicologia Científica.* Edição Standard Brasileira das Obras Psicológicas Completas de Sigmund Freud, v. I. Rio de Janeiro: Imago, 1990(1950 [1895]).

______. *Carta 52 (06/12/1896) — Extratos dos Documentos Dirigidos a Fliess.* Edição Standard Brasileira das Obras Psicológicas Completas de Sigmund Freud, v. I. Rio de Janeiro: Imago, 1990(1950 [1896]).

______. *As Neuropsicoses de Defesa.* Edição Standard Brasileira das Obras Psicológicas Completas de Sigmund Freud, v. III. Rio de Janeiro: Imago, 1994 [1894].

______. *Lembranças Encobridoras.* Edição Standard Brasileira das Obras Psicológicas Completas de Sigmund Freud, v. III. Rio de Janeiro: Imago, 1994 [1899].

______. *Cinco Lições de Psicanálise.* Edição Standard Brasileira das Obras Psicológicas Completas de Sigmund Freud, v. XI. Rio de Janeiro: Imago, 1970 [1909].

______. *Leonardo da Vinci e uma lembrança da sua infância*. Edição Standard Brasileira das Obras Psicológicas Completas de Sigmund Freud, v. XI. Rio de Janeiro: Imago, 1970 [1910].

______. *Totem e Tabu*. Edição Standard Brasileira das Obras Psicológicas Completas de Sigmund Freud, v. XIII. Rio de Janeiro: Imago, 1974 [1913].

______. *O interesse científico da Psicanálise*. Edição Standard Brasileira das Obras Psicológicas Completas de Sigmund Freud, v. XIII. Rio de Janeiro: Imago, 1974 [1913b].

______. *Recordar, Repetir e Elaborar*. Edição Standard Brasileira das Obras Psicológicas Completas de Sigmund Freud, v. XII. Rio de Janeiro: Imago, 1969 [1914a].

______. *A História do Movimento Psicanalítico*. Edição Standard Brasileira das Obras Psicológicas Completas de Sigmund Freud, v. XIV. Rio de Janeiro: Imago, 1974 [1914b].

______. *Sobre o Narcisismo: uma introdução*. Edição Standard Brasileira das Obras Psicológicas Completas de Sigmund Freud, v. XIV. Rio de Janeiro: Imago, 1974 [1914c].

______. *A pulsão e suas vicissitudes*. Edição Standard Brasileira das Obras Psicológicas Completas de Sigmund Freud, v. XIV. Rio de Janeiro: Imago, 1974 [1915a].

______. *O Inconsciente*. Edição Standard Brasileira das Obras Psicológicas Completas de Sigmund Freud, v. XIV. Rio de Janeiro: Imago, 1974 [1915b].

______. *O Estranho*. Edição Standard Brasileira das Obras Psicológicas Completas de Sigmund Freud, v. XVII. Rio de Janeiro: Imago, 1976 [1919].

______. *Além do Princípio do Prazer*. Edição Standard Brasileira das Obras Psicológicas Completas de Sigmund Freud, v. XVIII. Rio de Janeiro: Imago, 1976 [1920].

______. *Psicologia de Grupo e Análise do Eu*. Edição Standard Brasileira das Obras Psicológicas Completas de Sigmund Freud, v. XVIII. Rio de Janeiro: Imago, 1976 [1921].

______. *O Eu e o Isso*. Edição Standard Brasileira das Obras Psicológicas Completas de Sigmund Freud, Vol. XIX. Rio de Janeiro: Imago, 1976 [1923].

______. *O Problema Econômico do Masoquismo*. Edição Standard Brasileira das Obras Psicológicas Completas de Sigmund Freud, v. XIX. Rio de Janeiro: Imago, 1976 [1924].

______. *Fetichismo*. Edição Standard Brasileira das Obras Psicológicas Completas de Sigmund Freud, v. XXI. Rio de Janeiro: Imago, 1974 [1927].

______. *O Mal-Estar na Cultura*. Edição Standard Brasileira das Obras Psicológicas Completas de Sigmund Freud, v. XXI. Rio de Janeiro: Imago, 1974 [1930].

______. *Moisés e o Monoteísmo: três Ensaios*. Edição Standard Brasileira das Obras Psicológicas Completas de Sigmund Freud, v. XXIII. Rio de Janeiro: Imago, 1975 [1939 [1934-38]].

______. *Construções em Análise*. Edição Standard Brasileira das Obras Psicológicas Completas de Sigmund Freud, v. XXIII. Rio de Janeiro: Imago, 1975 [1937].

______. *A Divisão do Eu no Processo de Defesa*. Edição Standard Brasileira das Obras Psicológicas Completas de Sigmund Freud, v. XXIII. Rio de Janeiro: Imago, 1975 [1938].

FREYRE, G. *Casa-Grande & Senzala*. São Paulo: Global, 2006.

FROSH, S. *Psychoanalysis Outside the Clinic*. Hampshire: Palgrave MacMillan, 2010.

FUKS, B. B. *O Homem Moisés e a Religião Monoteísta. Três Ensaios: o Desvelar de um Assassinato*. Rio de Janeiro: Civilização Brasileira, 2014.

GABEIRA, F. *O que é isso, companheiro?* Rio de Janeiro: Estação Brasil, 2016.

GALEANO, E. *As Veias Abertas da América Latina*. Porto Alegre: L&PM, 2011.

GASPARI, E. *A Ditadura Envergonhada*. Rio de Janeiro: Intrínseca, 2014.

______. *A Ditadura Escancarada*. Rio de Janeiro: Intrínseca, 2014.

GAY, P. *Freud para Historiadores*. Rio de Janeiro: Paz e Terra, 1989.

GOMES, L. *Escravidão — Volume I*. Rio de Janeiro: Globo Livros, 2019.

______. *Escravidão — Volume II*. Rio de Janeiro: Globo Livros, 2021.

______. *Escravidão — Volume III*. Rio de Janeiro: Globo Livros, 2022.

GUIMARÃES, M.S. *Historiografia e Nação no Brasil: 1838-1857*. Rio de Janeiro: EdUERJ, 2011.

GUIMARÃES, S.P. *Quinhentos Anos de Periferia*. Rio de Janeiro: Contraponto, 2007.

HANNS, L.A. *Dicionário Comentado do Alemão de Freud*. Rio de Janeiro: Imago, 1996.

HOLANDA, S.B. *Raízes do Brasil*. São Paulo: Cia. Das Letras, 2006 [1936].

HONNETH, A. *Luta por Reconhecimento: a Gramática Moral dos Conflitos Sociais*. São Paulo: Ed. 34, 2003 [1992].

INGLEZ-MAZZARELLA, T. *Histórias Recobridoras: Quando o Vivido não se Transforma em Experiência*. São Paulo: Blucher, 2021.

KEHL, M.R. "Tortura e Sintoma Social." IN:TELES, E. & SAFATLE, V. *O que Resta da Ditadura: a Exceção Brasileira*. São Paulo: Boitempo, 2010.

______. *Ressentimento*. São Paulo: Boitempo, 2020.

KOPENAWA, D. & ALBERT, B. *A Queda do Céu: Palavras de um Xamá Yanomami*. São Paulo: Cia das Letras, 2015.

KRENAK, A. *Ideias para Adiar o Fim do Mundo*. São Paulo: Cia das Letras, 2019.

______. *A Vida não é Útil*. São Paulo: Cia das Letras, 2020.

LAPLANCHE, J. *Vie et Mort en Psychanalyse*. Paris: Flammarion, 2001 [1970].

______. *Sexual: a Sexualidade ampliada no Sentido Freudiano*. Porto Alegre: Dublinense, 2015.

______; PONTALIS, J. *Vocabulário da Psicanálise*. São Paulo: Martins Fontes, 1991 [1967].

LESSER, J. *A Invenção da Brasilidade: identidade nacional, etnicidade e políticas de imigração*. São Paulo: Ed. Unesp, 2015.

LOHN, R.L. & CAMPOS, E.C. *Tempo Presente: entre Operações e Tramas*. IN: *Hist. Historiogr.*, Ouro Preto, n.24, agosto 2017.

LORAUX, N. "Da Anistia e seu Contrário." In: *Usos do Esquecimento: conferências proferidas no Colóquio de Royaumont.* Campinas: Ed. da Unicamp, 2017.

LOPES, A. & MOTA, C.G. *História do Brasil: uma Interpretação.* São Paulo: Ed. Senac São Paulo, 2008.

MANNONI, O. *La Otra Escena Claves de lo Imaginario.* Buenos Aires: Amorrortu, 1979 [1969].

MANSO, B.P. *A República das Milícias: dos esquadrões da morte à era Bolsonaro.* São Paulo: Todavia, 2020.

MARX, K. *O 18 Brumário de Luís Bonaparte.* São Paulo: Edipro, 2017 [1852].

MOURA E SILVA, M.L. *Casa Grande & Senzala e o Mito da Democracia Racial.* 39º Encontro Anual da ANPOCS.

MULLER, A. & IEGELSKI, F. "O Tempo Presente da Nova República: ensaio sobre a história do político brasileiro." In: MULLER, A. & IEGELSKI, F. (Org.) *História do Tempo Presente: Mutações e Reflexões.* Rio de Janeiro: FGV, 2022.

NABUCO, J. *Minha Formação.* São Paulo: Martin Claret, 2005 [1900].

NASCIMENTO, A. *O Genocídio do Povo Brasileiro: processo de um Racismo Mascarado.* São Paulo: Perspectiva, 2016.

NICOLAU, J. *O Brasil Dobrou à Direita: uma radiografia da eleição de Bolsonaro em 2018.* Rio de Janeiro: Zahar, 2020.

NICODEMO, T.L. et alli. *Uma Introdução à História da Historiografia Brasileira.* Rio de Janeiro: FGV Ed., 2018.

PEYON, E.R. *Poesia, Psicanálise e a Construção do Conhecimento: Reverberações.* São Paulo: Escuta, 2011.

______. *Sobre o Trabalhar Contemporâneo: Diálogos entre a Psicanálise e a Psicodinâmica do Trabalho.* São Paulo: Blucher, 2018.

______. *Os Portões do Cemitério.* Rio de Janeiro: Vermelho Marinho, 2020.

REY-FLAUD, H. *Como Invento Freud el Fetichismo... y Reinventó el Psicoanálisis.* Buenos Aires: Nueva Visión, 1997.

RIBEIRO, D. *O Povo Brasileiro: a Formação e o Sentido do Brasil.* São Paulo: Cia das Letras, 1995.

RIBEIRO, D. *Pequeno Manual Antirracista.* São Paulo: Cia das Letras, 2019.

RICOEUR, P. *A Memória, a História, o Esquecimento.* Campinas: Ed. da Unicamp, 2007.

RODRIGUES, J.H. "Prefácio" IN: ABREU, C. *Capítulos de História Colonial.* São Paulo: Publifolha, 2000 [1953].

______. *História e Historiografia.* Petrópolis: Vozes, 2015.

SAFATLE, V. *Fetichismo: Colonizar o Outro.* Rio de Janeiro: Civilização Brasileira, 2010.

SANTOS, B. S. *Um discurso sobre as ciências.* São Paulo: Cortez, 2006.

__________ "Para Além do Pensamento Abissal: das linhas globais a uma ecologia dos saberes" IN: SANTOS, B.S. & MENESES, M.P. *Epistemologias do Sul.* São Paulo: Cortez, 2010.

__________ *Direitos Humanos, Democracia e Desenvolvimento*. São Paulo: Cortez, 2013.

__________ "Más Allá de la Imaginación Política y de la Teoría Crítica Eurocéntricas" In: *Revista Crítica de Ciência Sociais* [En línea], 114, 2017.

SANTOS, R.V. "Os Debates sobre Mestiçagem no Brasil no Início do Século XX." IN: LIMA, N.T. et al. *Antropologia Brasiliana: Ciência e Educação na Obra de Roquette-Pinto*. Belo Horizonte: Ed. UFMG; Rio de Janeiro: Ed. Fiocruz, 2008.

SCHWARCZ, L.M. *Sobre o Autoritarismo Brasileiro*. São Paulo: Cia das Letras, 2019.

________. "Iconografia da República." IN: SCHWARCZ, L.M. & STARLING, H.M. *Dicionário da República: 51 textos críticos*. São Paulo: Cia. das Letras, 2019.

SEYFERTH, G. "Roquette-Pinto e o Debate sobre Raça e Imigração no Brasil." IN: LIMA, N.T. et al. *Antropologia Brasiliana: Ciência e Educação na Obra de Roquette-Pinto*. Belo Horizonte: Ed. UFMG; Rio de Janeiro: Ed. Fiocruz, 2008.

SIRKIS, A. *Os Carbonários*. Rio de Janeiro: Bestbolso, 2014.

SOUZA, J. *A Elite do Atraso*. Rio de Janeiro: Leya, 2017.

SOUZA, N.S. *Tornar-se Negro ou as Vicissitudes da Identidade do Negro Brasileiro em Ascensão Social*. Rio de Janeiro: Zahar, 2021.

USTRA, C.A.B. *A Verdade Sufocada: a História que a Esquerda não quer que o Brasil Conheça*. Brasília: Ed. Ser, 2018.

VANNUCHI, C. *Vala de Perus, uma Biografia*. São Paulo: Alameda, 2020.

VIDAL-NAQUET, P. *Les Assassins de la Mémoire*. Paris: La Découverte, 2005 [1987].

VON MARTIUS, K.F. *Como se Deve Escrever a História do Brasil*. IN: Revista de História da América, n.42, dez 1956.

WEBER, M. *The Protestant Ethic and the Spirit of Capitalism*. Nova Iorque: Dover, 2003 [1958].

YERUSHALMI, Y.H. "Reflexões sobre o Esquecimento." In: *Usos do Esquecimento: conferências proferidas no Colóquio de Royaumont*. Campinas: Ed. da Unicamp, 2017.

ZWEIG, S. *Brasil, País do Futuro*. Rio de Janeiro: Nova Fronteira, 1981 [1941].

VERMELHO MARINHO